덕윤리의 도덕심리학적 고찰

노영란 지음

덕윤리의 도덕심리학적 고찰

노영란 지음

철학과현실사

지은이의 말

우리는 현재 과학기술이 우리 삶의 전반에 끼치는 막강한 영향력을 부인하기 어려운 시대에 살고 있다. 과학기술의 영향력은 도덕적 인지와 행위에 대한 탐구에도 작용해서 여러 경험과학들과의 협력 속에서 도덕심리학이 급격하게 발달하게 되었고 이에 따라 도덕심리학의 경험 연구에 관여하거나 도덕심리학의 경험적 연구 성과들이 가지는 규범적 의미에 관심을 갖는 도덕철학자들이 점점 더 늘어나고 있다. 그리하여 도덕심리학과 도덕철학의 협력 내지 상호 보완이 가능한지, 또 가능하다면 그 방식은 어떠해야 하는지의 문제는 동시대 영미 윤리학의 주요 쟁점으로 부각되고 있다. 이 책은 영미 도덕철학에서 주요 윤리이론으로 자리 잡은 덕윤리를 도덕심리학적 맥락에서 검토하는 것에서 나아가 두 영역 간의 유사점과 차이점을 비판적으로 고찰하고 이러한 점들이 가지는 도덕철학적 의미를 살펴봄으로써, 과학기술시대의 규범윤리이론을 정립하는 데 덕윤리가 어떤 의의가 있는지를 모색하는 것에 주안점을 둔다.

이 책은 먼저 학제적 학문으로 발전한 현재의 도덕심리학이 도덕철학과 어떤 관계를 맺고 있는지, 그리고 도덕심리학의 최근 동향은 덕윤리와 어떤 관련이 있는지를 개략적으로 살펴보는 서론으로 시작한다. 서론을 뒤따르는 장들은 감정, 성격, 행위라는 도덕심리학의 주요 주제들에 따라 크게 세 부분으로 구성된다. 덕과 감정을 검토하는 1부는 먼저 아리스토텔레스의 덕개념과 감정주의적인 덕접근을 취하는 슬로트(Michael Slote)의 덕개념에서 감정이 어떤 성격을 가지는지를 검토하면서 덕윤리에서 감정이 가지는 의미를 고찰한다. 나아가서 동시대 도덕심리학적 성과의 가장 두드러진 특징에 속하는 정서에 대한 강조를 인지신경과학의 주장을 중심으로 살펴보면서 이러한 주장과 덕윤리를 도덕판단에서 정서의 역할과 성격 그리고 도덕적 정서의 근원과 발달을 중심으로 비교, 검토함으로써 정서가 가지는 도덕심리학적, 덕윤리적 의미를 고찰한다.

2부는 전통적으로 도덕심리학의 중요 주제에 속하면서 동시에 덕윤리의 기본 입장을 드러내는 성격을 중심으로 두 영역의 관련성을 비판적으로 고찰한다. 먼저 성격심리학의 대표적인 입장인 특질적 접근에 해당된다는 전통적인 해석과 달리, 아리스토텔레스의 덕윤리가 특질적 접근에 제한되지 않고 특질적 접근에 대한 강력한 대안으로 등장한 사회인지적 접근의 가능성을 함께 갖고 있다는 새로운 해석을 제시한다. 또한 성격에 대한 사회인지적 접근이 주장하는 자동성 주장을 비판적으로 검토하면서 자동성에 대한 도덕심리학적 주장으로부터 규범적으로 적절한 자동성의 성격을 모색하고 이를 아리스토텔레스의 유덕한 행위자가 보여주는 자동성과 비교한다. 나아가서 과학기술시대에 도덕적 가치의 객관성을 확보하는 새로운 접근으로 주목받고 있는 도덕적 구성주의에 근거하여 행위를 자아구성으로 설명하고, 이러한 설명에 작용하는 아리스토텔레스의 영향을 주장하는 동시대의 칸트주의자인 코스가드

(Christine M. Korsgaard)의 입장을 검토하면서 아리스토텔레스의 주장이 칸트적 구성주의와 결합될 수 있는지를 고찰한다.

도덕심리학과 도덕철학의 공통된 탐구대상인 행위문제를 고찰하는 3부에서는 먼저 응용윤리에 대한 덕윤리적 접근을 응용윤리의 목표, 성격, 방법 차원에서 살펴보고 이러한 접근의 의의와 역할을 고찰하면서 도덕적 행위에 대한 덕윤리적 접근의 기본 체계를 제시한다. 나아가서 덕윤리가 제시하는 옳은 행위에 대한 대표적인 세 유형의 설명을 인지발달의 도덕심리학을 통해 비판적으로 검토하고 이러한 설명들이 가지는 도덕심리학적 한계를 살펴본다. 또한 행위에 대한 덕윤리적 설명을 비판하는 상황주의 사회심리학자들의 주장과 이러한 주장에 대한 덕윤리적 대응, 특히 실천적 지혜를 통한 대응을 살펴보면서 도덕심리학적 차원과 도덕철학적 차원에서 덕윤리가 가지는 장점과 한계를 제시한다. 마지막으로 이 책의 결론을 대신하는 12장에서는 도덕심리학이 가지는 도덕철학적 의의에 따라 두 영역 간의 적절한 상보성을 모색하고 2장에서 11장까지의 논의에 근거하여 과학기술시대의 규범윤리이론을 정립하는 데 덕윤리가 어떤 역할을 할 수 있는지를 규범성의 두 수준 모형이라는 접근을 제안함으로써 설명한다.

이 책에 실린 대부분의 글들은 지난 몇 년 동안 덕윤리와 도덕심리학에 관심을 갖고 공부하면서 쓰고 발표한 것들이다. 이 글들의 출처는 다음과 같다.

2장 「덕과 감정: 습관화를 통해 형성되는 유덕한 행위자의 감정을 중심으로」. 『철학논총』 제68집(2012): 221-244.

3장 「슬로트(Michael Slote)의 덕이론에서 동기는 도덕판단의 준거가 되는가?」. 『철학』 제103집(2010): 181-205.

4장 「신경과학적 도덕심리학과 덕윤리: 도덕판단에서 정서의 역할과 성격을 중심으로」. 『범한철학』 제75집(2014): 159-188.

5장 「도덕적 정서의 근원과 발달에 대한 신경과학적 이해와 덕윤리」. 『철학논총』 제79집(2015): 77-100.

6장 「성격심리학과 아리스토텔레스의 덕윤리」. 『철학』 제120집 (2014): 75-102.

7장 「도덕적 정체성과 도덕적 행위: 도덕적 성격에 대한 사회인지적 접근의 자동성 주장을 중심으로」. 『윤리연구』 제91호 (2013): 295-324.

8장 「행위와 행위자: 코스가드(Christine M. Korsgaard)의 자아구성으로서의 행위설명에서 아리스토텔레스의 영향을 중심으로」. 『철학』 제117집(2013): 205-238.

9장 「응용윤리에 대한 덕윤리적 접근의 비판적 고찰」. 『철학』 제113집(2012): 349-380.

10장 「덕과 옳음: 옳음에 대한 세 유형의 덕윤리적 설명과 자기 구성적 존재의 비표준성문제를 중심으로」. 『철학논총』 제61집 (2010): 281-304.

11장 「상황주의 사회심리학과 덕윤리: 상황주의적 도전과 실천적 지혜를 통한 덕윤리적 대응을 중심으로」. 『철학』 제109집 (2011): 285-312.

2, 8, 10, 11장은 논문의 부제를 끌어내 장 제목으로 삼았으며, 3장은 좀 더 포괄적인 제목으로 수정하였다. 7장은 유덕한 행위자와 도덕적 기능의 자동성이라는 절을 새로 써서 보완하였으며 제목을 이에 맞게 수정하였다. 1장과 12장은 이 책의 체계적인 구성을 위해 새로 쓴 글이다.

윤리학에 관심을 갖고 공부하기 시작한 이래 참으로 많은 시간이 흘렀다. 숫자로 언급할 엄두가 안 날 만큼 긴 세월임에도 불구하고 여전히 내가 추구하는 윤리학의 실체를 찾아가는 과정에 있다는 점은 못내 아쉽다. 그러나 그 과정 자체가 힘들면서도 즐거웠다는 점에서 새삼 윤리학을 공부할 수 있었음에 진정 감사한다. 또한 그 과정에서 많은 가르침과 도움을 주신 모든 분들에게 감사드린다. 이 책의 출판을 맡아주신 철학과현실사에도 감사드린다. 그리고 한없는 사랑과 격려를 준 부모님과 가족에게 마음을 다해 고마움을 표한다.

2015년 5월
노영란

차 례

1 장

서 론

1. 도덕심리학과 도덕철학

도덕심리학은 도덕적인 상황에서 인간이 실제로 하는 바와 같이 그렇게 생각하고 판단하고 행동하도록 이끄는 것은 무엇인지에 관심을 갖는다. 따라서 도덕심리학은 도덕적 인지와 행위의 기저를 이루는 심리작용을 연구하는 학문이라고 할 수 있다. 20세기 후반까지만 해도 도덕심리학은 주로 심리학이라는 학문의 한 분과 영역으로 여겨졌지만 현재 도덕심리학은 여러 학문들과 활발하게 교류하고 공동 작업을 수행하고 있다. 이처럼 동시대의 도덕심리학이 다양한 방향으로 폭넓게 확대된 것은 현대과학의 발달과 상당한 관련이 있다. 도덕적 인지와 행위가 실제로 어떻게 이루어지는지를 이해하고자 하는 도덕심리학은 기본적으로 경험적 내지 실험적 연구와 밀접하게 관련되는데 진화생물학, 인지과학, 게임이론, 뇌과학, 사회심리학 등 인간을 탐구하는 여러 경험과학들이 발달하면서 도덕심리학은 이러한 경험과학들과의 협력을 통해 도덕적 인지와 행동에 대한 많은 연구들을 수행하게 된 것이다. 바야흐로 도덕심리학은 심리학의 한 분과학문에서 학제적 학문으로 재정립되고 있으며 학제성(interdisciplinarity)은 동시대의 도덕심리학을 특징짓는 가장 두드러진 특징으로 부각되고 있다.

도덕심리학의 학제적 연구에는 심리학과 여타의 경험과학뿐만 아니라 철학도 연루되어 있다. 현재 심리학자들과 경험과학자들은 전통적으로 철학의 영역에 속했던 주제들에 대해 경험적 탐구들을 수행하고 있다. 또한 도덕성과 도덕현상에 대한 경험과학적 연구에 직접 관여하는 철학자들이나 이러한 경험연구 성과들에 주목하는 철학자들이 점점 더 늘어나고 있다. 이처럼 심리학을 포함하는 경험과학들과 철학 간의 교차 지점에서 다양한 연구들이 수행됨에 따라 도덕심리학과 도덕철학은 상당히 친밀한 관계를 맺어가고 있다. 사실 학문의 역사에서 볼 때 도덕심리학과 도덕철학 간의, 넓게는 과학과 철학 간의 친밀성이 이전에 없었던 것은 아니다. 철학이 지식 전반에 대한 체계적인 탐구를 의미하는 포괄적인 명칭이었던 오랜 시기 동안 철학과 과학은 친밀한 관계를 맺어왔다. 예컨대 고대의 아리스토텔레스나 근대의 데카르트와 라이프니츠는 모두 철학자이면서 과학자였다. 그러나 근대 이후 학문의 분화와 전문화가 진행되면서 철학과 과학은 점차 분리되었고 철학이라는 용어의 현대적 의미는 경험적 고찰로서의 과학과는 구별되는, 사변적이거나 이론적인 성격을 갖게 되었다. 철학과 과학의 분리라는 일반적인 흐름은 도덕철학에도 그대로 작용했다. 그러나 경험과학이 도덕철학에 상관이 없다는 인식이 도덕철학자들 사이에 널리 유지되어온 배경에는 학문의 일반적인 흐름 이외에도 도덕철학 내의 특별한 압력이 작용했다고 일반적으로 지적된다. 그 압력은 흄의 존재-당위 문제에 대한 지적과 무어의 자연주의적 오류에 대한 비난에서 상징적으로 잘 드러난다. 도덕철학은 가치를 탐구하는 학문이고 사실에서 가치를 도출할 수 없다는 생각은 과학과 도덕철학을 소원한 관계에 놓이게 하는 데 큰 몫을 했다.

그러나 학제적 학문으로서의 도덕심리학의 발달이 보여주는 바와 같이 오늘날 과학이 급격하게 발달하면서 과학과 도덕철학 간의 관계에 변화가 생기게 되었다. 다양한 영역의 과학이 발달함에 따라 인간 도덕성에 대해 많은 경험연구들이 쏟아져 나오고 도덕심리학의 학제적 연구역시 활발하게 수행됨에 따라 이러한 연구들에 관심을 갖거나 직접 관여하는 도덕철학자들이 점점 더 늘어나게 되었다. 과학적 세계관이 지배하는 시대에 과학적 발견 사실들에 부합하거나 적어도 위배되지 않는 도덕이론들을 제시하거나 좀 더 적극적으로 과학적 성과들을 통해 인간 도덕성의 기원과 본질을 탐구하려는 시도들이 속속 등장하고 있다. 동시대의 도덕철학 영역에서 도덕철학의 자연화 가능성 문제나 자연주의와 규범성의 관계 문제는 주요 쟁점으로 부각되고 있다.

학제적 학문으로서의 도덕심리학이 전례가 없을 정도로 활발하게 수행되면서 다양한 차원에서 많은 연구 성과들이 계속 나오고 있는데 도덕철학과의 친밀한 관계라는 맥락에서 특히 관심을 끄는 도덕심리학의 연구 성과로는 무엇보다도 먼저 콜버그(L. Kohlberg)의 인지적 도덕발달론(the cognitive moral development theory)을 꼽을 수 있다. 이 이론은 1960년대 후반에 등장해서 이후 몇 십 년간 서구의 도덕심리학을 주도해온 대표적인 도덕심리학 이론이다. 물론 콜버그의 인지적 도덕발달론 이전에도 하트숀(H. Hartshorne)과 메이(M. A. May)의 인격교육 연구나 행동주의와 정신분석학에 근거한 연구들로 대표되는 도덕성에 대한 심리학적 연구들이 있었다. 그러나 콜버그는 도덕성에 대한 일련의 메타윤리적 관점들을 수용하고 이러한 메타윤리적 가정들에 근거하여 도덕발달 연구를 수행함으로써 도덕심리학과 도덕철학의 경계를 허무는 데 크게 기여하였다. 콜버그의 인지적 도덕발달론 이후 그의 이론을 발전적으로 계승하거나 비판하면서 다양한 도덕심리학 이론들이 등장하였다. 대표적인 것들로는 밴듀라(A. Bandura)의 사회인지이론, 레스트(James Rest)의 4구성요소 모형, 튜리엘(Elliot Turiel)의 영역이론, 블라지(Augusto Blasi)의 자아모형, 그리고 랩슬리(Daniel K. Lapsley)와 나바에츠(Darcia Narvaez)의 도덕적 성격에 대한 사회인지적 접근 등이 있다. 이러한 도덕심리학 이론들은 도덕교육, 그리고 도덕철학과 연계되어 많은 논의들을 유발하였다. 예컨대 사회인지적 접근의 도덕적 성격이론을 주장하는 나바에츠는 윤리적 전문성 모형이라는 도덕교육이론을 제시하고 뇌과학 연구 성과를 반영하여 삼층윤리이론(the triune ethics theory)을 주장한다. 한편 하만(Gilbert Harman)이나 도리스(John M. Doris)의 상황주의 사회심리학 역시 1990년대와 2000년대 초반 도덕심리학과 도덕철학의 친밀성을 보여주는 대표적인 이론이다. 현 시점에서 가장 두드러진 도덕심리학적 성과로는 뇌과학 내지 신경과학과의 협력을 통해 등장한 다마지오(A. Damasio)의 신체표지가설(the somatic-marker hypothesis), 하이트(Jonathan Haidt)의 사회적 직관주의 모형(a social intuitionist model), 그리고 그린(Joshua D. Greene)의 이중과정 모형(a dual process model) 등을 꼽을 수 있다.

2. 도덕심리학의 동향과 덕윤리

윤리이론으로서의 아리스토텔레스의 덕윤리와 도덕심리학의 관련성을 살펴볼 때 먼저 성격심리학의 발달에 주목할 수 있다. 인간의 판단과 행위에 성격이 어떤 역할을 하며 이러한 성격은 어떤 것인지의 문제는 전통적인 심리학의 주된 주제였다. 그리하여 성격을 인간의 인지와 행동에 대한 심리학적 연구의 주요 대상으로 삼는 성격심리학이 발달해왔는데 성격심리학은 성격을 개념화하는 기본 단위를 무엇으로 보느냐에 따라 다양한 입장들로 나뉜다. 대표적인 전통적 입장은 특질적 접근(the trait approach)인데, 이 접근에 따르면 성격을 구성하는 특질은 어떤 사람의 내적 상태나 특성 혹은 자질을 의미하며 이러한 특질은 일종의 성향으로서 다양한 상황을 가로질러 행동으로 드러난다. 따라서 어떤 특질을 소유하느냐에 따라 어떤 성격의 사람인지 그리고 어떻게 행위하는지가 달라진다고 여겨진다. 성격심리학에서 그동안 가장 널리 알려진 특질적 접근으로는 빅5 모형(the big five model) 혹은 5요인 모형(the five-factor model)이 있다. 성격심리학자들은 덕을 품성상태로 보고 성향으로 이해한 점에서 아리스토텔레스의 덕윤리를 특질적 접근에 해당되는 윤리이론으로 해석해왔다. 성격심리학의 대표적인 입장인 특질적 접근과 잘 어울린다는 점에서 아리스토텔레스의 덕윤리는 도덕심리학적으로 주목을 받아온 것이다.

한편 특질적 접근과 달리 행위를 결정하는 변수로서의 성격특질의 존재에 대해 의문을 제기하는 심리학적 입장들이 있어왔다. 일찍이 하트숀과 메이의 인격교육 연구가 성격특질의 존재에 대해 회의적인 실험 결과를 제시했다. 또한 개개인의 인지와 행동이 사회적 환경이나 다른 사람들에 의해 어떻게 영향을 받는지에 관심을 기울이는 사회심리학자들, 특히 상황주의자들은 사람들의 성격보다 사람들이 처한 상황이 행위를 설명하는 더 강력한 요소라는 것을 보여주는 여러 실험들을 수행했다. 사회심리학의 이러한 실험 결과들은 도덕철학자들 혹은 학제적 연구를 수행하는 도덕심리학자들의 관심을 끌었다. 특히 칸트 윤리학과 공리주의를 비판하면서 덕윤리가 부활하는 상황에서 상황주의적 사회심리학자들의 실험 결과들은 윤리이론으로서의 덕윤리를 거부하는 근거로 사용되었다. 예컨대 하만이나 도리스는 상황주의 사회심리학의 여러 성과들을 근거로 제시하면서 인격에 근거한 행위설명을 제시하는 아리스토텔레스의 덕윤리가 경험적으로 입증되지 않는다고 비판한다. 이러한 논의들은 도덕심리학의 경험연구들과 도덕철학적 주장이 어떻게 관련되는지를 잘 보여준다.

덕윤리와 도덕심리학 간의 관계는 도덕판단에 대한 합리주의 모형 (the rationalist model of moral judgments)에 도전하는 도덕심리학의 최근 연구들에서도 찾아볼 수 있다. 도덕판단에서 이성과 감정이 어떤 역할을 하는지의 문제는 도덕심리학의 중요 주제였는데, 1960년대 후반 이후 도덕심리학에 막대한 영향을 끼친 콜버그의 인지적 도덕발달론은 도덕판단이 기본적으로 숙고와 추론의 과정에 의해 도달된다고 보는 합리주의 모형을 주도해왔다. 그러나 1980년대와 1990년대에 다양한 영역에서 도덕성에 대한 여러 학제적 연구들이 수행됨에 따라 합리주의 모형은 많은 도전을 받게 되었다. 동시대의 대표적인 도덕심리학자인 하이트는 1990년대 후반에 이르러 합리주의 모형은 더 이상 그다지 그럴듯하지 않게 되었다고 보고 이러한 변화에 영향을 미친, 이 시기에 등장하고 수행된 6개의 지적 트렌드로 정서혁명(affective revolution), 문화심리학(cultural psychology)의 부활, 자동성 혁명(automaticity revolution), 신경과학(neuroscience)의 연구, 영장류 동물학(primatology)의 연구, 그리고 진화심리학(evolutionary psychology)이라고 재표기된 사회생물학(sociobiology)의 부활을 꼽는다.[1] 합리주의 모형에 도전하고 변화를 야기했다는 점에서 드러나듯이 이러한 6개의 지적 트렌드에 관련된 도덕심리학적 연구들은 모두 도덕판단과 행위에서 정서가 중요한 역할을 한다는 경험적 결과들을 제시하고 있다. 도덕적 정서의 역할에 주목하는 것은 동시대 도덕심리학의 가장 두드러진 특징에 속한다고 할 수 있다.

윤리학의 긴 역사를 보면 정서는 도덕성에 대한 위협으로 여겨지기도 하고 도덕성의 핵심으로 중시되기도 했다. 그리하여 도덕성에 대한 정

---

1) Jonathan Haidt. 2013. "Moral Psychology for the Twenty-First Century." *Journal of Moral Education* Vol. 42 No. 3, pp.283-285.

서의 역할과 관련하여 정서의 일반적인 역할로 널리 받아들여져 온 동기를 부여하는 힘조차 인정하지 않는 윤리이론에서부터 동기를 부여할 뿐만 아니라 가치를 표지하는 힘도 있다고 보는 윤리이론까지 다양한 입장들이 존재한다. 이러한 여러 입장들 중에서 아리스토텔레스의 덕윤리는, 20세기 중반에 앤스컴(G. E. M. Anscombe)이 근대 도덕철학이 적합한 심리학의 철학(philosophy of psychology)을 결여하고 있다고 비판하면서 아리스토텔레스의 부활을 주장했던 것처럼,2) 칸트 윤리학이나 공리주의보다 정서의 역할을 더 적극적으로 인정하는 윤리이론이다. 그리고 이 점에서 아리스토텔레스의 덕윤리는 도덕적 정서의 역할을 중시하는 동시대의 도덕심리학이 관심을 가질 수 있는 윤리이론이라고 할 수 있다.

사실 아리스토텔레스의 덕윤리는 그 자체가 도덕심리학과 친밀한 관계에서 비롯된 윤리이론이라고 볼 수 있다. 물론 아리스토텔레스가 살았던 시대에는 도덕심리학이라는 개별학문이 없었다. 그러나 오늘날의 개별학문 체계를 염두에 두고 볼 때 아리스토텔레스는 도덕심리학과의 긴밀한 관계를 추구한 철학자라고 할 수 있다. 이는 인간 본성에 근거하여 선을 규정하는 윤리적 자연주의를 추구했다는 점에서 분명히 드러난다. 동물, 식물, 그리고 인간의 기능을 검토하고 행위의 목적으로서의 선이 인간의 고유 기능 안에 있다고 보고 이 기능을 잘 수행하는 품성 상태를 덕이라고 봄으로써 아리스토텔레스는 도덕성을, 비록 규범윤리적으로 이해되기는 했지만, 인간 본성에 대한 사실로부터 도출한다. 도덕성의 본질에 대한 이해를 경험적 탐구와 분리하지 않는 아리스토텔레스의 입장은 우리가 어떻게 도덕성을 획득하는가에 대한 주장에서도 나

---

2) G. E. M. Anscombe. 1997. "Modern Moral Philosophy." In Thomas L. Carson & Paul K. Moser eds. *Morality and the Good Life*(New York & Oxford: Oxford University Press, 1997), p.247.

타난다. 아리스토텔레스는 윤리학을 덕이 무엇인지를 아는 이론적 탐구가 아니라 좋은 사람이 되는 실천적 목적을 위한 탐구라고 생각하고 일상의 도덕성을 중시한다. 그리고 그는 "우리는 우리에게 알려져 있는 것으로부터 출발해야 할 것이다"라고 말하고 "좋은 습관을 통해 훌륭하게 자란 사람은 제일 원리들을 이미 가지고 있거나 쉽게 취할 것이다"라고 말한다.3) 탁월성에 대해 제대로 배우려면 좋은 습관을 통해 훌륭하게 자라는 것이 중요하다고 보고 제일 원리가 습관화를 통해 획득된다는 주장은 인간 도덕성이 경험세계로부터 분리될 수 없다는 아리스토텔레스의 입장을 잘 보여준다. 따라서 도덕심리학과 도덕철학의 친밀한 관계가 그 어느 때보다 관심사가 되고 있는 현재 상황에서 아리스토텔레스의 덕윤리가 현대의 도덕심리학과 구체적으로 어떻게 관련되는지를 살펴보는 것은 그의 이론을 이해한다는 측면에서 흥미로울 뿐만 아니라 과학기술시대의 규범윤리이론의 방향을 모색한다는 측면에서 유의미한 탐구가 될 것이다.

---

3) 아리스토텔레스. 2013. 『니코마코스 윤리학』, 강상진 · 김재홍 · 이창우 옮김 (서울: 도서출판 길), 1095b4, p.19; 1095b8-9, p.19.

1 부

덕과 감정

2 장

습관화를 통해 형성되는 유덕한 행위자의 감정

1. 들어가는 말

윤리학의 역사에는 감정이 도덕성에서 차지하는 의미와 역할에 대한 상반된 입장들이 존재한다.[1] 감정을 도덕성에 대한 위협으로 여기는 입장이 있는가 하면 도덕성의 핵심으로 중시하는 입장도 있다. 칸트 윤리학으로 대변되는 의무론적 보편주의의 관점에서 볼 때 감정은 도덕성을 드러내기에는 부적절하다. 예컨대 이러한 관점에 따르면 감정은 편파적이거나 우연적이어서 도덕적 가치와 관련되기 어렵고 신뢰할 수 없거나 수동적이어서 도덕적 동기로 부족하다. 한편 규범윤리이론으로서 덕윤리가 가지는 장점으로 꼽히는 것 중의 하나는 덕윤리가 도덕성에서 감정이 차지하는 의미와 역할을 소홀히 취급하거나 무시하지 않는다는 점

---

1) 이 책에서는 감정과 정서를 엄밀하게 구별하지 않고 맥락에 맞게 적절하게 사용한다는 점을 밝혀둔다.

이다. 감정이 덕에 긍정적으로 관계한다고 이해하는 대표적인 덕윤리적 입장은 아리스토텔레스에게서 발견된다. 아리스토텔레스는 선택, 행위와 함께 감정을 덕의 중요한 요소로 본다. 아리스토텔레스에게 있어서 감정은 습관화(habituation)를 통해 형성된 유덕한 품성상태의 중요한 부분인 것이다. 이 장에서는 아리스토텔레스의 주장을 비판적으로 검토하면서 덕과 감정의 적절한 관계를 모색하고자 한다. 이를 위해 먼저 아리스토텔레스에게 있어서 감정은 덕과 어떤 방식으로 관계하는지, 이러한 감정은 어떤 성격을 갖는지를 살펴볼 것이다. 나아가서 이러한 감정의 성격을 비판적으로 검토하면서 아리스토텔레스의 입장이 과연 덕과 감정의 적절한 관계를 제시하는지를 살펴볼 것이다.

2. 덕에 관계하는 감정의 성격

아리스토텔레스에게 있어서 덕은 행위에 관계한다. 즉, 유덕한 사람은 올바른 행위를 한다. 그러나 단순히 올바른 행위를 한다고 유덕한 사람이 되는 것이 아니다. 유덕한 사람인지 아닌지를 결정하는 데에는 어떤 상태에서 그 행위를 했느냐가 문제가 된다. 아리스토텔레스에 따르면 유덕한 사람은 "우선 알면서 또 다음으로 합리적 선택에 의거해서 행위하되 그 행위 자체 때문에 선택해야 하며, 셋째로 확고하고도 결코 흔들리지 않는 상태에서 행위해야" 한다.[2] 아리스토텔레스에게서 덕을 가진 사람은 올바른 것을 그 자체를 위해 선택하고 그러한 것을 행하는 지속적이고 안정적인 품성상태를 가진 사람이다. 그러나 아리스토텔레스의 덕개념은 선택과 행위에 관련될 뿐만 아니라 감정에도 관련된다. 덕과 감정의 관계에 대해 아리스토텔레스는 다음과 같이 말한다:

---

2) 아리스토텔레스. 2008. 『니코마코스 윤리학』, 이창우 · 김재홍 · 강상진 옮김 (서울: 이제이북스), 1105a31-34, p.60.

그렇다면 탁월성은 중간을 겨냥하는 것일 터이다. 내가 말하는 탁월성은 성격적 탁월성이다. 왜냐하면 이것이 감정들과 행위들에 관련하며, 이것들 안에 지나침과 모자람, 그리고 중간이 있기 때문이다. 예를 들면 두려워하는 일이나 대담해지는 일, 욕망하는 일이나 화를 내는 일, 또 연민을 갖는 일, 일반적으로 즐거워하거나 고통스러워하는 일은 너무 많이 할 수도 있고, 너무 적게 할 수도 있지만, 양자 모두에 있어서 잘하는 것은 아니다. 그러나 (1) 마땅히 그래야 할 때, 또 마땅히 그래야 할 일에 대해, 마땅히 그래야 할 사람들에 대해, 마땅히 그래야 할 목적을 위해서, 또 마땅히 그래야 할 방식으로 감정을 갖는 것은 중간이자 최선이며, 바로 그런 것이 탁월성에 속하는 것이다. (번호와 밑줄 덧붙임)[3]

(1)에 따르면 유덕한 사람은 감정과 관련하여 너무 지나치거나 너무 모자라지 않고 적절하게 태도를 취하는 사람이다. 덕과 감정의 이러한 관계는 아리스토텔레스에게 있어서 감정 그 자체가 덕이나 악덕이 아님을 보여준다. 유덕한 사람은 예컨대 마땅히 화를 내야 할 때, 마땅히 화를 내야 할 사람에게, 마땅히 화내야 할 방식으로 화를 내는 사람이다. 따라서 분노라는 감정 그 자체는 악덕이 아니며, 어떤 사람이 화를 냈다는 사실 자체는 비난받을 만한 것이 아니다. 덕이나 악덕과 관련해서 문제가 되는 것은 그 사람이 어떤 방식으로 화를 냈느냐이다. 즉, 우리가 마땅히 화를 내야 할 때가 아님에도 화를 냈다면 비난받을 만하며, 우리의 이러한 나쁜 태도는 우리가 지닌 덕스럽지 못한 품성상태에서 비롯된 것이다. (1)은 감정 그 자체는 도덕적으로 중립적이며 적절하게 느껴진 감정, 즉 적합한 종류의 그리고 올바른 정도의 감정이 덕에 관련한다는 것을 보여준다.

한편 아리스토텔레스에게 있어서 감정의 일반적인 특징은 그것이 즐

---

3) 아리스토텔레스(2008), 1106b15-24, p.65.

거움과 고통이 동반하는 것이라는 점이다.4) 따라서 감정과 관련하여 적절한 태도를 취하는 품성상태가 덕이라고 할 때 유덕한 사람이 즐거움이나 고통과 관련하여 구체적으로 어떤 태도를 취하는지를 다음의 구절에서 살펴보자:

(2) 어떤 사람의 실제 행위에 수반되는 즐거움과 고통을 그 사람의 품성상태의 표시로 간주해야 할 것이다. 육체적인 즐거움들을 삼가고 이러한 삼감 자체에서 기쁨을 느끼는 사람은 절제 있는 사람이고, 이를 답답해하는 사람은 무절제한 사람이며, 무서운 것들을 견뎌내고 그런 일에서 기쁨을 느끼는 사람, 혹은 적어도 고통을 느끼지 않는 사람은 용감한 사람이며, 거기서 고통을 느끼는 사람은 비겁한 사람이기 때문이다. (3) 성격적 탁월성은 즐거움과 고통에 관련한다. 우리가 나쁜 일들을 행하는 것은 즐거움 때문이며, 고귀한 일들을 멀리하는 것은 고통 때문이니까. 그러한 까닭에 플라톤이 말하는 바와 같이 어렸을 때부터 죽 마땅히 기뻐해야 할 것에 기뻐하고, 마땅히 괴로워해야 할 것에 고통을 느끼도록 어떤 방식으로 길러졌어야만 한다. 이것이야말로 올바른 교육이다. (번호와 밑줄 덧붙임)5)

절제 있는 사람은 육체적인 즐거움을 삼가고 이러한 행위에서 기쁨을 느낀다는 예처럼 (2)는 어떤 사람이 행위할 때 느끼는 즐거움이나 고통이 그가 유덕한 품성상태를 가졌는지 아닌지를 드러내준다는 것을 의미

---

4) 아리스토텔레스는 *Rhetoric* 에서 감정은 "고통과 즐거움이 동반하는 상태를 의미하며 감정이 변화함에 따라 우리의 판단에도 차이가 생긴다"고 말한다. Aristotle. 1932. *The Rhetoric of Aristotle*, Trans. by Lane Cooper(New York: Appleton-Century-Crofts, Inc.), 1378a21, p.92. 또한 『니코마코스 윤리학』에서 그는 감정을 "욕망, 분노, 두려움, 대담함, 시기, 기쁨, 친애, 미움, 갈망, 시샘, 연민, 일반적으로 즐거움이나 고통이 동반하는 것들"이라고 말한다. 아리스토텔레스(2008), 1105b22-23, p.61.

5) 아리스토텔레스(2008), 1104b4-14, p.56.

한다.6) 이처럼 행위에 수반되는 즐거움이나 고통이라는 감정적 반응이 행위자의 품성상태를 드러내는 이유는 (3)을 통해 확인된다. 우리는 즐거움을 준다면 행하려 하고 고통을 초래한다면 회피하려고 한다는 점에서 우리가 어떤 즐거움을 원하고 추구하느냐에 따라 우리의 행위가 달라진다. 따라서 우리가 어떤 행위를 할 때 즐거움을 느끼느냐 아니냐의 문제는 우리에게 있어서 즐거운 것이 무엇이냐의 문제이다. 그렇다면 유덕한 사람은 어떤 즐거움을 추구하는가? 아리스토텔레스는 "탁월성에 따르는 행위들은 그 자체로 즐거울" 뿐만 아니라 "좋기도 하고 고귀하기도 하되, 각각의 경우마다 최고로 그러할 것"이라고 말한다.7) 즉, 아리스토텔레스에게 있어서는 유덕하게 행위하는 것이 그 자체로 즐거운 것이며 가장 좋은 것이며 고귀한 것이다. 유덕한 사람은 가장 좋은 것, 고귀한 것을 행하는 사람이고 그에게 즐거운 것은 가장 좋은 것, 고귀한 것에 다름 아니다. 이처럼 유덕한 사람에게 있어서는 즐거운 것, 가장 좋은 것, 고귀한 것이 서로 분리되지 않기 때문에 유덕한 사람에게

---

6) 덕과 감정에 대한 아리스토텔레스의 주장을 논할 때 로버츠(Robert C. Roberts)는 (1)을 감정의 적절함 관계(the propriety of affect relation)로, (2)를 표시 관계(the index relation)로 각각 명명한다. 그는 덕이 어떤 논리적, 심리적 구조를 갖느냐에 따라 덕들마다 감정에 관계하는 방식이 다를 수 있다고 주장하면서 대표적인 관계방식으로 표시 관계와 감정의 적절함 관계를 꼽는다. 로버츠의 주장을 위해서는 Robert C. Roberts. 1989. "Aristotle on Virtues and Emotions." *Philosophical Studies* 56, pp.295-299 참조. 그러나 (1)과 (2)를 덕과 감정의 다른 관계방식으로 굳이 구분할 필요는 없다. 유덕한 품성을 가진 사람은 (1)처럼 적합한 종류의 감정을 적당하게 갖는 사람이며 (2)처럼 올바른 행위를 할 때 기쁨을 느끼는 사람이기 때문이다. 다만 (1)은 중용으로서의 덕이 감정에 관계할 때 어떻게 파악되는가를 보여준다면, (2)는 그러한 감정이 즐거움의 추구로서의 행위와 함께 어떻게 드러나는지를 구체적으로 보여준다. (1)과 (2)를 구분하지 않는 입장의 예를 위해서는 강상진. 2007. 「아리스토텔레스의 덕론」. 『가톨릭철학』 제9호, p.22 참조.

7) 아리스토텔레스(2008), 1099a21-23, p.34.

있어서 즐거운 것은 바로 마땅히 해야 할 올바른 행위를 하는 것이다. 그리하여 (3)에서 나타난 것처럼 유덕한 사람은 마땅히 해야 할 행위를 하고 그러한 행함에서 즐거움을 느끼는 것이다.

지금까지 (1), (2), (3)을 중심으로 아리스토텔레스에게 있어서 덕과 감정이 어떻게 관련되는지를 살펴보았다. 덕에 관련되는 감정은 적절하게 느껴진 감정이며 감정이 즐거움이나 고통에 결부된다는 점에서 덕에 관련된 감정은 행위에 수반되는 즐거움이나 고통이다. 그리하여 가장 좋은 것, 고귀한 것의 행함 그 자체에서 수반되는 기쁨은 유덕한 품성상태를 드러내준다. 아리스토텔레스에게 있어서 유덕한 사람은 가장 좋은 것, 고귀한 것에 대한 판단과 즐거운 것에 대한 감정이 일치해서 내적 통합을 이루는 사람이다. 그의 품성상태는 영혼의 이성적 부분과 욕구적 부분이 결합된 것이다.8) 이 점은 절제와 자제에 대한 아리스토텔레스의 구분에서 잘 나타난다. 아리스토텔레스에 따르면 "절제 있는 사람의 욕망적 부분은 이성과 한 목소리를 내야 하"며 이 둘은 모두 "고귀한 것을 목표로 삼"는다.9) 즉, 절제 있는 사람이 이성적으로 선택하는 것은 고귀한 것이며 마찬가지로 그가 욕망하는 것도 역시 고귀한 것이다. 반면에 아리스토텔레스는 "자제력 있는 사람은 반대로, 합리적으로 선택하면서 행위하지, 욕망하면서 행위하지 않는다"고 말한다.10) 절제 있

---

8) 덕을 합리적 선택과 관련한 품성상태라고 볼 때, 아리스토텔레스가 욕구의 대상이 되는 목적과 이 목적에 대한 이성적 숙고를 통해 나오는 합리적 선택을 사고와 욕구가 결합된 "욕구적 지성"이거나 "사유적 욕구"라고 말하는 것은 이를 잘 보여준다. 아리스토텔레스(2008), 1139b4-5, p.206.

9) 아리스토텔레스(2008), 1119b15, p.120. 아리스토텔레스에 따르면 "절제 있는 사람은 마땅히 욕망해야 할 것을, 마땅히 그래야 할 방식으로, 마땅히 그래야 할 때 욕망"한다. 아리스토텔레스(2008), 1119b16-17, p.120.

10) 아리스토텔레스(2008), 1111b15, p.86. 아리스토텔레스에 따르면 "자제력 없는 사람은 욕망하면서 행위하지만 합리적으로 선택하면서 행위하지는 않"는다. 아리스토텔레스(2008), 1111b14, p.86.

는 사람과 달리 자제력 있는 사람은 비록 이성적으로 고귀한 것을 선택하기는 하지만 그가 욕망하는 것은 고귀한 것이 아닌 다른 것이다. 합리적 선택에 따라 행동하지만 그러한 행함에서 즐거움이 수반되지 못한다는 점에서 자제력 있는 사람은 유덕한 품성상태를 보여주기에 부족하다. 자제와 절제에 대한 설명이 잘 보여주는 것처럼 유덕한 품성상태가 드러내는 즐거움의 감정은 좋음과 고귀함의 평가적 판단에 관련된다. 여기에서 우리는 아리스토텔레스에게 있어서 유덕한 품성상태를 드러내는 감정이 평가적 판단이라는 인지적인(cognitive) 요소를 가진다는 것을 알 수 있다.

아리스토텔레스가 덕에 관련짓는 감정이 인지적 요소를 갖는다는 것은 오늘날 자주 지적되는 바이다. 예컨대 뉴웬버그(Paul Nieuwenburg)는 감정에 대한 아리스토텔레스의 정의가 phantasia라는 개념에 의해 정의된다는 특징에 주목한다.11) 뉴웬버그에 따르면 phantasia라는 용어는 직접적인 신념과 구분되기는 하지만 오늘날 일반적으로 "의도성에 대한 지시자(pointers to intentionality)"로 설명되며, 바로 이 phantasia에 의해 "특정 감정들에 대한 대부분의 정의에서 일정 양의 의도적인 내용이 부여된다."12) 아리스토텔레스의 감정개념이 phantasia에 의해 정의된다는 것은 그의 감정개념이 인지적인 내용을 가진다는 것을 보여준다. 한편 셔먼(Nancy Sherman)은 "아리스토텔레스의 견해에 따르면

---

11) 'phantasia'는 흔히 '(mental) image'나 'imagination' 혹은 'appearance'로 영역된다. 예컨대 아리스토텔레스의 *Rhetoric*에서 이와 관련된 부분을 찾아보면 다음과 같다: "fear may be defined as a pain or disturbance arising from a mental image of impending evil of a destructive or painful sort⋯ these only when they appear to be, not remote, but close at hand, imminent." Aristotle (1932), 1382a21-22, pp.107-108.

12) Paul Nieuwenburg. 2002. "Emotion and Perception in Aristotle's Rhetoric." *Australasian Journal of Philosophy* Vol. 80 No. 1, p.89.

즐거움이나 고통은 어떤 것이 좋거나 나쁘다고 판단하는 것이며", "감정은 그러한 판단의 더욱 확정적인 형태"라고 말한다.13) 현대의 대표적인 아리스토텔레스주의자인 허스트하우스(Rosalind Hursthouse) 역시 아리스토텔레스에게 있어서 감정이 평가적 판단을 포함한다고 본다. 허스트하우스는 감정을 올바르게 느끼는 것은 적당한 양의 감정을 가지는 것이라는 점에서 "감정은 가장 일반적이고 포괄적인 의미에서 '선함'과 '악함'을 추구와 회피의 형식적 대상으로 취하면서 선함과 악함의 인상이나 이미지(혹은 사고나 지각)를 포함한다"고 말한다.14) 또한 작제프스키(Linda Zagzebski)는 덕에 밀접히 연결된 감정의 동기는 "배고픔이나 갈증과 같은 거의 전적으로 생리적인 것으로 간주되는 동기"인 느낌과 "느낌을 가지고 있지 않을 수 있는 소위 순수한 의무의 동기"라는 두 극단 사이에 존재한다고 주장함으로써 덕에 관계하는 감정의 인지적 요소를 동기적 차원에서 지적한다.15) 이러한 주장들에서 확인할 수 있는 것처럼 아리스토텔레스가 덕에 관계한다고 보는 감정은 단순한 심리적 현상이 아니라 인지적 측면을 포함하는 복합적인 현상이다.

한편 아리스토텔레스가 덕에 관계한다고 보는 감정은 또 다른 중요한 성격을 갖고 있다. 아리스토텔레스는 유덕한 품성이 길러질 수 있으며 이에 따라 우리가 적절한 감정을 가질 수 있다고 생각한다. 아리스토텔레스에 따르면 덕은 "습관의 결과로 생겨"나며 "정의로운 일들을 행함으로써 우리는 정의로운 사람이 되며, 절제 있는 일들을 행함으로써 절제 있는 사람이 되고, 용감한 일들을 행함으로써 용감한 사람이" 된

---

13) Nancy Sherman. 1997. *Making a Necessity of Virtue*(Cambridge: Cambridge University Press), p.57.

14) Rosalind Hursthouse. 1999. *On Virtue Ethics*(Oxford & New York: Oxford University Press), p.110.

15) Linda Zagzebski. 1996. *Virtues of the Mind*(Cambridge: Cambridge University Press), pp.129-130.

다.16) 이러한 습관화를 통한 덕의 형성은 본성적 가능성을 전제한다. 아리스토텔레스에 따르면 덕은 "본성적으로 생겨나는 것도 아니요, 본성에 반하여 생겨나는 것도 아니"며, "우리는 그것들을 본성적으로 받아들일 수 있으며 습관을 통해 완성시킨다."17) 즉, 품성상태로서의 덕은 인간의 본성에 가능성으로 주어져 있으며 습관을 통해 완성되는 것이다. 물론 인간의 본성은 덕으로 혹은 악덕으로 완성될 가능성을 모두 가지고 있어서 어릴 때부터 어떤 방향의 습관을 들이느냐에 따라 다른 품성이 형성되고 어떤 사람이 되느냐의 차이가 만들어진다. 덕이 습관의 결과로 완성된다는 점에서 유덕한 품성의 감정 역시 습관을 통해 생겨난다. 예컨대 어릴 때부터 즐거움을 삼가는 습관을 들이게 되면 즐거움을 삼가는 행위 자체에서 기쁨을 느끼게 된다는 것이다. 이처럼 아리스토텔레스에게 있어서 유덕한 사람이 갖는 감정은 습관화를 통해 형성된, 일종의 계발된(cultivated) 감정이다. 지금까지 살펴본 바와 같이 아리스토텔레스가 덕에 관련짓는 감정은 인지적인 요소를 포함하며 습관화를 통해 계발된다는 특징을 갖는다. 이러한 두 가지 특징을 차례로 살펴보면서 덕과 감정에 대한 아리스토텔레스의 주장을 비판적으로 검토해보도록 하자.

---

16) 아리스토텔레스(2008), 1103a16, p.51; 1103b1-3, p.52.
17) 아리스토텔레스(2008), 1103a24-26, p.51. 한편 아리스토텔레스는 덕의 형성과 관련하여 어린 시절부터 습관을 들여야 할 뿐만 아니라 해야 할 일이 법에 의해 규정되어야 한다고 말한다. 아리스토텔레스에 따르면 "그렇지만 어린 시절에 올바른 교육과 보살핌을 받는 것만으로는 아마 충분하지 않을 것이다. 성인이 된 후에도 같은 일을 계속해서 해야 하고 습관을 들여야만 하기에, 이 점에 관해서도 우리는 법률을 필요로 하며, 따라서 일반적으로 삶 전체에 관한 법률을 필요로 하는 것이다." 아리스토텔레스(2008), 1180a1-4, pp.379-380. 이처럼 아리스토텔레스는 본성적 가능성을 습관으로 완성함에 있어서 입법적인 것의 필요성을 덧붙인다.

3. 유덕한 품성상태의 감정구조

감정이 인지적 요소를 갖는지 아닌지에 대해서는 그동안 상반된 입장들이 존재해왔는데 최근의 논의들은 감정의 인지적 요소를 대체로 인정하는 경향이 있다. 프린츠(Jesse J. Prinz)와 니콜스(Shaun Nichols)는 판단과 동기 그리고 감정 간의 관계를 탐구하는 현대의 다양한 많은 입장들을 검토한 후에 그러한 입장들이 하나의 중요한 특징을 공유하고 있다고 본다. 프린츠와 니콜스에 따르면 그러한 입장들은 감정과 도덕판단의 관계가 구성적인지 인과적인지에 대해서, 그리고 만일 인과적이라고 한다면 감정이 도덕판단을 야기하는지 아니면 도덕판단에 의해 야기되는지에 대해서 상이한 입장들을 취하고 있기는 하지만 그러한 입장들 모두 "감정이 도덕판단을 내리는 맥락에서 일반적으로 발생한다고 말하고 있다."18) 최근에 도덕성에 대한 새로운 경험적 기반을 제공하고 있는 신경과학적 연구 역시 "도덕적 의사결정이 이성의 작용에 전적으로 의존하는 합리적인 과정이 아니라 맥락에 따라 감정과 이성이 다른 비중으로 개입되는, 더 통합적이고 다차원적인 작용임을 생물학적 자료를 통해 보여준다."19) 신경과학적 접근은 도덕판단에 이성뿐만 아니라 감정이 중요한 역할을 한다는 것을 경험적 근거를 통해 밝혀주고 있는 것이다. 이처럼 도덕판단에 감정이 관여한다는 현대의 연구 결과들은

---

18) Jesse J. Prinz & Shaun Nichols. 2010. "Moral Emotions." In John M. Doris & the Moral Psychology Research Group eds., *The Moral Psychology Handbook*(Oxford: Oxford University Press, 2010), p.118. 프린츠와 니콜스가 검토하는 입장에는 affective rationalism, judgment rationalism, motivation emotionism, social intuitionism, sentimental rules theory, constructive senti-mentalism 등이 있다.
19) 김효은. 2009. 「신경윤리에서 보는 감정: 도덕적 판단에서 감정의 역할」. 『호남문화연구』 45, pp.294-295.

도덕성에서 인지와 감정이 밀접하게 관련되어 있음을 보여준다. 따라서 유덕한 품성상태의 감정구조가 인지적인 면을 포함한다는 아리스토텔레스의 주장은 나름 설득력 있는 입장이라고 할 수 있다.

그러나 인지적인 내용을 가지는 덕의 감정구조에 대한 아리스토텔레스의 주장은 좀 더 면밀한 검토가 요구된다. 앞 절에서 살펴본 바와 같이 아리스토텔레스는 고귀한 것의 행함 그 자체에서 수반되는 기쁨은 유덕한 품성상태를 드러내준다고 주장한다. 그런데 용감한 사람에 대한 아리스토텔레스의 설명은 이러한 주장보다 더 복잡하다. 앞 절에서 인용한 것처럼 아리스토텔레스는 "무서운 것들을 견뎌내고 그런 일에서 기쁨을 느끼는 사람, 혹은 적어도 고통을 느끼지 않는 사람은 용감한 사람이며, 거기서 고통을 느끼는 사람은 비겁한 사람"이라고 설명한다.[20] 이처럼 아리스토텔레스가 무서운 것들을 견뎌내고 기쁨을 느끼는 사람뿐만 아니라 고통을 느끼지 않는 사람도 용감한 사람이라고 설명하는 이유는 다른 덕들과 달리 용기가 고통을 견뎌냄으로써 도달되는 덕이라는 점이 일부 작용했을 것이다. 실제로 용기와 고통에 대해 논할 때 아리스토텔레스는 용감한 사람에게도 죽음과 부상은 고통스럽고 내키지 않는 것이 될 것이라고 예를 들면서 "탁월성의 발휘(energein)가 즐겁다는 것은, 이미 그 목적에 도달한 경우를 제외한다면, 모든 탁월성에 타당하지는 않다"고 말한다.[21] 용기라는 덕은 행위에 수반되는 즐거움의 유무로만이 아니라 고통의 유무로도 유덕한 품성과 그렇지 않은 품성의 구분이 가능한 경우가 되는 셈이다.

그러나 행위에 즐거움이 수반되거나 혹은 적어도 고통이 수반되지 않을 때 유덕한 품성을 드러내는 경우는 비단 용기의 덕에만 제한되는 것

---

20) 아리스토텔레스(2008), 1104b7-8, p.56.
21) 아리스토텔레스(2008), 1117b16-17, p.111.

은 아닌 듯하다. 이에 대한 단서를 즐거움에 대한 아리스토텔레스의 설명에서 찾을 수 있다. 아리스토텔레스는 덕의 표시로서 행위에 수반되는 즐거움을 "방해받지 않는 [활동]"이라고 설명한다.22) 방해받지 않는 활동으로서의 즐거움은 구체적으로 어떤 감정구조를 가지는가? 즐거움이란 좋은 상태로 있는 것을 방해받지 않는 활동이라는 아리스토텔레스의 설명에 대해 엄슨(J. O. Urmson)은 "나쁜 형태 또는 이와 비슷한 것을 하려는 욕망 같은 것들에 의해 방해받지 않는다면, 그 활동은 즐긴다는 특성을 가진다는 것을 의미하는 것으로 해석되어야 한다"고 주장한다.23) 또한 셔먼은 아리스토텔레스가 덕의 표시로 삼는 즐거움은 "갈등과 투쟁의 부재를 나타내는 즐거움 바로 그것"이라고 주장한다.24) 이러한 해석들은 덕의 표시가 되는 행위에 수반되는 즐거움이란 문제의 행위에 반대되는 욕구가 없어서 그러한 행위를 행하는 데 갈등이 없기 때문에 그러한 행위를 하고 고통을 느끼지 않음을 의미한다. 즐거움에 대한 이러한 의미로부터 고귀한 것을 행함에서 고통을 느끼지 않는 사람과 기쁨을 느끼는 사람이 덕의 관점에서 근본적으로 다르지 않다는 것을 알 수 있다. 아리스토텔레스가 무서운 것을 견뎌내고 기쁨을 느끼는 사람과 고통을 느끼지 않는 사람을 모두 용감한 사람으로 보는 것은 용기라는 덕 자체의 특성 탓도 있지만 행위에 수반되는 즐거움의 의미에서 비롯되는 면도 있는 것이다.

이제 우리는 고귀한 것을 행함에서 기쁨을 느끼는 사람에서부터 적어도 고통을 느끼지 않는 사람까지 모두 유덕한 사람이며, 유덕한 사람은 어떤 덕이 관련되느냐 혹은 어떤 맥락이냐 등등 여러 요인에 따라 기쁨

---

22) 아리스토텔레스(2008), 1153a15, p.268.
23) J. O. 엄슨. 1996. 『아리스토텔레스의 윤리학』, 장영란 옮김(서울: 서광사), p.172.
24) Sherman(1997), p.93.

과 고통 없음 사이에서 적절한 태도를 취하게 된다는 것을 알 수 있다. 이에 따라 행위에 수반되는 감정적 반응이 덕의 존재를 표시한다는 아리스토텔레스의 주장을 다음과 같이 분류해보자:

(가) 유덕한 사람: 고귀한 것을 행함에서 기쁨을 느끼는 사람
(나) 유덕한 사람: 고귀한 것을 행함에서 고통을 느끼지 않는 사람
(다) 유덕하지 못한 사람: 고귀한 것을 행함에서 고통을 느끼는 사람

여기에서 (가)는 덕의 관점에서 볼 때 (나)와 근본적인 차이는 없지만 고통을 느끼지 않는 데에서 나아가 적극적으로 기쁨을 느끼는 사람이라고 해보자. 그리고 (나)는 고통을 느끼지 않지만 적극적으로 기쁨을 느끼지도 않는 사람이라고 해보자. (가), (나), (다)의 감정구조를 비교해보면 고귀한 것을 행함에서 고통을 느끼는 (다)는 이성적인 것에 대립하는 욕구를 가지고 있는 반면에, (가)와 (나)는 둘 다 그러한 욕구를 가지고 있지 않다. 그렇다면 (가)와 (나)는 구체적으로 어떤 욕구를 가지고 있는가? 고귀한 것을 행함에서 기쁨을 느끼는 (가)는 이성적인 것에 일치하는 적극적인 욕구를 가지고 있고 이에 따라 행함에서 기쁨을 느낀다고 보아도 별 무리가 없는 듯하다. 그러나 (나) 역시 (가)처럼 이성적인 것에 일치하는 적극적인 욕구를 가지고 있다고 간단히 말하기는 어렵다. 만일 (나)가 문제의 욕구를 가지고 있다면 고통을 느끼지 않는 정도에 머물지 않고 (가)처럼 적극적으로 기쁨을 느낄 것이라고 반박할 수 있기 때문이다.

고통을 느끼지 않는 것과 기쁨을 느끼는 것이 근본적으로 다르지 않고 어떤 의미에서 둘 간의 차이는 정도의 문제라는 점에 근거하여, 혹자는 욕구를 추구하는 행위에 수반되는 즐거움이 적극적으로 감지되지 않을 뿐 (나) 역시 (가)처럼 이성적인 것에 일치하는 적극적인 욕구를 가

지고 있다고 주장할 수도 있다. 실제로 셔먼은 도덕판단에서 감정이 하는 역할을 인정하지 않으려는 입장은 "감정이 자주 감지되기 어려운 면이 있다고 여기기보다는 늘 열정적이고 강하게 느껴진다고 여기는 잘못된 인식"과 많은 관계가 있다고 지적한다.25) 그러나 기쁨이나 고통의 어떤 느낌이나 징후 등을 갖지 않는다는 점에서 (나)가 정서적인 상태를 가지는 어떤 감정을 드러낸다고 보기 어렵다. 우리는 행위자가 어떤 정서적인 상태를 감지하기 어렵다고 한다면 어떻게 감정이 존재한다는 것을 확인할 수 있는가라는 의문을 제기하지 않을 수 없다. 분명 감정은 단순히 어떤 느낌 혹은 심리적 특질이나 신체 생리적 징후 등에 불과한 것은 아니다. 그렇지만 이러한 정서성(affectivity)이 전혀 없는 상태를 감정이라고 하기는 어렵다. 감정은 단순히 정서적인 것으로 환원되지는 않지만 정서적인 어떤 것을 포함한다. 만일 정서성 없이 인지적 내용이 감정과 동일시된다면 사고나 판단과 감정을 구별할 근거가 없게 된다. 감정의 인지적 내용을 인정한다고 하더라도 정서성은 감정을 그 밖의 다른 것들과 구별 짓는 중요한 특징이 아닐 수 없다.26) 따라서 어떤 감정이 존재한다고 말할 수 있으려면 어떤 욕구나 느낌 혹은 심리적 내지 신체 생리적 변화 등 어떤 정서적인 상태가 (미약하게라도) 감지될 수 있어야 할 것이다. 만일 행위자 스스로 어떤 정서성도 감지하기 어려운 상태라고 한다면 이러한 상태를 감정이라고 하기는 어렵다. (나)가 유덕

---

25) Sherman(1997), p.69.

26) 감정과 정서성의 이러한 관계는 일반적으로 수용 가능한 주장이기는 하지만 세부적인 내용은 입장에 따라 차이가 있을 수 있다. 예컨대, 스토커(Michael Stocker)는 "느낌 없이 분노나 노여움은 존재하지 않는다"는 것을 인정하지만 개념적으로 볼 때 모든 감정이 육체적인 느낌에 의해 정서가 결여된 복합체와 구별되거나 모든 감정이 육체적인 느낌을 포함하는 것은 아니라고 주장한다. 감정과 정서성에 대한 스토커의 논의를 위해서는 Michael Stocker. 1996. *Valuing Emotions*(Cambridge: Cambridge University Press), pp.25-26 참조.

한 품성을 드러내는 감정을 표시한다고 보는 아리스토텔레스의 입장은 정서적인 요소가 결여된 상태를 감정에 포함함으로써 감정에 대한 인지주의적 접근을 지나치게 끌고 가버린다.

여기에서 (나)의 감정구조를 다른 맥락에서 한 번 더 검토해보자. 아리스토텔레스의 자제와 절제의 구분을 해석할 때 허스트하우스는 아리스토텔레스의 "유덕한 행위가 덕의 애호가에게 기쁨을 준다는 주장은 주의 깊은 제한이 필요하다"고 주장한다.27) 아리스토텔레스의 자제와 절제에 대한 통상적인 이해에 따르면 어떤 사람이 덕스럽게 행동하는 것을 어려워한다면 이것은 그가 아직 유덕한 품성을 갖추지 못해서이다. 그러나 허스트하우스는 덕스럽게 행동하는 것을 어렵게 만드는 것은 품성의 문제일 수도 있고 상황의 문제일 수도 있다고 생각한다. 가난한 사람이 지갑을 주워 난봉꾼인 지갑 주인에게 돌려줄 때 지갑 주인이니까 돌려주기는 하지만 그다지 즐겁지 않은 경우를 예로 들면서, 허스트하우스는 어떤 상황에서 완전히 정직한 행위자가 정직한 행위로부터 갖는 즐거움이 "특유의 것이 아니라 약화된 종류의 것(an attenuated, not a characteristic, sort)"일 수 있다고 주장한다.28) 또한 그녀는 칸트의 소위 슬픔에 빠진 자선가를 예로 들면서, 이 자선가가 "힘들게 그리고 즐거움 없이(with difficulty and without pleasure)" 자선을 베풀 때 그는 행복한 자선가보다 덜 완전한 덕을 가진 것은 아니라고 말한다.29) 이러한 예들을 통해 그녀는 유덕한 품성을 가진 행위자라 할지라도 어떤 상황에서는 덕스럽게 행동하는 것을 어려워할 수 있고 이때 그의 유덕한 행위는 다른 상황에서의 유덕한 행위가 주는 그런 기쁨을 주지 못할 수 있다고 생각한다.

---

27) Hursthouse(1999), p.101.

28) Hursthouse(1999), p.103.

29) Hursthouse(1999), p.103.

유덕한 사람이 어떤 상황에서 올바른 행위를 수행하고 즐거움을 느끼지 않을 수 있다는 허스트하우스의 해석에 따른다면, 행위자의 감정에 따라 자제와 절제를 구분하는 데에는 올바른 행위를 할 때 기쁨을 느끼느냐 느끼지 않느냐에 따라 구분하는 방식 이외에도 올바른 행위를 할 때 고통을 느끼지 않느냐 느끼느냐에 따라 구분하는 방식도 가능하다. 자제력 있는 사람은 합리적으로 선택하지만 해서는 안 되는 것을 원하고 해야 하는 것을 고통스럽게 행하는 사람이다. 반면에 절제 있는 사람은 해야 하는 것을 원하고 합리적으로 선택해서 해야 하는 것을 기꺼이 혹은 고통 없이 행하는 사람이다. 성품이 아니라 상황 때문에 유덕한 사람이 올바른 행위를 하고도 미약한 기쁨을 느끼거나 기쁨을 느끼지 못할 수 있다는 허스트하우스의 주장은 유덕한 사람이 어떻게 (가)와 (나)로 나뉠 수 있는지에 대한 하나의 설명을 제공한다. 허스트하우스의 주장을 적용할 경우 우리는 (가)와 (나)의 품성상태는 근본적으로 다르지 않지만 (나)는 상황 때문에 (가)가 느끼는 기쁨을 적극적으로 느끼지 못한다고 해석할 수 있다. 그렇다면 (나)는 (가)처럼 이성적인 것에 일치하는 적극적인 욕구를 가지고 있으며 다만 자신이 처한 힘든 상황 때문에 (통상적으로 수반되는) 기쁨을 느끼지 못할 뿐이라고 볼 수 있을 것이다. 그러나 이렇게 해석한다 해도 (나)의 고통을 느끼지 않음이 어떤 정서적 상태를 갖는다고 보기는 쉽지 않다. 해야 하는 것을 행할 때 고통을 느끼지 않는 사람이 기쁨이 미약해진 혹은 느낄 수 없을 정도로 약화된 사람이라고 한다면, 아마도 그는 기쁨도 고통도 느끼지 않는 사람인 듯하다. 기쁨이건 고통이건 어떤 것도 느껴지지 않는 현상을 하나의 감정이라고 부른다면, 이것은 감정이라고 불리기에는 감정 고유의 정서적인 요소가 지나치게 약하다고 하지 않을 수 없다.

　한편 허스트하우스의 주장을 적용해서 (나)의 감정구조를 볼 경우, 우리는 (나)가 (가)와 달리 이성적인 것에 일치하는 적극적인 욕구를 가지고 있지 않다고 해석할 수도 있다. 왜냐하면 (나)가 처하게 된 힘든 상황은 그가 가지고 있었던 적극적인 욕구를 좌절시키고 그는 단지 해야 한다는 이성적인 분별에 따라 행위하기 때문에 행위의 수행에서 어떤 기쁨도 느끼지 못하게 된다고 볼 수도 있기 때문이다. 이런 해석에 따른다면, 만일 (나)가 힘든 상황에서도 여전히 해야 하는 행위를 추구하는 욕구를 가지고 있었다면 아마도 그는 행위의 수행을 통한 욕구의 충족에서 비롯되는 어떤 기쁨을 느끼지 않을 수 없을 것이다. 따라서 행위를 통해 고통이나 기쁨 어느 것도 느끼지 않는다는 것은 그가 행위를 추구하는 욕구를 가지고 있지 않다는 것을 드러낸다고 할 수 있다. (나)는 어떤 상황에서 단지 이성적인 분별에 따라 행위하며 감정이라고 하기에는 정서적인 요소가 너무 약한 반응을 드러내는 경우인 것이다. 결국 허스트하우스의 주장을 적용하여 어떤 식으로 해석하건, (나)는 유덕한 품성을 드러낸다고 아리스토텔레스가 주장하는 감정에는 과연 감정인가 할 정도로 차가운 종류의 반응이 포함된다는 것을 보여준다. 이로써 우리는 인지적인 내용을 가지지만 어떤 정서적 상태를 확인하기 어려운 경우를 감정으로 간주할 정도로 아리스토텔레스는 덕에 관련하는 감정을 지나치게 인지주의적으로 끌고 간다는 것을 알게 된다.

여기에서 덕의 핵심에 감정을 놓지만 아리스토텔레스의 입장에 불만을 제기하는 동시대 덕윤리자인 슬로트(Michael Slote)의 주장을 비교적 관점에서 살펴보자. 슬로트는 덕윤리에 대한 감정주의적 접근(the sentimentalist approach)을 취하고 선의(benevolence)나 연민(compassion)과 같은 동기야말로 도덕의 근간이 되며 행위의 옳고 그름은 바로 이 선의나 연민의 동기에 의해 평가된다고 주장한다.[30] 그는 이러한 덕

---

30) 도덕적 감정주의(moral sentimentalism)를 덕윤리를 구성하는 중심 개념으로 취하는 슬로트에 따르면 유덕한 사람은 선의나 연민을 가지고 가까운 사람들 간에, 혹은 가까운 사람들과 낯선 사람들 간에 적절하게 '균형 잡힌 배려

윤리를 행위자에 대한 도덕적 주장으로부터 행위의 도덕적 지위가 전적으로 도출된다고 여기는 행위자근거 덕윤리라고 부른다.31) 감정주의적인 그리고 행위자근거적인 덕윤리를 주창하는 슬로트는 아리스토텔레스가 "유덕하지 못한 사람이 다른 사람의 지도 아래 유덕한 행위를 행할 수 있다는 것을 허용할 뿐만 아니라 유덕한 사람을 어떤 주어진 상황에서 행해야 할 선하거나 옳은 것을 인식하거나 보는 사람으로 특징 짓는다"고 지적한다.32) 이러한 지적을 통해 슬로트가 반대하는 아리스토텔레스의 입장은 어떤 행위는 유덕한 사람이 행하기 때문에 고귀할 뿐만 아니라 그 행위가 행해야 할 고귀한 것이기 때문에 유덕한 사람이 그것을 행한다는 점이다. 슬로트에 따르면 이러한 입장은 행해야 할 올바른 것이 있다는 점을 어느 정도 염두에 두고 그리하여 행위의 도덕적 지위를 어느 정도 행위자평가와 독립적인 것으로 취급한다는 점에서 행위자근거 덕윤리가 되기 어렵다.

슬로트의 주장을 감정과 관련해서 보면, 아리스토텔레스에게 있어서 유덕한 사람이 즐기는 것은 즐길 만한 것이기도 하지만 그것이 즐길 만

(balanced caring)'를 추구한다. 이와 관련한 슬로트의 설명을 위해서는 Michael Slote. 2001. *Morals from Motives*(Oxford & New York: Oxford University Press), pp.69-73 참조. 한편 슬로트는 "현재 아리스토텔레스보다는 흄에 기대를 거는 덕윤리적 접근에서 규범적 감정주의가 체계적으로 되살아 나고 있다"고 주장한다. Michael Slote. 2010. *Moral Sentimentalism*(Oxford & New York: Oxford University Press), p.3.

31) 슬로트는 행위자근거 덕윤리를 "도덕적인 개개인의 동기, 성향 혹은 내적인 삶에 대한 독립적이고 근본적인 윤리적/덕성적 사실(혹은 주장)로부터 행위의 도덕적 혹은 윤리적 지위가 전적으로 도출된다고 여기는" 덕윤리라고 정의한다. Slote(2001), p.7. 슬로트의 행위자근거 덕윤리에서 동기가 가지는 의미에 대한 비판적인 논의를 위해서는 노영란. 2010. 「슬로트(Michael Slote)의 덕이론에서 동기는 도덕판단의 준거가 되는가?」. 『철학』 제103집, pp.181-205 참조.

32) Slote(2001), p.5.

한 것이기 때문에 유덕한 사람이 즐기기도 한다. 아리스토텔레스는 유덕한 사람이 무엇을 즐기는지와 독립적으로 즐길 만한 것이 있음을 어느 정도 염두에 두는 것이다. 즉, 아리스토텔레스는 좋은 것, 고귀한 것이 있고 이러한 것이 즐길 만한 것이고 이러한 것에 일치하는 감정이 덕을 드러내는 감정임을 어느 정도 인정하는 것이다. 앞에서 살펴본 것처럼 아리스토텔레스가 덕에 관련짓는 감정이 미약한 정서적 측면을 갖게 되는 것은 바로 이러한 입장과 어느 정도 관계가 있다. 덕에 관련하는 감정은 고귀한 것을 즐길 만한 것으로 평가하는 것이 되고 그리하여 정서적인 면보다는 평가적 판단을 드러내는 인지적인 면이 더 비중을 갖게 되기 때문이다. 그러나 슬로트는 덕을 표시하는 감정이라는 것이 감정을 가지는 행위자와 어느 정도 독립적으로 결정되는 면이 있다는 것에 반대한다. 그는 유덕한 행위자가 어떤 것을 행한다면 그 행위는 옳고 그러한 행함에서 즐거움을 느낀다면 그 감정은 덕을 드러낸다고 생각한다. 슬로트에게 있어서 유덕한 사람이 즐기는 것이 바로 즐길 만한 것, 즉 좋은 것이면서 고귀한 것이며, 다분히 이성적인 것에 일치하는 감정, 미약한 정서적 측면을 가진 차가운 감정은 덕에 관계하는 감정을 드러내기에는 적절하지 않다. 슬로트에게 있어서 감정은 덕의 구조에서 아리스토텔레스에게 있어서보다 훨씬 더 핵심적인 역할을 한다.

감정이 핵심적인 역할을 하면서 덕에 결부되는 경우는 스토커(Michael Stocker)에게서도 발견된다. 감정과 가치 간의 구성적 관계를 강조하는 스토커는 "우리의 활동, 관계, 그리고 삶이 무엇인지, 그것들이 우리에게 무엇인지, 그리고 그들이 가지는 가치는 모두 우리의 감정에 필수적으로 의존한다"고 주장함으로써 감정을 인간의 활동이나 관계 그리고 삶의 핵심이며 인간가치의 근간으로 여긴다.[33] 또한 그는

---

33) Michael Stocker. 1996. "How Emotions Reveal Value and Help Cure the Schizophrenia of Modern Ethical Theories." In Roger Crisp ed., *How Should*

"우리는 감정이 발전시키거나 방해하는 인간적, 사회적 삶에 의해 감정을 평가할 수 있고 평가하지만, 그러한 삶은 감정과 충족되거나 충족되지 못한 감정적 필요에 의해 부분적으로 구성되고 평가된다"고 말한다.34) 스토커에게 있어서 감정은 어떤 이론이나 원칙에 호소하거나 감정을 제외한 다른 어떤 관점을 통해서 평가되기보다는 감정을 통해서 평가된다. 그러나 아리스토텔레스가 덕에 관련짓는 감정은 스토커의 경우처럼 인간가치의 근간으로서 그 자체로 정당화되고 평가되는 정도의 비중을 갖지 못한다. 슬로트나 스토커와 달리 아리스토텔레스는 유덕한 행위자의 감정과 어느 정도 독립하는 가치의 근거를 인정하고 유덕한 품성을 드러내는 감정은 그러한 가치에 일치하는 것이기도 하다고 본다.35) 아리스토텔레스는 유덕한 품성상태가 사고와 욕구가 결합하여 작

One Live?(Oxford: Clarendon Press, 1996), p.183. 스토커는 유덕한 사람이 올바른 행동을 할 때 기쁨을 느낀다는 아리스토텔레스의 입장을 감정과 가치 간의 구성적 관계로 보지만 아리스토텔레스보다 감정의 역할을 훨씬 더 강조한다.

34) Stocker(1996), pp.189-190.

35) 유덕한 행위자의 감정과 어느 정도 분리되는 옳음의 근거를 인정한다는 것은 이성적인 것이 감정을 어느 정도 결정한다고 보는 것이기도 하다. 유덕한 품성상태의 감정과 분리하여 옳음을 규정한다고 할 때 우리가 옳음의 근거로 생각할 수 있는 것은 이성 이외에는 없는 듯하기 때문이다. 올바른 것, 이성적인 것이 행위자와 독립적으로 실재한다는 것을 어느 정도 인정하는 아리스토텔레스의 입장에는 "모든 종에게 적용되는 설명적인 범주를 똑바로 인간에게 적용하여 윤리를 보는, 그리고 합리적인 윤리적 삶에 의해 이해된 인간 번성의 방식 속에서 생물학에 연결 지어 윤리를 보는" 형이상학적 생물학주의에 근거한 윤리학이 깔려 있다. Bernard Williams. 1995. "Acting as the Virtuous Person Acts." In Robert Heinaman ed., *Aristotle and Moral Realism*(Boulder: Westview Press, 1995), p.22. 아리스토텔레스는 윤리학에 대한 이러한 전제에 근거하여 어떤 의미에서 도덕적인 것, 즉 고귀한 것, 올바른 것이 실재한다고 본다. 그러나 오늘날의 과학적 관점에서 볼 때 아리스토텔레스의 이러한 전제는 우리가 공유할 수 없는 것이다.

용한다고 보지만 올바른 행위에 수반되는 감정은 이성적인 것에 일치하는 감정이거나 이성적인 요소가 강하고 정서적인 요소가 지나치게 약한 상태가 되곤 한다. 따라서 슬로트나 스토커와 같이 덕의 구조에서 감정이 핵심적인 역할을 한다고 보는 덕윤리자들의 관점에서 볼 때, 아리스토텔레스는 감정에 대한 인지주의적인 접근을 지나치게 끌고 가면서 덕에서 감정이 차지하는 의미와 역할을 충분히 인정하지 못하고 만 것이다.

4. 습관화를 통한 감정계발의 가능성

아리스토텔레스가 덕에 관계 짓는 감정이 가진 또 다른 특징은 이 감정이 습관화를 통해 계발된 감정이라는 점이다. 과연 아리스토텔레스가 기대하는 것처럼 습관화를 통해 유덕한 품성을 드러내는 감정이 계발될 수 있는지 습관화의 성격을 검토하면서 살펴보자. 기본적으로 습관이 반복된 수행을 의미한다는 점에서 우리는 손톱을 깨무는 것에서부터 어른에게 인사하는 것까지 그야말로 다양한 유형의 습관을 가지고 있다. 그러나 아리스토텔레스가 덕의 성취를 위해 강조하는 습관은 손톱을 깨무는 것처럼 맹목적으로 획득된 습관이 아니라 일종의 교육이나 훈련을 통한 습관이다. 아리스토텔레스가 유덕한 사람을 기르는 교육으로 중시하는 습관화와 관련하여 셔먼은 습관화의 "모든 단계에서 실천이성의 관여가 요구된다"고 말한다.36) 예컨대 아리스토텔레스식의 습관화는 학습자가 어떤 사람이나 어떤 행동을 따라할지 숙고하고, 자신의 행동이 어떻게 변하고 있는지, 이러한 변화가 의도하는 방향으로 제대로 가고 있는지 끊임없이 평가하고 자신의 태도나 감정을 모니터하는 등 습

---

36) Sherman(1997), p.33.

관화의 활동을 하기 전에 그리고 하는 중에 이런저런 사고와 반성을 해야 하는 것이다. 따라서 덕의 획득을 위한 습관화의 교육은 단순히 기계적인 반복을 통한 교육이나 훈련이 아니라 사고와 반성이 요구되는, 한마디로 말해서 이성에 의해 주도되는 교육이나 훈련이다.

스피커(Ben Spiecker) 역시 습관화의 이러한 특성에 주목한다. 스피커에 따르면 습관화 교육은 단일 궤도의 습관(single-track habit), 즉 "특정한 조건하에서 정해진 방식으로 행동하는 경향"이 아니라 다중 궤도의 습관(multi-track habit), 즉 "가변적인 상황에서 적합한 규칙준수를 위한 능력"을 궁극적으로 의도한다.37) 실천적 지혜의 특성을 생각한다면 덕을 함양하는 습관화가 왜 다중 궤도의 습관을 목표로 하는지 쉽게 이해할 수 있다. 습관화가 다중 궤도의 습관을 획득하는 것이라는 점에서 습관화의 과정은 학습자가 행위를 위한 이유를 이해하고 어떤 경우에 그러한 이유에 예외가 있는지, 상황은 어떤 특징을 가지고 있는지 등을 파악하는 것을 포함한다. 따라서 이것은 습관화가 이성에 의해 주도되는 교육이나 훈련임을 보여준다.

만일 습관화가 이성에 의해 주도되는 교육이라면 어린 시절에 아직 이성을 갖추지 못한 학습자가 어떻게 습관화될 수 있는가 하는 의문이 생긴다. 아리스토텔레스는 습관화 교육을 통해 이성을 함양하게 된다고 여기는데, 습관화가 이성적 능력을 요구한다면 습관화 교육은 일종의 순환적 구조를 갖는 셈이다. 이러한 순환적 구조와 관련하여 주목할 만한 습관화의 특징이 있다. 스피커에 따르면 "어린 시기의 도덕적 훈련과 습관은 합리성, 정서성, 의도성에 대한 반사실적 기대(contra-factual anticipation)에 의해 일반적으로 특징지어지는 부모의 지지라는 틀 안

---

37) Ben Spiecker. 1999. "Habituation and Training in Early Moral Upbringing." In David Carr & Jan Steutel eds., *Virtue Ethics and Moral Education* (London & New York: Routledge, 1999), p.213.

46

에서 발생한다."38) 반사실적 기대가 의미하는 것은 어린아이가 규칙에 따라 행동하도록 습관화 훈련을 시킬 때 부모나 돌보는 사람은 마치 아이가 규칙을 이해하는 것처럼 규칙을 설명하며, 또 마치 아이가 규칙을 이해하고 의도적으로 그리고 즐거이 행동하는 것처럼 아이를 취급한다는 것이다. 예컨대, 아침에 늦잠을 자는 아이에게 엄마가 "지각하는 거 싫지? 어서 일어나" 혹은 "지금 안 일어나면 지각하는 거 알잖아. 일어나자" 하면서 아이를 깨우는 경우는 이러한 반사실적 기대를 잘 보여준다.

습관화 교육의 반사실적 기대는 교육을 통해 형성되길 기대하는 행위자의 내면상태를, 아직 형성되지 않았음에도 불구하고, 마치 형성된 것처럼 상상적으로 기대하고 아이를 취급함으로써 아이가 문제의 내면상태를 가졌을 때 할 수 있는 행위를 하고 그러한 행위를 함에 따라 문제의 내면상태를 획득하게 하는 것이다. 여기에서 드러나는 것처럼 반사실적 기대의 주장에는 습관화의 순환적 구조에 관련된 전형적인 비판, 즉 어떤 사람이 용감한 행위를 한다면 이미 그 사람은 용감한 사람임을 함축하는 것 아니냐는 비판에 대한 대응이 담겨 있다. 반사실적 기대가 행위와 행위자를 매개함으로써 이 둘 간의 순환적 구조가 발생하지 않는다고 믿기 때문이다. 사실과는 다른 이러한 상상적인 기대가 의도하는 바는 부모 측의 일면적인 기대에서 시작되지만, 이러한 기대가 점차 아이가 자신에게 가지는 기대로 이어지고 그리고 이러한 아이의 자신에 대한 상상적인 기대가 실제 아이의 내면상태로 실현되는 것일 것이다. 이러한 의도는 습관의 훈련을 아이가 가지는 일종의 "가상적인 자기경험"이며 습관화를 통해 아이는 "마치 자기 스스로를 엄밀한 의미의 행위자로 설정 또는 발견하고 그것에 기초하여 실제적으로 행위하기를 시

---

38) Spiecker(1999), p.219.

도함으로써 행위자로서의 가상적 내면을 경험하고 그에 따라 자기 자신을 형성하게 된다"는 주장에서도 유사하게 드러난다.39)

그러나 반사실적 기대에 근거한 습관화의 훈련만으로 아이가 행위에서 요구되는 내면상태를 스스로에게 상정하고, 그러한 내면세계를 형성하게 되기는 어렵다. 마치 옳은 사람인 것처럼 기대하고 아이를 훈련시키면 아이는 옳은 사람이 하듯이 행위하고 이러한 행위의 수행을 통해 옳은 사람의 성품을 형성해가는가? 기대효과라는 것이 어느 정도 작용하기는 할 것이다. 그러나 부모의 반사실적 기대나 아이의 가상적인 자기경험이 내면상태의 형성으로 이어지기 위해서는 습관화의 훈련 이외에도 아이의 주체적이고 의지적인 노력이 요구된다. 그렇지 않다면 습관화의 훈련은 단순한 주입이나 모방에 그치고 외형적인 행동의 수행에 머물 뿐 유덕한 품성의 형성에는 이르기 어려울 것이다. 그런데 습관화 과정에서 아이가 주체적이고 의지적으로 노력하기 위해서는 그러한 노력의 필요성과 의미를 알고 이를 행하고자 하는 품성을 가지고 있어야 한다. 즉, 부모의 반사실적 기대 내지 아이의 가상적인 자기경험을 매개로 하는 습관화의 훈련이 제대로 작용하기 위해서는 유덕한 품성상태가 요구되는 것이다. 결국 반사실적 기대 내지 가상적인 자기경험이라는 매개에도 불구하고 행위와 행위자 간의 순환적 구조가 깔끔하게 해결되지는 못한다. 습관을 통해 합리적 선택이 만들어지고 행위에 수반되는 즐거움이라는 감정이 계발된다고 본 점에서 아리스토텔레스의 습관화는 올바른 사고와 적절한 감정 둘 다를 함양하는 교육이다. 그러나 이성에 의해 주도되고 반사실적 기대에 의해 작동하는 습관화 교육이 순환적 구조를 벗어나기 어렵다는 점에서 습관화를 통한 이성과 감정의 계발은 기대만큼 원활하지 못하고 더딜 수 있다.

---

39) 김상섭. 2006. 「아리스토텔레스에 있어서 습관화로서의 도덕교육」. 『교육철학』 제36집, p.19.

설상가상 감정 그 자체의 특성상 습관화 훈련을 통해 감정을 계발하는 일은 이성을 계발하는 일보다 훨씬 더 어렵게 된다. 어떤 행위를 위한 이유가 있다는 이성적 분별이 행위를 위한 이유를 주는 것과 같은 방식으로 어떤 감정을 위한 이유가 있다는 이성적 분별이 감정을 위한 이유를 주지는 않는다. 우리가 "숙고과정에 의해 감정에 도달하지 않는다는" 점, "어떤 감정을 야기한 이유들로부터 그러한 감정을 분명하게 분리할 수 없다는" 점, 그리고 모든 감정이 아닌 "단지 일부 감정들만이 정당하게 그 감정을 위한 타당한 이유가 요구된다는" 점 등은 이를 잘 설명해준다.40) 어떤 것에 익숙해지고 그것이 즐길 만한 것임을 깨닫는다고 해도 우리는 자주 그것을 즐기지 못하곤 한다. 이성이 "원천적인 동물적 차원을 부정하는 덕목을 찬양하고 그것에 따라 살기로 결심해도, 오랜 진화의 흔적을 가지고 있는 우리의 육체는 본능적 욕구의 충족에서 오는 기쁨이나 죽음에 대한 공포라는 진화론적 가치정향을 가지고 있어서 그렇게 쉽게 극복될 수가 없다"는 지적은 쉽게 공감하는 바이다.41) 잘못인 줄 알면서도 악덕으로 이끄는 즐거움에 빠지곤 하는 빈번한 경험은 욕구적인 것이 얼마나 강력한지를 잘 보여준다. 행위의 선택과 달리 감정은 우리가 합리적인 이유의 분별에 따라 능동적으로 갖게 되는 것이라기보다는 상당 부분 수동적으로 겪게 되는 현상 내지 상태의 성격을 갖는다. 습관을 통해 어떤 행위를 반복하게 되면 그 행동이 익숙해질 수 있다. 그러나 어떤 행동이 익숙해진다는 것과 그러한 행동을 하는 데에서 기쁨을 느낀다는 것은 다른 문제이다. 또한 습관을 통해

---

40) Ronald de Sousa. 2001. "Emotion." In Lawrence C. Becker & Charlotte B. Becker eds., *Encyclopedia of Ethics*, 2nd edition Vol. 1(New York & London: Routledge, 2001), p.456.

41) 강상진. 2010. 「아우구스티누스와 고전적 덕론(德論)의 변형」. 『인간 · 환경 · 미래』 제5호, p.149.

이성적으로 깨우치게 됨에 따라 덕의 함양과는 반대방향으로 이끄는 욕구적인 것들을 억누르는 정도는 가능할 수 있다. 그러나 습관화를 통해 감정을 억누르는 것을 넘어서서 덕을 표시하는 감정을 얼마나 획득하게 될지는 미지수이다. 습관화를 통해 어떤 행위가 익숙해져도 그리고 이성적으로 분별하게 된다 해도, 여전히 우리는 그러한 행위와 분별에 어긋나는 감정들로 힘들어할 수 있다.

습관화를 통한 감정계발의 어려움은 감정 자체의 성질과 습관화를 통해 계발될 것으로 기대되는 감정의 성질 간의 차이에서도 비롯된다. 습관화를 통해 덕이 완성되면 덕은 지속적이고 안정적인 품성상태로 존재한다는 점에서 덕의 표시가 되는 감정 역시 즉흥적이거나 일시적이라기보다는 지속적이고 안정적인 감정일 것이다. 덕에 관계하는 감정의 이러한 성격을 확인해보자. 아리스토텔레스주의자들은 덕에 관련된 감정이 습관화를 통해 계발된 감정이라는 아리스토텔레스의 입장이 감정의 수동성과 책임문제를 일정 정도 해결할 수 있다고 믿는다.42) 즉, 유덕한 품성상태의 감정은 습관을 통해 계발된 것이고 습관에는 자발적인 의지적 노력이 작용한다는 점에서 습관을 통해 계발된 감정은 자발성과 선택에 관여한다는 것이다. 덕의 표시가 되는 감정이 습관을 통해 계발된 감정이라는 점을 통해서 감정의 수동성문제를 해결하려는 시도는 여러 곳에서 발견된다.43) 그런데 이러한 시도들에서 주목할 점은 이러한 시

---

42) 도덕적인 관점에서 볼 때 흔히 지적되는 감정의 문제는 감정의 수동성에서 비롯된다. 칸트 윤리학으로 대표되는 근대 도덕철학적 맥락에서 행위의 자발성과 책임은 도덕성의 중요한 측면으로 간주되었다. 그리고 이러한 입장에서 볼 때 감정은 수동적이어서 자발적이지 못하고 이에 따라 책임의 문제를 야기하기 때문에 도덕성에서 배제된다. 만일 어떤 감정을 갖는 것이 경우에 따라 나에게 달려 있는 자발적인 선택의 문제가 아니라면 그 감정이나 그 감정이 이끄는 행위에 대해 책임을 묻기 어려워지는 면이 있다.

43) 예컨대 셔먼은 비록 아리스토텔레스에게 있어서 감정이 여전히 수동적인 상태

50

도들이 공통적으로 감정의 선택을 행위의 선택과 다른 종류의 선택으로 본다는 점이다. 사비니(John Sabini)와 실버(Maury Silver)에 따르면 아리스토텔레스는 "감정을 경험하는 것이 당장의 선택문제라고 주장하지 않지만 감정은 훈련될 수 있다고 주장"한 점에서 감정에 책임을 할당하는 방법을 제시한다.44) 아네스(Julia Annas) 역시 "올바른 감정을 갖는 것이 나에게 달려 있는 방식은" "지금 당장 행위하느냐 마느냐가 나에게 달려 있는 방식"과는 다르며, "나쁜 습관이 아닌 좋은 습관을 갖는 것이 나에게 달려 있는 방식"과 같다고 말한다.45) 이들이 주장하는 바는 습관이 천천히 그리고 지속적으로 이루어지기 때문에 습관을 통한 감정의 선택은 시간이 경과함에 따라 이루어진다는 것이다. 행위의 선택은 특정 시기의 특정 상황의 선택인 반면에 감정의 선택은 당장의 혹은 어느 한순간의 선택이 아니라 장기적인 맥락의 선택이라는 것이다. 이러한 설명은 습관화를 통해 계발된 감정은 즉흥적이거나 일시적인 감정이 아니라 지속적이고 안정적인, 일종의 성향적(dispositional) 감정임을 의미한다.46)

이기는 하지만 "감정을 선택하는 것은 아리스토텔레스적 견해에서 볼 때 감정을 계발하고자 선택하는 것"이기 때문에 감정의 수동성이 비자발성으로 연결되지 않을 수 있다고 주장한다. Sherman(1997), p.78. 그 밖의 시도로는 예컨대 Susan Stark. 2001. "Virtue and Emotion." *Nous* 35:3, p.440; John Sabini & Maury Silver. 1987. "Emotions, Responsibility, and Character." In Ferdinand Schoeman ed., *Responsibility, Character, and the Emotions* (Cambridge: Cambridge University Press, 1987), pp.170-171; Julia Annas. 1993. *The Morality of Happiness*(New York & Oxford: Oxford University Press), p.57 등을 참조.

44) Sabini & Silver(1987), p.171.

45) Annas(1993), p.57.

46) 예컨대 작제프스키에 따르면 "덕은 동기부여(motivation)의 요소를 가지며 동기부여는 어떤 동기(motive)를 갖는 성향이며 동기는 어떤 욕구된 특징을 가지고 목표를 이루기 위해 행위를 착수하고 지시하는 감정이다." 이것은 동기

아리스토텔레스는 습관화가 잘되어 덕을 드러내는 감정이 품성의 일부가 되면 우리가 변덕스럽거나 믿을 만하지 못한 감정을 갖지 않게 된다고 믿는다. 그러나 우리가 일시적으로 혹은 자주 올바른 감정을 가질 수는 있어도 지속적이고 안정적인 품성상태의 일부로 감정을 갖기는 매우 어렵다. 스토커는 "올바른 감정을 가진 사람은, 그러한 사람이기 때문에, 올바른 평가를 만들 좋은 입장에 있을 수 있으며, 올바르지 못한 감정을 가진 사람은, 그러한 사람이기 때문에, 올바른 평가를 만들기 힘든 입장에 있을 수 있다"고 주장한다.[47] 여기에서 스토커가 올바른 평가적 이해와 올바른 감정이 합쳐진다고 주장하는 근거는 그러한 이해와 감정이 어떤 사람 속에서 발생한다는 점이다. 그러나 우리의 감정이 지속적이고 안정적인 품성상태의 일부가 되기는 매우 어렵다. 판단이나 감정 모두 상황의 영향을 받지만 감정은 훨씬 더 강하게 그리고 빈번하게 상황에 좌지우지되곤 한다. 그뿐만 아니라 우리가 처하는 상황은 자주 우리의 통제를 넘어서며 우리의 의도나 예측과는 다른 방향으로 진행되곤 한다. 그리하여 올바른 평가적 이해와 일치하는 그런 감정을 좌절시키는 여러 상황적 조건들이 있으며 그러한 상황에서 우리는 자주 요구되는 올바른 감정을 갖지 못하고 결함 있는 혹은 왜곡된 감정을 갖게 된다. 그러한 상황에서 우리는 자주 상황을 반영하는 적당한 방식이 아니라 너무 지나친 혹은 너무 느슨한 방식의 감정을 갖게 된다. 이처럼 이런저런 상황 속에서 자주 수동성이나 변덕스러움 혹은 우연성 등을 드러내고 마는 감정의 속성상 감정이 품성상태의 일부로 견고하게 자리잡기는 어렵다. "자신의 기질과 상황 때문에 유덕한 행위자는 단지 자제하는 사람으로 되돌아갈 위험에 늘 처해 있는 듯하며" 이러한 되돌아

적 차원에서 볼 때 덕에 관계하는 감정은 일종의 성향이나 기질이라는 것을 의미한다. Zagzebski(1996), p.136.

47) Stocker(1996), p.177.

감을 피하기 위해서는 "유덕한 사람의 느낌이 가진 힘, 견고함, 기세에 대해 극단적으로 비현실적인 가정을 해야 한다는" 지적은 감정의 품성화가 얼마나 어려운지를 잘 보여준다.48) 요컨대 아리스토텔레스는 습관화 훈련을 통해 성향적 감정이 계발되기를 기대하지만 습관화라는 교육방법의 순환적 구조나 감정의 내재적 속성은 감정이 지속적이고 안정적인 품성상태의 일부로 자리 잡는 것을 어렵게 만든다.

5. 나오는 말

아리스토텔레스는 유덕한 품성상태에 올바른 판단뿐만 아니라 적절한 감정을 포함함으로써 사고와 욕구가 결합되어 내적 통합을 이룬 사람을 유덕한 사람으로 본다. 그리고 그는 이러한 사람이 말과 가르침이 아니라 습관의 훈련을 통해 길러진다고 기대한다. 아리스토텔레스의 이러한 입장은 그가 고대의 주지주의적 전통으로부터 어느 정도 벗어나 있음을 보여준다. 그러나 그의 주장을 좀 더 들여다보면 그가 소크라테스나 플라톤과 마찬가지로 주지주의적인 면을 여전히 강하게 가지고 있음을 확인할 수 있다. 그가 중시하는 습관화는 사고와 반성이 요구되는, 이성에 의해 주도되는 훈련이며 그는 이러한 훈련을 통해 감정이 성향이나 기질로서 계발된다고 기대한다. 또한 그에게 있어서 감정 그 자체는 도덕적으로 중립적일 뿐만 아니라, 유덕한 품성상태를 드러내는 감정에는 감정이라고 하기에는 정서적 요소가 너무 미약한 반응도 포함된다. 결국 감정을 덕에 관련지을 때 아리스토텔레스는 감정 자체의 속성을 충분히 고려하지 않을 뿐만 아니라 감정에 대한 인지주의적 접근을 너무 멀리 끌고 간다. 아리스토텔레스의 이러한 입장은 감정주의적인

---

48) Annas(1993), p.65.

덕접근을 취하는 입장들과는 상당한 거리가 있다. 덕에 대한 감정주의적 접근의 관점에서 볼 때 아리스토텔레스의 입장은 덕에서 감정이 차지하는 의미와 역할을 제대로 반영하지 못한 것이다.

3 장

감정주의적인 덕접근과 동기:
마이클 슬로트의 덕이론을 중심으로

1. 들어가는 말

동시대의 영미 도덕철학에서 덕에 대한 관심이 증대됨에 따라 도덕성
에 대한 덕이론적 접근이 다양한 방식으로 전개되고 있다. 슬로트
(Michael Slote)는 덕을 기본적인 도덕개념으로 삼고 규범윤리이론을
제시하는, 동시대의 대표적인 덕윤리자에 속한다. 여타의 덕윤리로부터
슬로트의 덕윤리를 구별 짓는 가장 두드러진 특징은 동기로부터 도덕을
끌어내고자 한다는 점이다. 슬로트의 저서인 *Morals from Motives*에는
이러한 특징이 잘 드러나 있다.[1) 이 책에서 슬로트는 행위자의 선함과
행위의 옳음은 행위자가 지닌, 그리하여 그의 행위로 표현되는 동기에
의해 결정된다는 주장을 체계적으로 개진하고 있다.

---

1) Michael Slote. 2001. *Morals from Motives*(Oxford & New York: Oxford
University Press).

이 장은 *Morals from Motives*에서 개진된 슬로트의 주장을 중심으로 해서 과연 동기가 도덕판단의 준거가 될 수 있는지를 검토하고자 한다. 이를 위해서 슬로트의 덕윤리에서 동기가 차지하는 의미를 살펴보고, 동기를 도덕판단의 준거로 삼을 때 발생하는 문제들을 고찰할 것이다. 이러한 고찰은 슬로트가 도덕의 근간으로 제시하는 동기의 내용 차원보다는 동기가 도덕의 근간이 되는 형식의 차원에, 즉 그러한 동기가 과연 도덕적인 동기인가의 문제보다는 동기로부터 과연 도덕이 도출되는가의 문제에 좀 더 초점을 맞추고자 한다. 그리하여 동기로부터 도덕을 도출하는 방식을 취할 때 우리가 내리는 도덕판단이 어떤 문제에 직면하는지를 따져볼 것이다.

2. 행위자근거 덕윤리와 동기

슬로트는 덕윤리를 행위자초점(agent-focused), 행위자우선(agent-prior), 행위자근거(agent-based) 덕윤리로 삼분하면서 자신의 덕이론을 행위자근거 덕윤리(agent-based virtue ethics, 줄여서 ABVE)로 분류한다. 행위자근거 덕윤리에 대한 슬로트의 정의는 다음과 같다:

ABVE: "도덕적 개개인의 동기, 성향 혹은 내적인 삶에 대한 독립적이고 '근본적인' 윤리적/덕성적(aretaic) 사실(혹은 주장)로부터 행위의 도덕적인 혹은 윤리적인 지위가 전적으로 '도출된다'고 여긴다."[2]

---

2) Slote(2001), p.7. 슬로트의 덕윤리에 대한 구분에서 행위자초점 덕윤리는 모든 형태의 덕윤리가 기본적으로 취하는 입장으로서 도덕법칙 대신 유덕한 행위자에 초점을 맞추는 입장이다. 행위자초점 덕윤리 중에서 행위평가가 행위자 평가로부터 파생된다고 보는 입장은 행위자우선 덕윤리로 분류된다. 한편 행

이러한 정의로부터 우리는 슬로트의 행위자근거 덕윤리가 다음의 세 주장으로 구성된다는 것을 알 수 있다:

ABVE-1: 행위자평가는 독립적이고 근본적이다.
ABVE-2: 행위자는 그의 동기나 성향에 의해 평가된다.
ABVE-3: 행위평가는 전적으로 행위자평가로부터 도출된다.

ABVE-1과 3처럼 행위자평가를 독립적인 것으로 보고 이러한 행위자평가로부터 행위평가가 전적으로 도출된다고 할 경우, 유덕한 행위자가 하는 행위는 그것이 무엇이건 간에 관계없이 다 옳다고 보아야 하느

위평가가 행위자평가로부터 전적으로 도출된다고 본다는 점에서 행위자근거 덕윤리는 가장 급진적인 형태의 덕윤리—슬로트의 표현에 따르면 가장 순수한 형태의 덕윤리—라고 할 수 있다. 이러한 구분을 위해서는 Slote(2001), pp.3-6 참조. 슬로트의 행위자초점, 행위자우선, 행위자근거 덕윤리에 대한 구분에서 드러나는 것처럼, 덕윤리자들이 기본적으로 인격의 우선성을 주장하고 행위자평가를 중시한다고 하더라도 행위의 옳음이나 선함과 유덕한 행위자의 관계에 대해서는 다양한 입장을 취할 수 있다. 아리스토텔레스의 이론과 관련하여, 슬로트는 아리스토텔레스의 두 주장, 즉 유덕한 사람이 행할 행위라면 그 행위는 고귀하다는 주장과 유덕한 사람은 행하기에 선하거나 옳은 것을 보거나 인지하는 사람이라는 주장에 주목한다. 슬로트에 따르면, 아리스토텔레스의 두 번째 주장은 "유덕한 사람은 고귀하거나 유덕한 것을 행하는데 그 이유는 그것이 해야 할 고귀한 것이기 때문이라는 점"을 포함하며, 바로 이 점에서 아리스토텔레스의 이론은 행위자근거 덕윤리가 아니다. Michael Slote. 2004. "Rudiments of Virtue Ethics." In Harry J. Gensler, Earl W. Spurgin & James Swindal eds., *Ethics: Contemporary Readings*(London & New York: Routledge, 2004), p.258. 아리스토텔레스와 유사한 입장을 취하는 현대의 덕윤리자로는 허스트하우스(Rosalind Hursthouse)를 꼽을 수 있다. 허스트하우스에 따르면 "아리스토텔레스에 의해 영감을 받은 덕윤리는 선과 악의 개념을 유덕한 행위자의 개념에 의해 환원적으로 정의하는 데 연루되지 않으며 단지 그 개념들 간의 밀접한 관계를 유지하는 데 연루될 뿐이다." Rosalind Hursthouse. 1999. *On Virtue Ethics*(Oxford & New York: Oxford University Press), p.81.

냐는 반문이 생길 수 있다. 예컨대 선한 사람이 옳은 행동을 했지만 실상 선하지 못한 의도를 가지고 그 행동을 한 경우를 떠올린다면 이러한 반문을 쉽게 이해할 수 있다. 슬로트의 입장에서 볼 때, ABVE-2는 이러한 문제에 대응할 근거를 제공한다. 슬로트는 유덕한 행위자가 하는 행위가 모두 선하거나 옳다고 보지 않는다. 그는 도덕평가에서 행위자의 내적 상태로서의 동기가 결정적인 역할을 한다고 주장함으로써, 옳은 행동을 하는 것과 옳은 이유를 위해 옳게 행동하는 것을 구별하고 "이유가 옳지 않을 때 행동 자체는 실제로 '나쁘다'"고 말한다.3) 그에게 있어서 행위는 선한 내적 동기를 가진 사람에 의해 행해져야 옳은 행동이 된다.

한편 ABVE-2를 주장하면서 슬로트가 단지 옳은 이유를 위해 옳게 행동하는 것만을 의도하는 것은 아니다. 그는 행위가 칭찬할 만하다거나 덕스럽다고 여겨지기 위해서는 행위가 칭찬할 만한 내적 상태를 "나타내거나 표현하거나 반영해야만 한다"고 말한다.4) 여기에서 '나타내거나 표현하거나 반영한다'는 것이 무엇을 의미하는지 다소 애매하기는 하지만, 어떤 사람이 자신의 선한 내적 동기를 가지고 올바르게 행위하는 데 성공하거나 적어도 올바르게 행위하려고 애썼을 때 그러한 말들이 적용될 수 있을 것이다. 선한 동기가 어떻게 행위로 나타나거나 표현되거나 반영되는가와 관련하여, 슬로트가 말할 수 있는 바는 아마도 선한 동기를 가지는 것 이상도 이하도 아닐 것이다. 왜냐하면 ABVE-1과 3이 보여주는 것처럼, 행위자의 내적 상태로서의 동기가 행위를 평가하는 전적인 근거이기 때문이다. 이렇게 볼 때 슬로트가 실제로 주장하고자 하는 바는 (완전한 의미에서) 선한 동기를 가진 사람은 그러한 동기

---

3) Slote(2001), p.15.
4) Slote(2001), p.17.

를 행위로 표현하거나 나타낸다는 것이다. 그는 만일 어떤 사람이 행위로 선한 동기를 나타내거나 표현하거나 반영하지 못한다면, 다시 말해서 올바르게 행동하지 못한다면, 이는 그 사람이 진정 선하다고 할 수 있는 동기를 가지고 있지 못함을 보여준다고 생각할 것이다.

여기에서 우리는 슬로트의 행위자근거 덕윤리에서 도덕판단의 준거가 되는 동기는 구체적으로 어떤 성격의 것인지 궁금하지 않을 수 없다. 먼저 슬로트는 동기를 전체적인 접근(holistic approach)을 통해 파악하고, "행위의 옳음 혹은 행위의 도덕적 수락가능성은 전반적인 혹은 전체적인 선한 동기(good overall or total motivation)를 가짐으로써 확보된다"고 설명한다.5) 여기에서 우리는 슬로트의 행위자근거 덕윤리에서 행위를 판단하는 데 사용되는 동기는 상황에 따라 발생하는 개개의 특정 동기가 아니라 행위자가 가진 '전반적인 동기(overall motivation)'임을 알 수 있다. 그리하여 슬로트는 하찮은 방식으로 친구나 친척을 돕기 위해 많은 사람들의 생사가 걸린 이득을 무시하는 사람처럼 "하나의 선한 동기를 가지고 있다 할지라도 그의 행위가 비난할 만한 전반적인 동기를 반영"한다면 그 행위자는 잘못 행동하고 있다고 말한다.6)

슬로트의 행위자근거 덕윤리에서 행위평가의 토대가 되는 전반적인 동기의 성격을 구체적으로 파악하기 위해 슬로트의 다음과 같은 부연설명을 살펴보자:

어떤 사람의 전반적인 혹은 전체적인 동기는 (어떤 시기 동안) 그의 구체적인 혹은 상황에 따라 발생하는 동기들의 단순한 총합으로 생각되어서는 안 된다는 것을 여기에서 지적할 가치가 있다. 가족을 위해 언제나 좋은 일을 하지만, 강한 혐오감을 가져온 낯선 사람을 어떤 상황에서

---

5) Slote(2001), p.35.
6) Slote(2001), p.33.

죽이는 사람은 거의 언제나 상황 특수적으로 발생하는 선한 동기들에 따라 행동할 수 있다. 그러나 이것이 그의 전반적인 동기가 도덕적으로 선하거나 수락할 만하다는 것을 의미하지는 않는다. (여기에서 인지된 것으로서의) 전반적인 동기는 어떤 사람의 일반적인 성향(general disposition)의 문제이고 혐오감을 가지는 (어떤) 사람들을 죽이는 성향을 가진 사람은, 자신이 좋아하는 사람들을 아무리 많이 혹은 자주 돕고자 할지라도, 사람들에 대한 진정한 인도적 관심을 결여하고 있다.7)

여기에서 슬로트는 도덕판단의 준거가 되는 전반적인 동기가 개별적인 상황에서 발생하는 동기들의 단순한 총합이 아니며 일반적인 성향의 문제라고 설명한다. 이러한 설명에 따르면, 어떤 행위자가 여러 상황에서 어떤 동기를 보여주었다고 해서 그러한 동기가 그의 전반적인 동기라고 단정할 수 없다. 여러 상황에서 그러한 동기를 지속적으로 보여준다고 해도 그것이 전반적인 동기가 아닐 수 있기 때문이다. 이러한 설명은 일반적인 성향으로서의 전반적인 동기가 무엇인지를 이해하는 데 혼란을 야기한다. 우리는 흔히 어떤 사람이 그동안 어떻게 행동해왔는지를 통해 그의 일반적인 성향이 무엇인지를 파악하곤 하기 때문이다. 그러나 인용된 예를 곰곰이 따져볼 때, 슬로트는 전반적인 동기가 되기 위해서는 대체로 어떤 동기를 가져왔는가하는 것 이상이 요구된다고 생각하고 있음을 알 수 있다. 인용된 예에 따르면, 어떤 사람이 꾸준히 좋은 행동을 해야 할 뿐만 아니라 이러한 행동에 반하는 행동을 하지 않아야 그 사람은 그러한 행동을 위한 일반적인 성향을 가지고 있는 것이다. 슬로트는 선의의 전반적인 동기를 가진 사람은 여러 상황에서 지속적으로 선의의 동기를 표현할 뿐만 아니라 그러한 선의에 반대되는 행동을 하지 않는다고 믿거나 기대한다.

---

7) Slote(2001), p.33.

한편 동기에 대한 슬로트의 이해에는 전체적인 접근 이외에도 덕윤리에 대한 그의 감정주의적 접근(sentimentalist approach)이 반영되어 있다. 슬로트는 "감정주의(sentimentalism)는 인간의 공감에 대한 (흄적인, 인공적인 사실에 대립되는 것으로서의) '자연적인' 사실에 호소함으로써 의무론을 '대신할 기회'를 가질 수 있다"고 제안한다.8) 그는 차가운 동기보다는 따뜻한 동기야말로 "인간에 대한 일반적인 인도적 관심, 즉 일반적인 인도주의가 도덕적 사고와 도덕적 가치의 통합적이고 기본적인 요소로 작용할 수 있는 유일한 그럴듯한 방법인 듯하다"라고 말한다.9) 그리하여 슬로트는 선의(benevolence)나 연민(compassion)과 같은 동기에서 비롯되는 행위를 칭찬할 만한 것으로 여긴다. 나아가서 그는 유덕한 사람은 이러한 선의나 연민을 가지고 가까운 사람들 간에, 혹은 가까운 사람들과 낯선 사람들 간에 적절하게 '균형 잡힌 배려(balanced caring)'를 추구한다고 주장한다.10) 슬로트에게 있어서 도덕의 근간이 되는 동기는 균형 잡힌 배려를 추구하는 선의나 연민인 것이다.

지금까지 살펴본 바와 같이, 슬로트는 덕윤리에 대한 행위자근거적 접근을 취함으로써 동기를 도덕판단의 준거로 보고, 동기에 대한 전체

---

8) Michael Slote. 2003. "Sentimental Virtue and Moral Judgement: Outline of a Project." In Michael Brady & Duncan Pritchard eds., *Moral and Epistemic Virtues*(Malden, MA: Blackwell, 2003), p.121.

9) Slote(2001), p.36. 그리하여 슬로트는 감정주의적 접근을 따뜻한 접근(warm approach)으로도 표현한다. 도덕적 감정주의(moral sentimentalism)는 슬로트의 덕윤리를 구성하는 매우 중요한 개념이다. 감정주의적 접근을 취하면서 슬로트는 배려의 덕윤리를 옹호하는 데에서 공감과 공감적 배려(empathic caring)를 강조하는 덕윤리로 나아간다.

10) 균형 잡힌 배려에 대한 슬로트의 설명을 위해서는 Slote(2001), pp.69-73 참조. 균형 잡힌 배려를 주장할 때 슬로트는 자신을 포함하는 모든 사람을 똑같이 고려해야 한다는 엄밀한 공평성을 추구하기보다는 가까운 사람들에게 더 많은 관심을 주는 것을 허용하는, 불공평한 입장을 취한다.

적인 접근과 감정주의적 접근을 취함으로써 선의의 전반적인 동기(benevolent overall motivation)가 도덕성의 근간이 되는, 칭찬할 만한 동기라고 설명한다. 이제 우리는 동기가 도덕판단의 준거가 된다는 슬로트의 행위자근거 덕윤리에 다음의 두 주장이 함축되어 있음을 알 수 있다.

ABVE′ : 전반적인 동기는 우리를 행위로 이끄는, 동기적 효력 (motivational effectiveness)을 가진다. 따라서 우리의 행위는 전반적인 동기에 의해 평가된다.

ABVE″ : 선의의 전반적인 동기는 도덕성의 근간이다. 따라서 행위의 옳고 그름은 선의의 전반적인 동기에 의해 평가된다.

이 두 주장이 상호배타적이거나 엄밀하게 구별되는 것은 아니다. 그러나 동기를 도덕판단의 준거라고 주장함에 있어서 ABVE′ 는 전반적인 동기의 동기적 효력에 초점을 맞추고, ABVE″ 는 도덕성의 근간으로서의 전반적인 동기에 초점을 맞춘다는 점에서 구별된다. 전반적인 동기가 도덕판단의 준거가 될 수 있는지의 여부는 이 두 주장이 얼마나 설득력을 갖는지에 달려 있다. 따라서 뒤따르는 절들에서 전반적인 동기가 동기적 효력을 가지는지, 선의의 전반적인 동기가 도덕성의 근간인지를 차례로 살펴보면서 슬로트의 행위자근거 덕윤리의 핵심주장, 즉 동기가 도덕판단의 준거라는 주장을 검토해볼 것이다.

3. 전반적인 동기의 동기적 효력과 도덕판단

어떤 사람이 어떤 동기를 갖는다고 해서 그 동기가 반드시 그 사람을 행위하도록 움직이는 데 성공하는 것은 아니다. 때때로 어떤 동기는 동기적 효력의 측면에서 미약하기 그지없을 때도 있다. 일반적으로 욕구나 정서 등의 동기가 "그 동기를 가지는 사람에게 끔찍한 심리적 해를 불가피하게 야기하지 않으면서 계발될 수 있"을 때 그 동기는 효력을 발휘하기 쉬울 것이다.11) 예컨대 행위자가 행동함으로써 감수해야 할 대가가 너무 크다면 그가 그러한 행위를 하기란 쉽지 않다. 효과적인 동기가 되기 위해서는 이러한 내용적 차원의 요인 이외에도 형식적 차원의 요인이 작용한다. 즉, 효과적인 동기는 "안정적이고 자기강화적인 성품을 산출할 수 있도록 행위자의 전반적인 목표체계 안에 통합될 수 있어야" 할 것이다.12) 이것은 행위자의 전반적인 목표체계 안에서 유발되는 동기일 경우 동기적인 효력이 크다는 것을 의미한다. 행위를 위한 동기의 유발에 자아정체성 내지 자아가 큰 역할을 한다는 것을 보여주는 도덕심리학적인 연구들은 이러한 형식적 차원의 요인이 중요하다는 것을 뒷받침한다. 예컨대, 블라지(Augusto Blasi)의 자아모형(the Self Model)에 따르면, 우리는 자아통합과 자아일치를 추구하는 경향이 있기 때문에 자아의 형성은 동기를 유발해서 행위를 수행하도록 촉진한다.13) 효과적인 동기를 위한 내용적 요인과 형식적 요인 중에서 형식적 요인이 더 중요하다. 만일 형식적 요인이 충족된다면 내용적 요인이 덜 충족되더라도 효력을 발휘할 수 있다. 예컨대 자신에게 큰 손해를 가져올 수 있는 행위라 할지라도 그러한 행위를 하려는 동기가 그가 목표로

---

11) R. Jay Wallace. 1998. "Moral Motivation." In Edward Craig ed., *Routledge Encyclopedia of Philosophy* Vol. 6(London & New York: Routledge, 1998), p.525.

12) Wallace(1998), p.525.

13) 자아의 형성이 책임판단과 동기를 수반해서 행동으로 이끈다는 블라지의 주장을 위해서는 Augusto Blasi. 1993. "The Development of Identity: Some Implications for Moral Functioning." In G. G. Noam & T. E. Wren eds., *The Moral Self*(Cambridge, MA: MIT Press, 1993), pp.116-121 참조.

삼는 바라면 그는 그러한 손해를 감수하고서 행동할 것이다.

슬로트가 도덕적으로 선하다고 보는 균형 잡힌 배려는 획일적으로 공평성을 추구하지 않으며 편파성을 인정한다. 그는 자신과 자신의 주변 사람들을 돌보는 행위자의 자연적인 배려를 인정하고 이러한 배려와 함께 다른 사람들에 대한 배려가 균형 있게 발달되어 소위 말하는 '합성적 의미의 자아-타아 간 균형(self-other symmetry *in sensu composito*)'이 이루어지기를 기대한다.14) 우리는 자신의 이익을 충족시키고 싶어 하고 또한 다른 사람들로부터 우리의 행위를 인정받고 싶어 한다. 또한 주변 사람들과 좋은 관계를 맺고 싶어 하고 살아가면서 그리고 이런저런 형태의 교육을 받으면서 관계와 이에 상응하는 감정들을 점차 강화해간다. 이렇게 볼 때, 슬로트가 선의의 전반적인 동기로 보는 균형 잡힌 배려는 엄격한 공평성을 추구하는 도덕이론보다 좀 더 수월하게 효과적인 동기의 내용적 요인을 충족시킬 수 있을 듯하다.

그러나 우리가 가지는 자연적인 감정에 근거한 배려는 제한적일 수밖에 없고 슬로트가 의도하는 균형 잡힌 배려를 갖기란 매우 어렵다. 콜버그(L. Kohlberg)의 널리 알려진 도덕발달의 3수준 6단계는 우리가 가지는 관계와 배려가 제한적이라는 것을 잘 보여준다.15) 콜버그에 따르면 가까운 주변 사람들과의 관계에서 자신에게 요구되는 기대에 부응하면서 배려의 도덕적 행위를 하는 것은 도덕발달의 3단계에 속한다. 그러

---

14) 슬로트는 공리주의식으로 모든 사람들에게 똑같은 관심을 가지는 '분할적 의미의 자아-타아 간 균형(self-other symmetry *in sensu diviso*)' 대신 덕의 소유자와 그 밖의 사람들을 범주로 취급하고 이 두 범주를 균형 있게 다루는 합성적 의미의 자아-타아 간 균형을 주장한다. 이에 대한 슬로트의 설명을 위해서는 마이클 슬롯. 2002. 『덕의 부활』, 장동익 옮김(서울: 철학과현실사), pp.165-173 참조.

15) 콜버그의 도덕발달단계에 대한 설명을 위해서는 L. 콜버그. 2001. 『도덕발달의 심리학』, 김민남·진미숙 옮김(서울: 교육과학사), pp.163-173 참조.

나 뒤따르는 4단계는 점차 모르는 사람들에게까지 관계와 배려를 확장하는 것이 아니라 사회질서와 법을 지향하고 이러한 것을 유지하기 위해 도덕적인 행위를 하는 것이다. 이는 관계와 배려에 근거한 도덕적 행위는 제한적일 수밖에 없으며, 이러한 제한을 넘어서는 도덕적 행위는 다른 맥락에서, 즉 사회체제와 질서의 유지에 근거해서 이루어진다는 것을 보여준다. 콜버그의 도덕발달단계에서 알 수 있듯이, 슬로트가 의도하는 정도의 배려는 상당한 불이익을 감수해야 한다는 부담감을 주는, 우리가 도달하기 어려운 것이다. 결국 슬로트의 선의의 전반적인 동기는, 공평성을 추구하는 것보다 덜하기는 하지만, 여전히 행위자에게 감수하기 어려운 심리적 부담을 야기할 수 있다. 선의의 전반적인 동기는 동기적 효력을 위한 내용적 요인을 충족시키는 측면과 그렇지 못한 측면을 동시에 가지고 있는 것이다.

동기적 효력을 위한 형식적 요인과 관련해서 보면, 전반적인 동기는 행위자의 목표체계 안에 통합된 동기에 다름 아니다. 슬로트는 전반적인 동기를 상황에 쉽게 좌우되지 않는 일반적인 성향으로 설명한다. 또한 그는, 행위자근거 덕윤리에 대한 정의에서도 드러난 것처럼, 동기라는 개념을 자주 인격특질이나 행위자의 내적 상태 등과 별반 구별하지 않고 병렬하여 사용한다. 인격특질은 행위자가 지닌 안정적이며 지속적인 경향이며 어떤 것이 행위자의 내적 상태가 된다는 것은 그의 자아의 일부가 됨을 의미한다. 결국 일반적인 성향 그리고 행위자의 인격특질이나 내적 상태를 드러내는 것으로서의 전반적인 동기는 상황 특수적이지 않은, 행위자의 내면에서부터 일관되게 발생하는 동기라고 할 수 있다. 전반적 동기는 행위자의 성품의 일부, 자아의 일부로서 그의 전반적인 목표체계에 통합되어 있음으로써 동기적 효력을 가질 가능성이 크다.

한편 전반적인 동기를 가진 행위자의 동기구조는 동기적 효력의 형식적 요인을 충족시키기 어려운 상황을 야기할 수 있다. 보통 욕구나 정서가 행위의 동기를 구성하지만 모든 욕구나 정서가 다 동기가 되는 것은 아니다. 다양한 욕구나 정서 중에서 동기를 구성하는 것은 최종적인 혹은 궁극적인 욕구나 정서일 것이다. 그러나 이러한 최종적인 혹은 궁극적인 욕구나 정서가 반드시 하나인 것은 아니다. 따라서 행위자에게 있어서 동기는 하나가 아닐 수 있고 행위자는 상충하는 동기들 사이에서 갈등할 수 있다. 이러한 상황은 슬로트의 행위자근거 덕윤리에서 더 빈번하게 발생할 것이다. 슬로트는 행위자가 일반적인 성향으로서의 전반적인 동기를 가진다고 본다. 그러나 행위자는 자신의 일반적인 성향 이외에도 어떤 구체적인 상황에 직면해서 그 상황에 특수하게 발생하는 동기를 가질 수 있다. 경우에 따라서 이 동기는 전반적인 동기와 상충하고 전반적인 동기가 아니라 상황 특수적인 동기가 효과적인 동기일 수도 있다. 전반적인 동기와 상황 특수적인 동기를 동시에 가질 수 있는 행위자의 동기구조는 효과적인 동기를 위한 형식적 요인을 저해할 수도 있음을 보여준다.

효과적인 동기를 위한 내용적, 형식적 요인을 충족하는 측면과 그렇지 못한 측면을 동시에 갖는다는 점에서 전반적인 동기가 동기적 효력을 가진다고 단언하기 어렵다. 전반적인 동기가 우리를 행위로 이끌 수도 있고 그렇지 않을 수도 있다면 우리는 어떻게 도덕판단을 내려야 하는가? 슬로트는 전반적인 동기가 동기적 효력을 갖는다고 믿지만 설혹 행위자가 전반적인 동기에 따라 행동하지 않더라도 그의 행위는 전반적인 동기에 따라 판단된다고 본다. 이러한 입장은 다음의 내용에서 확인할 수 있다:

내가 그 개념을 이해한 바대로, 행위자의 전반적인 동기는 어떤 상황에서 '성품을 벗어나서' 행동할 경향, 즉 대략 대부분의 상황에서 그 사람이 하지 않을 것을 어떤 상황에서 하는 경향을 포함할 수 있다. 그리하여 어떤 사람이 성품을 벗어나서 행동할 때 그가 하는 것은 그럼에도 불구하고 행위자근거적 방식에서 그의 동기/경향의 전체성에 의해 평가될 수 있다. 이제, 위에서 언급된 바대로라면, 선한 전체적 인격이나 동기가 잘못 행동하지 않을 '충분'조건이라고 가정하는 것은 이상하지 않을 수 있지만, 일단 '성품을 벗어난' 행동의 가능성을 인식하면 전체적인 동기에 관련지어 행동을 평가하는 것이 '필요한' 것이 아닐까 생각하는 것은 당연하다. 왜냐하면 우리들 대부분은 고립되고 성품을 벗어난 선한 행위가 늘 가능하다고 생각하는 경향을 가지고 있기 때문이다. 그러나 사실 이것은 그렇게 분명하지는 않다.16)

인용된 바와 같이, 슬로트는 실제로 행위자가 성품을 벗어나서 행동할 수 있는지는 분명치 않지만 개념상 전반적인 동기가 성품을 벗어나서 행동할 경향을 포함할 수는 있고 우리들도 성품을 벗어나서 행동할 수 있다고 생각하는 경향을 가지고 있다고 본다. 그리고 그는 성품을 벗어나서 행동하는 경우에 우리가 전반적인 동기에 관련지어 그 행동을 평가할 것이라고 말한다. 이러한 주장을 뒷받침하기 위해 구체적인 이유를 제시하는 대신 그는 하나의 예를 들고 있다. 그에 따르면, "우리는 흔히 어떤 사람이 늙은 여인을 돕는 데 많은 시간과 힘을 들인다면 이를 칭찬하지만, 만일 그 여인이 아리아인이고 그 남자가 히틀러나 괴벨스라면 우리는 그러한 행위들을 칭찬하지 않는 경향이 있"으며 이것은 "그 사람의 전반적인 인격이나 동기에 대해 우리가 알고 있는 것 때문인" 듯하다.17)

여기에서 슬로트가 자신의 입장을 뒷받침하기 위해 경험적인 예를 제시하는 데 그치는 것은 어떤 것이 왜 덕스럽고 칭찬할 만한지에 대한

---

16) Slote(2001), p.35.
17) Slote(2001), p.35.

이유를 제시하지 않는 그의 기본 입장과 밀접한 관련이 있다. 슬로트는 행위자나 동기의 덕스러움 혹은 칭찬할 만함은 근본적인 것으로서 다른 어떤 것으로부터 도출되는 것이 아니라고 생각한다. 그는 아리스토텔레스와 달리 덕과 번성(flourishing) 간의 관계를 부인하고 덕스러움에 대해 일종의 직관주의를 취한다. 러셀(Daniel C. Russell)은 덕스러움에 대한 슬로트의 직관주의는 "결국 옳음에 대한 직관주의도 수반한다"고 말한다.18) 성품을 벗어나서 행동한다 할지라도 성품에 따라 판단한다는 슬로트의 주장에는 덕스러움과 옳음에 대한 직관주의 이외에도 상식에 대한 호소가 밀접하게 관련되어 있다. 슬로트는 "무엇이 칭찬할 만한 것인지에 대한 우리의 일상적인 의미에 가능한 한 근접하는 덕윤리"를 추구하며 상식에 근거한 덕윤리를 옹호한다.19) 그러나 칭찬할 만한 것과 그렇지 않은 것에 대한 우리의 일상적인 사고 내지 상식은 논란의 여지가 많다. 예컨대 어떤 사람이 기차가 다가오는 철로에 넘어져서 목숨이 위태로운 어린이를 목격하고 위험을 무릅쓰고 그 어린이를 구해주었는데 그 사람이 히틀러나 괴벨스라면, 우리는 우리가 익히 알고 있는 그 사람의 인격이나 동기 때문에 그 행동을 칭찬하지 않을 것인가? 어떤 사람이 고통 받고 있는 어린이들을 위해 많은 돈을 기부했는데 알고 보니 그 사람이 스크루지였다면 우리는 우리가 익히 알고 있는 스크루지의 인격 때문에 그 행동을 칭찬하지 않을 것인가? 과연 이러한 물음들에 대해 상식적으로 칭찬하지 않는다고 우리 모두 말할 수 있을까? 선한 사람이 야기한 나쁜 행동의 경우는 슬로트의 주장에 따르는 도덕 판단이 상식적이지 않을 수 있음을 훨씬 더 분명하게 보여준다. 예컨대 어떤 사람이 술에 취해 아프리카의 원주민 어린이를 강간했는데 알고

---

18) Daniel C. Russell. 2008. "Agent-based Virtue Ethics and the Fundamentality of Virtue." *American Philosophical Quarterly* Vol. 45 No. 4, p.341.

19) Slote(2004), p.262.

보니 그 사람이 슈바이처였다고 해보자. 이 경우 우리는 슬로트가 주장하는 것처럼 우리가 알고 있는 슈바이처의 인품에 따라 그가 범한 강간을 도덕적으로 비난하지 않을 수 있을까? 본의 아니게 너무 많이 마신 술 때문이었다고, 그래서 비난할 수 없다고 말할 수 있을까? 아마도 우리 중의 상당수는 슈바이처의 인품과 별개로 그가 범한 강간은 나쁘다고 말할 것이다. 무엇이 칭찬할 만한지에 대해 상식적인 수준에서 동의가 이루어진 것들도 많지만, 폭넓은 부동의가 존재하는 것들도 많다. 전반적인 동기와 달리 행동할지라도 전반적인 동기에 따라 판단하는 것이 일상적인 상식이나 직관이라는 슬로트의 생각은 그가 기대하는 정도의 폭넓은 동의를 얻기 어렵다.[20] 결국 전반적인 동기가 효과적인 동기가 아닐 경우 우리는 어떻게 도덕판단을 내려야 하는지의 어려움에 직면하게 된다.

한편 전반적인 동기의 동기적 효력과 관련한 문제점은 행위자가 전반적인 동기를 갖기가 매우 어렵다는 점에서 훨씬 더 심각하게 드러난다. 행위를 통제하는 것과 달리 동기를 통제하는 것은 매우 어려운 일이다. 동기에 의해 행위의 도덕적 지위를 결정하고자 하는 슬로트의 이론에 대한 많은 비판은 이러한 어려움을 지적한다. 예컨대, 슬로트의 이론을 비판할 때, 제이콥슨(D. Jacobson)은 "행위는 의지에 의한 것일 수 있지

---

20) 일상적인 상식에 관련된 부동의에 대한 또 다른 예를 들어보자. 슬로트의 덕이론에서 매우 중요한 의미를 가지는 합성적 의미의 자아-타아 간 균형 역시 상식에 호소하는 주장이다. 그러나 이러한 유형의 균형은 자유주의적 혹은 개인주의적 문화권의 상식 내지 직관인 듯하다. 좀 더 공동체주의적인 문화를 가진 사회들에서는 분할적 의미의 자아-타아 간 균형을 이상으로 여기거나 한발 나아가서 슬로트가 거절하는 행위자 희생적인 불균형을 이상으로 여긴다고 볼 수 있다. 구체적으로 말해서 공동체주의적인 성향이 강한 사회에서는 자신과 다른 사람을 돌보는 사람과 자신을 희생해서라도 다른 사람을 돌보는 사람 중에서 (물론 둘 다 칭찬할 만하다고 보지만) 후자를 더 칭찬할 만한 사람이라고 여길 것이다.

만 동기는 그렇지 않을 수 있으며" 우리는 우리의 "인격이나 동기를 마음대로 바꿀 수 없다"고 지적한다.21) 또한 스토(K. Stohr)와 웰먼(C. Wellman)은 우리가 우리의 동기를 통제할 수 없다는 점에서 슬로트의 견해는 "사람들에게 그들이 할 수 없는 것을 하라고, 즉 그들의 동기를 통제하라고 요구한다"고 주장한다.22) 콥(D. Copp)과 소벨(D. Sobel) 역시, 슬로트의 이론은 "도덕적인 성자를 제외한 어느 누구도 칭찬할 만한 전반적 동기를 가졌다고 자격을 부여할 수 없게 될" 위험을 야기한다고 지적한다.23)

행동을 통제하는 것과 마음속의 감정을 통제하는 것은 다른 문제이다. 악의적인 사람이 악의적인 행동을 삼가는 것과 악의적인 사람이 악의적인 행동을 삼가면서 선한 동기를 갖는 것은 다른 문제이다. 어떤 사람은 여전히 악의적이지만 애써서 악의적인 행동을 삼갈 수 있다. 그러나 그의 감정을 선의로 바꾸는 것은 애써서 악의적인 행동을 삼가는 것보다 훨씬 더 어려운 일일 것이다. 더군다나 이러한 선의를 인격특질이나 자아의 일부로 자리 잡도록 해서 전반적인 동기를 갖는 것은 많은 시간과 노력이 요구되는, 그리고 많은 사람들이 도달하기 어려운 과제이다. 전반적인 동기를 가진 사람이 매우 드물다면 전반적인 동기로부터 도덕을 도출하는 슬로트의 입장은 당혹스러운 결론에 도달하게 된다. 왜냐하면 슬로트의 주장은 "보통 사람들은 '열등한' 전반적인 동기를 가지고 있기 때문에 그들이 하는 모든 것은 의도적으로 잘못이라는" 의미, 다시 말해서 "보통 사람에 의해 행해진 어떤 것도 칭찬할 만하지

21) D. Jacobson. 2002. "An Unsolved Problem for Slote's Agent-based Virtue Ethics." *Philosophical Studies* 111, p.60.

22) K. Stohr & C. Wellman. 2009. "Recent Work on Virtue Ethics." *American Philosophical Quarterly* Vol. 39 No. 1, p.54.

23) D. Copp & D. Sobel. 2004. "Morality and Virtue: An Assessment of Some Recent Works in Virtue Ethics." *Ethics* 114, p.549.

않다는 받아들이기 어려운 의미"를 함축하기 때문이다.24) 이러한 문제점을 확인하기 위해 선의의 전반적인 동기를 가지지 못한 사람이 행동하고자 할 때 가능한, 그리고 유의미한 경우의 수를 검토해보자. 그는 선하지 못한 동기를 가지고 잘못 행동하거나, 자제하면서 도덕적으로 행동할 수 있다. 혹은 그 상황에서 심경의 변화가 생겨 선의로 도덕적인 행동을 하거나, 혹은 선의의 전반적인 동기를 갖게 되고 이 동기에 따라 도덕적으로 행동할 수 있다. 슬로트에게 있어서 처음의 두 행동은 선의의 전반적인 동기가 없다는 점에서 잘못 행동한 것이다. 또한 상황 특수적인 동기는 도덕판단의 준거가 되지 않는다는 점에서 세 번째 행동은 비록 선의로 도덕적인 행동을 했다 할지라도 옳은 행동이 아니며, 네 번째 행동만이 옳은 행동이다. 그러나 앞에서도 언급한 바와 같이 선의의 전반적인 동기를 갖기는 너무 어려운 일이다. 그렇다면 그가 애써서 할 수 있는 것은 아마도 두 번째 혹은 세 번째 행동일 것이다. 결국 슬로트의 주장대로라면, 행위자가 할 수 있는 행동들은, 그리고 행위자가 애써서 하는 행동들은 모두 잘못된 것이 되고 만다.

사람들의 삶은 슬로트가 의미하는 선의의 전반적인 동기를 가진 사람이 되어가는 과정이며 많은 사람들은 그런 사람이 되지 못하고 삶을 마감하게 된다. 그러나 우리는 그러한 사람들의 행위를 모두 도덕적으로 옳지 못하다고 보지는 않는다. 훌륭한 인격을 갖추기 위해 노력하면서 사람들이 애써서 하는 행위들은 도덕적인 가치를 가진다. 아리스토텔레스가 생각하는 것처럼 자제가 절제에 비해 미숙한 인격의 양상을 보이는 것은 사실이다. 그러나 자제가 도덕적으로 가치가 없는 것은 아니다. 자제는 자제 나름의 도덕적인 가치가 충분히 있고 우리가 내리는 도덕판단은 이러한 도덕적 가치를 인정해주어야 한다. 그러나 전반적인 동

---

24) Copp & Sobel(2004), p.549.

기를 도덕판단의 준거로 삼을 경우, 우리는 이러한 가치를 인정하는 도덕판단을 내리기 어렵게 된다.

4. 도덕성의 근간으로서의 전반적인 동기와 도덕판단

ABVE"에 나타난 바와 같이 슬로트는 행위자의 전반적인 동기에 의해 행위의 도덕적 지위가 결정된다고 주장한다. 그러나 이러한 주장은 상식적으로 그리고 직관적으로 받아들이기 어려운 결론을 야기한다는 비판을 받는다. 예컨대, 콥과 소벨은 슬로트의 입장대로라면, "전반적인 동기가 칭찬할 만한 사람에 의해 의도적으로 행해진 모든 것은 칭찬할 만하며 그러한 사람에 의해 행해진 어떤 것도, 비록 그것이 예기치 않은 그리고 의도치 않은 끔찍한 결과에 이르러도, 잘못이 아니라고" 결론지어야만 한다고 비판한다.25) 스토와 웰먼 역시 "극단적인 예를 들자면, 연민에 의해 동기 지어진 사람이 수천 명의 사람을 죽인다면, 슬로트의 견해는 그 사람은 도덕적으로 결백할 뿐만 아니라 옳은 행동을 했다고 우리가 결론짓도록 요구한다"고 비판한다.26) 이러한 비판들은 칭찬할 만한, 전반적인 동기를 가진 사람이 자신의 동기를 반영하여 행동한다 하더라도 언제나 올바른 행동을 한다고 보기 어렵고, 반대로 악의적인, 전반적인 동기를 가진 사람 역시 언제나 잘못된 행동을 한다고 보기 어렵다는 생각에서 비롯된다. 이러한 비판들이 적절하다면 전반적인 동기는 도덕성을 제대로 드러낼 수 없을 것이다.

---

25) Copp & Sobel(2004), p.549. 또한 그들은 "전반적인 동기가 악의적인 사람에 의해 의도적으로 행해진 모든 것은 잘못이며 그러한 사람이 의도적으로 하는 모든 것은 그의 악의적인 전반적 동기를 표현하는 것"이라고 결론지어야 한다고 말하면서 반대의 경우도 마찬가지라고 본다. Copp & Sobel(2004), p.548.
26) Stohr & Wellman(2009), p.52.

그러나 슬로트는 이러한 비판들이 별반 설득력이 없다고 반박할 것이다. 슬로트의 주장으로부터 이러한 비판들에 대한 가능한 반박을 찾아볼 때 다음의 두 가지를 들 수 있다:

C1: 선의의 전반적인 동기는 사람들에 대한 배려를 수반하고 이러한 배려는 관련된 사실들을 고려하여 판단하도록 하기 때문에 선의의 전반적인 동기를 가진 사람은 잘못 행동하지 않는다.
C2: 선의의 전반적인 동기를 가진 사람이 최선을 다했지만 어찌할 수 없는 인지적 결함 때문에 나쁜 결과를 가져왔다면 그 사람을 도덕적으로 비판할 수는 없다.

C1과 C2를 차례로 살펴보면서 선의의 전반적인 동기가 도덕성의 근간이라는 슬로트의 주장이 적절한지 살펴보자. 슬로트의 가능한 첫 번째 반박인 C1은 선의의 동기가 지닌 특성상 문제의 비판들이 지적하는 비상식적인, 혹은 반직관적인 결론을 수용해야만 하는 경우들은 별반 없을 것이라는 주장이다. 슬로트에 따르면, "정확하게 누가 빈궁한지 그리고 그들이 어느 정도 빈궁한지에 대해 배려(care)하지 않는다면, 나아가서 어떤 사람의 선의가 실제로 유용할 수 있도록 그러한 배려가 적절한 사실들을 알고자 하고 또 알려고 노력하는 것을 본질적으로 포함하지 않는다면" 선의는 완전한 의미에서 선의가 아니다.[27] 그리하여 슬로트는 "어떤 사람이, 말하자면 동기의 선함에 의해 행위나 결정의 과정을 도덕적이라고 판단한다면, 그는 세상에 사는 사람들에 대한 사실들을 언급하고 그러한 사실들을 설명하는 내적 요소와의 관계 속에서 판단하고 있다"고 말한다.[28] 이러한 주장들이 의미하는 바는, 선의를 가

---

27) Slote(2001), p.18.

진 사람은 다른 사람을 배려하고 있으며 우리가 누군가를 진정으로 배려하면 도덕적으로 적절한 실제를 고려하는 가운데 결정을 내리기 때문에 함부로 혹은 부주의하게 행동하지 않는다는 것이다. 요컨대, 슬로트는 선한 성품을 가진 사람은 다른 사람의 행복에 관심을 갖고 자신의 행위가 가져올 결과를 고려하기 때문에 잘못 행동할 가능성이 적다고 믿는다.

C1에서 주목할 점은 선의의 동기가 유발하는 배려와 이러한 배려를 뒤따르는 관련된 사실들에 대한 고려가 무엇을 의미하는가이다. 우리의 행위를 들여다볼 때, 선한 의도를 효과적으로 수행하기 위해서는 구체적인 상황에서 적절하게 판단하는 실천적 지혜, 그리고 복잡하고 어려운 상황에서도 선한 의도를 꿋꿋하게 수행하는 강한 의지가 필요하다. 다른 사람들에 대해 배려할 때 우리는 무엇이 일어나게 될지 관심을 갖고 관련된 사항들을 고려하게 된다. 스토와 웰먼은 슬로트가 의미하는 "진정한 배려의 구성적 요소는 적절한 사실들을 이해하기 위해 모든 노력을 한다는 점"이라고 해석한다.29) 이것은 슬로트의 배려가 내포할 수 있는 최대한의 의미를 인정하는 해석이다. 그러나 최선을 다해 도덕적으로 적절한 관련 사항들을 고려한다는 것이 실천적 지혜를 의미하는 것은 아니다. 실천적 지혜는 이러한 사항들을 고려해서 적절한 선택을 할 수 있는 탁월함을 의미한다는 점에서 배려 이상의 능력을 포함한다. 배려하는 사람은 관련된 사항들을 최선을 다해 고려하고 적합하게 행동하고자 한다. 여기까지 배려하는 사람과 실천적 지혜를 가진 사람은 유사하다. 그러나 배려하는 사람은 적합하게 행동하는 데 성공할 수도 있

28) Michael Slote. 1997. "Agent-based Virtue Ethics." In Roger Crisp & Michael Slote eds., *Virtue Ethics*(Oxford & New York: Oxford University Press, 1997), p.259.

29) Stohr & Wellman(2009), p.52.

고 그렇지 못할 수도 있다. 반면에 실천적 지혜를 가진 사람은 자신의 실천적 지혜를 통해 적절한 결정을 내릴 수 있다. 또한 그가 이러한 결정을 행동으로 옮기는 데 필요한 의지를 가지고 있다면 적절하게 행동할 수 있을 것이다.

동기에 대한 별반 논란의 여지가 없는 일반적인 주장들에는 동기가 실제적인 심리적 상태나 사건이라는 점, 행위를 설명하는 이유와 정당화하는 이유로 간주된다는 점, 정서와 욕구가 주된 두 유형의 동기라는 점 등이 꼽힌다.30) 동기에 대한 이러한 주장들을 검토해볼 때, 동기가 실천적 지혜나 강한 의지를 포함한다고 일반적으로 말하기는 어렵다. 더군다나 슬로트의 감정주의적 접근은 이 점을 더욱 확실하게 해준다. 동기를 감정주의적으로 이해할 때 동기는 정서나 욕구로 구성된다. 이러한 유형의 동기로부터 정서적 측면을 강하게 갖는 배려가 자연스럽게 유발될 수는 있지만, 이성적 작용을 포함하는 실천적 지혜나 강한 의지가 반드시 수반된다고 하기는 어렵다. 선의의 동기가 유발하는 배려가 상황적 요인과 관련 사실을 어느 정도 고려하도록 할 수는 있지만 적절하게 선택하는 데 필요한 실천적 지혜와 행위를 수행해내는 데 필요한 강한 의지를 불러일으키기에는 역부족일 수 있다. 이런 점에서 볼 때 C1은 전반적인 동기가 도덕판단의 준거가 되기 어렵다는 비판에 대한 충분한 대응이 되지 못한다. 우리가 도덕적으로 행동하기 위해서 그리고 도덕적으로 탁월한 사람이 되기 위해서 지녀야 할 것은 선한 동기만이 아니다. 그러나 슬로트는 선한 동기 이외에 도덕성을 구성하는 중요한 다른 요소들을 소홀히 여기고 있다. 이런 점에서 "슬로트의 이론은 도덕성의 모든 것을 따뜻한 동기에 환원시키기 때문에 너무 협소하게

---

30) 그 밖에도 행위나 행위결정의 원인의 일부라는 점, 행위에 선행하지만 행위가 일어나는 동안 존재하거나 작동한다는 점 등이 있다. S. Sverdlik. 1996. "Motive and Rightness." *Ethics* 106, p.335.

초점이 맞춰져 있고, 그것은 우리에게서 도덕적으로 적절한 다른 인격 특질들을 평가할 능력을 빼앗아간다"는 비판은 적절하다.31)

　슬로트의 가능한 또 다른 반박인 C2는 나쁜 결과에 대한 인식론적 비판과 도덕적인 비판을 구분할 것을 주장한다. 슬로트는 행위자가 "배울 수 있는 인지적 결함을 가지고 있지만 그러한 결함을 발견할 만큼 주의 깊지 못했다면, 그의 선의의 진정성이 의심받을 수 있다"고 말한다.32) 그러나 "만일 어떤 사람이 적절한 사실들을 찾아내려고 모든 노력을 기울이고 행동할 때 주의 깊다면, 결과가 나쁘게 될지라도, 그는 비도덕적으로 행동했다고 비난받을 수 없다"고 말한다.33) 그리하여 슬로트는 "나쁜 결과가 그녀가 배울 수 없는 이해(지성)의 부족이나 인지적 결함 때문이라면 그녀의 행함에 대해 인식론적인 비판을 할 수는 있지만 이러한 비판이 도덕적인 비판인 것으로 여겨질 필요는 없다"고 주장한다.34) 그러나 인식론적 결함 때문에 심각하게 잘못된 행동이 야기된 경우 이러한 행동이 도덕적인 비난으로부터 전적으로 자유롭기는 어려울 것이다. 보통의 경우에 선의의 전반적인 동기를 가지고 적절하게 행동하지만 자신의 분별력이나 판단력으로 해결하기에는 너무 복잡한 상황에서 잘못 행동하고 주변 사람들에게 큰 피해를 주고 만 사람을 예로 들어보자. 슬로트에 따르면 이런 사람은, 비록 인지적인 차원에서 비난받을 수는 있어도, 도덕적으로 비난받아서는 안 된다. 그러나 우리는 그 사람 자체를 비난하지는 않더라도 부적절한 판단으로 인해 그가 야기한 치명적인 잘못에 대해서는 도덕적인 평가를 하지 않을 수 없다. 이

---

31) E. Silverman. 2008. "Michael Slote's Rejection of Neo-Aristotelian Ethics." *Journal of Value Inquiry* 42, p.514.

32) Slote(2001), p.34.

33) Slote(2001), p.34

34) Slote(2001), p.34.

러한 경우에 우리는 인식론적인 결함으로 인한 비난과 도덕적인 비난을 엄밀하게 구별하기보다는 오히려 행위에 대한 평가와 행위자에 대한 평가를 구분한다. 예컨대 행위자가 최선을 다하려고 했다는 점은 인정하지만 그의 행동은 잘못되었다고 말한다. 행위자평가로부터 전적으로 행위평가를 도출하는, 슬로트의 행위자근거 덕윤리는 행위평가와 행위자평가가 구분되어야 하는 경우가 있다는 것을 인정하지 않음으로써 C2와 같은 주장을 하게 되는 것이다.

슬로트의 행위자근거 덕윤리가 주장하는 것처럼 행위자평가와 행위평가가 언제나 같이 갈 수 있는 것은 아니다. 행위자가 가진 동기만을 보고 행위를 판단하는 것이 부적절한 경우들이 있다.35) 어떤 동기를 가졌건 간에 관계없이 해야만 하는 혹은 해서는 안 되는 의무인 행위들이 있기 때문이다. 다시 말하면 행위자의 동기가 무엇이건 간에 행위 그 자체의 평가가 중요한 경우들이 있다. 살인이나 강간처럼, 우리 모두가 절대적인 가치를 부여하고 소중히 여기는 생명이나 인격에 치명적인 손상을 가져오는 행위의 경우에 행위자에 대한 평가와 별도로 행위 그 자체에 대한 평가가 요구된다. 슬로트의 행위자근거 덕윤리는 행위자평가로부터 전적으로 행위평가를 도출하기 때문에 이러한 요구를 충족시킬 수 없다. 반면에 행위자초점 내지 행위자우선 덕윤리는 이러한 요구를 충족시킬 수 있다는 점에서 더욱 적절한 도덕평가를 가능하게 한다. 예컨대 허스트하우스(Rosalind Hursthouse)가 "행위는 어떤 상황에서 유덕한 행위자가 특질상(즉, 성품 안에서 행위하면서) 할 것인 한, 그때에만 옳다"고 말할 때 인격의 우선성을 주장하지만 그녀는 이와 함께 어떤 행위평가는 행위자평가와 어느 정도 독립적이며 행위평가가 전적으로

---

35) 도덕평가에서 행위평가와 행위자평가 중 무엇이 우선해야 하느냐는 것은 매우 중요한 문제이지만 이 장의 범위를 넘어선다. 여기에서의 주장은 행위자평가와 별도로 행위평가가 이루어져야 하는 경우들이 있다는 것에 제한된다.

행위자평가에 환원되는 것은 아니라고 본다.36) 행위자평가로 환원되지 않는 독립적인 행위평가와 관련하여 그녀는 "행위에 적용되는 덕 형용사(v-adjectives)들은, 특히 악덕 형용사들은 어느 정도의 독립성을 가진다"고 말한다.37) 여기에서 허스트하우스는 누가 했건 관계없이 그 자체로 나쁘다고 할 수 있는 행위가 있음을 인정하고 있는 것이다.

도덕평가에서 동기를 강조함으로써 우연적으로 유용하게 된 행위와 의도적으로 유용하게 된 행위를 구별하고 후자를 도덕적으로 선하거나 칭찬할 만한 것으로 보려는 슬로트의 의도는 적절하다. 그러나 전반적인 동기에 근거하여 행동할 때 행위자가 도덕적으로 행동할 만큼 충분히 결과를 고려한다는 그의 생각은 잘못이다. 앞서 언급한 바와 같이, 슬로트는 (선한 동기를 가지고 사람들에 대해 배려하는 행위자는 무엇이 일어날지 관심을 갖고 관련된 사실들을 고려한다는 점에서) 선의의 전반적인 동기로서의 배려는 결과에 대한 관심과 관련되어 있다고 생각한다. 그리하여 그는 자신의 입장이 "결과들이 동기(를 가진 사람)에 의해 고려되고 그러한 동기에 반응하여 조사되는 만큼, 궁극적으로 동기에 호소하지만 간접적으로 결과에 귀 기울이는" 방식으로 도덕적 문제를 다룬다고 말한다.38) 그러나 선한 동기로서의 배려와 결과에 대한 관심 간의 상관성을 어느 정도 인정한다 하더라도 이러한 상관성은 동기와 관계없이 치명적인 결과를 가져오는 행동을 해서는 안 된다는 것을

---

36) Hursthouse(1999), p.28.

37) Hursthouse(1999), p.80.

38) Slote(1997), p.261. 이와 관련하여 슬로트는 공범자 전략을 취한다. 슬로트 역시 선의를 가진 사람이 도덕적인 어려움을 해결할 수 없는 경우들이 있을 것이라는 점을 인정한다. 앞으로 어떤 일이 벌어질지 알 수 없거나 앞으로의 상황이 매우 복잡하게 될 때 선의의 도덕성은 방해받게 되겠지만 그러한 경우는 여타의 결과주의 역시 마찬가지일 거라고 생각한다. 이에 대한 슬로트의 설명을 위해서는 Slote(1997), p.261 참조.

뒷받침하기에 충분하지 못하다. 이와 관련해서 아마도 슬로트는 선의를 가진 행위자는 치명적인 결과를 가져오는 행동을 하지 않는다고 반박할 것이다. 그러나 다른 사람을 배려하고 자신의 행위가 가져올 결과를 주의 깊게 고려하여 행동한다고 해서 언제나 좋은 결과가 오는 것은 아니다. 우리가 관심을 가지고 결과를 고려한다고 해도 우리가 의도하는 대로 좋은 결과를 가져오는 데 늘 성공하는 것은 아니다. 결국 행위자평가와 행위평가를 어느 하나에 전적으로 환원하기보다는 행위자평가와 별도로 행위평가를 해야 하는 경우가 있다고 보는 것이 적절하다. 인격의 칭찬할 만함은 도덕성에서 중요하지만, 인격의 칭찬할 만함이 도덕적으로 근본적이라고 여길 수 없는 경우들이 있다. 이러한 경우에 인격의 칭찬할 만함에 독립적인 행위의 옳고 그름을 무시하는 도덕판단은 적절하지 못하게 되고 만다.

5. 나오는 말

슬로트의 행위자근거 덕윤리는 도덕판단의 준거로서 동기를 제시한다. 이러한 주장은 욕구와 가치 그리고 동기가 서로 분리되지 않고 함께 간다는 것을 주장하고자 하는 덕윤리자들의 일반적인 입장을 극명하게 보여준다. 그러나 전반적인 동기의 동기적 효력이 확실하지 않을 뿐만 아니라 이러한 동기를 가진 사람이 드물다는 점에서, 그리고 전반적인 동기는 도덕성을 드러내기에 충분하지 못하다는 점에서 전반적인 동기는 도덕판단의 준거로 적절하지 못하다. 결국 슬로트의 행위자근거 덕윤리는 그가 말하는 대로 가장 순수한 형태의 덕윤리일지는 몰라도 상식에 부합하는 덕윤리를 추구하는 그의 의도와는 달리 우리가 받아들이기 어려운 덕윤리가 되고 만다. 도덕법칙 대신 인격의 우선성을 중시하는 덕윤리는 일반적으로 도덕판단의 유연성을 확보하는 매력을 지닌다고 평가된다. 그러나 행위자평가로부터 행위평가를 전적으로 도출하려는 슬로트의 기획은 이러한 매력을 상당 부분 잃고 만다. 또한 그것은 도덕성의 의무적 영역을 제대로 인정하지 않으면서 덕윤리를 급진적으로 끌고 간다. 의무를 위반하지 않으면서도 악덕할 수 있고 유덕함은 인간의 선함을 드러내는 데 매우 중요하다는 점에서 우리는 유덕함을 강조할 필요가 있다. 그러나 다른 한편으로 우리는 의무를 결코 소홀히 해서는 안 된다. 인간의 자기중심성과 연약함은 옳음이나 의무의 당위성을 필요로 한다. 결국 우리가 추구하는 도덕성은 덕성적 영역과 의무적 영역을 모두 포괄할 수 있어야 한다는 점에서 슬로트의 덕윤리는 우리가 추구하는 도덕성을 담아내기 어려운 도덕이론이 되고 만다.

4 장

신경과학적 도덕심리학과 덕윤리:
도덕판단에서 정서의 역할과 성격을 중심으로

1. 들어가는 말

도덕심리학은 20세기 후반까지만 해도 주로 심리학 영역에서 전통적인 도덕철학적 주제들에 대해 경험적 탐구를 수행하는 것이 주를 이루었다. 그러나 21세기에 들어서서는 다른 영역의 학문들과의 활발한 교류 속에서 점차 기존의 학문적인 경계를 벗어나게 되었다. 특히 진화생물학 내지 사회생물학 그리고 인지과학과 신경과학 등이 발달함에 따라 도덕심리학은 이러한 과학들과의 공동 작업을 통해 전통적인 도덕심리학의 영역을 넘어서서 다양한 방향으로 확대되고 있다. 도리스(John M. Doris)의 표현대로 도덕심리학은 이제 "학문적인 경계들을 가로지르는 혹은— 더 좋게— 그러한 구분들을 행정적인 관심에 지나지 않는 것으로 여기는" 학문으로 다시 자리 잡게 되었다.[1] 이처럼 학문적 경계를

---

1) John M. Doris. 2010. "Introduction." In John M. Doris & the Moral

넘나들며 다양한 영역에서 폭넓게 전개되고 있는 현재의 도덕심리학에서 단연 많은 주목을 받고 있는 것은 신경과학적 도덕심리학(neuroscientific moral psychology)이다.2) 신경과학적 도덕심리학의 연구 성과들 중에서 도덕철학적으로 특히 흥미로운 것은, 숙고와 추론을 중시해온 도덕철학과 도덕심리학의 전통적인 인식과 달리, 정서와 직관이 도덕판단에서 중요한 역할을 한다는 점이다. 이 점은 신경과학적 도덕심리학의 대표적인 성과에 해당하는 하이트(Jonathan Haidt)의 사회적 직관주의 모형(a social intuitionist model)과 그린(Joshua D. Greene)의 이중과정모형(a dual process model)에서 잘 드러난다.

신경과학적 도덕심리학이 제공하는 도덕성과 도덕현상에 대한 경험과학적 이해는 도덕철학적 관점에서 여러 논의를 야기하고 있다. 특히

Psychology Research Group eds., *The Moral Psychology Handbook*(New York: Oxford University Press, 2010), p.2.

2) 신경과학적 도덕심리학은 인간의 의사결정과 행동이 뇌의 작동과 어떤 관계가 있는가를 보여주는 신경과학의 연구들을 통해 도덕적 인지(moral cognition)의 신경기제를 확인하고 도덕성과 도덕현상에 대한 새로운 이해를 제공하고 있다. 특히 신경과학적 도덕심리학은 기능적 자기공명영상(fMRI) 기술이나 정신약물학(psychopharmacology)을 이용한 실험연구들을 통해 이전과는 다른 각도에서 도덕적 인지를 탐구하고 있으며 신경생물학이라는 개념이 잘 보여주는 것처럼 진화생물학이나 사회생물학과 같은 여타 학문들의 경험연구 성과들을 적극 이용하여 학제적 접근을 취하기도 한다. 로스키스(Adina Roskies)는 신경윤리학(neuroethics)을 '신경과학의 윤리학(the ethics of neuroscience)'과 '윤리학의 신경과학(the neuroscience of ethics)'으로 분류하고 자유의지, 자기통제, 개인적 정체성, 의도 등과 같은 윤리이론의 개념들을 뇌기능의 관점에서 탐구하는 것을 윤리학의 신경과학으로 본다. 이러한 분류에 따른다면 신경과학적 도덕심리학은 도덕적 인지에 대한 신경적 토대에 많은 관심을 기울인다는 점에서 '윤리학의 신경과학'과 밀접히 관련되어 있다. 윤리학의 신경과학에 대한 로스키스의 설명을 위해서는 Adina Roskies. 2002. "Neuroethics for the New Millenium." *Neuron* Vol. 35, p.22 참조. 또한 신경과학적 도덕심리학은 도덕적 인지에 대한 신경과학적 설명에 관심을 가진다는 점에서 인지신경과학(cognitive neuroscience)과도 밀접한 상관성이 있다.

기존의 규범윤리이론이 이러한 이해와 얼마나 부합하는지에 대한 여러 논의들이 이루어지고 있다. 실제로 하이트와 그린은 자신들의 모형을 통해 신경과학적 발견 사실들에 근거한, 도덕판단에 대한 심리학적 설명을 줄 뿐만 아니라, 이러한 심리학적 설명이 가지는 도덕철학적 의미를 제시하거나 심리학적 설명을 가지고 기존의 규범윤리이론들을 검토, 평가하고 있다. 신경과학적 성과와 관련한 그동안의 도덕철학적 논의를 살펴보면 의무론과 결과론에 관련된 논의들이 주를 이루어왔는데, 최근 들어 덕윤리에 관련된 논의들, 특히 덕윤리의 주장들이 신경과학적 발견 사실들과 부합한다는 연구들이 제기되고 있다.

이 장에서는 하이트와 그린의 두 모형을 중심으로 하는 신경과학적 연구 성과를 가지고 아리스토텔레스의 덕윤리를 검토해보고자 한다. 이를 위해 먼저 두 모형이 도덕판단에서 정서가 하는 역할과 성격을 어떻게 설명하는지 살펴볼 것이다. 그리고 이러한 도덕심리학적 주장을 도덕판단과 정서에 대한 아리스토텔레스의 주장과 비교하면서 두 주장 간에 어떤 유사점과 차이점이 있는지를 검토할 것이다. 나아가서 이 두 모형의 도덕철학적 의미에 대한 하이트와 그린의 주장과 아리스토텔레스의 덕윤리를 비교적 관점에서 살펴볼 것이다. 이러한 검토는 신경과학적 도덕심리학으로 덕윤리라는 규범윤리이론을 단순히 평가하려는 것이 아니라, 두 주장 간의 유사점이 어떤 의미를 갖는지, 그리고 차이점은 어디에서 기인하며 어떤 의미를 갖는지를 고찰하고자 하는 것이다. 이러한 고찰은 신경과학적 연구 성과와 아리스토텔레스의 덕윤리를 비교할 뿐만 아니라 도덕심리학과 규범윤리이론의 적절한 관계를 모색하는 의의를 가질 것이다.

2. 신경과학적 도덕심리학, 도덕판단, 그리고 정서

도덕판단이 기본적으로 숙고와 추론의 과정에 의해 도달된다고 보는 합리주의 모형(the rationalist model of moral judgments)은 도덕철학과 도덕심리학 두 영역에서 모두 오랫동안 주류를 이루어왔다. 그러나 최근의 여러 신경과학적 연구 성과들은 도덕판단에서 정서가 중요한 부분을 차지하며 도덕판단은 암묵적이고 자동적인 의사결정의 성격을 가진다고 보고하고 있다. 이러한 연구 성과들 중에서 하이트의 사회적 직관주의 모형과 그린의 이중과정모형은 도덕판단에서 정서가 차지하는 역할과 성격에 대한 체계적인 설명을 제시한다. 먼저 하이트의 사회적 직관주의 모형은 6개의 연결고리 내지 과정으로 구성되는데, 이 중에서 직관적 판단, 사후 추론, 추론된 설득, 사회적 설득이라는 4개의 연결고리 내지 과정이 핵심을 이룬다. 이 중에서 직관적 판단의 과정은 도덕판단이 도덕적 직관의 결과로서 자동적으로 의식에 나타난다는 것을 보여주며, 사후 추론의 과정은 도덕판단이 내려진 이후에 이러한 판단을 지지해줄 주장을 찾고자 하는 노력이다. 그리고 추론된 설득과 사회적 설득의 두 과정은 사람들 간의 영향을 보여주는데, 먼저 추론된 설득의 과정은 사후 추론이 때때로 다른 사람들에게 영향을 미쳐서 그들에게 새로운 감정적 직관을 촉발하는 것이며, 사회적 설득의 과정은 추론된 설득이 사용되지 않아도 어떤 사람이 내리는 도덕판단이 다른 사람에게 영향을 미치는 것이다. 사회적 직관주의 모형은 이러한 4개의 핵심 과정에 추론된 판단과 사적인 숙고라는 2개의 과정이 덧붙여짐으로써 완성된다. 이 두 과정은 드물기는 하지만 사적인 추론이 도덕판단을 형성하는 두 방식을 의미하는데, 먼저 추론된 판단은 추론이 판단에 인과적 역할을 하는 경우를, 그리고 사적인 숙고는 초기의 직관적 판단과 모순되는 새로운 직관을 자발적으로 활성화하는 경우를 보여준다.3)

하이트의 사회적 직관주의 모형의 중심 주장은, 하이트 자신이 밝힌 바와 같이, "도덕판단이 재빠른 도덕적 직관에 의해 야기되며 (필요할 때) 느린, 사후의 도덕추론이 도덕판단을 뒤따른다"는 점이다.[4] 하이트는 사회적 직관주의 모형을 통해 도덕판단이 대부분 직관적 판단이며 추론이 판단을 근거 짓는 확고한 토대가 아니라는 점, 그리고 때때로 우리가 내리는 도덕추론이 직관적 판단을 지지하기 위한 일종의 사후 합리화에 해당한다는 점을 역설한다.

한편 도덕적 딜레마에 대해 판단을 내리는 피실험자들의 두뇌반응에 대한 fMRI 연구를 통해 그린은 하이트와 달리 도덕판단에서 정서의 관여에 체계적인 차이가 있다고 주장한다. 그린에 따르면 이러한 체계적인 차이는 "트롤리 딜레마와 인도교 딜레마 간에 다른 어떤 특징들과 반응시간에서의 유형뿐만 아니라 정서 관련 뇌 영역에서의 신경적 활동의 유형 사이에서 관찰되는 상관관계"에서 분명히 나타난다.[5] 구체적으로 말해서 인도교 딜레마와 같은 인신적인 도덕 딜레마(personal moral dilemmas)에서는 정서와 결합된 뇌 영역이 활발하게 활성화되고 작업 기억과 결합된 뇌 영역은 상대적으로 덜 활성화되는 반면, 트롤리 딜레마와 같은 비인신적인 도덕 딜레마(impersonal moral dilemmas)에서는 작업 기억과 결합된 영역이 상당한 정도로 활성화되고 정서와 결합된 영역은 약하게 활성화된다는 것이다. 또한 정서가 많이 개입되는 인신적 도덕 딜레마에서 정서적 반응과 불일치하는 판단의 경우에는 정서적

3) 사회적 직관주의 모형에 대한 이러한 설명은 Jonathan Haidt. 2001. "The Emotional Dog and Its Rational Tail: A Social Intuitionist Approach to Moral Judgment." *Psychological Review* Vol. 108 No. 4, pp.818-819에 근거한 것이다.

4) Haidt(2001), p.817.

5) Joshua D. Greene et al. 2001. "An fMRI Investigation of Emotional Engagement in Moral Judgment." *Science* 293, p.2107.

간섭이 일어나고 이러한 정서적 반응을 압도할 시간이 필요하기 때문에 반응시간이 더 길게 나타난다는 것이다.6) 이처럼 그린은 인신적이냐 비인신적이냐 하는 도덕 딜레마의 성격에 따라 정서적 과정에 관여하는 정도에 차이가 있고 정서적 반응과 인지적 반응이 충돌하느냐의 여부에 따라 반응시간에 차이가 있으며, 이러한 정서적 관여와 반응시간에 있어서의 차이가 도덕판단에 차이를 만든다고 주장한다. 그리하여 그린은 "도덕판단이 직관적인 정서적 반응과 조정된 인지적 반응 둘 다에 의해 이끌린다는" 이중과정모형을 제시한다.7)

그린의 이중과정모형에서 주목할 점은 도덕판단의 두 과정에 대한 신경 이미지로부터의 증거를 가지고 규범윤리이론을 설명하는 부분이다. 그린은 인도교 딜레마의 경우에 "인신적으로 해로운 행위를 불승인하게 이끄는 우세한 부정적 정서 반응"이 존재하며 이러한 반응을 의무론의 특징으로 보고, 강한 결과주의적 근거가 있을 때 인지적 처리과정이 정서적 처리과정과 경쟁하면서 "인신적으로 해로운 도덕적 위반을 승인하도록 이끄는" 반응을 결과론적 판단으로 설명한다.8) 그리하여 "권리와 의무에 대한 관심을 반영한 것으로 자연적으로 여겨지는 판단인 의무론적 도덕판단은" 주로 "복내측 전두엽피질에 의존하는" 직관적인 정서적 반응에 의해 이끌리며, "더 큰 선을 증진하는 것을 목표로 하는 판단인 공리주의적인 결과론적 판단은" 좀 더 도덕추론처럼 보이는, "배외측 전두엽피질에 의존하는 조정된 인지적 과정"에 의해 이끌린다고 설명된다.9) 이처럼 그린은 두뇌의 신경처리과정과 연결 지어 의무론

---

6) 이러한 설명은 Greene et al.(2001), pp.2106-2107, Fig. 1-3에 잘 나타나 있다.

7) Joseph M. Paxton & Joshua D. Greene. 2010. "Moral Reasoning: Hints and Allegations." *Topics in Cognitive Science* 2, p.514, Fig. 2. 팩스턴과 그린은 도표 2에서 이 모형이 어떻게 작동하는지를 제시하고 있다.

8) Greene(2008), p.46.

과 결과론을 설명한다.

살펴본 바와 같이 하이트와 그린의 두 모형은 도덕판단에서 정서가 중요한 역할을 한다는 것을 보여준다. 사실 도덕판단에 정서가 중요하게 관여한다는 신경과학적 주장은 두 모형에 국한되는 것이 아니라 신경과학적 연구들이 일반적으로 주장하는 바이다.10) 한편 신경과학적 연구들이 도덕판단에서 정서가 하는 역할을 중시한다고 해서 추론의 역할을 배제하는 것은 아니다. 직관적인 정서적 반응뿐만 아니라 조정된 인지적 반응을 포함하는 그린의 이중과정모형은 이를 분명히 보여준다. 그린의 모형은 도덕판단에서 정서와 추론 둘 모두의 역할을 포함한다는 점에서 도덕판단에 대한 일종의 통합모형이라고 할 수 있다. 실제로 그린은 인신적/비인신적 행위라는 자신의 구별이 "전통적인 합리주의와 최근의 정서주의 사이의 중간 입장을 취하도록 허락할 수 있다"고 주장한다.11) 그린의 이중과정모형은 도덕판단에 대한 합리주의적 입장과 정서주의적 입장을 모두 아우르는 설명을 의도하는 셈이다.

그러나 그린과 달리 하이트는 도덕판단에서 추론이 하는 역할을 상대적으로 소홀히 취급한다. 도덕판단에서 직관이 중요한 역할을 하며 판단으로 이끄는 추론은 드물고 대부분의 추론은 사후 합리화에 불과하다는 하이트의 주장은 이를 단적으로 보여준다. 그럼에도 불구하고 하이트 자신은 자신의 모형이 합리주의와 직관주의를 통합한다고 주장한다. 하이트는 사회적 직관주의 모형이 "추론, 정서, 직관, 그리고 사회적 영향을 완전히 통합하는" 매우 다른 배열을 제안하며 이런 의미에서 반합

---

9) Paxton & Greene(2010), p.513.

10) 이에 대한 논의를 위해서는 Joshua Greene & Jonathan Haidt. 2002. "How (and Where) does Moral Judgment Work?" *Trends in Cognitive Science* Vol. 6 No. 12, p.518 참조.

11) Greene et al.(2001), p.2107.

리주의 모형이 아니라 "직관, 추론, 그리고 사회적 영향이 도덕판단을 만드는 데 상호작용하는 복합적이고 역동적인 방식에 대한 모형이다"라고 주장한다.12) 하이트의 이러한 주장은 기본적으로 사회적 직관주의 모형이 추론된 설득, 추론된 판단, 사적인 숙고라는 과정들을 포함한다는 점에 근거한다. 사회적 직관주의 모형을 제시한 이후에 하이트는 자신의 모형이 도덕추론이 발생하지 않거나 중요하지 않다고 주장한다는 비판들을 반박하거나 자신의 모형과 그린의 모형 간에 모순이 없다는 것을 보이고자 노력한다. 예컨대 하이트와 비요르크룬드(Fredrik Bjorklund)는 사회적 직관주의 모형에서 제시된, 추론과 관련된 3개의 과정 중 추론된 설득은 자주, 그리고 추론된 판단과 사적인 숙고는 간혹 발생한다는 점, 직관은 추론처럼 인지의 일종이라는 점, 그리고 사적인 숙고는 직관들이 갈등하거나 바람직하지 못한 결과를 초래하는 경우를 처리하는 추론의 일종이라는 점 등을 강조한다.13)

하이트의, 그리고 그의 동료들의 기대나 믿음에도 불구하고, 사회적 직관주의 모형이 추론의 역할을 충분히 인정한다고 보기는 어렵다. 특히 추론이 도덕판단에 인과적 효과를 가진다는 것을 인정하지만 이러한 효과가 대부분 사람과 사람 간의 관계에 관련되고 한 개인 내부에는 드물게 관련된다는 사회적 직관주의 모형의 설명은 추론의 역할을 제한적으로 본다는 것을 분명히 확인시켜준다.14) 만일 추론과 직관이 어느 정

---

12) Haidt(2001), pp.828-829. 그는 자신의 모형이 반합리주의 모형으로 받아들여진다면 그것은 제한된 의미에서 그러할 뿐이라고 믿는다. 이에 대한 논의는 Haidt(2001), p.820 참조.

13) 이에 대한 상세 논의를 위해서는 Jonathan Haidt & Fredrik Bjorklund. 2008. "Social Intuitionists Answer Six Questions about Moral Psychology." In Walter Sinnott-Armstrong ed., *Moral Psychology* Vol. 2: *The Cognitive Science of Morality*(Cambridge, MA & London: The MIT Press, 2008), pp.200-201 참조.

도 동등하게 중시되는 것으로 통합을 이해한다면 하이트의 모형은 통합모형으로 보기 어려울 것이다. 그러나 통합모형을 추론과 직관을 모두 아우르는 것으로 이해한다면 하이트의 모형은 분명 통합모형에 해당된다고 할 수 있다. 그의 모형이 추론을 배제하지 않고 어느 정도 포함하는 것은 분명하기 때문이다. 따라서 추론의 역할을 어느 정도 인정하느냐에 있어서는 분명 차이가 있지만 하이트와 그린의 두 모형 모두 도덕판단에서 추론과 정서의 역할을 모두 인정하는, 온건한 의미의 통합모형에 해당한다고 할 수 있다.15)

14) 이 장의 범위를 넘어서지만 직관과 추론에 대한 하이트의 주장에 대해서는 여러 비판이 가능하다. 예컨대 대부분의 추론이 직관의 사후 합리화에 불과하다고 보는 것은 능동적이고 적극적으로 추론하는 인간의 능력을 과소평가하는 것은 아닌지, 한 개인 안에서 이루어지는 도덕추론의 인과적 힘을 거의 인정하지 않는 것은 도덕추론이 가진 문제들을 너무 과장한 것은 아닌지, 직관들 간의 상충은 하이트가 생각하는 것보다 훨씬 더 빈번하거나 심각한 것은 아닌지 등 여러 의문을 제기할 수 있다. 직관과 추론에 대한 하이트의 주장에 대한 비판을 위해서는 Darcia Narvaez. 2008. "The Social Intuitionist Model: Some Counter-intuitions." In Walter Sinnott-Armstrong ed., *Moral Psychology* Vol. 2: *The Cognitive Science of Morality*(Cambridge, MA & London: The MIT Press, 2008), pp.234-236 참조.

15) 신경과학적 연구들은 아직 초기 단계에 머물고 있고 연구 성과들에 대한 경험적 검증 역시 충분히 이루어지지 않은 상태이다. 그럼에도 불구하고 뇌영상 자료들을 과다하게 신뢰하고 쉽게 뇌결정론이나 생물학적 환원주의로 경도되는 과학 커뮤니케이션의 문제들이 적지 않게 발생한다. 또한 도덕심리학에 대한 새로운 탐구도구로서 신경과학적 방법들은 현재 여러 한계들을 갖고 있다. 예컨대 뇌영상 자료들은 뇌의 복잡성을 제대로 보여주지 못하고 국지화(localization)의 한계를 가지며 뇌상태와 마음상태의 인과성이 아닌 상관성을 보여줄 뿐이다. 이에 대한 논의를 위해서는 홍성욱. 2010. 「보는 것이 믿는 것이다: fMRI 뇌 영상을 어떻게 해석할 것인가?」. 홍성욱·장대익 엮음. 『뇌 속의 인간 인간 속의 뇌』, 신경인문학연구회 옮김(서울: 바다출판사, 2010), pp.327-333; 김효은. 2009. 「도덕적 판단의 본성: 신경윤리학적 접근」. 『과학철학』 12-1, pp.78-80 참조. 신경과학적 연구가 가지는 이러한 문제점들을 고려할 때 신경과학적 발견 사실들을 절대적인 것으로 보아서는 안 된다. 그러

3. 도덕판단과 정서에 대한 신경과학적 설명과 아리스토텔레스의 덕윤리

하이트와 그린이 도덕판단에 대한 일종의 통합모형을 제시한다고 할 때 이들의 모형은 모두 도덕판단에 대한 기술적 주장이다. 둘 모두 이점을 분명하게 밝히고 있다. 그린은 두 종류의 딜레마와 이에 따르는 도덕판단에 대한 주장이 "철학적 퍼즐이 아니라 심리학적 퍼즐에 대한 대답이며", "규정적이기보다는 기술적이다"라고 말한다.16) 하이트 역시 자신의 모델은 기술적 모델로서 "도덕심리학에 대한 가장 중요한 사실들의 진술이 되도록 만든 것이다"라고 말한다.17) 기술적 주장으로서의 두 모형이 제시하는 도덕판단에 대한 설명을 염두에 두면서 아리스토텔레스의 덕윤리를 살펴보자. 아리스토텔레스는 "합리적으로 선택할 수 있는 것은 우리에게 달린 것들에 대한 숙고와 욕구의 대상"이며, "합리적 선택이 신실한 것이려면 이성(logos)도 참이고 욕구도 올바른 것이어야만 하며, 동일한 것을 두고 이성은 긍정하되 욕구는 추구해야만 하는 것이다"라고 말한다.18) 그리하여 아리스토텔레스는 욕구의 대상이 되는 목적과 이 목적에 대한 이성적 숙고를 통해 나오는 합리적 선택을 숙고와 욕구가 결합된 "욕구적 지성"이거나 "사유적 욕구"라고 말한다.19) 이처럼 유덕한 품성상태를 분간해주는 합리적 선택이 영혼의 이

나 이 장의 주제는 신경과학적 도덕심리학의 주장으로 규범윤리이론을 평가하는 것이 아니라는 점에서 신경과학적 도덕심리학의 비판적 검토는 논의하지 않는다.

16) Greene et al.(2001), p.2107.
17) Haidt & Bjorklund(2008), p.213.
18) 아리스토텔레스. 2013. 『니코마코스 윤리학』, 강상진 · 김재홍 · 이창우 옮김 (서울: 도서출판 길), 1113a10, p.92; 1139a25-26, p.205.
19) 아리스토텔레스(2013), 1139b5, p.206.

성적 부분과 욕구적 부분이 결합된 것, 숙고와 욕구 둘 모두에 의해 생겨나는 것이라는 점은 아리스토텔레스가 도덕판단을 통합적으로 접근한다는 것을 보여준다. 이 부분에서 아리스토텔레스의 덕윤리는 두 모형의 기술적 주장에 부합하는 규범윤리이론이라고 볼 수 있다.

숙고와 욕구를 아우르는 아리스토텔레스의 덕개념이 신경과학적 발견 사실과 부합한다는 것은 다른 신경과학적 주장들에서도 확인된다. 예컨대 케이스비어(William D. Casebeer)는 대표적인 세 도덕이론, 즉 공리주의, 의무론 그리고 덕이론 중에서 아리스토텔레스의 덕이론에 의해 요구되는 도덕심리학이 신경생물학적으로 가장 그럴듯하다고 본다. 여기에서 케이스비어가 주목하는 아리스토텔레스의 입장은, 앞에서 우리가 논의한 바와 같이, 유덕한 사람은 잘 추론할 수 있어야 하며 욕구가 이러한 추론과 조화를 이루고 또 적절하게 행위할 수 있어야 한다는 점이다.[20] 케이스비어에 따르면 이러한 덕이론은 "적절하게 기능하는 인지적인 하부실체들의 적합한 조화에 초점을 두며" 그리하여 덕이론에서 "도덕추론과 행위는 '온전한 심리학, 온전한 뇌의 문제이다.'"[21] 케이스비어는 덕에 대한 아리스토텔레스의 입장이 뇌의 모든 영역이 적

---

20) 하이트와 그린의 모형을 염두에 두고 아리스토텔레스를 검토할 때 두 모형이 도덕적 행위가 아니라 도덕판단에 초점을 맞추었기 때문에 아리스토텔레스의 입장을 합리적 선택 위주로 살펴보았지만 아리스토텔레스의 통합적 입장은 행위에 대한 설명에서도 잘 나타난다. 예컨대 아리스토텔레스는 "어떤 사람의 실제 행위에 수반되는 즐거움과 고통을 그 사람의 품성상태의 표시로 간주해야 할 것이다"라고 말한다. 아리스토텔레스(2013), 1104b4-5, p.56. 아리스토텔레스에 따르면 만일 어떤 사람이 절제 있는 행위를 하는 데서 즐거움을 느낀다면 그에게 있어서 절제 있는 행위를 하는 것이 바로 즐거운 것에 다름 아니며 절제 있는 행위를 하는 것이 즐거운 것이라는 점에서 그는 절제 있는 품성상태를 가졌다고 할 수 있다.

21) William D. Casebeer. 2003. "Moral Cognition and its Neural Constituents." *Nature Reviews Neuroscience* Vol. 4, p.842.

절하게 조화를 이루어 작용할 것을 강조한다고 해석하는 것이다. 이처럼 사유와 욕구를 포괄하는 덕개념과 추론과 정서를 포함하는 도덕적 인지의 신경기제 간의 조응에 근거하여 케이스비어는 "동시대의 신경윤리학과 아리스토텔레스적인 도덕심리학 간에는 분명한 통섭(consilience)이 존재한다"고 주장한다.22) 보이드(Craig A. Boyd) 역시 케이스비어의 주장을 소개하면서 이성과 욕구의 통합을 의도하는 아리스토텔레스의 덕개념은 신경과학적 연구와 양립 가능하다고 본다. 보이드는 "뇌의 다양한 부분들이 인지뿐만 아니라 감정과 결합되어 있고 도덕적 심사숙고에 의해 촉발된다는 것을 우리가 이해한다면 신경과학이 칸트나 밀보다는 아리스토텔레스를 더 잘 지지할 것 같아 보일 것이다"라고 말한다.23)

어떤 규범윤리이론이 도덕심리학에 부합한다는 것은 그 이론이 경험적 적합성을 가진다는 것을 의미한다. 규범윤리이론이 제시하는 행위지침과 관련하여 볼 때 경험적 적합성이 작은 규범윤리이론은 우리가 실제로 행하는 것과는 거리가 먼 행위지침을 제시할 가능성이 큰 반면, 경험적 적합성이 큰 규범윤리이론은 좀 더 실천 가능한 행위지침을 제시할 수 있을 듯하다. 이처럼 행위지침의 실천 가능성을 높여준다는 점에서 경험적 적합성을 가지는 것은 규범윤리이론의 장점이다. 도덕은 근본적으로 실천과 관련되지 않을 수 없기 때문이다. 이렇게 볼 때 하이트와 그린의 모형이 제시하는 도덕판단에 대한 통합적 설명에 부합한다는 점에서 아리스토텔레스의 덕윤리는 경험적 적합성을 가진다고 할 수 있

---

22) Casebeer(2003), p.845.

23) Craig A. Boyd. 2013. "Neuroscience, the Trolley Problem, and Moral Virtue." In James A. Van Slyke ed., *Theology and the Science of Moral Action: Virtue Ethics, Exemplarity, and Cognitive Neuroscience*(New York: Routledge, 2013), p.136.

다. 사실 경험적 적합성을 가지는, 실천을 위한 윤리학을 정립하는 것은 아리스토텔레스의 중요한 관심사였고 덕윤리는 설명적 차원에서 호소력을 가지는 매력이 있다고 자주 지적되어왔다. 아리스토텔레스가 최고선을 논의할 때 "우리는 우리에게 알려져 있는 것으로부터 출발해야 할 것이다"라고 말하는 부분이나, 탁월성에 대한 논의가 "이론을 위한 것이 아니다"라고, 즉 "탁월성이 무엇인지 알기 위해서 탐구하는 것이 아니라 좋은 사람이 되기 위해서 탐구하는 것"이라고 말하는 부분은 이러한 점을 잘 보여준다.24) 도덕적 실제에 대한 동시대의 최첨단 실험연구인 신경과학적 도덕심리학에 부합한다는 것은 아리스토텔레스의 덕윤리가 경험적 적합성을 가지는 규범윤리이론임을 다시 한 번 확인해주는 셈이다.

그러나 좀 더 면밀히 검토해보면 신경과학적 도덕심리학의 설명과 아리스토텔레스의 덕윤리 간의 유사성이 상당히 취약하다는 것을 발견하게 된다. 먼저 도덕판단에 대한 통합적 설명을 제시할 때 하이트와 그린은 모두 도덕판단에서 정서가 중요하게 작용한다는 입장을 견지한다. 이는 이들이 모두 도덕판단에 대한 흄의 입장에 동의한다는 점을 분명하게 밝힌 부분에서 잘 드러난다. 앞에서 살펴본 바와 같이 그린은 의무론이 더 정서적으로, 그리고 결과론이 더 인지적으로 작동한다고 주장한다. 그러나 그는 각각의 접근이 엄격하게 정서적이거나 인지적이라고 혹은 인지와 정서 간에 날카로운 구분이 있다고 믿지 않는다고 말하면서 "좀 더 구체적으로 말하면 나는 (결과론적 판단을 포함하여) 모든 도덕판단은 어떤 정서적 요소를 가져야만 한다는 흄의 주장에 동조한다고" 밝히고 있다.25) 비록 자신의 모형이 의지하는 철학자들로 흄과 함

---

24) 아리스토텔레스(2013), 1095b4, p.19; 1103b26-28, p.54.
25) Greene(2008), p.41.

께 아리스토텔레스를 꼽기는 하지만, 하이트 역시 기본적으로 흄적인 입장에 근거한다.26) 하이트는 자신의 사회적 직관주의 모형이 " '이성은 정념의 노예이고 노예이어야만 한다'는 흄의 기본적인 통찰로 시작했으며", 이러한 흄의 통찰에 "다른 편을 동요시키거나 혹은 적어도 자신의 판단을 정당화하고자 도덕추론에 관여하는 둘 혹은 그 이상의 사람들 간의 대화의 맥락을" 더한 것이라고 말한다.27) 그리하여 그는 자신의 모형을 "흄적인 이중과정모형(a Humean dual process model)"이라고 말한다.28) 추론을 포함하지만 정서를 중시하는 그들의 입장은 둘이 함께 쓴 논문에서도 확인된다. 그린과 하이트는 인지신경과학의 연구들은 "정서와 추론이 둘 다 중요하지만 자동적인 정서적 과정이 지배하는 경향이 있다"는 입장으로 모아지기 시작했으며,29) "어떤 정서(예컨대, 연민, 죄책감, 분노)는 다른 정서들보다 좀 더 중심적이기는 하지만 모든 정서는 어떤 상황에서 도덕판단에 기여할 수 있다'고30) 말한다. 요컨대 하이트와 그린은 흄적인 감정주의적인 성격의 통합을 제시하는 것이다.

그러나 아리스토텔레스의 주장은 이러한 성격의 통합과는 다르다. 아리스토텔레스에게 있어서 유덕한 사람의 이성적 부분과 욕구적 부분이 일치한다는 것은 유덕한 사람의 고귀한 것에 판단과 즐거운 것에 대한 감정이 일치한다는 것을 의미한다. 이러한 일치가 무엇을 의미하는지 살펴보자. 아리스토텔레스는 "고귀한 것의 애호가들에게는 본성적으로 즐거운 것들이 즐겁고", "탁월성에 따른 행위들이 바로 그러한 것들이

---

26) 이에 대한 하이트의 주장을 위해서는 Haidt & Bjorklund(2008), p.213 참조.
27) Haidt(2013), p.287.
28) Haidt(2013), p.287.
29) Greene & Haidt(2002), p.517.
30) Greene & Haidt(2002), p.522.

어서, 고귀한 것의 애호가들에게도 즐겁고 그 자체로도 즐거운 것이다"라고 말한다.31) 또한 아리스토텔레스는 "마땅히 기뻐해야 할 것에 대해 기뻐하고, 마땅히 혐오해야 할 것에 대해 혐오하는 것은 성격적 탁월성에 있어 가장 중요한 것으로 보인다"고 말한다.32) 아리스토텔레스의 이러한 입장들은 그가 그 자체로 즐거운 것, 마땅히 기뻐해야 할 것이 있음을 어느 정도 인정한다는 것을 보여준다. 다시 말해서 아리스토텔레스는 유덕한 사람이 즐기는 것이 바로 고귀하고 좋은 것이기도 하지만 고귀하고 좋은 것이기 때문에 혹은 마땅히 기뻐해야 할 것이기 때문에 유덕한 사람이 즐기기도 한다고 생각한다. 이것은 유덕한 행위자의 감정과 독립하는 가치의 근거를 어느 정도 인정한다는 것을 의미한다. 그리고 이러한 근거는 이성과 관련되지 않을 수 없다. "유덕한 품성상태의 감정과 분리하여 옳음을 규정한다고 할 때 우리가 옳음의 근거로 생각할 수 있는 것은 이성 이외에는 없는 듯하기 때문이다."33) 이러한 아리스토텔레스의 입장은 감정을 도덕의 근거로 삼는 흄적인 감정주의적인 입장과는 분명히 다르다. 아리스토텔레스는 유덕한 품성상태에 올바른 판단뿐만 아니라 적절한 감정을 포함함으로써 사유와 욕구의 결합을 추구하지만 이 결합에는 고대의 주지주의적 전통이 여전히 작용하고 있다.34) 지금까지 살펴본 바와 같이 하이트와 그린이 도덕판단에 대해 흄적인 감정주의적인 입장을 취하는 반면 아리스토텔레스는 주지주의적 입장을 견지한다는 점에서, 두 입장이 주장하는 통합의 성격은 차이가

---

31) 아리스토텔레스(2013), 1099a13-15, p.34.
32) 아리스토텔레스(2013), 1172a23-24, p.349.
33) 노영란. 2012. 「덕과 감정: 습관화를 통해 형성되는 유덕한 행위자의 감정을 중심으로」. 『철학논총』 제68집, p.235, 각주 34.
34) 아리스토텔레스의 입장에 대한 상세 논의를 위해서는 노영란(2012), pp.227-234 참조.

있다.

신경과학적 도덕심리학의 두 모형과 아리스토텔레스의 입장 차이는 통합의 방식에서도 나타난다. 먼저 아리스토텔레스에게 있어서 유덕한 사람의 사유와 욕구는 총체적으로 혹은 상호 의존적으로 작용한다. 이것은 "실천적 지혜 없이는 좋은 사람이 될 수 없다는 것, 또 성격적 탁월성 없이는 실천적 지혜를 가진 사람이 될 수 없다는 것이 분명해진다"는 아리스토텔레스의 주장에서 잘 드러난다.35) 이러한 점을 셔먼(Nancy Sherman)은 "인격과 실천이성의 불가분성(the inseparability of character and practical reason)"으로 설명한다.36) 이처럼 아리스토텔레스는 한 사람의 영혼에서 사유와 욕구가 불가분의 관계에서 상호 의존적으로 작용하는, 엄밀한 의미의 통합을 주장한다.

그러나 하이트와 그린이 제시하는 모형에서의 통합은 이와는 다르다. 먼저 하이트의 사회적 직관주의 모형을 살펴보자. 이 모형의 6개 과정은 추론과 직관이 통합적으로 작용하여 도덕판단에 이르는 것을 부인하거나 배제하지는 않는다. 그러나 이 모형에서 도덕판단에 이르는 추론과 직관의 상호작용은 주로 어떤 사람의 추론이 다른 사람의 직관에 그리고 이로 인해 그의 판단에 영향을 미치게 되는 일종의 사람들 간의 과정이다. 이것은 그의 모형에서 추론의 인과적 힘이 한 개인 안에서보다는 주로 사람들 간에 작용하고 그의 모형에 '사회적'이라는 수식어가 붙은 점에서 잘 나타난다. 자신의 모형에서 하이트는 개개인의 추론은 많은 경우 편견이나 감정 등에 휘둘리거나 자신의 신념을 확신하는 데 이용되는 등의 결함이 있고 추론이라기보다 판단을 이끈 직관에 대한 사후 합리화에 불과하다고 주장한다. 반면에 그는 추론이 직관과 판단

---

35) 아리스토텔레스(2013), 1144b30-31, p.231.
36) Sherman(1989), p.5.

에 미치는 인과적 힘은 주로 사람들 간의 관계에서 작용하고 우리는 다른 사람들의 영향을 통해 자신의 도덕판단을 개선하고 발달시킨다고 본다. 그리하여 도덕판단이 개인적인 인지활동이라기보다는 사회적인 과정으로 더 잘 이해된다는 점에서, 그는 '사회적인' 직관주의 모형이라고 명명하는 것이다. 하이트는 이러한 입장을 사회적 직관주의 모형을 제시한 이래 상당히 일관되게 견지하고 있다. 최근 논문에서 하이트는 "도덕추론은 많은 중요한 역할을 하지만 이제 그러한 역할들은 (진실을 발견하기 위해 혹은 정신 내부의 갈등을 해결하기 위해 행해진) 개인 내적인 것이라기보다는 (사회적인 상호작용을 준비하기 위해 행해진) 좀 더 사람들 간의 것으로 보인다"고 분명히 말한다.37) 결국 하이트는 어떤 한 사람의 추론이 그 사람 자신의 직관과 판단에 작용하는 것을 부인하지는 않지만 주로 다른 사람의 직관과 판단에 작용한다고 보는 방식으로 추론과 직관을 아우른다는 점에서 추론과 정서가 한 개인이 내리는 판단에 총체적으로 작용한다고 보는 아리스토텔레스의 통합방식과는 차이가 있다.

그린 역시 아리스토텔레스와는 다른 방식의 통합을 제시한다. 의무론적 도덕판단이 정서적 반응에 의해 그리고 결과론적 판단이 인지적 반응에 의해 이끌린다고 할 때 그린은 의무론적 판단이 인지적일 수 없다거나 결과론적 판단에 정서가 없다는 것을 의미하지 않는다. 기본적으로 인지와 정서가 엄밀하게 구분된다고 보지 않는 그린은 두 종류의 판단에서 모두 인지와 정서가 함께 작용하는 것을 부정하지 않는다. 그럼에도 불구하고 그린은 결과론적 판단은 해와 이득을 따져보는 과정으로 "불가피하게 '인지적'인 반면 의무론적 판단은 핵심에서 감정적이다"라고 말한다.38) 결과론적 판단은 인지적 능력을 사용하여 손해와 이득을

---

37) Jonathan Haidt. 2013. "Moral Psychology for the Twenty-First Century." *Journal of Moral Education* Vol. 42 No. 3, p.294.

결과주의적으로 추론하는 것인 반면, 의무론적 판단은 정서적 반응에 근거하여 도달된다는 것이다. 또한 그는 "결과론에 본질적인 정서의 종류는 좀 더 통화(currency)처럼 기능하고 의무론에 본질적인 정서의 종류는 좀 더 경보(alarm)처럼 기능하면서 전자가 후자와 근본적으로 다르다는 의심을 한다"고 말한다.39) 판단의 종류에 따라 관련된 정서의 성격이 같지 않은 듯하다고 여기는 것이다. 이처럼 그린은 어떤 성격의 도덕판단이냐에 따라 추론과 정서가 상이한 방식으로 통합된다는 점을 강조하고 관련되는 정서의 종류도 다른 듯하다고 본 점에서 아리스토텔레스와 차이가 있다. 지금까지 살펴본 바와 같이 하이트와 그린의 모형이 제시하는 통합의 성격과 방식은 아리스토텔레스의 것과는 차이가 있다. 아리스토텔레스와 달리 하이트와 그린은 흄적인 감정주의적인 통합을 제시한다. 또한 아리스토텔레스가 한 개인 안에서 사유와 욕구가 상호 의존적으로 온전히 통합되는 것을 추구한 반면, 하이트는 판단에 작용하는 추론과 직관의 통합이 주로 사람들 사이에서 이루어진다고 보고, 그린은 판단의 종류에 따라 추론과 직관이 다른 방식으로 통합된다고 본다.

4. 신경과학적 도덕심리학의 도덕철학적 의미와 아리스토텔레스의 덕윤리

추론과 직관을 통합하는 방식과 성격에 있어서 하이트와 그린의 두 모형과 아리스토텔레스의 덕윤리 간에 상당한 차이가 있다면 이는 아리스토텔레스의 덕윤리가 기대나 생각만큼 경험적 적합성을 가지지 못한

---

38) Greene(2008), p.65.
39) Greene(2008), p.41.

다는 것을 의미한다. 그러나 도덕심리학과 달리 규범윤리이론은 당위에 관련됨으로써 경험적 적합성뿐만 아니라 규범적 수월성도 추구한다. 따라서 도덕심리학이 가지는 도덕철학적 의미를 살펴보고 이러한 의미와 규범윤리이론을 비교할 때 도덕심리학과 규범윤리이론 간의 차이와 차이의 의미가 제대로 드러난다. 따라서 기술적 주장으로서의 두 모형과 아리스토텔레스의 덕윤리를 비교하는 것에서 나아가 두 모형의 도덕철학적 의미를 살펴보고 이러한 의미와 아리스토텔레스의 덕윤리를 비교하는 것이 필요하다.

먼저 자신의 기술적 모형이 가지는 철학적 의미를 논할 때 하이트는 규범윤리건 메타윤리건, 인간이라는 종에 대한 경험적 사실에 입각하지 않고서는 타당한 윤리적 탐구가 되기 어렵다고 생각하고, "모든 당위진술은 결국 존재진술에 근거를 두어야만 한다"고 주장한다.40) 그러나 흄과 무어의 경고를 잘 알고 있는 하이트는 "결론은 전제로부터 논리적으로 나오는 것이 아니라 우리 문화의 인간중심적인 도덕적 사실을 충분히 가지고 있는 인간에 의해 즉각 이해되는 (그리고 아마 승인되는) 것"이라고 말한다.41) 이러한 주장이 의미하는 바는 도덕성이 "매우 생물학적이면서 대단히 문화적인 인간성의 한 면이며", 철학뿐만 아니라 심리학, 생물학, 신경과학, 경제학 등등 관련된 여러 학문들의 공동 작업을 통해 탐구되어야 한다는 것이다.42) 따라서 당위가 존재에 근거를 두어야 한다고 보지만 도덕성을 경험적 사실로부터 논리적으로 도출하려고 하거나 경험적 현상에 불과한 것으로 귀결시키는 환원주의를 추구하지 않음을 분명히 한다는 점에서 하이트는 온건한 의미의 자연화한 윤리학을 추구한다고 할 수 있다.

---

40) Haidt & Bjorklund(2008), p.214.
41) Haidt & Bjorklund(2008), p.214.
42) Haidt(2013), p.294.

하이트의 이러한 입장은 도덕판단에 추론과 정서가 어떻게 작용해야 하는지에 대한 주장에 반영된다. 기본적으로 하이트는 자신의 모형은 "도덕추론이 많은 사람들이 생각하는 것보다 덜 믿을 만하고 그래서 추론은 인간 도덕성의 — 규범적인 혹은 기술적인 — 이론을 근거 짓기에 충분히 확고한 토대가 아니"라는 것을, 그리고 이성에 대한 대안은 직관이며 "직관적이고 자동적인 과정은 많은 사람들이 깨닫는 것보다 훨씬 더 똑똑하다"는 것을 보여준다고 말한다.43) 그는 기술적 주장으로서의 사회적 직관주의 모형에 근거하여 직관이 도덕판단에서 중요한 역할을 해야 한다고 보는 것이다. 한편 하이트는 사회적 직관주의 모형에 근거하여 추론의 사용을 촉진하고 추론을 개선할 것을 주장한다. 예컨대 하이트는 사회적 직관주의 모형이 도덕판단을 개선하기 위한 일반적인 충고를 제공한다고 보고 객관적인 도덕추론을 위해 "사람들은 사회적 설득의 과정을 이용해야 하며", "그들의 추론을 개선하는 것을 다른 사람들이 돕게 해야 한다"고 주장한다.44) 또한 그는 자신의 모형을 사용하여 도덕판단에서 사고와 추론이 효과적으로 작용하도록 교육하는 방법을 모색하고 사고와 추론기술을 직접 가르치는 것보다는 콜버그의 정의공동체 접근이 적합하다고 제안한다.45) 요컨대 온건하지만 윤리적 자연주의를 추구하는 하이트는 직관이 지배적이라는 도덕심리학적 사실에 근거하여 직관이 중요한 역할을 해야 하며 추론은 경험적 차원에서 드러나는 어려움이나 한계를 염두에 두면서 장려되고 직관과 함께 작용해야 한다고 주장한다.

한편 그린은 "통상적인 흄적이고 무어적인 이유에서 자연화한 윤리학에 회의적이다"라고 진술하면서 존재로부터 당위를 도출하는 것으로

---

43) Haidt & Bjorklund(2008), p.216.
44) Haidt(2001), p.829.
45) 이에 대한 논의를 위해서는 Haidt(2001), p.829 참조.

서의 윤리적 자연주의에 대한 반대를 분명히 한다.46) 대신 그는 그 나름의, 온건한 방식으로 존재와 당위의 이분법을 가로지르고자 한다. 그린의 입장은 신경과학적 연구 성과에 근거하여 의무론을 거절하고 결과론을 옹호하는 주장에서 확인된다. 앞에서 논의한 바와 같이 그린은 신경 이미지의 증거들은 의무론적 도덕판단이 정서적 직관의 사후 합리화이며 결과론적 도덕판단은 진정한 추론을 포함한다는 것을 보여준다고 주장한다. 그린은 이러한 경험적 주장이 규범윤리이론으로서의 의무론에 의심을 던지는 규범적 의미를 가진다고 보고 공리주의적인 결과론을 옹호한다. 그린은 "우리의 뚜렷하게 의무론적인 도덕적 직관들은 (여기에서 결과론과 갈등하는 것들은) 도덕적으로 상관없는 요소들의 영향을 반영하고 그리하여 도덕적 진리를 추적할 것 같지 않은 좋은 이유들이 존재한다"고 말한다.47) 여기에서 도덕적으로 상관없는 요소들의 영향은 직관들이 생물학적이고 문화적인 진화론적 힘에 의해 형성되는 면을 뜻한다. 그린은 합리주의적 의무론자뿐만 아니라 도덕적 직관을 고수하는 경향이 있는 사람들도 같은 문제에 직면한다고 본다. 그린은 "도덕적 직관들이 우리의 진화론적 역사의 제약과 상황에 관련이 있는 도덕적으로 상관없는 요소들에 의해 형성되어온 것처럼 보이기 때문에" 도덕적 직관들에 의문을 제기할 수 있다고 주장하고 자신의 이 주장은 "모든 비결과론자들은 적어도 그들의 도덕적 헌신의 일부를 재고할 필

---

46) Joshua Greene. 2003. "From Neural 'Is' to Moral 'Ought': What are the Moral Implications of Neuroscientific Moral Psychology?" *Nature Reviews Neuroscience* Vol. 4, p.847. 그린은 신경과학적 증거들이 칸트나 밀의 도덕이론에 반대되지만 아리스토텔레스에게는 호의적이라고 간주되며 이에 따라 아리스토텔레스의 덕윤리가 두 도덕이론보다 낫다는 케이스비어의 입장을 불합리한 추론(non sequitur)라고 비판하면서 케이스비어식의 아리스토텔레스적인 자연주의를 반대한다. 이에 대한 논의는 Greene(2003), p.847 참조.

47) Greene(2008), pp.69-70.

요가 있다"는 것을 의미한다고 제안한다.48) 이처럼 그린이 규범윤리이론으로 의무론을 거절하고 결과론을 옹호하는 것은 도덕판단에서 직관 대신 추론이 중요한 역할을 해야 한다고, 무엇을 해야 하는지의 결정에 추론이 중요하게 작용해야 한다고 주장하는 것이다. 결국 그린은 신경이미지의 증거에 근거하여 의무론적이고 결과론적인 두 종류의 도덕판단을 포함하는 이중과정모형을 심리학적 설명으로 제시하지만 직관 대신 추론이 지배적인 결과론적 도덕판단을 규범적 주장으로 제시하는 것이다.

그린은 의무론의 거절과 공리주의적 결과론의 옹호가 심리학적 사실에 의해 어느 정도 지지된다고 여기는 듯하다. 그러나 의무론을 거절하고 결과론을 옹호하는 규범적 주장과 경험적 사실 간의 연결은 상당히 느슨하다. 이러한 점은 결과론의 옹호에서 더 두드러진다. 살펴본 바와 같이 의무론을 거절하고 결과론을 옹호할 때 그린이 제시하는 경험적 사실은 의무론적 도덕판단이 직관의 사후 합리화라는 점, 직관이 다분히 진화론적인 힘에 의해 형성된다는 점, 그리고 결과론적 도덕판단이 직관의 사후 합리화가 아니라 진정한 추론을 포함한다는 점이다. 이러한 신경과학적 발견 사실들은 추론에 근거하여 결과론적인 도덕판단을 해야 한다는 주장을 뒷받침하기에는 부족하다.49) 사실 존재와 당위 간

---

48) Greene(2008), p.75.

49) 그린이 문제 삼는 의무론은 칸트 윤리학과 같은 합리주의적 의무론이며 그는 의무론을 비결과론으로 이해하고 결과론과 대조한다. 그리하여 그린은 직관의 사후 합리화인 의무론적 도덕판단의 거절이 결과론적 도덕판단의 옹호로 귀결된다고 보는 듯하다. 그러나 의무론의 대안에 결과론만 있는 것은 아니며 의무론의 거절과 결과론의 옹호는 같은 것이 아니다. 한편 이 장의 범위를 넘어서지만 그린의 이론에 대한 일반적인 비판을 위해서는 박장호. 2011. 「의무론에 대한 신경과학의 도전: 도덕교육에의 시사」. 『윤리연구』 제82호, pp.98-109 참조.

의 느슨한 연결은 그린이 어느 정도 의도하는 바이다. 과학적 사실로부터 도덕원칙을 도출하려는 입장에 반대할 때 그린은 "과학적 사실들이 심오한 도덕적 의미를 가질 수 있다는" 정도의 자연화한 윤리학을 지지하는 입장에 동의하고 "인간 도덕성에 대한 과학적 탐구는 우리가 인간의 도덕적 본성을 이해하도록 도울 수 있고 그렇게 할 때 그것에 대한 우리의 견해를 바꾸도록 도울 수 있다"고 말한다.50) 그리고 그는 의무론적 도덕판단이 진화된 정서적 직관의 사후 합리화라는 신경 이미지적 증거에 근거하여 의무론을 거절하는 자신의 방법은 "연역적이라기보다 귀납적이다"라고 설명한다.51) 존재와 당위 간의 이러한 느슨한 연결을 염두에 둘 때 결과론을 옹호하는 그린의 입장에는 추론을 중시하는 그의 도덕철학적 지향이 반영되었다고 볼 여지가 많다. 결국 그린은 의무론과 결과론이라는 두 종류의 도덕판단을 두뇌의 두 작용과정과 관련지어 설명하지만 정서적 반응 대신 인지적 반응의 활성화가 지배적인 과정을 규범적으로 옹호할 때에는 결과론적 추론을 중시하는 그의 도덕철학적 지향이 작용한다.

지금까지 살펴본 바와 같이 도덕판단에 대한 기술적 모형이 가지는 도덕철학적 의미를 제시함에 있어서 그린과 하이트는 다소 다른 입장을 보여주며 이에 따라 직관과 추론의 역할에 대해서도 입장 차이를 드러낸다. 둘 모두 존재와 당위의 이분법을 가로지를 때 존재와 당위를 논리적이고 연역적인 관계나 환원적인 관계로 보지 않는다. 하지만 당위가 존재에 근거해야 한다고 보고 온건한 형태의 윤리적 자연주의를 추구하는 하이트는 추론을 장려하기는 하지만 직관을 지배적으로 보는, 도덕심리학적 주장이 강하게 작용하는 규범적 결론을 주장한다. 반면에 그

---

50) Greene(2003), p.847.

51) Greene(2008), p.72.

린은 과학적 사실이 도덕철학에 영향을 미치거나 의미를 줄 수 있다는 정도로 존재와 당위를 느슨하게 연결하고 결과론을 지향하는 도덕철학적 입장을 반영하여 추론이 지배적인 결과론적 도덕판단을 규범적으로 옹호한다.

하이트와 그린의 입장에 대한 검토는 도덕심리학적 차원보다 도덕철학적 차원에서 추론의 역할이 더 중시되거나 장려된다는 것을 보여준다. 나아가서 신경과학적 도덕심리학과 도덕철학의 관계를 규정함에 있어서 도덕심리학적 사실을 중시하고 자연화한 윤리학을 추구할수록 직관의 역할을 지배적으로 보고 도덕철학적 지향을 반영할수록 추론을 중시한다는 것을 보여준다. 이러한 점은 아리스토텔레스에게도 해당되는 듯하다. 인간의 본성에 대한 고려에 덕을 근거 짓는 아리스토텔레스는 기본적으로 자연화한 윤리학을 추구한다고 할 수 있다. 그러나 오늘날의 과학적 세계관에서 볼 때 아리스토텔레스의 입장은 윤리적 자연주의라고 보기 어렵다. 아리스토텔레스는 기본적으로 인간 존재와 행위를 목적론적으로 이해하고 이성을 인간의 고유한 기능으로 봄으로써 인간 본성에 대한 사실을 규범윤리적으로 접근하고 있기 때문이다. 따라서 목적론을 옹호하고 자연주의적 형이상학을 추구하는 아리스토텔레스에게 있어서 존재에 대한 이해 그리고 이러한 존재에서 당위로의 연결에는 이미 그의 도덕철학이 강하게 작용하고 있다. 하이트나 그린보다 도덕판단에서 추론의 역할을 더 중시하는 아리스토텔레스의 덕윤리는 아리스토텔레스의 이러한 입장과 관련지어 이해할 수 있다.

두 모형의 도덕철학적 의미에 대한 주장을 아리스토텔레스의 덕윤리와 비교할 때 흥미로운 점이 드러난다. 그것은 바로 이중과정모형의 도덕철학적 의미에 대한 그린의 주장을 아리스토텔레스에게 적용해서 정서와 추론의 온전한 통합을 추구하는 아리스토텔레스의 입장과 그의 규범윤리적 지향을 관련지어볼 수 있다는 점이다. 행위에 대한 목적론적 입장이나 행복을 탁월성에 따른 영혼의 활동이라고 보는 점들은 아리스토텔레스가 기본적으로 행위의 수행을 중시한다는 것을 보여준다. 그러나 "알면서, 또 다음으로 합리적 선택에 의거해서 행위하되 그 행위 자체 때문에 선택해야" 한다고 말한 바와 같이 아리스토텔레스는 행위 그 자체를 위해서 행위하는 것 또한 중시한다.52) 이 점은 "용감한 사람은 고귀한 것을 위해 견뎌내며 용기에 따르는 일들을 행하는 것이다"라는 말에서 잘 나타난다. 그는 용기 있게 행위하는 것과 함께 고귀함, 즉 행위 그 자체가 가진 칭찬할 만한 가치를 위해 행위하는 것을 동시에 중시하는 것이다.53) 이러한 입장은 아리스토텔레스에게 있어서 "결과에서의 실제적인 성공에 의해 행위를 보는 외재적 방식"과 "고귀함을 목표로 하는, 행위자에 의해 행위를 보는 내재적 방식"이 날카롭게 분리되어 있지 않음을 보여준다.54) 여기에서 우리는 아리스토텔레스의 덕윤리가 의무론과 결과론이라는 근대의 이분법을 넘어서는 면이 있음을 알 수 있다. 실제로 덕윤리를 응용윤리에 적용할 때 밀데(Michael Milde)는 "적합한 성향을 형성하고 실행함에 있어서 의무의 의무론적인 고려

---

52) 아리스토텔레스(2013), 1105a31-32, p.60. 동시대의 대표적인 칸트주의자인 코스가드(Christine M. Korsgaard)는 아리스토텔레스가 주장하는 고귀함을 올바른 이성에 일치하는 것으로 해석한다. 그리고 그녀는 아리스토텔레스 역시 칸트처럼 행위의 본래적인 옳음을 위해 선택된다는 점이 행위에 도덕적 가치를 준다고 생각한다고 주장한다. 코스가드의 주장을 위해서는 Christine M. Korsgaard. 1996. "From Duty and for the Sake of the Noble: Kant and Aristotle on Morally Good Action." In Stephen Engstrom & Jennifer Whiting eds., *Aristotle, Kant, and the Stoics: Rethinking Happiness and Duty*(Cambridge: Cambridge University Press, 1996), p.205 참조.

53) 아리스토텔레스(2013), 1115b22-23, p.103.

54) Julia Annas. 1996. "Aristotle and Kant on Morality and Practical Reasoning." In Stephen Engstrom & Jennifer Whiting eds., *Aristotle, Kant, and the Stoics: Rethinking Happiness and Duty*(Cambridge: Cambridge University Press, 1996), p.246.

와 결과의 결과주의적 계산의 결합을 감안한다는 점"을 덕윤리의 매력적인 특징으로 제안한다.55) 이처럼 의무론과 결과론을 아우르는 규범윤리를 지향하는 아리스토텔레스는 사유와 욕구가 온전히 통합되는 도덕판단을 주장한다. 그린이 의무론과 결과론을 각각 직관과 추론에 연결 짓고 결과론에 대한 규범윤리적 지향을 가지고 추론을 중시한 반면, 아리스토텔레스는 의무론과 결과론을 모두 아우르는 규범윤리를 지향하고 사유와 욕구의 진정한 통합을 추구하는 것이다.

지금까지 심리학적 주장으로서의 사회적 직관주의 모형과 이중과정 모형이 가지는 도덕철학적 의미에 대한 하이트와 그린의 주장을 살펴보고 이들의 주장을 아리스토텔레스의 덕윤리와 비교해보았다. 자신들의 모형이 가지는 도덕철학적 의미를 주장할 때 하이트와 그린은 둘 다 추론의 역할을 두 모형이 기술하는 것보다 더 중시한다. 이것은 기술적 주장으로서의 두 모형과 아리스토텔레스의 덕윤리 간에 나타나는 추론에 대한 입장 차이가 규범적 차원에서는 다소 줄어든다는 것을 의미한다. 그러나 정서와 추론이 어떻게 작용해야 하는지에 대해서는 셋 간에 유의미한 입장 차이가 있다. 이러한 비교 및 검토를 통해 우리는 도덕철학적 차원에서 나타나는 하이트와 그린 그리고 아리스토텔레스 간의 입장 차이는 도덕심리학의 기술적 전제로부터 도덕철학의 규범적 결론이 어떻게 연결되느냐, 그리고 어떤 규범윤리적 지향이 관여하느냐와 관련이 있다는 것을 알게 된다. 이는 도덕심리학과 도덕철학의 공동 작업에서 이 두 영역의 관계 설정이 근본적으로 중요한 문제라는 것을 의미한다.

도덕심리학의 기술적 주장과 도덕철학의 규범적 주장을 연결시키는 것은 중요한 문제인 만큼 어려운 문제이기도 하다. 직관의 중요한 역할에 대한 신경과학적 발견 사실들이 속속 등장하지만 이와 함께 도덕적

---

55) Michael Milde. 2002. "Legal Ethics: Why Aristotle Might Be Helpful." *Journal of Social Philosophy* 33, p.46.

직관이 전부 믿을 만하지는 않다거나 직관들 간의 충돌이 상당하다는 주장들도 제기되고 있다. 그리하여 하이트처럼 도덕심리학의 기술적 설명을 중시하고 직관을 강조하는 입장은 직관과 관련한 여러 비판들에 직면한다. 예컨대 신경과학적 증거들을 가지고 직관의 비합리성을 지적하면서 직관에 근거하지 않는 도덕이론을 옹호하는 주장이나 신경과학의 연구들은 직관이 정당화되기 위해 추론으로 확증될 필요가 있다는 것을 보여준다는 주장들이 제기된다.56) 한편 기술적 설명과 규범적 주장을 느슨하게 연결하는 그린이나 처음부터 규범윤리적 입장을 강하게 갖고 있는 아리스토텔레스 역시 나름의 어려움에 직면한다. 어떤 규범적 지향을 갖느냐에 따라 다른 규범적 결론이 제시된다면 어떤 규범적 지향이 적절한지를 어떻게 결정하고 어떻게 정당화할지의 해결하기 어려운 과제가 남아 있기 때문이다.

5. 나오는 말

추론과 함께 정서가 도덕판단에서 중요한 역할을 한다고 보는 점에서 아리스토텔레스의 덕윤리는 칸트 윤리학이나 공리주의보다 신경과학적 도덕심리학에 좀 더 부합하는 면이 있다. 그리고 신경과학적 도덕심리학이 동시대의 도덕심리학에서 큰 주목을 받고 도덕심리학과 도덕철학의 상호 보완이 그 어느 때보다 관심사가 되고 있는 현재의 흐름을 감안한다면 이 점은 규범윤리이론으로서 아리스토텔레스의 덕윤리가 가

---

56) 예컨대 전자를 위해서는 Peter Singer. 2005. "Ethics and Intuitions." *The Journal of Ethics* 9, pp.337-349, 후자를 위해서는 Walter Sinnott-Armstrong. 2010. "Moral Intuitionism Meets Empirical Psychology." In Thomas Nadelhoffer, Eddy Nahmias, & Shaun Nichols eds., *Moral Psychology: Historical and Contemporary Readings*(Malden, MA & Oxford: Wiley-Blackwell, 2010), pp.376-380 참조.

진 장점일 수 있다. 그러나 이러한 면에도 불구하고 하이트와 그린의 두 모형 그리고 두 모형의 도덕철학적 의미에 대한 주장과 아리스토텔레스의 덕윤리 간의 비교에서 드러나는 차이는 도덕심리학과 도덕철학의 상호 보완이 얼마나 어려운 과제인지를 보여준다. 물론 두 모형의 도덕철학적 의미에 대한 하이트와 그린의 주장에서 확인할 수 있는 것처럼 두 영역의 상호 보완을 추구할 때 규범적 주장을 신경과학적 도덕심리학의 기술적 주장으로부터 연역하거나 환원하려고 하는 입장들은 매우 드물 것이다. 그러나 그렇다고 하더라도 도덕심리학과 도덕철학의 상보성이 구체적으로 어떤 방법으로 확보되고 이 과정에서 규범성은 어떻게 작용하는지를 결정하는 것은 여전히 매우 어려운 문제이다. 오늘날은 과학과 도덕철학의 조화 내지 도덕심리학과 도덕철학의 상호 보완에 대해 많은 고민이 필요한 시대임에 분명하다.

5 장

도덕적 정서의 근원과 발달에 대한
신경과학적 이해와 덕윤리

1. 들어가는 말

정서가 동기를 부여하는 역할을 한다는 점은 일반적으로 널리 받아들여져온 가정이다. 따라서 정서가 잘 작동해서 도덕성에 기여한다고 할 때 기여방식으로 무엇보다 먼저 꼽히는 것은 동기를 부여한다는 점이다. 그러나 이러한 기여방식을 인정한다 하더라도 정서가 구체적으로 어떻게 도덕적으로 행동하도록 동기를 부여하는지에 대해서는 입장이 다를 수 있다. 예컨대 의식적인 도덕판단 없이 동기를 부여한다고 할 수도 있고 정서가 도덕판단의 과정에 연루되거나 관여되기 때문에 그렇게 한다고 할 수도 있다. 아니면 도덕판단의 결과 정서가 도덕판단으로부터 야기되기 때문에 동기를 부여한다고 할 수도 있다. 이러한 입장 차이에는 정서가 도덕성에 기여할 수 있는 또 다른 방식, 즉 가치를 표지하는 역할을 인정하느냐 마느냐, 그리고 인정한다면 어떤 방식으로 인정하느냐의 문제가 관련되어 있다. 이렇게 볼 때 도덕적 정서의 탐구에서 정서가 도덕판단에 어떻게 관계하는가는 중요한 문제가 아닐 수 없다.

과학의 발달에 힘입어 최근에 신경과학적 실험연구들은 도덕판단을 내릴 때 뇌가 어떻게 활성화되는지를 고찰하고 도덕적 인지의 신경기제들을 규명하는 여러 결과들을 보고하고 있다. 이러한 연구 성과들 중에서 특히 주목을 받고 있는 것은 정서가 도덕판단의 맥락에 관여한다는 것을 증명하는 결과들이다. 이 중에서 하이트(Jonathan Haidt)의 사회적 직관주의 모형(a social intuitionist model)은 신경과학적 증거들에 근거하여 도덕판단에서 정서가 중요한 역할을 한다는 것을 주장하는 대표적인 이론이다.

한편 도덕판단에서 정서가 하는 역할에 대한 관심이 커지면서 주목받고 있는 규범윤리이론은 덕윤리이다. 덕개념에 정서가 관련한다는 점에서 덕윤리는 칸트 윤리학이나 공리주의보다 신경과학적 발견 사실들에 더 부합할 가능성이 있으며 이에 따라 오늘날의 시대에 더 적합한 규범윤리이론이 될 수 있을 것이라는 기대가 생기고 있다. 사실 덕윤리에 대한 동시대의 기대는 20세기 중반에 앤스컴(G. E. M. Anscombe)이 근대 도덕철학이 적합한 심리학의 철학(philosophy of psychology)을 결여하고 있다고 비판하면서 아리스토텔레스의 부활을 주장했던 때로 거슬러 갈 수 있을 것이다.1) 이 장에서는 하이트의 사회적 직관주의 모형에서 설명하는 도덕적 정서와 아리스토텔레스의 덕윤리에서 주장하는 정서를 비교하면서 과연 도덕적 정서에 대한 신경과학적 이해와 덕윤리의 주장이 부합하는지를 검토하고자 한다. 이를 위해 먼저 하이트의 사회적 직관주의 모형과 아리스토텔레스의 덕개념을 살펴보면서 두 입장에서 정서가 어떻게 이해되는지 살펴볼 것이다. 그리고 나서 도덕적 정

---

1) G. E. M. Anscombe. 1997. "Modern Moral Philosophy." In Thomas L. Carson & Paul K. Moser eds., *Morality and the Good Life*(New York & Oxford: Oxford University Press, 1997), p.247.

서의 근원과 발달을 중심으로 두 입장을 철저하게 비교하면서 두 입장이 중시하는 정서가 조화되기 어려운 차이를 가진다는 것을 밝혀보고자 한다. 나아가서 이러한 차이가 도덕심리학과 도덕철학의 상호작용에 가지는 의미를 고찰할 것이다.

2. 도덕판단과 정서

도덕판단에서 정서가 중요한 역할을 한다는 결정적인 연구 성과는 단연 하이트의 사회적 직관주의 모형이다. 이 모형은 직관적 판단, 사후 추론, 추론된 설득, 사회적 설득, 추론된 판단, 그리고 사적인 숙고라는 6개의 과정으로 구성되는데 정서의 역할을 잘 보여주는 것은 직관적 판단과 사후 추론의 두 과정이다. 하이트에 따르면 직관적 판단의 과정은 "도덕판단이 도덕적 직관의 결과로서 자동적으로 그리고 노력 없이 의식에 나타난다"고 제안하며 사후 추론은 "도덕추론이 도덕판단이 만들어진 이후에 관여된, 이미 내려진 판단을 지지해줄 주장을 찾는, 노력이 필요한 과정"임을 보여준다.[2] 하이트는 직관적인 과정을 "신속하고 용이하며 전체론적인(holistic) 방식으로 일상의 도덕판단을 다루는, 초기 설정과정"으로 보고 주로 "직관들이 갈등하거나 사회적 상황이 어떤 각본의 모든 면에 대한 철저한 조사를 요구할 때" 추론과정이 요구된다고 주장한다.[3] 그러나 하이트는 기본적으로 한 개인의 추론은 자신의 태도나 신념에 의문을 갖는 데 사용되는 것으로 보지 않는다. 하이트에 따르면 "더 실제적인 상황에서 도덕추론은 진리를 찾는 데 자유롭게 남겨지지 않으며 단지 이미 정해진 결론의 확증을 찾기 위해 이용되면서" 추

---

2) Jonathan Haidt. 2001. "The Emotional Dog and its Rational Tail: A Social Intuitionist Approach to Moral Judgement." *Psychological Review*, p.818.

3) Haidt(2001), p.820.

론과정은 진리를 추구하는 재판관이나 과학자보다는 오히려 의뢰인을 변호하는 변호사에 가깝다.[4] 이처럼 하이트는 사적으로 이루어지는 추론의 대부분이 주로 직관적 판단을 지지할 이유를 발견하는 데 기여하며 드물게 자신의 초기 직관을 넘어서거나 거절하는 데 작용한다고 여긴다. 따라서 어떤 개인이 추론을 함으로써 자신의 초기의 직관적 판단을 번복할 가능성은 매우 드물게 된다. 대신 하이트는 추론이 도덕판단에 갖는 인과적 효과는 대부분 사람과 사람 간의 관계에 관련된다고 생각한다. 직관과 추론에 대한 이러한 설명을 통해 하이트는 우리가 내리는 대부분의 도덕판단은 감정적으로 활성화된 직관에 의한 것이며 도덕추론은 대체로 다른 사람들과의 의사소통을 위해 직관적 판단을 사후에 합리화하는 것이라고 주장한다. 그리하여 그는 인간의 도덕성이 어떻게 작동하는지를 진정으로 이해하기 위해서는 "도덕추론의 연구로부터 직관적이고 정서적인 과정의 연구를 향해 관심을 이동하는 것이 좋다"고 권한다.[5]

사람들이 직관적 반응을 사용하여 대다수의 도덕판단을 내린다는 것은 도덕판단에서 정서가 지배적인 역할을 한다는 것을 의미한다.[6] 정서

---

4) Haidt(2001), p.822.

5) Haidt(2001), p.825.

6) 여기에서 하이트가 직관, 정서, 추론을 어떻게 이해하는지 살펴보자. 사회적 직관주의 모형을 주장할 때 하이트는 직관과 추론을 대조하여 설명하면서 "가장 중요한 차이는 과정이 아니라 결과가 의식에 접근 가능하도록 직관은 재빨리, 노력 없이, 그리고 자동적으로 발생하는 반면에 추론은 더 느리게 발생하며 어떤 노력을 요구하고 의식에 접근 가능한 어떤 단계들을 적어도 포함한다"고 말한다. Haidt(2001), p.818. 또한 하이트는 사회적 직관주의 모형이 "'인지'와 '정서'에 대한 것이 아니라" 두 종류의 인지에 대한 것, 즉 "(때때로 그러나 언제나는 아니지만 정서적 반응의 일부인) 빠른 직관과 느린 추론"에 대한 것이라고 말한다. Jonathan Haidt & Fredrik Bjorklund. 2008. "Social Intuitionists Answer Six Questions about Moral Psychology." In Walter Sinnott-Armstrong ed., *Moral Psychology* Vol. 2: *The Cognitive Science of*

의 역할에 대한 이러한 입장은 흄에 대한 옹호에서 잘 드러난다. 사회적 직관주의 모형을 주장할 때 하이트는 정서와 직관을 개로, 그리고 추론을 개에 의해 흔들어지는 꼬리로 비유하면서, "오늘날은 흄의 널리 퍼져 있는 논지, 즉 개가 그의 꼬리를 흔드는 것과 마찬가지로 틀림없이 도덕적 정서와 직관이 도덕추론을 몰아간다는 점을 다시 바라보는 것이 옳을 수 있다"고 결론짓는다.7) 또한 사회적 직관주의 모형을 옹호할 때 하이트와 비요르크룬드(Fredrik Bjorklund)는 도덕적 신념과 동기는 "우리에게 옳고 그름의 즉각적인 느낌을 주는 그리고 인간 본성의 구조 속에 짜 넣어져 있는 감정으로부터 나온다"고 말하면서 도덕적 신념과 동기가 어디에서 나오는가의 물음에 대한 흄의 대답이 바로 자신들의 대답이며, 다만 자신들의 답변은 18세기의 흄에게는 이용 가능하지 않았던 증거와 이론들을 사용하여 그 대답을 좀 더 정교화한 것이라고 말한다.8)

하이트는 자신의 모형이 신경과학적 증거들, 특히 다마지오(A. Damasio)와 그린(Joshua D. Greene)의 연구에 의해 뒷받침된다고 주장한다.9) 사실 다마지오와 그린의 연구는 하이트의 사회적 직관주의 모형

Morality(Cambridge, MA & London: The MIT Press, 2008), p.200. 이러한 설명은 직관과 추론을 대비시키며 직관도 인지의 일종으로 보고 있음을 알려준다. 또한 하이트는 직관을 논의할 때 "자동적인 과정(정념, 정서, 혹은 더 일반적으로 직관)"이라는 설명을 한다. Jonathan Haidt. 2013. "Moral Psychology for the Twenty-First Century." *Journal of Moral Education* Vol. 42 No. 3, p.287. 이는 직관이 정서보다 더 넓은 개념이지만 직관과 정서는 서로 관련되고 정서가 직관으로 작용한다는 것을 의미한다. 이러한 논의들을 통해 직관은 추론과 대조되는, 정서적 반응을 주로 포함하는 넓은 의미를 가진다는 것을 알 수 있다. 이러한 점들을 염두에 두면서 이 장에서는 정서와 직관을 엄밀하게 구별하지 않고 사용한다.

7) Haidt(2001), p.830.
8) Haidt & Bjorklund(2008), p.185.

과 함께 도덕판단에서 정서의 역할을 규명하는 대표적인 신경과학적 연구 성과에 해당한다. 먼저 다마지오의 신체표지가설(the somatic-marker hypothesis)은 우리의 판단이나 행위의 정서적인 신경적 토대에 대한 관심을 널리 확산시킨 연구로 유명하다. 다마지오는 배내측 전전두엽피질에 손상을 입은 환자들을 연구함으로써 이 환자들이 감정적 반응을 상위의 인지와 통합하는 능력을 상실하고 그 결과 옳고 그름이나 상황에 관련된 지식을 가지고 있음에도 불구하고 적절한 의사결정을 내리는 데 실패한다는 것을 발견한다. 그리하여 다마지오는 우리가 직감(gut feeling)으로 경험하는 신체적 상태의 표지가 좋은 의사결정을 내리는 데 중요한 역할을 한다는 신체표지가설을 주장한다. 다마지오의 신체표지가설에 따르면 신체표지는 일종의 예측을 위한 자동화된 단서 시스템과 같아서 "부정적인 신체표지가 어떤 특정한 미래 결과에 병치되어 있을 때 그 결합은 경종으로 작용하며", "긍정적인 신체표지가 병치되어 있을 때 그것은 유인의 불빛이 된다."10) 이처럼 직접 심사숙고하는 것은 아니지만 신체표지는 "(위험한 혹은 유리한) 어떤 선택들을 강조 표시함으로써 그리고 뒤이은 심사숙고로부터 그 선택들을 재빨리 제거함으로써 심사숙고를 돕는다."11) 신체표지는 추론을 제한하거나 구조화하

---

9) 신경과학적 증거에 대한 논의를 위해서는 Haidt & Bjorklund(2008), pp.199-201 참조. 이 외에도 하이트는 자신의 모형을 뒷받침하는 경험적 연구들로 도덕판단 인터뷰와 직관을 조종하는 실험을 제시한다. 하이트에 따르면 도덕판단 인터뷰는 사람들이 가진 도덕의 개념이 문화에 따라 다양하며 사람들은 직관에 따른 자신의 판단에 대해 변호사처럼 사후에 추론을 하거나 도덕적 말 막힘 현상을 보여준다고 보고한다. 또한 혐오하게 만든 단어를 포함하는 이야기에 대해 더 심각한 도덕판단을 내리는 등 직관을 조종하는 실험에 대한 피험자들의 반응들은 직관이 판단에 영향을 미친다는 것을 보고한다. 이와 관련한 상세 논의를 위해서는 Haidt & Bjorklund(2008), pp.196-199 참조.

10) Antonio Damasio. 2005. *Descartes' Error: Emotion, Reason, and the Human Brain*(London: The Penguin Group), p.174.

114

는 데 사용되고 이에 따라 의사결정은 신체표지에 의해 중재되는 것이다. 이처럼 의사결정을 위한 추론을 하기 전에 일어나는 어떤 신체적 상태의 표지에 연관된 감정적 반응이 의사결정을 내리는 데 영향을 미친다는 것은 정서가 좋은 의사결정이나 행위의 수행에 중요한 역할을 한다는 것을 의미한다.

한편 그린은 도덕판단을 내리는 사람들의 두뇌반응에 대한 연구를 통해 도덕판단에 대한 이중과정모형(a dual process model)을 제시한다. 이중과정모형을 통해 그린은 정서와 결합된 뇌 영역과 작업 기억과 결합된 뇌 영역 중 어느 영역이 더 활발하게 활성화되느냐에 따라 도덕판단에 두 과정이 있다고 주장한다. 또한 그는 이러한 뇌의 두 신경처리과정을 의무론과 결과론에 연결 지어 의무론적 도덕판단은 주로 직관적인 정서적 반응에 의해 그리고 결과론적 도덕판단은 주로 조정된 인지적 과정에 의해 이끌리는 것으로 설명한다.12) 앞에서 논의한 바와 같이 하이트는 대부분의 도덕추론이 도덕적 정서의 합리화라고 주장한다. 두 종류의 도덕판단을 제시하는 그린은 정서적 반응이 주로 활성화되는 의무론적 도덕추론이 하이트가 주장하는 것과 유사한 성격을 갖는다고 본다. 즉 그린은 그저 행해져야만 한다거나 행해질 수 없다는 우리가 가진 강한 느낌을 호소력 있는 합리적 이야기로 만들어낸 것이 바로 의무론이며 따라서 의무론은 "일종의 도덕적 작화(confabulation)"라고 주장한다.13) 이처럼 도덕판단의 두 과정을 제시하고 도덕판단의 종류에 따라

---

11) Damasio(2005), p.174.

12) 이에 대한 상세 설명을 위해서는 Joshua D. Greene et al. 2001. "An fMRI Investigation of Emotional Engagement in Moral Judgment." *Science* 293, pp.2106-2107 참조.

13) Joshua D. Greene. 2008. "The Secret of Kant's Soul." In Walter Sinnott-Armstrong ed., *Moral Psychology* Vol 3: *The Neuroscience of Morality: Emotion, Brain Disorders, and Development*(Cambridge, MA &

정서가 관여하는 바가 다르다고 보기는 하지만 그린은 기본적으로 두 종류의 도덕판단에 모두 정서가 관여한다고 주장한다. 그는 결과론적 판단이 인지적이라고 해서 감정이 없다고 주장하는 것이 아니며 오히려 자신은 "모든 도덕판단은 어떤 감정적 요소를 가져야만 한다는 흄에 동의하는 경향이 있다고" 말한다.14) 그린이 "도덕적 감정주의의 신흄적인 설명(a neo-Humean account of moral sentimentalism)을 채택하는 것이 더 낫다고" 보고 있다는 보이드(Craig A. Boyd)의 지적에서 잘 드러나는 것처럼 그린 역시 하이트처럼 기본적으로 도덕판단에 정서가 관여한다는 입장을 견지하고 있다.15)

사실 도덕판단에 정서가 중요하게 관여한다는 신경과학적 주장은 하이트, 다마지오, 그리고 그린의 연구에 국한되지 않는다. 하이트와 그린의 주장뿐만 아니라 fMRI를 사용한 도덕판단에 대한 다른 여러 연구들을 소개하면서 프린츠(Jesse J. Prinz)와 니콜스(Shaun Nichols)는 도덕판단에 대한 거의 모든 fMRI 연구의 결과들은 "도덕판단을 내릴 때 적어도 가끔 그리고 아마 항상 정서가 발생한다"는 것을 보여주며 그러한 연구의 자료들은 "도덕적 인지의 사건 동안 정서가 규칙적으로 그리고 믿을 만하게 활동한다"는 점을 강하게 제안한다고 말한다.16) 어떻게 관

London: The MIT Press, 2008), p.63.
14) Greene(2008), p.64. 두 종류의 도덕판단에 관여하는 정서와 관련하여 그린은 의무론적 도덕판단에 관련된 정서는 "경보과정"으로서 하지 말라거나 해야 한다는 단순한 명령을 내리는 경고표시인 반면, 결과론적 판단은 "저울질 과정"으로서 그렇고 그런 것이 많이 관련된다거나 그것을 감안하라고 말하는 것이라고 설명한다. Greene(2008), p.64.
15) Craig A. Boyd. 2013. "Neuroscience, the Trolley Problem, and Moral Virtue." In James A. Van Slyke ed., *Theology and the Science of Moral Action: Virtue Ethics, Exemplarity, and Cognitive Neuroscience*(New York: Routledge, 2013), p.137.
16) Jesse J. Prinz & Shaun Nichols. 2010. "Moral Emotions." In John M. Doris

여하는지에 대해서는 다양한 입장이 있을 수 있지만 도덕판단에 정서가 관여한다는 점은 신경과학적 연구들이 일반적으로 주장하는 바인 것이다.

도덕판단에 관여하는 정서에 대한 신경과학적 발견 사실을 염두에 둘 때 칸트 윤리학이나 공리주의보다 아리스토텔레스의 덕윤리가 눈길을 끈다. 아리스토텔레스의 덕윤리는 정서의 도덕적 중요성에 주목하기 때문이다. 아리스토텔레스는 "우리가 신실한 사람이라거나 나쁜 사람이라는 말을 듣게 되는 것은 우리의 감정에 따른 것이 아니라 탁월성과 악덕에 따라서 그런 말을 듣는 것"이라고 말하면서 탁월성과 악덕은 감정이 아니라고 보지만 다른 한편으로 "탁월성은 감정과 행위에 관련"한다는 점을 반복적으로 말한다.17) 아리스토텔레스에게 있어서 감정은 그 자체로 도덕적 의미를 가지지는 않지만 덕이 감정과 행위에 관련하고 이에 따라 감정은 덕에 어떻게 관련하느냐에 따라 칭찬할 만하거나 비난할 만한 것이 되는 것이다. 따라서 아리스토텔레스에게 있어서 감정이 가지는 도덕적 의미를 이해하기 위해서는 덕과 감정의 관계를 파악하는 것이 필요하다.

아리스토텔레스는 "어떤 사람의 실제 행위에 수반되는 즐거움과 고통을 그 사람의 품성상태의 표시로 간주해야 할 것이다"라고 말한다.18) 소위 로버츠(Robert C. Roberts)가 덕과 정서 간의 "표시 관계(index relation)"라고 명명한 이 관련방식은 아리스토텔레스에게 있어서 감정이 모든 종류의 성격적 탁월성 전반에 걸쳐 어떻게 관련하는지를 잘 보

& the Moral Psychology Research Group eds., *The Moral Psychology Handbook*(New York: Oxford University Press, 2010), p.115.

17) 아리스토텔레스. 2013. 『니코마코스 윤리학』, 강상진 · 김재홍 · 이창우 옮김 (서울: 도서출판 길), 1105b30-31, pp.61-62; 1106b25, p.65.

18) 아리스토텔레스(2013), 1104b4-5, p.56.

여준다.19) 덕과 정서의 이 관계는 기본적으로 즐거움과 고통이 행위에
가지는 의미에서 비롯된다. 아리스토텔레스는 즐거움과 고통은 행위를
불러일으키는 것이면서 또한 행위에 따르는 것이고 그리하여 성격적 탁
월성은 즐거움과 고통에 관련한다고 보기 때문이다.20) 허스트하우스
(Rosalind Hursthouse)가 아리스토텔레스에게 있어서 덕에 관련하는 정
서를 "행위에의 충동(impulses)일 뿐만 아니라 **반**작용(*reactions*)"으로
이해하는 것도 즐거움과 고통이 행위에 가지는 이러한 의미 때문일 것
이다.21) 즐거움과 고통이 어떤 행위에의 충동이면서 반작용이라고 한다
면 행위자가 무엇을 즐거워하느냐에 따라 어떤 행위를 하는지가 달라질
것이며 또한 어떤 행위를 할 때 즐거움을 느낄지 고통을 느낄지도 달라
질 것이다. 바로 이 점이 행위자의 품성상태에 관련되는 것이다. 만일
어떤 행위자에게 있어서 고귀한 것이 바로 즐거운 것이라면 그는 고귀

---

19) 로버츠는 "한 사람이 행위를 수행할 때 느끼는 즐거움이나 고통이 덕의 존재
    의 표시이다"라고 한 점에서 덕과 정서는 표시 관계를 갖는다고 말한다.
    Robert C. Roberts. 1989. "Aristotle on Virtues and Emotions." *Philosophical
    Studies* 56, p.299. 한편 특정의 개별적인 덕에 정서가 관계하는 또 다른 방식
    을 생각해볼 수 있다. 아리스토텔레스는 "일반적으로 즐거워하거나 고통스러
    워하는 일은 너무 많이 할 수도 있고, 너무 적게 할 수도 있지만, 양자 모두에
    있어서 잘하는 것은 아니다"라고 말하면서 유덕한 품성을 가진 사람은 지나치
    지도 모자라지도 않고 적절하게 감정을 느끼는 사람이라고 본다. 아리스토텔
    레스(2013), 1106b19-20, p.65. 이러한 관계는 주로 용기, 절제, 온화 등 감정
    의 영역에 관련되는 덕들에서 발견된다. 로버츠는 이러한 덕과 정서의 관계를
    "감정의 적절함 관계(the propriety of affect relation)"로 명명한다. Roberts
    (1989), p.295.
20) 이와 관련하여 아리스토텔레스는 "우리가 나쁜 일들을 행하는 것은 즐거움 때
    문이며 고귀한 일들을 멀리하는 것은 고통 때문"이라고 말하고 또한 "모든 행
    위에는 즐거움과 고통이 따른"다고 말한다. 아리스토텔레스(2013), 1104b10-
    11, p.56; 1104b15, p.56.
21) Rosalind Hursthouse. 1999. *On Virtue Ethics*(Oxford & New York: Oxford
    University Press), p.108.

한 것을 행할 것이고 또 이러한 행함 자체에서 즐거움을 느낄 것이다. 그리고 고귀한 것을 행하는 그 자체에서 느끼는 즐거움은 바로 그가 유 . 덕한 품성상태를 가졌다는 표시가 되는 것이다. 아리스토텔레스가 탁월성을 "즐거움과 고통에 관계해서 최선의 것들을 행하는 품성상태"로 악덕을 "그 반대의 상태라고 가정"하는 것도 덕과 감정 간의 이러한 관련성에 따른 것이다.22)

보통 인격특질(character traits)로서의 덕이 성향(dispositions)으로 이해될 때 이 성향은 주로 행위성향(behavioral dispositions)으로 이해된다. 그러나 유덕한 사람은 고귀한 것을 행하며 이러한 행함 자체에서 즐거움을 느끼는 사람이라는 아리스토텔레스의 주장은 그의 덕개념이 행위성향일 뿐만 아니라 정서성향(emotional dispositions)이기도 하다는 것을 보여준다. 따라서 만일 어떤 사람이 고귀한 것을 행하지만 즐거움을 느끼지 않는다면 그는 정서성향의 측면이 부족하다는 것을 보여주고 이에 따라 아직 덕을 가졌다고 보기 어렵다. 아리스토텔레스가 자제력 있는 사람을 고귀한 것을 이성적으로 선택하면서 행위하지만 다른 것을 욕망하는 사람으로 묘사하고 유덕한 품성상태를 보여주기에 부족하다고 보는 이유도 여기에 있는 것이다. 요컨대 덕이 행위성향일 뿐만 아니라 정서성향이라는 점에서 아리스토텔레스에게 있어서 정서는, 신경과학적 발견 사실에서처럼, 도덕적으로 중요한 의미를 가진다.

---

22) 아리스토텔레스(2013), 1104b27, p.57. 덕과 감정의 관련성에 대한 아리스토텔레스의 주장에 대해서는 그동안 많은 논의들이 이루어져왔다. 이 중에서 아리스토텔레스의 덕과 감정에 대한 이해와 신경윤리학적 접근의 감정에 대한 이해를 연결 지은 논의를 위해서는 김진경. 2014. 「의학적 의사결정을 위한 도덕판단에서의 감정」. 『철학논총』 제76집, pp.358-364 참조.

3. 도덕적 정서의 근원과 발달

하이트의 사회적 직관주의 모형과 아리스토텔레스의 덕윤리가 모두 정서를 도덕적으로 중요하게 여긴다고 할 때 이 두 입장에서 중시하는 정서가 무엇인지 구체적으로 살펴보자. 도덕판단의 결정적 요소인 정서와 직관이 무엇이며 우리들이 현재 갖고 있는 도덕적 정서와 직관을 왜 갖고 있는지의 물음에 대한 사회적 직관주의 모형의 대답은 하이트와 비요르크룬드가 제시하는 도덕발달의 직관주의 이론(an intuitionist theory of moral development)에서 확인할 수 있다. 이 이론에 따르면 "도덕발달은 5세트(혹은 그 이상)의 선천적인 도덕적 모듈의 외재화(externalization)가 사회적으로 구성된 특정 덕들과 만나는 과정으로 이해될 수 있다."23) 즉, 사회적 직관주의 모형은 도덕적 직관의 발달을 설명하는 두 핵심 도구로 선천적인 도덕적 모듈의 외재화와 사회적 구성으로서의 덕을 제시한다. 여기에서의 덕은 습관과 훈련을 통해 어느 정도 획득된 속성이라는 점에서 이 두 핵심 도구는 기본적으로 도덕적 직관이 선천적일 뿐만 아니라 후천적으로 발달하는 것임을 의미한다.

하이트와 비요르크룬드는 도덕성의 발달의 두 핵심 도구가 상호 의존적인 관계에서 작용한다고 본다. 먼저 선천적인 도덕적 모듈의 발현은 덕의 도움을 필요로 한다. "지원된 외재화(assisted externalization)"라는 개념이 잘 보여주는 것처럼 특정 사회에서 구성된 덕을 통한 사회화나 문화화(enculturation)는 선천적인 도덕적 모듈의 발현을 돕는다.24) 또

---

23) Haidt & Bjorklund(2008), pp.208-209. 여기에서 5세트의 선천적인 도덕적 모듈은 모든 사회에서 발견되는 5세트의 도덕적 직관을 의미하는데 구체적으로 위해(harm)/배려(care), 공정성(fairness)/호혜성(reciprocity), 권위(authority)/존중(respect), 순결(purity)/신성(sanctity), 내집단과 외집단 간의 경계에 대한 관심(concerns about boundaries between in-group and out-group)이다. Haidt & Bjorklund(2008), p.203.

한 어떤 문화도 토대로서의 선천적 모듈들의 "하나나 그 이상과 딱 들어맞지 않는 덕들을 구성할 수 없다"는 주장에서 드러나듯이 선천적인 도덕적 토대로서의 5세트의 직관구조는 어떤 덕들이 어떤 형태나 배열로 중시될지를 안내한다.25) 이처럼 선천적인 도덕적 모듈의 외재화는 특정 사회에서 구성된 덕들을 통한 사회화 혹은 문화화에 의해 도움을 받아야 하며 또한 각각의 사회나 문화는 선천적인 도덕적 모듈들의 어떤 것과 들어맞지 않는 덕들을 구성할 수 없는 것이다. 도덕적 직관의 발달에서 선천적인 것과 문화적인 것이 서로 충돌할 여지가 있기는 하지만 하이트와 비요르크룬드는 이 둘이 상호 의존적인 관계에 있기 때문에 서로 잘 어우러질 수 있다고 생각한다.

한편 도덕적으로 중요한 정서의 근원과 발달에 대한 아리스토텔레스의 입장은 다음의 주장으로부터 찾아볼 수 있다:

이것으로 미루어 보더라도 성격적 탁월성들 중 어떤 것도 본성적으로 우리에게 생기는 것이 아님은 분명하다. 본성적으로 그런 것은 어느 것이든 본성과 다르게는 습관을 들일 수가 없으니까 … 불을 아래로 움직이게끔 습관을 들일 수도 없는 일이며, 어떤 것도 그 본성과 다르게 습관을 들일 수는 없는 일이다. 그러니 [성격적] 탁월성들은 본성적으로 생겨나는 것도 아니요, 본성에 반하여 생겨나는 것도 아니다. 우리는 그것들을 본성적으로 받아들일 수 있으며 습관을 통해 완성시킨다.26)

먼저 본성적으로 생겨나는 것은 아니지만 본성적으로 받아들일 수 있다는 것은 본성적 가능성을 의미한다. 본성적 가능성이 없다면 아무리

---

24) Haidt & Bjorklund(2008), p.206.
25) Haidt & Bjorklund(2008), p.209.
26) 아리스토텔레스(2013), 1103a19-26, pp.51-52.

활동을 반복한다 해도 습관을 들일 수 없다는 점에서 본성적 가능성은 중요하다. 그러나 본성적으로 생기는 것이 아니라 습관화로 결과한다는 점에서 후천적인 노력 역시 매우 중요하다. 습관화를 결정적으로 중시하는 면은 있지만 아리스토텔레스는 덕의 함양에 선천적인 요소가 바탕이 됨을 인정한다.

덕이 이처럼 본성적 가능성을 가지고 습관화를 통해 완성시키는 것이라면 도덕적으로 중요한 정서 역시 이러한 과정을 통해 결과한다고 할 수 있다. 앞에서 살펴본 바와 같이 덕은 행위하는 성향일 뿐만 아니라 정서를 느끼는 성향이며 유덕한 사람이 가지는 정서가 바로 도덕적으로 의미를 갖기 때문이다. 물론 아리스토텔레스는 적절한 감정을 갖는 것이 매우 어려운 일이라고 보고 감정교육의 중요성을 강조한다.[27] 그러나 본성에 가능성으로 주어진 것이 습관화를 통해 완성된 결과 유덕한 품성상태를 갖게 된다면 도덕적으로 중요한 정서 역시 이러한 과정을 통해 형성된다고 할 수 있다. 그리고 도덕적으로 중요한 정서에 대한 이러한 설명은 도덕적 직관이 선천적인 도덕적 모듈과 사회적 구성으로서의 덕의 상호 의존적 관계 속에서 발달한다는 사회적 직관주의 모형의 주장과 유사한 점이 있다.

도덕적으로 중요한 정서의 발달에 대한 두 입장의 유사점을 더 자세히 들여다보자. 먼저 아리스토텔레스와 하이트 둘 다 습관화를 통한 덕의 함양을 주장하는 것은 습관화가 도덕적 귀감을 따라하는 모델링이 관련된다는 점에서 상당히 자연스럽다고 할 수 있다. 이 점을 도덕적 귀감이 가지는 특징을 통해 살펴보자. 일반적으로 올바른 행위를 할 때 도덕적 귀감들이 가진 동기는 "어떤 상황을 도덕적 관점에서 인식할 수 있게 하는 정서로 이해될 수 있으며", 이러한 정서적 동기들은 그들의

---

27) 감정교육의 어려움과 중요성에 대한 주장을 위해서는 아리스토텔레스(2013), 1105a2-4, p.58; 1104b13-14, p.56 참조.

인격의 토대를 형성하고 있다.28) 이것은 도덕적 귀감들이 아주 자연스럽게 올바른 행위를 한다는 점, 올바른 행위가 그들의 인격에서 자연스럽게 흘러나온다는 점에서 알 수 있다. 따라서 도덕적 귀감을 따라 반복적으로 실천하는 습관화를 통해 정서의 발달을 꾀하는 것은 상당히 자연스러운 접근이라고 여겨진다.

사회적 직관주의 모형과 아리스토텔레스의 덕윤리가 둘 다 습관화로 정서의 발달을 접근하는 것이 자연스럽다는 것을 보여주는 도덕적 귀감의 또 다른 특징이 있다. 보편성을 가지는 추상적인 도덕법칙을 중시하는 칸트 윤리학이나 공리주의 같은 도덕철학에서 도덕적 귀감들은 기껏해야 도덕법칙이 요구하는 바가 수행될 수 있다는 실례를 보여주는 정도의 의미만을 가진다. 그러나 일반적인 도덕법칙이 가능하지 않다고 여기는 아리스토텔레스의 덕윤리에서는 유덕한 품성을 가진 사람, 즉 도덕적 귀감은 덕의 실례일 뿐만 아니라 무엇이 덕인지의 준거가 되는 중요한 역할을 한다. 예컨대 칸트 윤리학이나 공리주의에서는 도덕법칙에 따라 행하는 것이 옳은 행위라면, 덕윤리에서는 유덕한 사람이 행하는 대로 행하는 것이 올바른 것이다. 그런데 도덕적 귀감성(exemplarity)은 "철학적 이상일 뿐만 아니라" "역사를 통틀어 구체적인 사람들에 대한 경험적 관찰에서 발견"되는 것이다.29) 이것은 도덕적 귀감성이 규범성과 사실성(factuality)의 결합이라는 성격을 갖는다는 것을 함의한다. 칸트 윤리학이나 공리주의와 달리 덕윤리가 도덕적 귀감을 통한 습관화를 중시하는 것, 그리고 기술적 주장으로서의 사회적 직관주의 모형이

---

28) James A. Van Slyke. 2013. "Naturalizing Moral Exemplarity: Contemporary Science and Human Nature." In James A. Van Slyke ed., *Theology and the Science of Moral Action: Virtue Ethics, Exemplarity, and Cognitive Neuroscience*(New York: Routledge, 2013), p.112.

29) Van Slyke(2013), p.102.

덕의 함양을 위해 습관화를 중시하는 것은 귀감성의 이러한 성격과 관련이 있다고 생각한다.

그러나 사회적 직관주의 모형과 아리스토텔레스의 덕윤리 모두 도덕적으로 중요한 정서의 발달에 선천적인 혹은 본성적인 것이 관여한다고 주장할 때 두 입장 간에는 매우 중요한 차이가 존재한다. 하이트는 선천적인 도덕적 직관들의 "적응적 이점을 증명하는 기존의 진화론적 모형이 있다"고 주장함으로써 선천적인 것에 대한 진화론적 설명을 옹호한다.[30] 도덕적 직관의 선천적인 면에 대한 진화론적 설명을 구체적으로 살펴보자. 5세트의 도덕적 직관이 인간의 마음에 어떻게 부호화되는지와 관련하여 선천적이라는 것을 강한 의미로 이해하면 단단한 개별적 모듈성(modularity)으로 보게 되고 가장 온건한 의미로 이해하면 준비됨(preparedness)으로 볼 수 있다. 하이트와 비요르크룬드는 단단한 개별적 모듈성으로 이해한다면 논란의 여지가 있지만 준비됨이라는 온건한 입장으로 이해한다면 "진화의 산물로서의 준비됨의 존재는 심리학에서 논란의 여지가 없다"고 말한다.[31] 그리하여 그들은 자신의 이론의 가장 온건한 견해는 "아이들이 위해, 공정성, 내집단, 권위, 그리고 순결에 대해 마음을 쓰게끔 아주 쉽게 만들거나 가르치도록 인간의 마음이 진화에 의해 형성되어왔다"는 점이라고 말한다.[32] 진화가 인간 마음이

---

30) Haidt(2013), p.290.

31) Haidt & Bjorklund(2008), p.204. 하이트는 직관에 미치는 사회적인 영향이 중요하기는 하지만 직관을 경험주의적 접근만으로 이해하기는 어렵다고 본다. 이를 뒷받침하는 주장으로 그는 "임의적인 혹은 특이한 사회화에 대한 아이들의 저항"이 존재한다는 점, 그리고 "규범과 관례들의 분명한 문화적 다양성에도 불구하고 모든 사회에서 그리고 심지어 모든 종에 걸쳐서 쉽게 발견되는 일련의 몇몇 도덕적 직관들이 있다"는 점을 든다. Haidt & Bjorklund(2008), pp.201-202.

32) Haidt & Bjorklund(2008), p.204.

그러한 5세트의 직관에 관련된 문제들에 대한 민감성을 쉽게 개발하도록 준비시켜놓았다는 점은 논란의 여지가 없다는 것이다. 그러나 하이트와 비요르크룬드는 이러한 온건한 입장에서 더 나아간다. 그들은 단순한 준비됨과 단단하고 개별적인 모듈성의 연속선상에 어느 지점이 옳은지 알 수 없다고 생각하지만 중간쯤 되는 입장을 채택한다. 그리하여 그들은 5세트의 도덕적 직관을 모듈 혹은 학습모듈, 즉 "어떤 문화적 맥락 내에서 발달하는 동안 다수의 특정 모듈을 발생시키는 모듈"로 이해한다.33) 이들은 이러한 중간적 입장이 진화론에 의해 어떻게 지지되는지에 대해 별도의 설명을 주지는 않지만 단단한 개별적 모듈성은 진화론적으로 논란의 여지가 있어도 중간적인 입장은 진화론적으로 지지될 수 있다고 믿는 듯하다.

사실 도덕적 정서의 근원과 발달을 진화론적으로 설명하는 것은 다윈에게로 거슬러간다.34) 그리고 이것은 오늘날 과학적 입장에서 도덕적 정서를 설명하는 일반적인 입장인 듯하다. 예컨대 그린은 도덕적 정서에 대한 최근의 설명들은 대체로 진화론적인 설명, 구체적으로 "도덕성에 가장 밀접하게 관련되는 정서들은 사회적 맥락 내에서 개개인들로 하여금 자신들의 유전자를 퍼트리도록 돕는 행위들을 하도록 동기를 부여하기 때문에 존재한다"는 설명을 준다는 점에서 의견이 일치한다고 말한다.35) 또한 그는 오늘날의 과학은 인간의 도덕판단이 "정서적 성향들의 뒤범벅에 의해 이끌려가고 이러한 정서적 성향들 자체는 생물학적이고 문화적인 진화론적인 힘들의 뒤범벅에 의해 형성되었다"는 것을

---

33) Haidt & Bjorklund(2008), p.205.
34) 다윈의 사회적 본능과 인간의 도덕적 능력에 대한 논의를 위해서는 제임스 레이첼즈. 2009. 『동물에서 유래된 인간: 다윈주의의 도덕적 함의』, 김성한 옮김 (파주: 나남), pp.284-296 참조.
35) Greene(2008), p.59.

말해준다고 본다.36) 그렇다면 왜 우리의 적응적인 도덕적 행위가 추론이 아닌 정서에 의해 이끌리는가? 이 물음에 대해 그린이 믿는 대답은 추론과 달리 "정서는 되풀이되어 발생하는 상황들에 대한 매우 믿을 만하고 신속하며 효율적인 반응"이기 때문에 "자연은 행동적인 일이 행해지게 할 필요가 있을 때 할 수 있는 경우마다 직관과 정서로 그것을 하고" 그리하여 정서적인 도덕적 성향이 진화했다는 것이다.37)

그러나 아리스토텔레스가 덕의 함양과 관련하여 주장하는 본성적 가능성은 하이트의 진화론적 설명과는 근본적으로 다르다. 아리스토텔레스는 목적론에 근거하여 궁극목적으로서의 최고선을 행복으로 보고 인간 본성에 대한 이해에서 나오는 인간 기능(ergon)을 선한 삶에 연결시킨다. 최고선으로서의 행복이 무엇인지는 인간의 기능이 무엇인지 파악되면 알 수 있다고 할 때 아리스토텔레스는 "산다는 것은 심지어 식물에게까지 공통되는 것으로 보이지만, 우리는 [인간에게만] 고유한 것을 찾고 있"다고 말한다.38) 아리스토텔레스는 인간 기능을 파악할 때 다른 동물들에 공통되는 삶을 갈라내고 남은, 인간에게만 고유한 것을 찾고 인간의 기능을 이성에 따른 영혼의 활동으로 보는 것이다. 또한 이러한 기능을 선한 삶에 연결시킬 때도 그는 "각각의 기능은 자신의 고유한 탁월성에 따라 수행될 때 완성되는 것이다"라고 말한다.39) 인간 본성에서 인간 기능을 파악하고 이를 선에 연결시키고 이러한 연결을 통해 덕

---

36) Greene(2008), p.72. 실제로 그린은 하이트와 함께 쓴 논문에서 도덕판단을 이끄는 직관들이 "문화적 힘에 의해서 뿐만 아니라 자연선택에 의해서 형성된다"고 말한다. Joshua D. Greene & Jonathan Haidt. 2002. "How (and Where) does Moral Judgment Work?" *Trends in Cognitive Science* Vol. 6 No. 12, p.517.

37) Greene(2008), p.60.

38) 아리스토텔레스(2013), 1097b24-25, p.29.

39) 아리스토텔레스(2013), 1098a16, p.30.

을 설명하는 아리스토텔레스의 입장은 인간 본성의 사실에서 덕에 대한 주장을 도출한다는 점에서 덕에 대한 자연주의적 접근이라고 할 수 있다. 그러나 인간의 고유한 본성을 주장하는 아리스토텔레스의 자연주의는 오늘날의 과학적 관점에서는 수용될 수 없다. 예컨대 아리스토텔레스의 자연주의를 거절할 때 매킨타이어(Alasdair MacIntyre)는 인간이 고유의 본성을 가진다고 보고 이 고유의 본성에 의해 선을 정의한다는 점에서 "아리스토텔레스의 윤리학은 그의 형이상학적 생물학(metaphysical biology)을 전제로 한다"40)고 지적한다. 매킨타이어의 지적처럼 아리스토텔레스에게 있어서 인간 본성을 포함하는 자연은 과학적인 관점이 아니라 형이상학적 관점에서 인지된 것이다. 이러한 형이상학적 자연주의는 인간이 고유한 본성을 갖고 이 본성을 불변하는 공통된 사실로 간주한다는 점에서 본질주의를 함축한다. 그리고 바로 이 본질주의가 진화론과 충돌하는 결정적인 부분이 된다. 특정 종들이 각기 고유의 본성을 가지고 있다고 보는 대신 생존본능이 모든 생물의 본성이라고 보는 진화론은 기본적으로 반본질주의이기 때문이다.

아리스토텔레스의 본질주의는 도덕적으로 중요한 정서에 대한 입장에도 관련되어 있다. 행위하고 느끼는 성향으로서 덕은 인간의 기능인 이성에 따른 영혼의 활동에서 함양되고 이에 따라 유덕한 사람이 느끼는 정서는 이성과 밀접하게 관련되기 때문이다. 적절하게 행위하고 느끼는 성향으로서의 덕이 우리의 숙고능력에 관련되어 있다는 점은 "유덕한 성향은 합리적인 고려에 반응하여 특정한 방식으로 행위하고 느끼는 성향"이라는 캄트카(Rachana Kamtekar)의 정의에서 잘 나타난다.41)

---

40) Alasdair MacIntyre. 1984. *After Virtue*(Notre Dame: University of Notre Dame Press), p.148.

41) Rachana Kamtekar. 2004. "Situationism and Virtue Ethics on the Content of Our Character." *Ethics* 114, p.479.

사실 칸트나 흄에게 있어서 정서와 합리성은 분리될 수 있지만 아리스토텔레스에게 있어서 정서는 합리적인 면을 가진다.42) 아리스토텔레스는 영혼의 이성적 부분과 욕구적 부분이 엄격하게 분리되는 것이 아닐 뿐만 아니라 덕은 바로 이 두 부분이 일치함으로써 비로소 형성된다고 주장한다. 또한 즐거움과 좋음을 논의할 때 아리스토텔레스는 "즐거움이 감각 가능한 생성이라고 주장하는 것은 옳지 않"으며 "'감각 가능한' 대신에 '방해받지 않는' [활동]이라고 해야 할 것이다"라고 말한다.43) 아리스토텔레스가 덕에 관련짓는 감정이 때때로 이성적인 요소가 강하고 감정이라고 보기에는 정서적 요소가 너무 미약한 반응을 포함하는 것도 즐거움에 대한 이러한 입장과 관련이 있다.44) 이처럼 유덕한 사람이 느끼는 정서가 인간의 고유 기능인 이성의 작용과 밀접하게 관련되어 있다는 점에서 정서에 대한 아리스토텔레스의 입장 역시 본질주의에 연루되어 있다. 요컨대 하이트와 아리스토텔레스 모두 도덕적으로 중요한 정서가 선천적이면서 후천적으로 발달한다고 보지만 선천적인 것과 관련하여 둘 간에는 진화론과 본질주의라는 중요한 차이가 존재한다.

4. 도덕적 정서에 대한 진화론적 설명과 본질주의

도덕적 정서와 관련하여 사회적 직관주의 모형의 진화론적 설명과 아리스토텔레스의 본질주의 사이에 존재하는 차이를 줄이고 두 입장을 화해 내지 조화시킬 가능성이 있는지 살펴보자. 먼저 선천적인 모듈과 관

---

42) 아리스토텔레스의 정서가 지닌 합리적인 면에 대한 논의를 위해서는 노영란. 2012. 「덕과 감정: 습관화를 통해 형성되는 유덕한 행위자의 감정을 중심으로」. 『철학논총』 제68집, pp.224-226 참조.

43) 아리스토텔레스(2013), 1153a13-16, p.268.

44) 이에 대한 상세 논의를 위해서는 노영란(2012), pp.228-233 참조.

련하여 하이트와 비요르크룬드는 "인지적 모듈들은 각각 다른 계통발생적 역사의 결과이기 때문에 그것들 모두가 동일한 일반적 패턴을 기반으로 하며 멋들어지게 서로 연결되어 있다고 기대할 이유가 없다"고 본다.45) 이것은 사회적 직관주의 모형이 제시하는 5세트의 선천적 모듈이 사회적 삶에 대한 다양한 관심에 따라 각각의 진화론적 역사와 심리학적 기제를 가지고 형성되어왔다는 것을 의미한다. 그리고 5세트의 선천적 모듈을 도덕판단의 근거로 삼는 사회적 직관주의 모형이 도덕적 가치가 단일의 근원이 아닌 독립적인 여러 근원을 가진다고 본다는 것을 의미한다. 그리하여 하이트와 비요르크룬드는 "적합한 규범윤리이론은, 비록 그것이 가치의 갈등하는 근원들을 조화시키는 데 무한한 어려움을 도입한다 할지라도, 다원주의적이어야만 한다"고 주장한다.46)

다원주의적 규범윤리이론을 옹호하면서 단일의 근원으로부터 모든 도덕성을 도출하려는 기존의 시도들이 실패했다고 주장할 때 하이트와 비요르크룬드는 공리주의나 칸트 윤리학을 예로 들지만 아리스토텔레스를 직접 언급하지는 않는다. 또한 이들은 사회적 직관주의 모형에 영향을 미친 철학자로 흄과 함께 아리스토텔레스를 꼽는다. 그러나 아리스토텔레스는 사회적 직관주의 모형이 제시하는 5세트의 선천적 모듈을 개별적인 덕들로 인정할 수는 있을지언정 도덕적 가치의 근원으로 보지는 않을 것이다. 아리스토텔레스에게 있어서 도덕적 가치의 근원은 행복이며 이 행복은 이성이라는 인간의 고유 기능을 통해 정의되기 때문이다. 따라서 5세트의 선천적인 모듈을 도덕적 가치의 근원으로 하는 규범윤리이론을 옹호하는 사회적 직관주의 모형은 아리스토텔레스의 덕윤리와 조화되기 어렵다.

---

45) Haidt & Bjorklund(2008), p.205.
46) Haidt & Bjorklund(2008), p.217.

사회적 직관주의 모형이 다원주의적 규범윤리이론을 추구하는 것은 비록 온건한 의미이긴 하지만 윤리적 자연주의를 모색하는 하이트의 입장이 반영된 것이다. 다원주의적 규범윤리이론은 5세트의 도덕적 모듈의 존재라는 진화론적 사실에 근거한 결론이기 때문이다.47) 하이트의 윤리적 자연주의는 도덕성에 대한 이해에도 반영된다. 하이트는 지난 25년 동안 도덕심리학은 급격하게 변했고 이에 따라 도덕성도 이전과는 다르게 변했다고 본다. 그리하여 그는 "현재 도덕성은 더 직관적인 것으로 보이며 도덕적 영역은 더 광범위하며 도덕성의 기능은 더 사회적이며 진리를 발견하는 데에는 덜한 것으로 보인다"고 말한다.48) 아리스토텔레스 역시 정치적인 존재의 덕을 주장한다. 그러나 아리스토텔레스에게 있어서 덕은 하이트처럼 직관적이고 사회적인 것만은 아니다. 아리스토텔레스는 합리적이면서 정치적인 존재의 덕을 주장한다. 결국 진화론적으로 이해되는 선천적 모듈에 근거한 사회적 직관주의 모형이 추구하는 규범윤리이론과 도덕성은 아리스토텔레스의 이론과는 조화되기 어렵다.

이제 또 다른 조화 가능성, 즉 아리스토텔레스의 덕윤리적 입장이 진화론과 조화를 이룰 방법이 있는지 살펴보자. 이를 위해 실제로 아리스토텔레스의 덕이론을 변형하여 신경생물학과의 양립을 모색하는 케이스비어(William D. Casebeer)의 시도를 들여다보자.49) 케이스비어가 아

---

47) 하이트는 단일의 근원으로부터 모든 도덕성을 도출하려는 기존의 시도들이 실패해왔다고 주장할 때 이러한 이론들은 "아마 대부분의 사람들이 거절할 심리학적으로 비현실적인 체계를 초래할 것 같다"고 말한다. Haidt & Bjorklund (2008), p.215. 하이트의 윤리적 자연주의에 대한 입장을 위해서는 Haidt & Bjorklund(2008), p.214 참조.

48) Haidt(2013), p.294.

49) 케이스비어는 정서적이고 인지적인 두뇌구조의 풍부한 연결 속에서 작동하는 도덕적 인지의 신경기제를 보여주는 신경과학적 연구 성과와 아리스토텔레스

리스토텔레스의 덕이론을 현대적 의미의 자연화한 윤리이론으로 변형하려고 할 때 주목하는 것은 인간 기능에 대한 아리스토텔레스의 설명이다. 이는 기능과 번성이라는 것이 아리스토텔레스의 덕이론에서 뿐만 아니라 진화론에서도 중시되는 면이기 때문일 것이다. 케이스비어는 기능에 대한 근대사 설명(a modern-history account of function)이라는 것을 통해 아리스토텔레스의 기능과 번성의 개념을 역사적 맥락에 넣고 자연화해서 아리스토텔레스와 진화론의 조화를 꾀한다. 기능에 대한 근대사 설명은 기능을 "그것들의 최근 진화론적 역사에 결부시키는" 것이며, 이 이론에서 기능은 "선택적 맥락에서 어떤 특질의 최근의 유지를 설명하는 성향과 힘이다."50) 케이스비어에 따르면 이처럼 최근의 적응적 역사에 기능적 귀속을 제한할 경우 우리는 "성공을 증진하는 능력의 가치를 인간 조상의 환경이나 인간 재생산을 극대화할 환경에서 받아들이지 않게 되며", 오히려 "우리가 그전에 가치 있다고 간주하는 능력을 증진하기 위해 환경을 변화시키려고 한다."51) 이처럼 아리스토텔레스의 기능개념을 근대사 설명을 통해 해석함으로써 케이스비어는 인간의 생물학적 기능을 염두에 두지만 이러한 기능을 최근의 진화사에서 우리가 가치 있게 여기는 능력으로 제한해서 아리스토텔레스가 주장하는 것처럼 이성을 인간의 기능으로 간주할 수 있게 된다고 여기는 듯하다.

케이스비어는 아리스토텔레스의 기능에 대한 자신의 설명은 "한 집

의 덕개념이 통한다고 보고 대표적인 세 도덕이론, 즉 공리주의, 의무론, 그리고 덕이론 중에서 덕이론이 신경과학적 연구 성과와 가장 잘 부합한다고 본다. 이에 대한 논의를 위해서는 William D. Casebeer. 2003. "Moral Cognition and its Neural Constituents." *Nature Reviews Neuroscience* Vol. 4, pp.842-845 참조.

50) William D. Casebeer. 2005. *Natural Ethical Facts*(Cambridge, MA & London: The MIT Press), p.52.

51) Casebeer(2005), p.151.

단으로서의 인간들을 위한 근대사의 적절한 기능들이 동종들 간에 극적으로 겹칠 수 있지만 그럼에도 불구하고 우리 종의 모든 성원들 전체에 걸쳐 정확하게 동일한 것이 아닐 수 있다는 것을 인정한다는" 점에서 약한 본질주의(soft-essentialism)라고 주장한다.52) 그리고 그는 이러한 설명은 "우리 기능의 일부가 이 행성의 다른 진화하는 생물들의 기능과 겹친다는 점을 또한 환영한다"고 말하고 이런 의미에서 "인간 기능의 '고유한' 설명을 추진하지 않기 때문에" 아리스토텔레스적이지 않다고 말한다.53) 케이스비어는 불변하는 고유의 기능을 주장하거나 기능이 인간 종의 모든 성원들에게 동일하다고 보지는 않지만 성원들 간에 겹쳐서 나타나는 기능을 인정한다는 점에서, 자신이 약하지만 본질주의를 주장한다고 생각한다. 또한 그는 이러한 입장이 아리스토텔레스의 기능 개념 자체는 아니지만 진화론적 정보에 입각한 아리스토텔레스적인 기능개념이라고 생각한다. 그리하여 케이스비어는 자신의 설명을 "실용적인 신아리스토텔레스적인 덕이론(a pragmatic neo-Aristotelian virtue theory)"이라고 명명한다.54) 그러나 케이스비어의 주장대로 신아리스토텔레스적이라고 볼 수 있을지는 모르지만 케이스비어의 설명은 아리스토텔레스가 수용하기 어려운 입장이다. 무엇보다도 다른 생물과 겹치지 않는 인간만의 고유한 본성을 인정하지 않는다는 점은 인간 기능에 대한 아리스토텔레스의 기본 입장과 다르다. 여기에 기능에 있어서 개체들 간에 변이가 있을 수 있다고 봄으로써 기능을 인간 종에 공통된 본성으로 보지 않는다는 점 역시 아리스토텔레스의 이해와는 차이가 있다. 이 외에도 기능을 유기체와 환경 간의 관계로 이해하고 유기체를 바꾸는 것뿐만 아니라 환경을 바꾸는 것도 기능적이라고 보는 점 역시 아

---

52) Casebeer(2005), p.151.

53) Casebeer(2005), p.151.

54) Casebeer(2005), p.2.

리스토텔레스의 본질주의와는 거리가 멀다.55) 아리스토텔레스의 기능에 대한 케이스비어의 설명은 진화론과 조화를 이룰 수는 있지만 아리스토텔레스가 주장하는 본질주의를 인정하지 않는다는 점에서 더 이상 아리스토텔레스적이지는 않다. 아리스토텔레스의 기능개념을 진화론적으로 자연화하려는 케이스비어의 시도는 아리스토텔레스의 입장이 진화론과 조화를 이루기 위해서는 본질주의를 포기해야 함을 보여준다. 그러나 본질주의는 아리스토텔레스의 형이상학에 굳건하게 자리하고 있는 입장으로서 포기할 수 없는 부분이다. 결국 아리스토텔레스의 입장은 진화론과 조화를 이루기 어렵다.

하이트의 입장에서도 아리스토텔레스의 규범윤리이론을 수용하기 어렵고 아리스토텔레스의 입장에서도 하이트의 진화론적 설명을 수용하기 어렵다고 할 경우, 두 입장 간의 차이는 좁혀지기 어려울 것이다. 그렇다면 문제의 차이를 어떻게 다루어야 하는가? 이 물음의 대답을 찾기 위해서 왜 우리가 도덕성과 도덕현상에 대한 탐구에서 경험연구에 관심을 갖는지 생각해보자. 우리는 과학의 객관성에 대한 기대와 신뢰를 갖고 있다. 그리고 과학적 경험연구들이 가지는 객관적인 설명력이 도덕성과 도덕현상에 대한 탐구에도 객관성을 줄 것으로 기대한다. 윤리학을 자연화하는 데 관심을 가지는 사람들은 경험과학적 사실에서 도출되는 가치가 객관성을 갖기를 기대한다. 그러나 사실 어떤 과학적 접근도

---

55) 이에 대한 논의는 Casebeer(2005), p.152 참조. 우리의 습관을 수정하는 것처럼 환경을 수정하는 것 역시 기능적이라고 보는 케이스비어의 입장은 인간의 기능을 환경으로 확장하여 보는 입장이라고 생각된다. 그리고 이는 동등성 논제에 근거하여 신경과학에서 확장된 마음 논증을 펼치거나 진화생물학에서 확장된 표현형 논증을 펼치는 것과 유사한 맥락이라고 생각된다. 확장된 마음 논증과 확장된 표현형 논증에 대한 논의를 위해서는 닐 레비. 2011. 『신경윤리학이란 무엇인가?』, 신경인문학연구회 옮김(서울: 바다출판사, 2011), pp.62-70 참조.

철저하게 가치중립적이기는 어려우며 모두 나름의 가치를 함의하고 있다. 예컨대 과학적 관찰과 실험을 이끌고 평가하는 경험적 가설들은 기실 어떤 이론과 방법론에 근거하거나 이것들의 일부이다. 이 점은 신경과학에도 그대로 해당된다. 도덕성에 대한 신경과학적 연구는 생리학, 신경학, 뇌과학, 생화학 등의 여러 과학에 근거한다. 그리고 이러한 신경과학적 접근은 세계와 인간에 대한 나름의 기본 전제와 가정을 가지고 수행되지 않을 수 없다. 예컨대 도덕적 인지에 대한 어떤 신경과학적 연구가 수행된다고 할 때 이 연구는 도덕과 관련하여 나름의 은밀한 가정을 하고 있거나 어떤 특정의 도덕이론을 배경이나 전제로 하고 있을 것이다. 그렇다면 이 연구의 성과는 경험적인 차원을 기술하기는 하지만 엄밀하게 객관적인 기술이라고 하기는 어렵다. 경험연구의 이러한 성격은 윤리적 자연주의 내지 환원주의를 곤란스럽게 만든다. 도덕성에 대한 경험과학적 연구가 어떤 철학적 논증에 의존하고 있다면 경험과학적 연구 성과를 가지고 규범적 주장을 직접 도출하거나 입증할 수는 없기 때문이다.

한편 신경과학적 연구는 과학적 연구의 일환으로서 갖는 문제 이외에도 그 자체의 한계를 갖고 있다. 신경과학적 연구가 아직 초기 단계에 머물고 있으며 제시되는 연구 성과들이 확고하고 일관된 증거들을 확보하고 있지 못하다는 점, 뇌의 복잡성에도 불구하고 신경과학적 연구들은 뇌의 작동을 국지화시키고 만다는 점, 두뇌작용과 도덕적 인지 간의 인과성이 아닌 상관성 정도를 밝혀주고 있을 뿐이라는 점 등이 신경과학적 방법의 미숙이나 한계로 지적되고 있다. 여기에 덧붙여 우리는 하이트의 사회적 직관주의 모형에 관련된 다른 문제도 따져볼 필요가 있다. 하이트는 경험과학적 연구에 근거하여 대부분의 도덕판단이 직관적 판단이라고 주장한다. 그러나 경험연구들은 직관들이 갈등하거나 바람직하지 못한 결과로 이끌 때가 있다는 것을 보여준다. 하이트 역시 이러한 점을 인정하긴 하지만 이를 너무 소홀히 여기는 경향이 있다. 이러한 경향 때문에 나바에츠(Darcia Narvaez)는 사회적 직관주의 모형은 직관들이 결함이 있거나 틀릴 수 있다는 점을 믿는다는 어떤 말도 하지 않는다고 비판하면서 "사회적 직관주의 모형은 특정 직관들의 선함이나 나쁨을 어떻게 판단하는가?"라고 묻는다.56) 사실 그동안 윤리학의 역사에서 감정은 곧잘 편파적이거나 우연적이어서 도덕적 가치와 관련되기 어렵다고 여겨지곤 했다. 감정이 이러한 면을 가진다는 것을 진지하게 고려할 경우 동일한 신경과학적 발견 사실에 대해 다른 주장을 할 수 있다. 예컨대 시노트-암스트롱(Walter Sinnott-Armstrong)은 하이트의 모형을 포함하는 여러 뇌과학 연구 성과를 검토하고 "그러한 뇌연구들은 많은 도덕판단이 판단을 흐리게 하는 정서들로부터 결과한다는 어떤 증거를 제공하는 것 같다"고 말한다.57) 시노트-암스트롱이 이렇게 말하는 이유는 "도덕적 신념이 정당화되는지 물을 때 그 신념이 사실이라면 관련 있게 될 것들이 유일하게 관련 있는 요소라고 가정해서는 안 됨"에도 불구하고 뇌과학 연구들은 정서가 상황의 여러 요소들에 대한 고려를 멈추게 한다는 점을 보여주기 때문이다.58) 시노트-암스트롱이 주장하는 바는 모든 감정이 그런 것은 아니지만 사람들이 그들이 가진 정

56) Darcia Narvaez. 2008. "The Social Intuitionist Model: Some Counter-intuitions." In Walter Sinnott-Armstrong ed., *Moral Psychology* Vol. 2: *The Cognitive Science of Morality*(Cambridge MA & London: The MIT Press, 2008), p.240. 이러한 물음을 통해 나바에츠가 비판하고자 하는 바는 사회적 직관주의 모형이 사회적 기술을 습득하는 일종의 문화화와 덕을 동일시함으로써 도덕성개념을 제대로 드러내지 못한다는 점이다.

57) Walter Sinnott-Armstrong. 2010. "Moral Intuitionism Meets Empirical Psychology." In Thomas Nadelhoffer, Eddy Nahmias, & Shaun Nichols eds., *Moral Psychology: Historical and Contemporary Readings*(Malden, MA & Oxford: Wiley-Blackwell, 2010), p.380.

58) Sinnott-Armstrong(2010), p.380.

서 때문에 관련 있는 사실들을 간과하는 경향이 있고 따라서 정서적인 신념은 추론을 통해 확증되거나 정당화될 필요가 있다는 점이다.

지금까지 살펴본 바와 같이 경험과학적 연구는 다분히 가치 함의적이고 철학적 논증에 의존하는 면이 있다. 또한 신경과학적 발견 사실을 절대적으로 신뢰하기 어렵게 만드는 방법론적인 한계들이 있으며 직관들은 서로 결함이 있거나 틀릴 수 있다. 이런 점들을 염두에 둔다면 사회적 직관주의 모형과 아리스토텔레스의 덕윤리 간에 화해하기 어려운 차이가 있다 해도 이 차이가 아리스토텔레스의 덕윤리가 추구하는 규범성 자체를 훼손하지는 않는다. 신경과학적 발견 사실은 규범적 주장을 입증하거나 연역하는 객관적 전제가 아니다.59)

5. 나오는 말

경험과학적 발견 사실을 가지고 직접 규범적 주장을 도출하거나 입증해서는 안 되는 이유는 규범윤리적 차원에서도 발견된다. 규범윤리적 측면에서 보면 규범성은 사실성으로 환원되거나 제한되지 않는 고유의 영역을 가질 수 있다. 이 영역은 당위로 표현되는 인간의 이상에 해당할

---

59) 같은 맥락에서 어떤 규범윤리이론이 신경과학적 연구 성과에 잘 부합한다 해도 이 사실이 그 이론의 규범성을 입증해주지는 않는다고 할 수 있다. 규범윤리적 주장의 옳음 자체는 경험과학적 발견 사실로부터 직접 도출되거나 입증되지 않기 때문이다. 이런 점에서 슬로트(Michael Slote)의 경우는 눈길을 끈다. 슬로트는 자신의 도덕적 감정주의(moral sentimentalism)에 대한 주장을 마무리할 때 신경과학에서의 최근 연구들이 자신이 주장하는 바에 관련이 있는 듯하지만 도덕철학적 입장을 주장할 때 그러한 경험적 사실을 알 필요가 없다고 말한다. 그는 "경험과학은 규범윤리와 메타윤리에서 기껏해야 보조적인 역할을 한다"고 말하면서 도덕철학적 주장이 성공하거나 올바르다면 주로 철학적 이유로 그래해야 한다고 주장한다. Michael Slote. 2010. *Moral Sentimentalism*(Oxford & New York: Oxford University Press), p.158.

것이다. 따라서 경험과학적 연구의 기술적 전제로부터 규범적 주장의 결론으로 곧장 나아가거나 규범적 주장을 경험과학적 연구와 일치시키려는 시도는 규범성을 제대로 구현하지 못하기 쉽다. 물론 우리는 규범윤리이론이 실재로부터 분리되지도 않고 분리되어서도 안 된다는 점을 잊어서는 안 된다. 만일 어떤 규범윤리이론이 지극히 비현실적이라면, 또는 도덕적인 삶에 대한 교조적이고 초자연적인 개념에 몰두한다면 이 이론은 현대의 우리들에게 실천적인 의미를 주지 못할 수 있다. 따라서 우리는 경험과학적 발견 사실이 규범적 주장을 위한 객관적 전제가 아니라는 점 그리고 사실성에 제한되지 않는 규범성의 영역이 있다는 점을 염두에 두면서 과학과 도덕철학의 상호작용을 조심스럽게 추구할 필요가 있다. 이러한 상호작용에서 경험과학적 연구 성과는 도덕철학에 간접적이거나 보조적인 역할을 할 수 있을 것이다. 예컨대 경험과학은 도덕철학적 견해를 현실의 실례를 이용하여 분명히 보여주거나 도덕철학적 견해의 추상적인 부분을 채워줄 수 있을 것이다. 또는 어떤 도덕철학적 견해가 좀 더 현실적으로 실천 가능한지를 보여줄 수 있을 것이다.

2 부

덕과 성격

6 장

성격심리학과 아리스토텔레스의 덕윤리

1. 들어가는 말

현재 덕(virtue), 인격(character), 성격(personality), 도덕적 정체성 (moral identity) 등은 도덕심리학과 윤리학 두 영역에서 공통적으로 관심을 끌고 있는 주제들이다.1) 그리고 이러한 주제들과 관련하여 두 영

---

1) personality나 character는 둘 다 어떤 사람의 행위를 설명하거나 예견하는 근거로 흔히 사용된다. 기본적으로 이 두 개념은 실질적인 유사성을 가지며 때때로 교환 가능한 개념으로 취급된다. 그러나 이 두 개념의 차이에 주의를 기울일 경우 personality는 가치중립적인 그리고 character는 가치함축적인 특징을 가지며, 이에 따라 character는 personality와 달리 도덕적 차원을 함의한다고 여겨진다. 그러나 character가 personality가 결여하는 평가적 차원을 가지며 이에 따라 도덕적 함축을 가진다고 하더라도 character의 평가적 차원은 도덕성에 한정되지는 않는다. character는 도덕성보다 더 포괄적인 의미를 가지는 개념인 셈이다. 예컨대 아리스토텔레스의 'virtue of character'가 도덕적 덕으로 여겨지지만 그가 제시하는 'virtues of character'의 목록은, 재치의 덕처럼, 우리가 통상적으로 보는 도덕적인 범주를 넘어서는 것들을 포함한다. 두

역 간의 소통이 그 어느 때보다 활발하게 이루어지고 있다. 이러한 최근의 연구 동향에서 아리스토텔레스의 덕윤리에 대한 상황주의자들의 비판은 특히 눈길을 끈다. 상황주의자들은 다양한 심리학적 경험연구들을 바탕으로 인격특질에 대한 회의주의(the skepticism about character traits)를 주장하고 이러한 주장에 근거하여 아리스토텔레스의 덕윤리를 비판한다. 아리스토텔레스에 대한 상황주의자들의 비판에는 아리스토텔레스의 덕윤리가 성격심리학의 대표적인 입장인 특질적 접근(the trait approach)에 해당된다는 전제가 깔려 있다. 상황주의자들이 전제하는 것처럼 아리스토텔레스의 덕윤리가 덕을 인격특질(character traits)로

개념에 대한 논의는 John M. Doris. 2002. *Lack of Character*(New York: Cambridge University Press), p.19; Joel J. Kupperman. 1991. *Character*(New York & Oxford: Oxford University Press), p.8 참조. 한편 character를 주로 문제 삼는 도덕철학적 맥락에서 character는 보통 '성격'으로 번역된다. 반면에 personality와 character를 모두 다루는 도덕심리학적 맥락에서 personality는 일관되게 '성격'으로 그리고 character는 보통 '인격'이나 '인성'으로 번역된다. 이처럼 실질적인 유사성과 상당한 교환 가능성을 가지면서도 구별되는 두 개념과 관련하여 다양한 논의영역을 아우르는 합의된 번역기준은 없는 듯하다. 이 장에서는 도덕철학과 도덕심리학 두 영역에 걸친 주제를 논의하고 character뿐만 아니라 personality를 함께 다룬다는 점에서 character는 인격으로 personality는 성격으로 번역하여 사용한다. 또한 이 장에서는 『니코마코스 윤리학』을 인용할 때에는 사용하는 번역본(아리스토텔레스. 2013. 『니코마코스 윤리학』, 강상진·김재홍·이창우 옮김(서울: 도서출판 길))에 따라 virtue를 '탁월성'으로, virtues of character를 '성격적 탁월성'으로 그대로 쓰지만 인용부분 이외의 논의에서는 그동안의 일반적인 관례에 따라 virtue는 '덕'으로, virtues of character는 '도덕적 덕'으로 번역하여 쓴다. 이 장의 이러한 입장은 아리스토텔레스의 virtue와 virtues of character가 '탁월성'과 '성격적 탁월성'으로 번역되는 의미를 충분히 이해하고 수용하면서 virtue와 virtues of character에 대한 윤리학과 도덕심리학의 기존 논의들을 포괄하고자 하는 의도에 기인한다. 덕 자체가 탁월성을 의미하며 아리스토텔레스의 character 개념이 도덕적인 것보다 더 포괄적인 의미를 가짐으로써 personality와도 상당 부분 통한다는 점에서 두 종류의 번역을 함께 사용하는 것이 큰 무리는 없다고 본다.

간주함으로써 오늘날 성격심리학의 특질적 접근에 해당된다고 보는 입장은 아리스토텔레스의 덕윤리에 대한 그동안의 전형적인 해석이다.

특질적 접근은 성격심리학의 전통적인 접근으로서 큰 비중을 차지해 왔지만 성격특질(personality traits) 내지 인격특질의 존재에 대한 의구심이 커짐에 따라 성격을 개념화하는 대안적인 접근들이 활발하게 논의되고 있다. 이처럼 성격에 대한 다양한 도덕심리학적 접근들이 제기되고 있는 상황에서 이 장은 아리스토텔레스의 덕윤리를 성격심리학적 관점에서 살펴보고자 한다. 특히 특질적 접근에 대한 강력한 대안으로 등장한 사회인지적 접근(the social cognitive approach)을 염두에 두고 아리스토텔레스의 덕윤리를 검토하고자 한다. 이러한 검토를 통해 아리스토텔레스의 덕윤리가, 일반적으로 이해되어온 것과 달리, 인격에 대한 특질적 접근에 제한되는 것이 아니라 사회인지적 접근의 가능성을 함께 갖고 있다는 것을 밝혀보고자 한다. 이를 위해 먼저 성격심리학의 특질적 접근과 사회인지적 접근의 특징을 살펴보고 아리스토텔레스의 덕윤리가 사회인지적 접근의 특징을 갖고 있다고 볼 단서들을 찾아볼 것이다. 그리고 아리스토텔레스의 덕윤리와 도덕적 성격에 대한 대표적인 사회인지이론을 비교하면서 둘 간에 어떤 유사점과 차이점이 있는지를 살펴보고 도덕심리학적 관점에서 아리스토텔레스의 덕윤리의 성격을 규명해보고자 한다.

2. 성격에 대한 특질적 접근과 사회인지적 접근

성격에 대한 심리학적 연구들을 살펴보면 성격을 개념화하는 기본 단위를 무엇으로 보느냐에 따라 성격에 대해 상이한 설명들을 제시하고 있다. 성격을 개념화하는 전통적인 심리학 방법은 특질(trait)이 성격을 특징짓는 기본 단위라고 보는 특질적 접근이다. 특질적 접근에서 어떤 사람의 성격은 그 사람이 가지고 있는 특질들 혹은 특질들의 합으로 특징지어진다. 여기에서 특질은 성격을 구성하는, 어떤 사람의 내적 상태나 특성 혹은 자질을 의미하며 이러한 특질은 다양한 상황을 가로질러 행동으로 드러난다고 가정된다. 그리하여 성격특질은 보통 성향(dispositions), 특히 행위성향으로 이해되는 경향이 있고 시간과 상황을 가로질러 나타나는 행위일관성(behavioral consistency)을 설명하는 개념으로 여겨진다. 예컨대 특질적 접근에 따르면 정직으로 간주되는 특질을 소유하고 있는 사람은 정직한 성격의 사람이며 그는 다양한 맥락에서 정직한 행위를 일관되게 수행하는 사람이다. 이처럼 특질적 접근에서는 어떤 특질들을 가지느냐에 따라 어떤 성격의 사람인지가 달라진다는 점에서 성격특질은 사람들 간의 개인차를 나타내는 중요한 근거가 된다. 그리하여 특질적 접근은 개인들 간의 변동성을 보여주는 핵심적인 성격특질들을 찾아 분류체계를 만들고 이에 근거하여 사람들의 성격구조를 설명한다. 예컨대 성격심리학에서 그동안 가장 널리 알려진 특질적 접근에 속하는 빅5 모형(the big five model) 혹은 5요인 모형(the five-factor model)은 외향성, 신경증, 성실성, 우호성, 개방성이라는 5개의 핵심적인 기본 특질들로 성격의 기본 구조가 통합된다고 보고 이러한 5개의 성격요인에 따른 성격의 분류체계를 제시한다.2)

사실 성격에 대한 특질적 접근에 해당되는 아주 오래된 대표적 입장은 인격에 대한 판단을 우선적인 도덕판단으로 삼는 덕윤리, 특히 아리스토텔레스의 덕윤리에서 발견된다. 아리스토텔레스의 덕윤리가 덕을 인격특질로 이해함으로써 오늘날의 특질적 접근에 해당되는 입장을 취한다는 것은 널리 합의된 일반적인 해석이다. 예컨대, 셔먼(Nancy

---

2) 5개의 성격요인과 이에 대한 명칭은 저자에 따라 약간씩 다르게 사용된다. 이에 대한 세부 내용은 찰스 S. 카버 & 마이클 F. 샤이어. 2012. 『성격 심리학』, 김교헌 옮김(서울: 학지사), p.114 참조.

Sherman)은 아리스토텔레스에게 있어서 인격이라는 개념은 "어떤 사람의 지속되는 특질들과 관계가 있다"고 말하며, 도리스(John M. Doris) 역시 "탄탄한 특질과 행위일관성에 대한 강조는 아리스토텔레스적 전통의 인격윤리에서 전적으로 표준이다"라고 말한다.3) 우리는 덕에 대한 아리스토텔레스의 설명에서 이러한 해석들을 뒷받침하는 증거들을 확인할 수 있다. 무엇보다도 먼저 아리스토텔레스가 덕을 품성상태(hexis) 라고 설명하는 부분에서 성향으로서의 성격특질, 그리고 행위일관성이라는 특질적 접근의 특징을 확인할 수 있다. 아리스토텔레스는 덕은 감정도 감정을 경험할 수 있는 능력도 아니며, 품성상태, 즉 "그것에 따라 우리가 감정들에 대해 제대로 태도를 취하거나 나쁘게 태도를 취하게 되는 것"이라고 설명한다.4) 아리스토텔레스에게 있어서 덕은 습관을 통해 완성된 품성상태이며 유덕한 사람은 이러한 품성상태에 따라 유덕하게 행위하게 된다. 그리하여 아리스토텔레스는 덕의 지속성과 안정성을 강조한다. 그는 "인간적인 성취(ergon)들 중에서 탁월성에 따르는 활동들만큼 안정성(bebaiotes)을 가지는 것은 없"으며 "탁월성에 따르는 활

3) Nancy Sherman. 1989. *The Fabric of Character*(New York: Clarendon Press), p.1; Doris(2002), p.18. 이 외에도 아리스토텔레스의 덕윤리가 특질적 접근에 해당된다는 해석을 위해서는 Rosalind Hursthouse. 1999. *On Virtue Ethics*(Oxford & New York: Oxford University Press), p.11; Owen Flanagan. 1991. *Varieties of Moral Personality*(Cambridge & London: Harvard University Press), p.282; Daniel K. Lapsley & Darcia Narvaez. 2004. "A Social-Cognitive Approach to the Moral Personality." In Daniel K. Lapsley & Darcia Narvaez eds., *Moral Development, Self, and Identity*(New Jersey: Lawrence Erlbaum Associates Publishers, 2004), p.193 참조. 한편 아리스토텔레스에게 있어서 덕이 인격특질이라고 할 때 어떤 인격특질인지의 문제에 대한 논의는 Ronald Sandler. 2005. "What Makes a Character Trait a Virtue?" *Journal of Value Inquiry* 39, pp.383-397 참조.
4) 아리스토텔레스. 2013. 『니코마코스 윤리학』, 강상진 · 김재홍 · 이창우 옮김 (서울: 도서출판 길), 1105b21, p.61.

동들은 학문적 인식(episteme)보다도 더 지속적인 것으로 보인다'고 말한다.5) 이 외에도 우리는 아리스토텔레스가 용기, 절제, 온화 등을 포함하는 성격적 탁월성의 목록을 제시하는 부분에서 어떤 특질이 기본적인가에 주목하여 성격의 분류체계를 제시하는 특질적 접근의 특징을 확인할 수 있다. 실제로 동시대의 성격심리학 논의에서 빅5 모형처럼 특질적 접근에서 전형적으로 나타나는 행위설명방식, 즉 추상적으로 정의되고 분류된 어떤 속성들을 대상의 본질적인 성질로 간주하고 그러한 속성들을 통해 대상의 행위를 설명하는 방식은 아리스토텔레스적인 설명 전략이라고 불린다.6)

심리학적 맥락에서 성격에 대한 특질적 접근의 강점으로는 직관과 주관적 판단에 의존하는 대신 특질에 대한 객관적 측정을 사용함으로써 다른 접근들보다 편견과 주관성을 줄이고 상대적으로 강한 경험적 토대를 가진다는 점, 그리고 특질의 측정이 실천적 차원에서 널리 응용된다는 점 등이 꼽힌다.7) 그러나 어떤 기본적인 특질들이 있는지에 대해 다양한 입장들이 존재한다는 점은 성격특질들의 추출 내지 분류가 어려운 일임을 보여준다. 이러한 어려움보다 특질적 접근을 더 곤란하게 하는 것은 과연 성격특질이 존재하느냐는 점이다. 심리학자들 특히 상황주의자들은 성격특질이 갖기로 기대되는, 상황을 가로지르는 행위의 일관성의 증거가 매우 부족하다는 심리학적 실험연구들을 제시하면서 성격특질의 존재에 대해 심각한 의문을 제기해왔다. 상황주의자들은 특질이론

---

5) 아리스토텔레스(2013), 1100b13-15, p.40.

6) Daniel K. Lapsley & Patrick L. Hill. 2009. "The Development of the Moral Personality." In Darcia Narvaez & Daniel K. Lapsley eds., *Personality, Identity, and Character(*New York: Cambridge University Press, 2009), p.187. 성격에 대한 특질적 접근에서 나타나는 아리스토텔레스적인 설명 전략에 대한 상세 논의는 Lapsley & Hill(2009), pp.187-188 참조.

7) Jerry M. Burger. 2011. *Personality(*Belmont, CA: Wadsworth), pp.179-181.

가들이 주장하는 정도의 행위일관성과 안정성이 경험적으로 입증되지 않는다는 점을 들면서 사람들의 인격보다 사람들이 처한 상황이 행위결정을 설명하는 더 강력한 요인이라고 반박한다.[8]

그리고 상황주의자들에 의해 제기되어온 인격특질에 대한 회의주의는 덕윤리에 대한 비판으로 이어졌다. 상황주의자들은 덕윤리자들이 가정하는 일관되고 안정적인 행위성향으로서의 인격특질은 경험적으로 입증되지 않았기 때문에 덕윤리는 경험적 부적합성을 가진다고 비판한다. 특히 하만(Gilbert Harman)은 인격특질에 대한 회의주의가 모든 형태의 덕윤리가 아니라 덕을 인격특질로 보는 형태, 즉 아리스토텔레스적인 덕윤리를 주로 겨냥한다고 주장한다.[9] 사실 상황주의자들의 덕윤리에 대한 비판은 인격특질의 성격이나 행위일관성에 대한 덕윤리적 입장을 제대로 이해하지 못한 면이 있다.[10] 또한 상황주의자들이 주장하

---

8) 이에 대한 상세 논의는 노영란. 2011. 「상황주의 사회심리학과 덕윤리: 상황주의적 도전과 실천적 지혜를 통한 덕윤리적 대응을 중심으로」. 『철학』 제109집, pp.287-292 참조.

9) Gilbert Harman. 2009. "Skepticism about Character Traits." *Journal of Ethics* 13, pp.238-241 참조.

10) 성격특질을 성향으로 이해할 때 이 성향이 행위성향으로 대표된다고 보는지 아니면 행위성향과 함께 다른 것들 역시 중요한 부분을 차지한다고 보는지에 대해서 입장 차이가 있다. 예컨대 상황주의자인 하만이나 도리스는 행위성향에 초점을 맞추는 반면, 아리스토텔레스주의자들은 행위성향보다 더 많은 것들을 포함한다고 본다. 이들의 주장은 Doris(2002), p.15; Gilbert Harman. 1999. "Moral Philosophy Meets Social Psychology: Virtue Ethics and the Fundamental Attribution Error." *Proceedings of the Aristotelian Society* Vol. 99 No. 3, p.317; Hursthouse(1999), p.11; Flanagan(1991), p.277 참조. 실제로 아리스토텔레스가 이해하는 인격특질로서의 덕은 상황주의자들이 가정하는 것과는 상당한 차이가 있다. 이에 대한 상세 논의는 노영란(2011), pp.293-308 참조. 성향에 대한 문제는 성격특질을 이해하는 데 중요한 쟁점이지만 이 장의 범위를 넘어서기 때문에 직접 다루지 않는다. 다만 이 장은 양측 입장의 공통 지점, 즉 성격특질이 행위를 산출하는 성향을 가진다는 것을 수용하는

는 대로 인격의 존재를 부인할 만큼 행위에 대한 상황의 영향이 결정적인지에 대해서도 여전히 많은 검토가 요구된다. 그러나 상황주의자들의 비판을 특질적 접근이 개인적 변수를 지나치게 중시하면서 행위결정에 작용하는 상황의 영향을 제대로 반영하지 못한다는 의미로 받아들인다면 이는 꽤 설득력을 가진다.

행위와 관련한 소위 사람-상황 논쟁(the person-situation debate)과 관련하여 볼 때 현 시점에서는 행위결정에 개인적 혹은 성향적 변수와 상황적 변수가 함께 작용한다는 상호작용주의가 성향주의(dispositionalism)나 상황주의보다 더 널리 받아들여지고 있는 입장이다. 최근의 성격심리학적 연구 역시 이러한 입장을 반영하는 여러 이론들을 제시하고 있다. 이 중에서 특질적 접근에 대한 대안으로 부각되는 사회인지적 접근이 대표적인 입장에 해당한다. 성격심리학에서의 사회인지적 접근을 설명할 때 서본(Daniel Cervone)은 사회인지적 접근을 취하는 입장들에서는 "자아에 관련된 인지적 과정과 구조", "자아에 관련된 인지를 활성화할 때 사회적 맥락의 역할", 그리고 "사람과 환경 간의 호혜적 상호작용"에 대한 관심이라는 세 가지 주제를 확인할 수 있다고 말한다.[11] 즉, 사회인지적 접근은 사회적인 사건이나 상황을 해석하고 평가하며 행위를 선택하고 규제하는 자아의 인지과정과 구조를 탐구하며 이러한 인지과정과 구조의 활성화에 미치는 사회적 맥락의 영향을 인정하고 성격발달과 기능을 사람과 환경 간의 상호결정으로 보는 입장이다. 사회인지적 접근의 이러한 입장은 여타의 도덕심리학적 입장들과 대조되는 점들이다. 먼저 일반적으로 사회인지이론가들은 행위의 결정에서 전통적인 행동주의자들이 중시하는 환경뿐만 아니라 인간의 내적 상태, 특

지점에 머물면서 논의를 개진한다.

11) Daniel Cervone. "The Two Disciplines of Personality Psychology." *Psychological Science* Vol. 2 No. 6, p.372.

히 인지과정이 하는 역할에 주목한다. 한편 인지과정에 주목할 때 사회인지이론가들은 피아제(J. Piaget)와 콜버그(L. Kohlberg)로 대표되는 인지발달이론가들과 달리 자아나 정체성에도 많은 관심을 기울인다. 그리하여 사회인지이론가들에게 있어서 행위는 자아에 관련된 인지과정과 구조가 환경과 상호작용하면서 수행되는 것이다.

이처럼 자아에 관련된 인지적 과정과 구조에 관심을 기울이는 사회인지적 접근에서는 도식(schemas), 각본(scripts), 원형(prototypes), 일화(episodes) 등의 구인들(constructs)이 성격분석의 기본 단위로 여겨진다. 특히 대표적인 구인인 도식은 상황들을 조직하는 어떤 일반화된 지식구조 내지 인지기제로서 우리는 도식에 따라 일관된 방식으로 상황을 분류하거나 인식하게 된다. 도덕적 성격에 대한 대표적인 사회인지적 접근을 제시한 랩슬리(Daniel K. Lapsley)와 나바에츠(Darcia Narvaez)에 따르면 "도덕적 성격은 사회적 사건들을 설명하는 도덕적 도식의 지속적 접근 가능성(chronic accessibility)에 의해 더 잘 이해되며", "도덕적인 사람, 즉 도덕적 정체성이나 인격을 가진 사람은 사회적인 정보처리과정을 위해 도덕적 구인이 지속적으로 접근 가능하고 쉽게 활성화되는 사람"이다.[12] 랩슬리와 나바에츠에 따르면 도식은 "성향의 인지적 운반자"로서 지속적으로 접근 가능한 도식은 경험의 특징들 중 어떤 것에 주의를 기울일지, 어떤 인생과제나 목표들을 선택하거나 추구할지, 그리하여 어떤 성향을 갖고 유지할지, 그리고 어떤 경험영역에서 숙련된 행동적 습관을 개발할지 등을 지시하거나 결정하는 데 작용한다.[13]

사회인지이론가들은 성격분석의 기본 단위로 특질 대신 도식, 각본, 원형 등의 사회인지적 구인에 초점을 맞춤으로써 특질적 접근과 비교할

---

12) Lapsley & Narvaez(2004), pp.200-201.
13) Lapsley & Narvaez(2004), p.199. 지속적으로 접근 가능한 도식의 이러한 주요 기능에 대한 상세 설명은 Lapsley & Narvaez(2004), p.199 참조.

때 장점을 가진다고 주장한다. 먼저 나바에츠 등은 사회인지적 접근은 "개인 내의 인지-정서적 기제에 초점을 맞추고 '상향식(the bottom-up)'으로부터, 즉 변화하는 상황적 맥락과 역동적으로 상호작용하는 구체적인 심리체제들에 근거하여 개인차를 이해하고자" 함으로써 특질적 접근보다 "인과적이고 역동적인 개인 내부의 과정"을 더 잘 설명할 수 있다고 주장한다.14) 또한 사회인지이론가들은 개인적 변수와 환경적 변수 간의 상호작용을 통한 행위설명을 중요한 장점으로 꼽는다. 예컨대 아퀴노(Karl Aquino)와 프리먼(Dan Freeman)은 도덕적 기능을 개인의 인지체계라는 사람 변수와 사회적 맥락이라는 상황 변수의 상호 영향으로 봄으로써 "도덕적 행위의 상황적 가변성, 그리고 도덕적 성격의 개인 내적 안정성과 정합성을 모두 설명하는" 기제를 도입한다는 점을 도덕심리학에 대한 사회인지적 접근의 주요 기여로 꼽는다.15) 기본적으로 성격에 근거한 행위설명을 추구하는 특질적 접근과 달리 사회인지적 접근은 자아에 결부된 인지과정과 구조가 사회적 맥락과의 상호작용 속에서 발달하고 활성화된다고 보고 개인과 환경 간의 상호작용적 행위설명을 추구하는 것이다.

---

14) Darcia Narvaez, Daniel K. Lapsley, Scott Hagele, & Benjamin Lasky. 2006. "Moral Chronicity and Social Information Processing." *Journal of Research in Personality* 40, p.981. 이들에 따르면 사회인지적 접근과 달리 특질적 접근은 "성격구조를 개인 간의 분류로 이해하고 '하향식의(the top-down)' 추상적인 성향적 구인에 의해 개인차를 이해한다." Narvaez, Lapsley, Hagele, & Lasky(2006), p.981.

15) Karl Aquino & Dan Freeman. 2009. "Moral Identity in Business Situations: A Social-Cognitive Framework for Understanding Moral Functioning." In Darcia Narvaez & Daniel K. Lapsley eds., *Personality, Identity, and Character*(New York: Cambridge University Press, 2009), p.377. 이러한 장점에 대한 또 다른 설명은 Darcia Narvaez & Daniel K. Lapsley. 2009. "Moral Identity, Moral Functioning, and the Development of Moral Character." *Psychology of Learning and Motivation* Vol. 50, p.247 참조.

3. 아리스토텔레스의 덕윤리에 나타나는 사회인지적 접근의 단서들

아리스토텔레스의 덕개념은 분명 인격에 대한 특질적 접근에 근거한다. 그러나 덕에 대한 아리스토텔레스의 설명을 살펴보면 특질적 접근의 전형적인 모습과는 다소 거리가 먼 점들을 발견하게 된다. 먼저 기본적인 성격특질들의 분류체계에 해당되는 덕목들을 살펴보자. 특질적 접근에서처럼 아리스토텔레스에게 있어서 인격특질들은 서로 구분되고여러 덕들로 분류된다. 그러나 아리스토텔레스에게 있어서는 인격특질로서의 덕을 어떤 명칭으로 고정시켜 분류하거나 덕들의 목록을 만드는것 자체가 결정적으로 중요하지 않다. 아리스토텔레스의 덕목에는 이름이 없는 것도 있다. 아리스토텔레스는 "중용의 원리가 덕이 있다고 생각되는 본성의 상태를 확인하기 위하여 적용되는 것이지 그러한 상태를관습적으로 사용되는 어떤 용어로 표현할 수 있는가 그렇지 않은가는그리 큰 문제가 되지 않는다고 생각한다."16) 이처럼 아리스토텔레스에게 있어서 덕들의 목록이나 분류 그 자체가 근본적인 중요성을 갖지 않는 것은 어떤 면에서 덕들이 근본적으로 분리되는 것이 아니기 때문이다. 아리스토텔레스의 이러한 입장은 전형적인 특질적 접근과는 차이가있다. 특질적 접근에서도 특질들이 서로 관련되기는 하지만 특질들의분류는 매우 중요한 면을 가진다. 빅5 모형이 보여주는 것처럼 특질적접근은 핵심적인 기본 특질들을 찾아서 분류체계를 만들고 이러한 분류체계에 따라 사람들 간의 성격구조가 어떻게 다른지를 설명하고자 하기때문이다.

특질적 접근과 달리 아리스토텔레스가 덕들의 목록이나 분류 자체에큰 의미를 두지 않는 것은 실천적 지혜의 작용과 관련이 있다. 아리스토

---

16) 로버트 L. 애링턴. 2003. 『서양 윤리학사』, 김성호 옮김(서울: 서광사), p.133.

텔레스는 덕이 실천적 지혜 없이는 생겨나지 않고 이런 의미에서 실천적 지혜를 갖게 되면 모든 덕들을 갖게 된다고 보고 덕의 통일성을 주장한다. 허스트하우스(Rosalind Hursthouse)는 "덕들이 단지 인격특질일 뿐만 아니라 또한 인격의 탁월성이기도 하다는 아리스토텔레스적 생각은 좀 더 알려지지 않은 것"이라고 말하면서 각각의 덕들이 "실천적 문제에 대해 올바르게 추론하는 능력인" 실천적 지혜를 포함한다는 점을 강조한다.17) 허스트하우스가 강조하는 바와 같이 덕이 인격특질이라는 점 이외에도 덕이 실천적 지혜에 관련된다는 점은 아리스토텔레스의 덕개념을 규정하는 데 매우 중요하다. 특히 덕과 실천적 지혜의 관련은 아리스토텔레스의 덕윤리가 전형적인 특질적 접근을 벗어나게 할 뿐만 아니라 사회인지적 접근의 면모를 띠게 만드는 데 작용한다. 구체적으로 말해서 도식이라는 지식구조 내지 인지기제를 중시할 뿐만 아니라 이러한 인지구조와 자아가 밀접하게 결부되는 과정에 주목하는 사회인지적 접근과 유사한 설명을 우리는 덕을 합리적 선택과 결부된 품성상태라고 보고 실천적 지혜와 도덕적 덕을 관련짓는 아리스토텔레스에게서 발견한다. 아리스토텔레스의 주장을 중심으로 해서 이 점을 자세히 살펴보자. 아리스토텔레스는 합리적 선택을 "탁월성에 가장 고유한 것으로 보이며, 행위들보다 성격(ethos)을 더 잘 분간해내는 것"이라고 말한다.18) 아리스토텔레스에게 합리적 선택은 실천적 지혜를 통한 중용을 의미하는데 실천적 지혜가 올바른 이성으로서 지적인 덕에 속한다는 점에서 합리적 선택은 자아에 관련된 지적 작용을 보여준다.19) 아리스토

---

17) Hursthouse(1999), p.12.
18) 아리스토텔레스(2013), 1111b6-7, p.86.
19) 실천적 지혜와 도덕적 도식이 지적 작용이라는 것으로 함께 아우러질 수 있는지에 대해 좀 더 살펴보자. 먼저 아리스토텔레스에 따르면 실천적 지혜를 가진 사람의 특징은 "전체적으로 잘 살아가는 것과 관련해서 무엇이 좋고 유익한지 잘 숙고한다"는 점이다. 아리스토텔레스(2013), 1140a23, p.210. 아리스

텔레스가 도덕적 덕에서 실천적 지혜라는 지적 작용을 중시한다는 점은 자연적인 탁월성과 엄밀한 의미의 탁월성에 대한 구분에서 분명히 드러난다. 아리스토텔레스는 지성 없이 자연적 품성상태에 따르는 탁월성, 즉 자연적인 탁월성과 엄밀한 의미의 탁월성을 구분하고 "엄밀한 의미의 탁월성은 실천적 지혜 없이는 생겨나지 않는다"고 말한다.20) 도덕적 덕이 성립하기 위해 실천적 지혜가 필요하다고 본 점은 아리스토텔레스의 인격개념에서 지적 작용이 매우 중요하다는 것을 보여준다.

한편 아리스토텔레스에게 있어서 실천적 지혜는 단순히 영리함이라는 지적 작용에 불과한 것이 아니라 우리의 성격에 결부된 지적 작용이다. 아리스토텔레스는 실천적 지혜가 영리함의 능력 없이 있을 수 없지만, 사람들이 가진 영리함의 능력은 목표가 고귀할 경우 칭찬받을 만하지만 목표가 나쁠 경우 교활함에 불과하기 때문에 "좋은 사람이 아니고서는 실천적 지혜를 가진 사람이 될 수 없음이 명백하다"고 말한다.21)

토텔레스에게 있어서 실천적 지혜는 특정의 숙고인 것이다. 이러한 실천적 지혜의 구체적인 작용을 셔먼은 도덕적 인식, 선택, 인식적인 면과 숙고적인 면의 공동작업, 그리고 도덕교육 내에서 이러한 능력들의 개발이라는 네 가지 기능으로 세분화한다. 이 네 가지 기능은 실천적 지혜가 지적 작용을 포함하는 숙고임을 보여준다. Sherman(1989), p.5. 한편 사회인지적 접근에서 도덕적 도식은 인지기제의 일종인데 랩슬리와 나바에츠는 사회인지적 접근이 중시하는 인지는 "도덕발달 전통에 의해 상정되었던 것보다 더 폭넓은 일련의 정신적 표상, 과정, 그리고 기제들로 간주된다"고 말한다. Laspley & Narvaez (2004), p.197. 사회인지적 접근의 인지개념은 폭넓은 의미의 지적 작용인 것이다. 따라서 실천적 지혜와 도덕적 도식의 작용은 상당 부분 통하는 면을 가질 수 있다.

20) 아리스토텔레스(2013), 1144b17, p.230. 허스트하우스가 아리스토텔레스의 자연적 탁월성을 경향으로부터 행위하는 것(acting from inclination)으로 설명한 부분도 이러한 점을 잘 보여준다. Rosalind Hursthouse. 1997. "Virtue Ethics and the Emotions." In Daniel Statman ed., *Virtue Ethics*(Washington, D. C.: Georgetown University Press, 1997), pp.107-108 참조.

21) 아리스토텔레스(2013), 1144a36, p.229.

결국 아리스토텔레스에 따르면 "탁월성은 [우리가 바라보는] 목표를 올곧게 해주며, 실천적 지혜는 이 목표에 이바지하는 것들을 올곧게 해"주고, "실천적 지혜 없이는 좋은 사람이 될 수 없다는 것, 또 성격적 탁월성 없이는 실천적 지혜를 가진 사람이 될 수 없다는 것이 분명해진다."[22] 아리스토텔레스에게 있어서 실천적 지혜와 도덕적 덕은 상호 의존적이며 이 둘이 함께 발휘되는 합리적 선택을 통해 인간 영혼의 이성적 부분과 성격적 부분은 하나로 결합된다. 이처럼 덕을 합리적 선택과 결부된 품성상태로 설명함으로써 실천적 지혜라는 지적 작용을 중시할 뿐만 아니라 이러한 지적 작용이 성격적 부분과 하나가 되어 수행된다고 보는 것은 인지작용을 중시하고 자아에 관련된 인지기제를 강조하는 사회인지적 접근과 꽤 유사한 면이 있다.

도덕적 덕과 실천적 지혜의 상호 의존, 그리고 이성적 부분과 성격적 부분의 하나 됨은 사실 아리스토텔레스의 인격개념을 특징짓는 매우 중요한 부분이다. 셔먼은 아리스토텔레스의 인격개념을 설명할 때 무엇보다도 먼저 이 점을 강조한다. 셔먼은 아리스토텔레스가 도덕적 덕과 지적인 덕을 나누고 이 둘을 각각 설명한 점 때문에 "인격과 실천이성의 불가분성(the inseparability of character and practical reason)"이 자주 불충분하게 인정되긴 하지만 "덕을 가지는 것은 실천적 지혜의 사람에게 특징적인 합리적 선택을 만들 수 있다는 것"이라고 말하면서 인격과 실천이성의 불가분성을 주장한다.[23] 인격과 실천이성의 상호 의존성 혹은 불가분성은 아리스토텔레스의 덕개념의 핵심이며, 이 점은 아리스토텔레스의 덕개념이 자아에 결부된 인지작용을 중시하는 사회인지적 접근의 성격을 가진다고 볼 단서를 제공한다.

---

22) 아리스토텔레스(2013), 1144a7, p.228; 1144b30-32, p.231.

23) Sherman(1989), p.5.

덕에 대한 아리스토텔레스의 설명이 가지는 사회인지적 접근의 면모는 여기에 그치지 않는다. 랩슬리와 나바에츠는 특질적 접근이 "성격의 소유적 측면(the having side of personality)"을, 그리고 사회인지적 접근이 "성격의 수행적 측면(the doing side of personality)"을 설명한다는 캔터(N. Cantor)의 대조를 인용하면서 사회인지적 접근은 "사람들이 그들의 사회적 조망을 설명할 때 그들이 무엇을 하는지, 그리고 사회인지적 기제에 따라 그것을 어떻게 변형하고 해석하는지를 강조한다"고 설명한다.24) 이처럼 단순히 어떤 품성상태로서의 특질의 소유가 아니라 사회인지적 도식의 작동을 강조하는 사회인지적 접근의 특징은 아리스토텔레스에게서도 나타난다. 아리스토텔레스는 "품성상태는 현존하면서도 아무런 좋음을 성취해내지 않을 수 있는 반면 — 가령 잠자고 있는 사람이나 다른 어떤 방식으로 아무 활동도 하지 않는 사람처럼 — 활동은 그럴 수 없는 것"이라고 말하면서 행복을 "탁월성에 따른 영혼의 어떤 활동"이라고 주장한다.25) 인간 행위의 궁극목적이자 최고선을 행복으로 볼 때 아리스토텔레스는 품성상태, 즉 탁월성의 소유가 아니라 활동(energeia), 즉 탁월성의 사용을 통해 행복에 도달한다고 본 것이다. 이처럼 품성상태와 활동을 구별하고 활동을 강조한 점은 수행적 측면을 중시하는 사회인지적 접근과 통하는 면이 있다.

물론 아리스토텔레스에게 있어서 품성상태 자체는 활동과 밀접하게 관련되어 있다. 이 점은 아리스토텔레스가 덕을 능력(dynamis)이 아니라 품성상태라고 하는 부분에서 확인할 수 있다. 우리가 활동하기 위해

---

24) Lapsley & Narvaez(2004), p.195, 재인용.
25) 아리스토텔레스(2013), 1098a35-1099b3, p.33; 1099b26, p.37. 덕을 합리적 선택과 결부된 품성상태로 설명하는 것은 인격이 행위를 목표로 하고 행위 속에서 드러난다는 것을 의미한다. 이런 점에서도 품성상태는 활동과 밀접하게 관련된다. 그럼에도 불구하고 아리스토텔레스는 이 둘을 같다고 보지 않는다. 이에 대한 주장은 아리스토텔레스(2013), 1099a3-6, pp.33-34 참조.

서는 능력이 요구되며 능력은 활동을 통해 실현된다. 그러나 능력은 일종의 가능성인 셈이기 때문에 활동과는 대비된다. 아리스토텔레스는 이러한 능력과 품성상태를 구별하고 덕을 품성상태로 본다. 품성상태와 활동을 제대로 이해하기 위해 아리스토텔레스의 활동의 의미를 구체적으로 살펴보자. 아리스토텔레스의 활동개념을 설명할 때 어윈(Terence Irwin)은 아리스토텔레스가 제1활동(the first activity)과 제2활동(the second activity)을 대조하며 "제1활동은 품성상태로 불리며", "행복을 영혼의 활동으로 정의할 때 그는 단지 상태만이 아니라 제2활동을 포함할 것을 요구하고 있다"고 말한다.26) 덕이 능력이 아니라 품성상태인 것은 품성상태가 활동과 관련됨을 보여준다. 활동을 위해서는 품성상태를 소유해야 하는 것이다. 그러나 품성상태가 제1활동인 것은 품성상태가 제2활동으로서의 활동과 구별된다는 것을 보여준다. 아리스토텔레스에게 덕은 "어느 정도 영혼의 습관화된 품성상태로서 발휘의 기회가 오면 언제나 잘 처신할 수 있게 하는 상태이기에 자신 속에 '뛰어난/탁월한 발휘의 계기'를 함축한다"는 점에서,27) 덕을 갖춘 영혼은 탁월하게 자신의 기능을 수행한다. 그럼에도 불구하고 품성상태를 소유하는 것이 활동하는 것과 바로 동일하지는 않다. 그리고 아리스토텔레스는 인간 행위의 궁극목적이자 최고선으로서의 행복을 활동과 관련짓는다. 아리스토텔레스에게 있어서 활동에 따른 삶이 진정한 의미에서의 삶, 행복에 도달하는 삶인 것이다.28) 이처럼 아리스토텔레스가 덕을 설명하면서

---

26) Aristotle. 1985. *Nicomachean Ethics*. Trans. by Terence Irwin(Indianapolis & Cambridge: Hackett Publishing Company), p.386.

27) 강상진. 2007. 「아리스토텔레스의 덕론」. 『가톨릭철학』 제9호, p.16.

28) 누스바움(Martha C. Nussbaum)은 아리스토텔레스가 "인격특질이 활동과 단절된 삶은 불완전한 그리고 불완전하게 번성하는 삶"이라고 보고, "인격특질만으로 완전하게 선한 인간 삶을 위해 충분하다고 본 고대 후기의 스토아학파와 달리" 아리스토텔레스는 "활동 역시 요구된다고 주장한다"고 말한다. Martha

인격특질로서의 품성상태뿐만 아니라 활동을 중시한다는 점은 그의 덕윤리가 성격의 수행적 측면을 중시하는 사회인지적 접근의 면모를 가진다는 것을 보여준다.

지금까지 우리는 아리스토텔레스의 덕윤리에서 사회인지적 접근의 면모를 보여준다고 볼 몇 가지 단서들에 대해 논의했다. 이러한 논의를 더욱 설득력 있게 만들어주는 것은 도덕적 인격을 갖춘 사람에 대한 사회인지적 접근의 설명이 유덕한 사람에 대한 아리스토텔레스의 입장과 유사하다는 점이다. 랩슬리와 나바에츠는 도덕발달을 "윤리적 전문성 발달(ethical expertise development)"로 보고 지속적으로 접근 가능한 도덕적 도식은 높은 수준의 전문성에 의해 제공되는 것과 유사하게 기능한다고 본다.29) 그들에게 있어서 도덕적 도식의 지속적 접근성을 가진 사람, 즉 도덕적 인격은 윤리적 전문성을 가진 전문가인 것이다. 도덕적 인격의 전문성 모형을 제시할 때 랩슬리와 나바에츠는 "(예컨대 아리스토텔레스나 맹자 같은) 고대 사람들은 덕을 일종의 전문성으로 간주했으며", "유덕한 사람은 매우 세련된 기술들, 지각적 민감성, 도덕적 해석을 위한 지속적으로 접근 가능한 도식들, 그리고 연습된 연속적인 도덕적 행위들을 가진 전문가와 같다"고 말한다.30) 그들은 고대의 덕을 전문성이라는 현대적인 용어로 이해하고 있는 것이다. 이것은 랩슬리와 나바에츠가 자신들의 사회인지이론이 묘사하는 윤리적 전문가와 아리스토텔레스의 유덕한 사람이 유사하다고 보고 있음을 의미한다.

윤리적 전문가와 유덕한 사람의 유사성은 여기에 그치지 않는다. 랩

C. Nussbaum. 2001. "Character." In Lawrence C. Becker & Charlotte B. Becker eds., *Encyclopedia of Ethics* Vol. 1(New York & London: Routledge, 2001), p.200.

29) Narvaez & Lapsley(2009), p.258.

30) Narvaez & Lapsley(2009), p.258.

슬리와 힐(Patrick L. Hill)은 도덕적 인격을 가진 사람은 그의 전문성으로 인해 도덕적 도식이 자동적으로 활성화되는 특징을 가지며 이에 따라 사회인지적 접근은 "도덕적 기능의 암시적이고 암묵적이며 자동적인 특징을 더 잘 설명할 수 있다"고 주장한다.31) 도덕적 도식의 지속적 접근성을 통한 전문성이 도덕적 기능의 자동성과 밀접하게 관련된다는 점은 아리스토텔레스의 유덕한 사람의 특징이기도 하다. 아리스토텔레스에게 "진정으로 탁월하게 영혼의 기능을 잘 수행하는 사람 혹은 좋은 사람은 매 수행의 순간마다 힘겹게 의지적으로 그 기능을 수행하는 사람이라기보다, 그 일을 자연스럽게, 제2의 본성처럼 수행하는 사람이기 때문이다."32) 아리스토텔레스의 덕이 사회인지적 접근이 주장하는 윤리적 전문성으로 이해되고 유덕한 사람이 제2의 본성처럼 자연스럽게 자신의 기능을 수행하는 것은 윤리적 전문가가 보여주는 도덕적 기능의 자동성과 유사한 것이다.

그 밖에 어떻게 도덕적 인격을 갖춘 사람이 되는가에 대한 설명에서도 아리스토텔레스와 사회인지적 접근 간의 유사점이 발견된다. 아리스토텔레스에게 있어서 탁월한 품성상태는 본성이나 가르침이 아니라 품성상태들과 유사한 활동들을 습관화한 결과 생겨나는 것, 즉 습관화된 품성상태이다. 이때의 "습관화는 가족과 더 큰 공동체 내에서 정서적인 유대에 의존하는, 그리고 단단히 엮인 인지적이고 정서적인 훈련을 포함하는 복잡한 과정이다."33) 탁월한 품성상태의 형성에 대한 이러한 설명은 도덕적 도식의 지속적 접근성의 획득에서도 유사하게 나타난다. 사회인지적 접근에서 도덕적 도식의 접근 가능성은 "특정 영역의 사회적 행위와의 빈번하고 일관된 경험의 발달사로부터 결과한다"고 가정

---

31) Lapsley & Hill(2009), p.202.

32) 강상진(2007), p.21.

33) Nussbaum(2001), p.202.

된다.34) 또한 도덕적 인격을 갖춘 윤리적 전문가의 자동성과 관련하여 랩슬리와 힐은 자동성을 "가르침, 의도적인 코칭, 그리고 사회화의 반복된 경험의 결과"로, "방대한 경험과 잘 연습된 행동적 일과를 갖는 삶의 영역에서의 전문성으로부터 나오는 것"으로 설명한다.35) 사회인지적 접근 역시 도덕적 인격의 형성은 선천적이거나 이론적인 가르침이 아니라 경험적 훈련을 통해 나오는 것으로 본다. 유덕한 품성상태의 형성과 도덕적 도식의 지속적 접근성의 획득이 기본적으로 유사한 맥락에서 이해되는 것이다.

4. 아리스토텔레스의 덕윤리와 사회인지적 접근의 차이점

아리스토텔레스의 덕윤리가 사회인지적 접근의 면모를 보이며 사회인지적 접근과 유사성을 가진다고 하더라도 아리스토텔레스의 덕윤리가 사회인지적 접근에 해당된다고 보기는 매우 조심스럽다. 문제의 사회인지적 접근의 면모 내지 유사성이 아리스토텔레스의 덕윤리가 가진 특질적 접근과 어떻게 관계하는지 좀 더 살펴볼 필요가 있다. 성격을 개념화하는 도덕심리학적 논의에서 아리스토텔레스처럼 두 접근의 성격을 모두 보여주는 입장을 아퀴노와 리드(Americus Reed), 그리고 아퀴노와 프리먼의 모형에서 발견한다. 따라서 이들의 모형이 어떻게 분류되는지 살펴보고 이들의 모형을 아리스토텔레스의 입장과 비교해보면 아리스토텔레스의 덕윤리가 가지는 도덕심리학적 성격을 규명하는 데 도움이 될 것이다. 아퀴노와 리드에게 있어서 도덕적 정체성은 "(퍼지는 활성화 방식으로) 기억 속에 단단히 연결되어 있는 특정의 (예컨대,

---

34) Narvaez, Lapsley, Hagele, & Lasky(2006), p.968.
35) Lapsley & Hill(2009), pp.202-203.

보살피는, 연민의, 공정한, 우호적인, 관대한, 도움이 되는, 근면한, 친절한) 도덕특질연합을 중심으로 조직된 자아도식(self-schema)"으로 정의된다.36) 아퀴노와 리드는 도덕적 특질연합을 중심으로 조직된 자아도식이라는 자신들의 정의가 "특질 특이적이며 자아에 대한 최근의 사회인지지향적 정의에 근거"한다고 언급한다.37) 그들의 정의에서 도덕적 정체성이 9개의 특정 도덕적 특질들을 중심으로 조직된다는 점에서 특질적 접근이, 그리고 사회적인 자아도식의 일부라는 점에서 사회인지적 접근이 확인된다. 그러나 아퀴노와 리드의 도덕적 정체성 이론은 두 접근의 성격을 모두 가짐에도 불구하고 사회인지적 접근으로 분류되거나 사회인지적 접근과 양립 가능하거나 유사하다고 평가된다.38) 또한 아퀴노와 리드의 이론을 근거로 도덕적 정체성 모형을 제시하는 아퀴노와 프리먼은 자신들의 모형을 사회인지적 접근으로 분류한다.39)

아퀴노와 리드 그리고 아퀴노와 프리먼의 이론이 이렇게 평가되거나 분류되는 이유는 도덕적 정체성에 대한 그들의 설명에서 잘 드러난다. 아퀴노와 리드는 도덕적 정체성을 내면화(internalization)라고 불리는 사적인 면과 상징화(symbolization)라고 불리는 공적인 면으로 구분하는데 내면화는 "도덕적 특질들이 어떤 사람의 자아개념에 중심이 되는 정도", 즉 도덕적 정체성의 자아중요성(the self-importance of moral identity)을 의미한다.40) 도덕적 정체성의 자아중요성 개념은 도덕적 특

---

36) Narvaez & Lapsley(2009), p.247.

37) Karl Aquino & Americus Reed. 2002. "The Self-Importance of Moral Identity." *Journal of Personality and Social Psychology* Vol. 83 No. 6, p.1424.

38) 이에 대한 상세 논의는 Lapsley(2008), p.38; Narvaez & Lapsley(2009), p.247; Aquino & Freeman(2009), p.378 참조.

39) Aquino & Freeman(2009), p.380.

40) Daniel K. Lapsley. 2008. "Moral Self-Identity as the Aim of Education." In

160

질들이 개인의 인지체계에 연결되어 개인이 어떤 특질을 자신의 자아개념에 본질적이며 중심이 되는 것으로 보느냐가 그의 정체성에 결정적임을 의미한다. 이처럼 도덕적 특질들이 개인의 자신에 대한 이해의 틀에 긴밀하게 연결되어 사회적인 자아도식에 중요하게 되는 것을 강조한다는 점에서 아퀴노와 리드의 이론에는 사회인지적 접근의 원리가 강하게 작용하고 있다.

또한 아퀴노와 리드가 자아도식으로서의 도덕적 정체성이 도덕적 특질을 중심으로 조직된다고 할 때 이러한 조직에 사회적 맥락이 강하게 영향을 미친다고 본 점도 사회인지적 접근의 원리를 강하게 반영한 것이다. 아퀴노와 리드는 "도덕적 정체성이 특정의 도덕적 특질에 연결된 것으로 보이지만 그것은 또한 도덕적인 사람이 생각하고 느끼고 행할 듯한 것의 분명한 정신적 이미지를 흔쾌히 받아들일 수 있다"고 말한다.41) 이것은 개개인이 가지는 도덕적 정체성이 특질이라는 내적 자질만으로 고정되는 것이 아님을 의미한다. 도덕적 특질을 중심으로 조직되는 자아도식으로서의 도덕적 정체성은 사회적인 지시대상(social referent)을 가지며 사회적 맥락의 영향을 받으면서 형성되고 작동한다.

도덕적 정체성에 작용하는 상황적 요인의 영향은 아퀴노와 프리먼의 주장에서 더욱 확연해진다. 도덕적 기능에서 도덕적 정체성이 하는 역할에 대한 사회인지적 모형을 제시할 때 아퀴노와 프리먼은 도덕적 정체성의 자아중요성과 도덕적 정체성의 현저성(the salience of moral identity)을 구분한다. 이 모형에 따르면 "작동하는 자아개념 내에서 도덕적 특질연합이 지속적으로 접근 가능한 정도"가 도덕적 정체성의 자아중요성이며, "작동하는 자아개념 내에서 도덕적 특질연합이 현재 접

Larry P. Nucci & Darcia Narvaez eds., *Handbook of Moral and Character Education*(New York: Routledge, 2008), p.41.

41) Aquino & Reed(2002), p.1424.

근 가능한 정도"가 도덕적 정체성의 현저성인데, 이 현저성은 도덕적 정체성의 자아중요성이 상황적 단서들의 영향을 받아 나타나게 된다.42) 개인과 상황 간의 상호작용이라는 사회인지적 접근의 원리를 채택하는 아퀴노와 프리먼은 상황적 요인의 영향을 좀 더 분명하게 하기 위해 도덕적 정체성의 자아중요성과 구별되는 도덕적 정체성의 현저성이라는 개념을 끌어들인다고 할 수 있다. 아퀴노와 리드, 그리고 아퀴노와 프리먼의 모형은 도덕적 정체성이 특질에 근거한 개념화에 근원을 둔다는 점에서 분명 특질적 접근을 채택한다. 그러나 특질들이 연결되는 개개인의 인지체계의 작동을 상대적으로 더 중시한 점, 그리고 이러한 인지체계의 작동과 효능에 미치는 상황적 요인의 영향을 강조한 점에서 사회인지적 접근의 원리를 강하게 따르고 있다. 결국 이들의 모형은 특질적 접근의 일면을 가진 사회인지적 접근이라고 할 수 있다.

그러나 아퀴노와 리드, 아퀴노와 프리먼의 모형을 사회인지적 접근으로 분류하게 하는 특징들이 아리스토텔레스의 주장에서는 상대적으로 약하게 나타난다. 먼저 인지체계의 작동과 관련해서 보면, 아리스토텔레스 역시 사회인지이론가들처럼 인지를 중시한다. 그러나 아리스토텔레스가 주장하는 합리적 선택에 작용하는 사유와 성격적 품성상태의 관계는 아퀴노와 리드가 주장하는 자아도식과 도덕적 특질 간의 관계와는 다소 다른 면이 있다. 아퀴노와 리드의 이론에서 도덕적 특질은 인지작용을 통해 조직되는 것 그리고 환경변수의 영향을 통해 작용하는 것으로서 의미를 가진다. 그리고 도덕적 정체성에서 문제가 되는 것은 도덕적 특질 그 자체가 아니라 도덕적 특질들로 조직된 자아도식이라는 점에서 마치 도덕적 특질들은 도덕적 도식으로 환원되는 듯한 인상을 주기도 한다. 그러나 아리스토텔레스에게 있어서 사유와 성격적 품성상태

---

42) Aquino & Freeman(2009), p.380, Fig. 17.1.

는 어느 하나가 다른 하나를 압도하거나 결정하는 것이 아니다. 아리스토텔레스는 "탁월성은 단순히 올바른 이성에 따른(kata) 품성상태일 뿐만 아니라, 올바른 이성을 동반한(meta) 품성상태이기도 하"다고 말한다.43) 또한 그는 "합리적 선택은 지성이나 사유 없이 생기지 않고, 또 성격적 품성상태 없이도 생기지 않는 것이다"라고 말한다.44) 앞 절에서 논의한 바와 같이 아리스토텔레스에게 있어서 인격과 실천이성은 불가분의, 상호 의존적인 관계에 있다. 그러나 그에게 있어서 지적인 덕인 실천적 지혜와 욕구적인 것이 관계하는 도덕적 덕은 각각 자신의 역할을 하면서 상호 의존적 관계를 이룬다. 아리스토텔레스에게 있어서 성격적 품성상태는 사유로 환원되거나 사유를 채우는 내용에 불과한 것이 아니다. 둘은 어느 하나가 다른 하나를 따르기도 하지만 서로를 동반하는 관계이다. 이렇게 볼 때 아리스토텔레스의 덕윤리에서 인지작용은 아퀴노와 리드나 아퀴노와 프리먼의 모형에서만큼 지배적이지는 않다.

상황적 요인의 영향에 있어서도 아리스토텔레스의 덕윤리는 아퀴노와 리드나 아퀴노와 프리먼의 모형과는 다소 차이가 있다. 앞 절에서 우리는 사회인지적 접근이 자아에 관련된 인지의 활성화에 사회적 맥락이 미치는 역할 그리고 사람과 환경 간의 호혜적인 상호작용에 관심을 기울인다는 점을 살펴보았다. 실천적 지혜를 가진 사람의 합리적 선택을 설명할 때 아리스토텔레스 역시 상황적 요인의 영향에 관심을 드러낸다. 합리적 선택에 관련된 품성상태는 중용의 품성상태로서 실천적 지혜는 상황이나 맥락을 반영하여 감정과 행위에 있어서 지나치거나 모자라지 않게 하는 것이며 실천적 지혜는 "보편적인 것에만 관계하는 것이 아니라 개별적인 것들까지도 알아야만 하는 것이다."45) 실천적 지혜의

---

43) 아리스토텔레스(2013), 1144b26-27, p.231.
44) 아리스토텔레스(2013), 1139a34, p.206.
45) 아리스토텔레스(2013), 1141b15-16, p.216.

이러한 성격은 성격적 요인과 결부된 인지의 작용이 환경적 맥락의 영향 하에서 발휘된다는 것을 보여준다.

그러나 아리스토텔레스는 품성상태로서의 덕을 전제하고 이러한 덕이 구체적인 상황에서 다양하게 발휘되는 것으로 본다. 여기에서 상황의 영향이란 실천적 지혜가 구체적인 상황을 고려하여 품성상태로서의 덕이 상황에 맞게 발휘되도록 하는 것을 뜻한다. 이처럼 상황의 작용은 성격적 품성상태의 발휘에 영향을 미치지만 성격적 품성상태 자체에 차이를 만들지는 않는다. 성격적 품성상태는 기본적으로 상황과 관계없이 지속적이며 안정적이다. 이 점은 덕을 품성상태로 보는 아리스토텔레스의 특질적 접근이 가진 기본적 특징이다. "확고하고도 결코 흔들리지 않는 상태에서 행위해야" 정의롭거나 절제 있게 행해지는 것이라고 말하는 아리스토텔레스에게 있어서 덕은 그자체로 확고한 품성상태이다.46) 이와 달리 사회인지적 접근에서 상황과 성격은 상호 영향을 주고받는다. 도덕적 도식이 더 접근 가능할수록 사회적 정보처리과정에서 더 잘 활성화된다. 또한 도덕적 도식이 더 빈번히 활성화되거나 더 최근에 점화되면 사회적 정보처리를 위해 더 많이 접근 가능하게 된다. 도덕적 도식의 접근 가능성은 활성화에 영향을 미치고 활성화나 점화는 다시 접근 가능성에 영향을 미친다. 이처럼 개인적 변수로서의 도식의 접근 가능성과 환경적 변수로서의 도식의 점화나 활성화는 쌍방향에서 영향을 주고받는다. 대표적인 사회인지이론인 밴듀라(A. Bandura)의 삼조상호결정론(the triadic reciprocal determinism)은 사람과 그의 행동 그리고 환경 간의 이러한 상호 영향을 가장 분명하게 보여준다.47) 사회인

---

46) 아리스토텔레스(2013), 1105a34, p.60. 여기에서 우리는 아리스토텔레스에게 있어서 실천적 지혜 역시 지적 탁월성으로서 품성상태라는 점을 기억할 필요가 있다. 아리스토텔레스(2013), 1103a10-11, pp.49-50 참조.

47) 상호적인 결정을 강조하는 밴듀라는 "개인의 행위는 사회구조적인 영향의 폭

지적 접근에서 상황적 요인의 영향력은 아리스토텔레스에서보다 훨씬 더 적극적이고 강하다. 아리스토텔레스에게 있어서 상황은 덕의 발휘에 영향을 미치지만 사회인지적 접근에서 상황은 성격의 활성화뿐만 아니라 성격 자체에도 영향을 미친다.

지금까지 살펴본 바와 같이 아리스토텔레스의 덕윤리가 자아에 결부된 인지체계의 작동과 상황적 요인의 영향을 인정하기는 하지만 이러한 인정은 아리스토텔레스의 덕윤리를 사회인지적 접근으로 분류할 만큼 충분하지는 않다. 아리스토텔레스의 덕윤리에는 특질적 접근이 여전히 강하게 작용하고 있는 것이다. 이것은 아리스토텔레스의 덕윤리가 가지는 사회인지적 접근의 단서들이 조심스럽게 인정될 필요가 있음을 보여준다. 따라서 성격심리학적 관점에서 볼 때 아리스토텔레스의 덕윤리는 특질적 접근을 근간으로 하면서 사회인지적 접근의 성격을 일부 가진 것으로 보는 것이 적절하다.

사회인지적 접근의 성격을 일부 채택한 특질적 접근으로 규정된 아리스토텔레스의 덕윤리가 어떤 성격심리학적 의의를 가지는지 생각해보자. 일반적으로 사회인지이론에서 성격과 정체성은 직접 설명되지 않는다. 대신 성격이나 정체성은 사회적 정보처리과정에서 드러나는 속성 내지 현상으로 여겨진다. 예컨대 어떤 사람이 친절의 영역에 해당되는 자아도식에 지속적으로 접근 가능하고 이러한 도식이 활성화된다면, 구체적으로 말해서 어떤 사람이 친절함에 해당되는 신념과 친절함의 성취에 속하는 목표나 과제를 지속적으로 가지고 친절함에 관련된 자신의 행위를 평가할 기준을 유지하며 이러한 신념, 목표, 과제, 기준 등이 친절함이 문제되는 상황들에서 작동한다면 사회인지이론가는 그 사람이

넓은 네트워크 안에서 작동하며", "이러한 동인적 처리과정에서 사람들은 사회체제의 생산물일 뿐만 아니라 생산자이다"라고 말한다. A. Bandura. 2001. "Social Cognitive Theory." *Annual Rev. Psychol.* 52, p.1.

친절한 사람의 정체성을 가지고 있다고 말할 것이다. 그러나 사회적 정보처리에 관련된 인간 기능의 결정요인과 기제들에 대한 지식은 자아의 모든 면을 담아낼 만큼 충분히 포괄적이지 못하다. 성격이론으로서 사회인지적 접근은 "불충분하게 포괄적인 것으로", 바꿔 말해서 "온전한 사람(whole person)을 정확히 담아내는 데 실패하는 것으로" 여겨질 수 있는 것이다.48) 이와 관련하여 서본과 트리패티(Ritu Tripathi)는 사회인지적 접근이 자아에서 사고의 심리적 현상 부분을 설명할 수는 있지만 행위의 심리적 현상, 즉 "활동적이고 동인적이며 동기부여된-그리고-정서적인 자기규제적 자아(active, agentic, motivated-and-emotional self-regulating self)"와 관련된 현상을 설명하는 데에는 부족하다고 지적한다.49) 이러한 지적은 성격이론적 측면에서 상당히 중요하다. 자아도식 내지 인지적인 자아표상(self-representations)이 행위에 영향을 미치는 중요한 요인이기는 하지만, 이것이 즉각 그리고 전적으로 행위의 결정인자로 작용하는 것은 아니라는 점에서 사회적 정보처리과정은 행위자 내부에서 작용하는 동기적인 역학을 충분히 설명할 수 없다. 도덕

---

48) Cervone(1991), p.375. 이러한 문제는 다분히 자아체계의 구조와 과정의 이중성을 지양하는 사회인지이론의 성격에 기인한다. 사회인지이론은 자아체계의 구조와 작동과정이 인간의 기능에서 함께 작용한다고 보고 이 둘을 통합하고자 한다. 자아체계의 구조와 과정의 이중성을 지양하는 사회인지이론의 입장은 A. Bandura. 1999. "Social Cognitive Theory of Personality." In Lawrence A. Pervin & Oliver P. John eds., *Handbook of Personality*(New York & London: The Guilford Press, 1999), p.162 참조. 그러나 이러한 의도와 다르게 사회인지이론은 어떤 의미에서 행위의 수행과정과 방식에 초점을 맞추는 과정이론으로 귀결되는 경향이 있고 실제에 있어서는 성격의 구조를 제대로 드러내지 못하는 결과를 가져오는 면이 있다.

49) Daniel Cervone & Ritu Tripathi. 2009. "The Moral Functioning of the Person as a Whole." In Darcia Narvaez & Daniel K. Lapsley eds., *Personality, Identity, and Character*(New York: Cambridge University Press, 2009), p.44.

적 행위자로서의 기능은 사회적인 정보처리과정에 불과한 것이 아니다. 따라서 사회인지적 접근이 성격을 온전히 담아내지 못한다는 비판은 나름의 설득력을 갖는다.

그러나 아리스토텔레스의 덕윤리는 이러한 비판으로부터 어느 정도 벗어날 수 있다. 아리스토텔레스는 합리적 선택을 통해 도덕적 덕과 지적인 덕이 상호 의존적으로 작용한다고 보지만, 이 둘을 구분하고 이 둘을 동시에 중시함으로써 인지작용과 함께 내면의 성향적 부분을 포괄한다. 예컨대 아리스토텔레스는 감정을 도덕적 덕을 판단하는 중요한 부분으로 본다. 그는 "어떤 사람의 실제 행위에 수반되는 즐거움과 고통을 그 사람의 품성상태의 표시로 간주해야 할 것이다"라고 말하면서 덕을 "즐거움과 고통에 관계해서 최선의 것들을 행하는 품성상태"라고 말한다.50) 인격에 대한 아리스토텔레스의 입장은 사회인지적 접근보다 내면의 정서적 작용을 포함하는 성향적 측면을 더 잘 설명할 수 있다. 물론 아리스토텔레스의 덕윤리는 특질적 접근을 근간으로 함으로써 사회인지적 접근에서처럼 상황적 요인의 영향을 충분히 인정하지 못한다고 볼 수 있다. 그러나 특질적 접근을 근간으로 하는 아리스토텔레스의 덕윤리는 온전한 사람을 담아내는 데 사회인지적 접근보다 더 효과적이라는 점에서 성격이론으로서의 의의를 가진다. 또한 사회인지적 접근의

---

50) 아리스토텔레스(2013), 1104b4-5, p.56; 1104b27-28, p.57. 한편 전형적인 인지발달이론에서와 달리 사회인지적 접근에서 인지작용과 정서적 상태는 서로 영향을 주고받으며 사회인지적 단위는 인지정서체계로 이해된다. Lapsley & Narvaez(2004), pp.197-198 참조. 그러나 도덕적 도식들이 "상황적으로 적합한 행위를 선택할 때 차이를 분간하는 기능을 인수할 뿐만 아니라 경험의 도덕적 차원을 파악할 성향적 준비를 제공한다"는 설명에서 드러나는 것처럼 사회인지적 접근에서 인지기제의 영향은 여전히 강력하다. Lapsley & Hill (2009), p.201. 정서적 측면에 대한 사회인지적 접근의 상세 설명은 노영란. 2013. 「도덕적 정체성과 도덕적 행위: 도덕적 성격에 대한 사회인지적 접근의 자동성 주장을 중심으로」.『윤리연구』제91호, pp.308-310 참조.

면모를 일부 가지는 아리스토텔레스의 덕윤리는 전형적인 특질적 접근과 달리 덕의 발휘에 작용하는 상황적 요인의 영향을 어느 정도 인정함으로써 전형적인 성향주의에서 벗어나 상호작용주의적인 면을 포함할 수 있다.

5. 나오는 말

아리스토텔레스의 덕윤리는 기본적으로 특질적 접근을 근간으로 하지만 전형적인 특질적 접근에 제한되지 않고 사회인지적 접근의 면모를 일정 부분 지니고 있다. 성격심리학적 측면에서 아리스토텔레스의 덕윤리는 성격심리학의 최근 연구 성과에 부합하는 면을 드러냄으로써 전통적으로 이해되어온 것보다 더 풍부한 의미를 담고 있는 것이다. 이러한 의미는 아리스토텔레스의 덕윤리가 경험적 차원에서 좀 더 설득력을 가질 수 있게 해줄 것이다. 한편 아리스토텔레스의 덕윤리가 가지는 성격에 대한 도덕심리학적 의미에 대한 논의를 마무리하는 시점에서 우리가 잊어서는 안 되는 점은 어떤 윤리이론의 도덕심리학적 의미가 우리가 염두에 두어야 할 전부는 아니라는 것이다. 하나의 윤리이론은 경험적 차원의 적합성뿐만 아니라 규범적 차원의 수월성을 추구해야 한다. 그리고 규범적 차원의 수월성은 도덕심리학의 사실성으로 환원되거나 제한되지 않는 면을 가진다. 여기에서 우리는 왜 아리스토텔레스가 인격특질로서의 덕을 주장하는지 다시 생각해보게 된다. 아리스토텔레스에게 행복은 삶 전체의 문제이며 지속성과 안정성을 갖는 확고한 품성상태로서의 덕은 인간의 행복에 매우 긴요하다. 비록 현실에서 유덕한 품성상태를 형성한 사람이 매우 드물다 하더라도 규범윤리학적 관점에서 유덕한 품성의 형성은 버릴 수 없는 지향점 내지 목적인 것이다.

7 장

도덕적 성격에 대한 사회인지적 접근, 자동성 주장, 그리고 유덕한 행위자

1. 들어가는 말

최근 들어 도덕성과 도덕현상을 고찰할 때 도덕심리학과 도덕철학의 소통을 중시하면서 도덕심리학의 연구에 주목하는 사람들이 늘어나고 있다. 이러한 경향은 도덕심리학이 전통적인 심리학의 영역을 넘어서서 인지과학, 신경과학, 진화생물학 등 다양한 학문들과 연계되어 많은 연구 성과들을 제시하고 있는 것과 특히 관련이 있다. 동시대의 도덕철학적 흐름과 관련지어 볼 때 이러한 도덕심리학의 연구 성과들 중에서 특히 관심을 끄는 것은 성격(personality)과 도덕성을 통합해서 도덕적 행위와 도덕적 정체성(moral identity)의 관계를 규명하려는 연구들이다. 이러한 연구들은 공동체주의와 덕윤리의 논의와 함께 인격(character), 자아(self), 정체성(identity) 등에 대한 관심이 그 어느 때보다 커진 동시대의 도덕철학적 맥락과 통한다.

도덕심리학 영역에서 도덕적 정체성 개념이 본격적으로 주목을 받는

데 큰 몫을 한 것은 콜버그의 인지발달론이 직면하는 도덕판단과 행위 간의 간극을 해소하고자 한 블라지(Augusto Blasi)의 자아모형(the Self Model)이다. 블라지의 자아모형이 등장한 이후 도덕적 자아 내지 도덕적 정체성과 도덕적 행위의 관계를 규명하는 다양한 도덕심리학적 연구들이 활발하게 전개되었다.[1] 이 장에서는 이러한 연구들 중에서 랩슬리(Daniel K. Lapsley)와 나바에츠(Darcia Narvaez)의 사회인지적 접근(the Social Cognitive Approach)을 중심으로 도덕적 정체성과 도덕적 행위의 관계를 고찰해보고, 이러한 고찰에서 드러난 바를 덕윤리적 맥락에서 살펴보고자 한다. 이를 위해 먼저 도덕적 성격에 대한 사회인지적 접근의 기본 입장을 살펴보고 사회인지적 접근이 주장하는 도덕적 기능의 자동성(the automaticity of moral functioning)이 도덕적 행위와 도덕적 정체성의 관계 규명에서 중요한 쟁점이 된다는 것을 확인할 것이다. 다음으로 도덕적 정체성의 작용을 중시하지만 도덕적 기능의 자동성을 반대하는 블라지의 입장과 사회인지적 접근을 비교, 검토하면서 과연 사회인지적 접근이 주장하는 것처럼 도덕적 정체성을 중시할 때 도덕적 기능의 자동성을 인정해야 하는지를 살펴볼 것이다. 나아가서 도덕적 기능의 자동성에 대한 상반된 두 주장에 깔려 있는 도덕심리학과 도덕철학의 관계에 대한 입장 차이를 살펴보면서 도덕적 기능의 자동성에 대한 적절한 입장을 규명하고 이에 따라 사회인지적 접근의 자동성 주장을 재검토할 것이다. 그리고 나서 사회인지적 접근의 면모를 일부 보여주는 아리스토텔레스의 덕개념이 도덕적 기능의 자동성 문제

---

1) 랩슬리는 도덕적 정체성에 대한 접근들을 블라지의 접근 이외에 사회인지적 과정, 공동체주의적 과정(communitarian process), 맥락적 과정(contextual process), 성격론적 과정(personological process)에 각각 호소하는 접근들로 분류한다. Daniel K. Lapsley. 2008. "Moral Self-Identity as the Aim of Education." In Larry P. Nucci & Darcia Narvaez eds., *Handbook of Moral and Character Education*(New York: Routledge, 2008), p.38.

를 어떻게 다루는지 고찰할 것이다.

2. 도덕적 성격에 대한 사회인지적 접근과 도덕적 기능의 자동성

자신의 인지발달이론에서 도덕적 추론을 도덕적 행위구조의 중심에 놓았던 콜버그와 달리 블라지는 도덕적 이해와 이에 근거한 도덕적 정체성의 형성을 통해 도덕적 추론과 도덕적 행위의 연결을 설명한다. 그는 행위에 영향을 미치는 도덕적 추론 이외의 다른 요인들에도 주목하고 이러한 요인들을 자아 내지 정체성 개념을 통해 설명하고자 하는 것이다. 블라지의 자아모형에 따르면 "선하거나 정의롭거나 인정 많은 혹은 공정한 같은 도덕적 개념들이 어떤 사람의 자기이해에 중심이 되고 필수적이며 중요하다고 판단되는 한에서 그 사람은 도덕적 정체성을 가진다."[2] 그리고 도덕적 정체성을 형성한 사람은 올바른 행동이 무엇인지 결정하고 이 행동을 수행할 책임이 자신에게 있다고 판단하며 결국 그는 "자아일치(self-consistency)에 대한 내적 요구로 인해 동기화"된다.[3]

한편 랩슬리와 나바에츠는, 도덕적 정체성을 형성한 사람은 도덕적 개념들이 자신에 대한 이해에 중심이 되고 필수적인 사람이라는 블라지의 입장을 기본적으로 따르지만, 사회인지이론을 통해 도덕적 성격을 체계적으로 개념화하고자 한다. 성격에 대한 사회인지적 접근은 도식(schemas), 원형(prototypes), 각본(scripts), 일화(episodes) 등의 사회인지적 구조야말로 성격을 가장 잘 개념화하는 단위라고 보고 성격을 정의할 때 이러한 구조의 접근 가능성(accessibility)과 이용 가능성

---

2) Lapsley(2008), p.35.
3) 다니엘 K. 랩슬리. 2000. 『도덕 심리학』, 문용린 옮김(서울: 중앙적성출판사), p.361.

(availability)을 중시한다. 그리하여 랩슬리와 나바에츠는 "경험한 것을 이해하기 위해서 쉽게 활성화되고 원활하게 사용되도록 준비되어 있는, 그리고 지속적인 접근이 가능한 사회인지적 구조 혹은 인지적 도식, 기대, 스크립트의 종류에 의해 우리가 어떤 사람인지가 결정된다"고 주장한다.4) 그리고 도식이 지속적으로 접근 가능할 경우 "이러한 도식들은 우리 경험의 어떤 특징들 대신 다른 특징들에 관심을 기울이도록 이끌며", 이러한 도식과 "양립 가능하거나 도식에 적절한 삶의 과제나 목표, 배경 등이 선택되거나 추구될 가능성이 더 높다"고 설명한다.5) 사회인지적 접근에서 도식은 사회적 상황이나 사건들을 해석, 평가하고 선택을 내리는 데 중요하게 작용한다. 동일한 사건에 대해서도 접근 가능한 도식이 다를 경우 다른 평가와 다른 선택이 내려질 수 있다. 그리하여 도식의 지속적 접근성(chronical accessibility)이 행위의 결정과 수행에 큰 영향을 미치게 된다.

성격과 도식의 지속적 접근성에 대한 사회인지적 접근의 이러한 설명은 도덕적인 맥락에도 그대로 적용된다. 도덕적 성격에 대한 사회인지적 접근에 따르면 도덕적인 사람, 즉 도덕적 정체성을 가진 사람은 "도덕적 도식이 지속적으로 접근 가능한, 그리하여 정보를 처리하기 위해 즉시 점화되고 쉽게 활성화되는 사람"이다.6) 그리고 도덕적 도식의 지

---

4) 크리스틴 맥킨넌. 2008. 「인격 소유와 인간의 번영」. 다니엘 K. 랩슬리 & F. 클라크 파워, 정창우 옮김, 『도덕심리학과 도덕교육』(고양: 인간사랑, 2008), p.70.

5) Daniel K. Lapsley & Darcia Narvaez. 2004. "A Social-Cognitive Approach to the Moral Personality." In Daniel K. Lapsley & Darcia Narvaez eds., *Moral Development, Self, and Identity*(New Jersey: Lawrence Erlbaum Associates Publishers, 2004), p.199.

6) Darcia Narvaez, Daniel K. Lapsley, Scott Hagele, & Benjamin Lasky. 2006. "Moral Chronicity and Social Information Processing: Tests of a Social Cognitive Approach to the Moral Personality." *Journal of Research in*

속적 접근성은 도덕적 기능과도 밀접하게 관련되어 있다. 어떤 도식에 접근 가능한가에 따라 사회적 상황과 사건들에 대한 해석과 평가 그리고 이에 따른 선택이 달라진다는 점에서 도덕적 도식이 지속적으로 접근 가능하고 그리하여 쉽게 활성화되면 이러한 도덕적 구인들(constructs)은 행위자가 도덕적인 방향으로 상황을 해석하고 판단하도록 이끌어줄 것이기 때문이다.

여기에서 우리는 왜 랩슬리와 나바에츠가 "사회인지적 도식의 지속적 접근성이 도덕적 기능에서 개인차의 근원"이라고 주장하는지 알 수 있다.[7] 사회인지적 접근에서 도덕적인 사람과 도덕적이지 못한 사람의 차이는 근본적으로 도덕적 도식의 지속적 접근성의 차이에서 발생한다. 즉, 사회적 상황을 해석, 평가하고 행동을 선택하는 데 도덕적인 사람은 도덕적인 도식을, 도덕적이지 못한 사람은 도덕적인 도식 이외의 다른 도식들을 지속적으로 이용하는 사람인 것이다. 한 발 더 나아가서 우리는 도덕적인 사람들 사이에서도 어떤 종류의 도덕적 도식이 지속적으로 접근 가능한가에 따라 그들이 보여주는 도덕적인 태도에 있어서 개인차가 존재함을 짐작할 수 있다. 이처럼 도덕적 도식의 접근 가능성이 도덕적 기능의 개인차를 보여준다면 도덕적 도식의 접근 가능성에서의 개인차는 왜 발생하는가? 우리가 어떻게 특정의 도식에 대한 접근성을 갖게 되는가와 관련하여 사회인지적 접근은 "특정 영역의 사회적 행위의 빈번하고 일관된 경험이라는 발달적 역사로부터 접근 가능성이 발생한다"고 주장한다.[8] 즉, 사회인지적 접근은 개개인의 사회적 경험이 도덕적 도식의 접근성을 가져오며 개개인의 사회적 경험이 매우 다양하기 때문에 도덕적 도식의 접근 가능성에서 차이가 있을 수밖에 없다고 본다. 지

Personality 40, p.969.

7) Lapsley & Narvaez(2004), p.198.

8) Narvaez et al.(2006), p.968.

금까지 살펴본 바와 같이 도덕적 성격에 대한 사회인지적 접근은 도덕적 도식의 지속적 접근성을 통해 성격을 개념화하고 이러한 성격이 도덕적 기능에서 어떻게 작용하는지를 통해 도덕적 정체성과 도덕적 행위의 관계를 설명한다.

도덕적 성격에 대한 사회인지적 접근은 자주 특질적 접근(the trait approach)과 대비되어 논의된다. 특질적 접근은 성격을 개념화하는 전통적인 방법으로서 도덕적 인격에 대한 덕접근(the virtue approach to moral character)이 대표적이다. 인간 행위의 성향적 특징을 개념화할 때 특질적 접근은 성격을 "한 사람이 가지는 특질들의 총합"으로 이해하고 한 사람이 가지는 특질들은 "그 사람의 성격의 구성적 측면이라는 점에서 밀착되어 있으며 이질적인 맥락적 환경의 전체에 걸쳐 드러나는 것으로 가정된다."9) 이처럼 "특질의 소유"라는 "성격의 소유적 측면 (the having side of personality)"에 의해 성격을 개념화하는 특질적 접근과 달리 사회인지적 접근은 "수행적 측면(the doing side)에 의해, 즉 사회적 정보처리를 위해 지속적으로 접근 가능한 사회인지적 도식, 지식구조 그리고 인지정의적 기제들에 의해" 성격을 개념화한다.10) 특질적 접근과 달리 성격을 개념화할 때 성격의 소유적 측면보다 수행적 측면에 초점을 맞춘다는 점은 성격에 대한 사회인지적 접근의 특징을 잘

---

9) Lapsley & Narvaez(2004), p.194.

10) Lapsley & Narvaez(2004), p.201. 성격을 개념화할 때 성격의 소유적 측면과 수행적 측면에 각각 근거한다는 점 이외에도 특질적 접근과 사회인지적 접근 간에는 또 다른 차이가 존재한다. 특질들의 소유에 개인차가 존재한다고 여기는 특질적 접근은 성격구조를 사람들 간의 분류로 이해하고 하향식의 방법으로 개인 간의 분류학적 체계를 추구한다. 반면에 사회인지적 접근은 성격구조를 개인내의 과정에 의해 이해하고 개인내의 인지정의적 메커니즘에 초점을 맞추고 상향식의 분석을 추구한다. 이러한 차이에 대한 설명을 위해서는 Narvaez et al.(2006), pp.968-981 참조.

보여준다.11)

일반적으로 도덕적 자아나 정체성을 통해 도덕적 행위를 설명하는 접근의 장점은 무엇보다도 도덕적 자아나 정체성이 도덕적 추론과 도덕적

---

11) 특질적 접근과 사회인지적 접근을 대비하여 살펴볼 때 우리는 아퀴노(Karl Aquino)와 리드(Americus Reed)의 도덕적 정체성 이론을 눈여겨보게 된다. 아퀴노와 리드는 도덕적 정체성을 "일련의 도덕적 특질연합을 중심으로 조직된 자기도식"으로 정의한다. Karl Aquino & Dan Freeman. 2009. "Moral Identity in Business Situations: A Social-Cognitive Framework for Understanding Moral Functioning." In Darcia Narvaez & Daniel K. Lapsley eds., *Personality, Identity and Character*(New York: Cambridge University Press, 2009), p.378. 이러한 자신들의 정의가 "특질 특이적이며 자아에 대한 최근의 사회인지지향적 정의에 근거"한다고 언급한 바에서 확인되듯이 도덕적 정체성에 대한 아퀴노와 리드의 이해는 특질적 접근과 사회인지적 접근이 통합된 것이다. Karl Aquino & Americus Reed. 2002. "The Self-Importance of Moral Identity." *Journal of Personality and Psychology* 83, p.1424. 이런 의미에서 아퀴노와 리드의 도덕적 정체성 이론은 일종의 통합적 접근으로 이해될 수 있을 것이다. 한편 도덕적 정체성에 대한 다양한 연구들을 분류할 때 랩슬리는 아퀴노와 리드의 연구를 사회인지적 접근에 포함한다. 그리고 나바에츠와 랩슬리는 아퀴노와 리드의 모형이 사회인지이론의 원리들과 양립 가능하다고 본다. 또한 아퀴노와 프리먼(Dan Freeman)은 아퀴노와 리드의 도덕적 도식의 자기중요성(self-importance)과 랩슬리와 나바에츠의 도덕적 도식의 지속적 접근성이 동의어로 사용될 수 있으며 아퀴노와 리드의 개념화는 랩슬리와 나바에츠의 개념화와 유사하다고 주장한다. 아퀴노와 프리먼이 주장하는 것처럼 비록 도덕적 정체성이 특질 근거적 개념에 뿌리를 두고 있기는 하지만 도덕적 특질연합이 개인의 인지체계에 긴밀하게 연결되어야 한다고 보며 행위자가 도덕적 정체성을 자신의 사회적 자기도식의 일부로서 채택하는 것을 중시한다는 점에서 아퀴노와 리드의 이론에는 사회인지적 접근이 상대적으로 더 강하게 작용한다. 그들의 이론이 통합적 접근의 성격을 가짐에도 불구하고 사회인지적 접근으로 분류되거나 사회인지적 접근과 양립 가능한 혹은 유사하게 분류되는 이유가 여기에 있는 듯하다. 아퀴노와 리드의 도덕적 정체성 이론과 관련한 주장들을 위해서는 다음을 참조: Lapsley(2008), p.38; Darcia Narvaez & Daniel K. Lapsley. 2009. "Moral Identity, Moral Functioning, and the Development of Moral Character." *Psychology of Learning and Motivation* 50, p.247; Aquino & Freeman(2009), p.379.

행위 간의 간극을 메우고 도덕적 행위의 동기적 측면을 잘 설명할 수 있다는 점이다. 콜버그의 이론을 비판하면서 자아모형을 주장한 블라지뿐만 아니라 도덕적 기능에서 자아와 정체성의 중심 역할을 주장하는 이론들은 일반적으로 이 점을 중시한다. 예컨대 도덕적 귀감들에 대해 연구한 콜비(Anne Colby)와 데이먼(William Damon)은 도덕성과 자아 간의 통일이 도덕판단과 행위 사이를 확고하게 연결해줄 수 있다는 증거가 도덕적 귀감들에게서 발견된다고 주장한다. 그들에 따르면 도덕적 귀감들에게는 "도덕적 목표와 개인적인 목표 간의 분리가 없는 것처럼 판단과 행위 간의 나뉨도 없다."12) 또한 도덕적 추론과 도덕적 행위 간의 관계가 도덕적 정체성의 자기중요성(self-importance)에 의존한다고 볼 때 아퀴노(Karl Aquino)와 프리먼(Dan Freeman)은 "도덕적 정체성이 도덕적 이탈기제의 '효과'와 다른 사람을 해롭게 하는 데 반대하는 자기제재를 약화시키는 인지적 합리화의 능력을 최소화시킬 것"이라고 예견한다.13) 도덕심리학에서 도덕적 추론과 도덕적 행위 간의 간극을 도덕적 자아나 정체성을 통해 메우려는 접근은 자연스러울 뿐만 아니라 설득력 있는 접근이다.

나바에츠와 랩슬리는 사회인지적 접근에 따른 자신들의 지속적인 접근성 모형이 가지는 여러 성과 내지 매력들을 열거하는데,14) 이 중에서

---

12) Anne Colby & William Damon. 1993. "The Uniting of Self and Morality in the Development of Extraordinary Moral commitment." In Gil G. Noam & Thomas E. Wren eds., *The Moral Self*(New Baskerville: MIT Press, 1993), p.152.

13) Aquino & Freeman(2009), p.381.

14) 이에 대한 설명을 위해서는 Narvaez & Lapsley(2009), pp.246-247과 다니엘 K. 랩슬리 & 다르시아 나바에츠. 2008. 「갈림길에 선 도덕심리학」. 다니엘 K. 랩슬리 & F. 클라크 파워, 정창우 옮김, 『도덕심리학과 도덕교육』(고양: 인간 사랑, 2008), pp.67-69 참조.

특히 주목할 부분은 자신들의 모형이 일상의 도덕성에서 흔히 나타나는 도덕적 기능의 자동성을 이해할 수 있게 해준다는 점이다. 나바에츠와 랩슬리에 따르면 "인간의 많은 의사결정이 무의식적인 통제 아래 있고 합리적이고 숙고적인 계산이라는 표준적인 개념이 거짓임을 보여주는 자동성을 가지고 발생한다는 점증하는 인식이 있으며", 사회인지적 접근은 도덕적 기능의 이러한 자동성을 더 잘 설명할 수 있다고 주장한다.15) 그들은 도덕적 기능의 자동성의 원천으로 도덕적 도식의 지속적 접근 가능성과 이용 가능성을 꼽는다. 그들에게 있어서 도덕적 도식의 접근성은 "지속적으로 접근 가능한 도식에 의해 경계가 정해진 영역들에서 매우 관행화된 일상적 행위들을 개발하도록 장려하며, 이러한 일상적 행위들은 '그러한 삶의 맥락에서 준비된, 때때로 자동적으로 이용 가능한 행위계획을 제공한다.'"16) 요컨대 그들은 도덕적 범주에 대한 접근성이 크고 그리하여 높은 활성화 정도에 이르면 자동성에 근접할 정도로 의사결정이 효율적으로 처리된다고 생각한다.

도덕적 기능의 자동성 주장이 우리의 관심을 끄는 이유는 이 주장이 도덕적 결정에 대한 전통적인 견해, 즉 도덕적 결정은 합리적이고 자율적인 행위자의 도덕적 숙고의 결과라는 견해에 대한 도전이기 때문이다. 따라서 도덕적 기능의 자동성이 구체적으로 무엇을 의미하는지, 그리고 이러한 자동성은 도덕적 정체성과 어떤 관련이 있는지를 검토하는 것은 도덕적 행위를 파악하는 데 매우 중요하다. 먼저 랩슬리와 나바에츠가 주장하는 도덕적 기능의 자동성이 구체적으로 무엇을 의미하는지 살펴보자. 랩슬리와 나바에츠는 도덕적 인격의 전문가 내지 윤리적 전문가 모형을 주장하고 자동성을 윤리적 전문가가 보여주는 특징이라고

---

15) Narvaez & Lapsley(2009), p.246.
16) Narvaez & Lapsley(2009), p.245.

보는데, 그들은 어떤 분야의 전문가가 흔히 보여주는 즉각적이고 신속한 의사결정과정과 지속적으로 접근 가능한 도덕적 구인들의 활성화로 나타나는 자동성을 유사한 것으로 파악한다. 예컨대 나바에츠와 랩슬리는 "효과적인 윤리적 전문기술은 사건이 일어나는 바로 그때에 역동적이고 민감하게 반응하는 것"이며, "윤리적 감수성 기술에서 전문가는 좀 더 빠르고 정확하게 상황을 '읽을' 수 있고 그들이 해야 할 역할을 결정할 수 있"으며, "윤리적 판단 기술에서 전문가는 복잡한 문제를 해결하고 문제를 빨리 해결할 수 있는 요점을 찾고, 무엇을 해야 할지 추론하는 많은 도식들을 일으키는 데 더 잘 숙달되어 있다"고 설명한다.17) 이러한 설명은 윤리적 전문가가 보여주는 자동적인 반응이 즉각적이고 신속한 처리를 주된 특징으로 한다는 것을 알려준다.

즉각적으로 신속하게 이루어진다는 점 이외에 자동성이 다른 어떤 특징을 가지는지를 이해하기 위해 나바에츠와 랩슬리의 다음과 같은 설명을 들여다보자:

전통적으로 자동성은 비자발적으로 이루어지는 인지과정으로 설명된다. 즉, 주의(attention)나 인지적 요소가 거의 또는 전혀 없이 아무런 노력도 기울여지지 않고 의식적인 자각 바깥에서 비의도적으로 이루어진다. 자동성은 특히 의도적 통제와 의식적인 자각을 통해 신축성 있게 이루어지는 통제된 인지적 과정과 대비된다. 그러나 자동적인 과정과 의식적으로 통제된 과정 사이의 구분은 아직까지 엄격하지 않으며, 자동성이라는 용어가 전통적인 기준을 모두 갖추어야 하는 것을 요구하는 것도 아니다. 실제로 바흐(Bargh, 1989)는 자각(awareness), 주의(attention), 의도(intention), 그리고 통제(control)가 가능한 특정 환경에서 유도되어

---

17) 다르시아 나바에츠 & 다니엘 K. 랩슬리. 2008. 「일상의 도덕성과 도덕적 전문성의 심리학적 기초」. 다니엘 K. 랩슬리 & F. 클라크 파워, 정창우 옮김, 『도덕심리학과 도덕교육』(고양: 인간사랑, 2008), pp.274-275.

다양한 결합의 형태로 나타나는 어느 정도 독립된 특성이라고 주장한
다.18)

이러한 설명으로부터 우리는 랩슬리와 나바에츠가 자동성을 매우 느
슨하고 포괄적으로 이해하고 있음을 확인할 수 있다. 그들은 자동적인
과정과 그 밖의 과정을 엄격하게 구분하지도 않을 뿐만 아니라 자동적
인 과정이 자각, 주의, 의도, 통제가 모두 결여되어야 하는 것은 아니라
고 본다. 더군다나 자동적인 과정과 그 밖의 과정을 구분하는 이러한 전
통적인 기준들이 어느 정도 독립된 특성들이며 상황에 따라 다양하게
결합된다고 본다. 그렇다면 자동성은 자각하지 못하거나 의도했지만 자
각하지 못하거나 아니면 통제되지만 의식하지 못하거나 등등 상황에 따
라 다양하게 나타날 수 있다. 이처럼 랩슬리와 나바에츠는 자동적인 과
정을 분명하게 정의할 구체적인 기준을 명확하게 제시하지 않고 자동성
의 다양한 양상을 허용하고 있다.
한편 도덕적 기능의 자동성을 주장할 때 랩슬리와 나바에츠는 도덕적
기능이 전적으로 자동적 과정을 따른다는 것을 의미하지는 않는다. 그
들이 주장하는 것은 도덕적 행동이 항상 숙고와 추론을 동반하는 것은
아니며 암묵적이고 자동적인 인지과정이 도덕적 기능을 광범위하게 지
배한다는 것이다. 따라서 그들은 숙고적인 의사결정과정과 암묵적이고
자동적인 인지과정을 둘 다 인정하는 셈이다. 실제로 나바에츠와 랩슬
리는 "인지적인 그리고 사회인지적인 문헌들에서의 연구 결과들에 의
해 인도된 관점들은 더욱 숙고적인 종류의 행위뿐만 아니라 직관적이고
발견적이며(heuristic) 자동적인 행위들의 가능성을 허락하는 이중과정
모형(dual processing models)의 여지가 있다"고 말한다.19) 그들이 일종

---

18) 나바에츠 & 랩슬리(2008), pp.256-257.

19) Darcia Narvaez & Daniel K. Lapsley. 2009. "Moral Personality: Themes,

의 이중과정모형을 염두에 둔다는 것은 나바에츠가 인간 마음의 이중적 본성과 이러한 두 본성의 상보성에 근거한 교육을 주장하는 부분에서도 확인된다. 나바에츠는 인간이 직관적 마음(intuitive mind)과 숙고적 마음(deliberative mind)을 가지며, "직관적 마음은 환경적인 유형들로부터 암시적으로 학습하며 자주 자각 없이 자동적으로 행동하는 복합적인 무의식적 병행처리체계로 구성"되고, "숙고적 마음은 명시적인 기억체계에 근거하는데 정보를 연속물로 그리고 의식적으로 처리"한다고 설명한다.20) 또한 그녀는 "성숙한 도덕적 기능은 정서직관(emotion intuition)과 추론의 통합에 의존하며 정서직관과 추론은 조정적인 윤리적 전문성에서 하나로 합쳐진다"고 말한다.21) 요컨대 랩슬리와 나바에츠는 도덕적 정체성을 형성한 사람의 도덕적 기능을 설명할 때 숙고적인 의사결정뿐만 아니라 사회심리적 현상에서 발견되는 자동성을 인정하는 도덕적 기능개념을 주장한다.

3. 도덕적 정체성과 도덕적 기능의 자동성

도덕적 행위에서 도덕적 정체성이 중요한 역할을 한다고 볼 경우 랩슬리와 나바에츠처럼 도덕적 기능의 자동성을 인정해야 하는가? 이 물

Questions, Futures." In Darcia Narvaez & Daniel K. Lapsley eds., *Personality, Identity and Character*(New York: Cambridge University Press, 2009), p.444.

20) Darcia Narvaez. 2008. "Human Flourishing and Moral Development: Cognitive and Neurobiological Perspectives of Virtue Development." In Larry P. Nucci & Darcia Narvaez eds., *Handbook of Moral and Character Education*(New York: Routledge, 2008), p.311.

21) Darcia Narvaez. 2010. "The Emotional Foundations of High Moral Intelligence." *New Directions for Children and Adolescent Development* 129, p.77.

음에 대한 답을 찾기 전에 우리는 블라지의 입장에 주목하지 않을 수 없다. 도덕적 정체성을 중시하는 블라지는 자동성에 대해 그들과 다른 입장을 취하고 있기 때문이다. 블라지는 정상적인 성인이 도덕적으로 기능하기 위해서는 "공정한 도덕판단에 도달하고 그러고 나서 상응하는 행위를 감당하기 위해 자신의 자원들을 사용하는 책임 있는 자아의 중심 역할"이 매우 중요하며 이때 요구되는 것이 바로 추론과 숙고라고 주장한다.22) 그는 특히 도덕적 책임을 무엇보다도 중시하고 도덕적 책임의 실행에 추론된 숙고가 중요하게 작용한다고 본다. 블라지에게 있어서 판단이나 행위에 책임을 진다는 것은 "그것을 소유하고 차지하는 것"을 의미하며, 판단이나 행위를 소유한다는 것은 다음과 같은 추론된 숙고의 두 단계를 거친다: (1) "자신과 판단 사이에 작동할 공간을 만들어놓고 판단으로부터 거리를 유지하면서 고려와 숙고의 대상으로 판단과 관련되는" 단계; 그리고 (2) "판단의 기원, 감정과 직관을 포함하는 판단의 요소들에 대한 추론된 분석을 통해" 판단을 수락하거나 거절하는 등 판단을 통제하는 단계.23) 판단과 책임 그리고 추론된 숙고 간의

---

22) Augusto Blasi. 2009. "The Moral Functioning of Mature Adults and the Possibility of Fair Moral Reasoning." In Darcia Narvaez & Daniel K. Lapsley eds., *Personality, Identity, and Character*(New York: Cambridge University Press, 2009), p.431. 여기에서 공정한 도덕판단과 관련해서 보면 블라지는 직관이 우리가 생각하는 것처럼 그렇게 순수하지 않으며 우리가 의지하는 직관을 객관적으로 정당화하기 위해 비판적으로 숙고할 필요가 있다고 생각한다. 그리하여 그는 추론된 숙고는 "직관을 시험하고 수정하는 데 더하여 도덕적 평가를 위해 채택되어야 하는 기준들을 결정하는 데 좀 더 빈번하게 요구된다"고 주장한다. Blasi(2009), p.421.

23) Blasi(2009), p.423. 물론 그의 자아모형에서 추론된 숙고와 판단 그리고 도덕적 책임의 연결은 필연적으로 자아에 연루되어 있다. 왜냐하면 블라지에게 있어서 판단이란 "X는 사실이거나 사실이 아니며, 그르거나 옳고, 추하거나 아름답고, 좋거나 나쁘다는 어떤 사람의 주장"이며, 따라서 "세상의 어떤 면에 대한 어떤 사람의 입장을 표현"하는 것이기 때문이다. Blasi(2009), p.436.

연결은 도덕적 기능의 자동성을 반대할 때 왜 블라지가 도덕적 책임이 무의미해지는 것을 강하게 염려하는지를 보여준다. 블라지에게 있어서 도덕적 기능의 자동성을 인정하는 것은 도덕적 추론과 숙고가 쓸모없다고 여기는 것이고 도덕적 추론과 숙고가 쓸모없다고 여기는 것은 바로 도덕적 책임이 무의미해지는 것이 된다.

이처럼 랩슬리와 나바에츠 그리고 블라지는 공통적으로 도덕적 정체성의 역할을 중시함에도 불구하고 도덕적 기능의 자동성에 대해 상반된 입장을 취하고 있다. 따라서 랩슬리와 나바에츠의 자동성 주장이 적절한지를 고찰하기 위해서는 이들의 주장과 블라지의 주장 간의 차이가 어디에서 기인하는지 검토하는 것이 필요하다. 이러한 검토는 도덕적 정체성과 도덕적 기능의 자동성이 어떤 관계에 있는지를 파악할 수 있도록 해줄 것이다. 먼저 도덕적 기능의 자동성에 대한 입장을 개진할 때 랩슬리와 나바에츠 그리고 블라지 모두 경험연구 결과들을 언급하고 있다. 앞에서 살펴본 바와 같이 랩슬리와 나바에츠는 인지적인 그리고 사회인지적인 문헌들에서의 연구 결과들에 주목하면서, "우리 삶의 많은 것들이 암묵적이고 암시적이며 자동적인 인지과정에 의해 지배된다는 증거가 현재 증가하고 있다"는 점을 강조한다.24) 반면에 블라지는 우리가 요구되는 만큼 혹은 바람직한 정도로 도덕적 추론과 숙고를 하지 못한다는 것은 사실이지만 과학적 연구 결과들이 인정하는 것보다는 더 빈번하게 추론과 숙고를 하며 "도덕판단과 기능에 대한 숙고적 접근이 사람들에게 낯설고 거의 비정상적인 것이라는 과학적 증거는 없다"고 주장한다.25) 이처럼 블라지는 과학적 경험연구들이 도덕적 추론과 숙고가 드물다는 것을 증명하지 않는다고 주장한 반면, 랩슬리와 나바에츠

---

24) Lapsley & Narvaez(2004), p.197.
25) Blasi(2009), p.399.

는 많은 경험연구들이 도덕적 기능의 자동성을 입증한다고 주장한다. 경험연구 성과들에 대한 이와 같은 상이한 해석과 주장들은 현재까지의 경험연구만으로는 어느 입장이 적절한지를 결정하기 어렵다는 것을 간접적으로 말해준다.

이제 도덕적 정체성과 도덕적 기능의 자동성이 어떤 관계에 있는지를 파악하기 위해 두 입장이 도덕성과 자아를 어떻게 이해하고 있는지 비교, 검토해보자. 블라지는 "자신이 원하는 삶과 성격을 어느 정도 구성하는 능력을 가지고" "진정한 선택을 할 수 있으며 내적 외적 힘들에 의해 운명적으로 결정되지 않는" "주체적이고 동인적인 자아(subjective and agentic self)",[26] 소위 말하는 "행위자로서의 주체적 자아(the subjective self-as-agent)"가[27] 중심 역할을 하는 성격개념을 추구한다. 자아모형을 통해 도덕성과 성격을 관계 지을 때 블라지는 자아의 주체적이고 동인적인 능력을 중요하게 여긴 것이다. 한편 도덕적 범주의 지속적 접근성과 용이한 활성화를 중시하는 랩슬리와 나바에츠의 도덕적 정체성 개념은 블라지의 것과는 다른 성격을 갖게 된다. 랩슬리와 나바에츠에 따르면 사회인지적 접근은 도덕적 구인들이 "지속성에 의해서 뿐만 아니라 맥락적(상황적) 점화에 의해서 접근 가능하게 될 수 있으며 영향력의 이러한 두 원천이 사회적 정보처리에 영향을 미치기 위해 부가적인 방식으로 결합한다."[28] 이처럼 사회인지적 접근은 어떤 사람이 가진 인지체계가 사회적 맥락과 상호작용함으로써 성향적 특징이 드러난다고 본다. 그리하여 나바에츠와 랩슬리는 블라지의 모형이 "자아정

26) Augusto Blasi. 2004. "Moral Functioning: Moral Understanding and Personality." In Daniel K. Lapsley & Darcia Narvaez eds., *Moral Development, Self, and Identity*(New Jersey: Lawrence Erlbaum Associates Publishers, 2004), p.337.

27) Narvaez & Lapsley(2009), p.253.

28) Lapsley & Narvaez(2004), p.200.

체성의 사회적 차원에 많은 관심을 기울이지 않는 것"을 한계로 지적한다.29) 요컨대 블라지가 주체적인 자아의 역할을 중심으로 도덕적 자아와 그의 기능을 설명하는 반면에 랩슬리와 나바에츠는 자아의 인지체계와 사회적 맥락 간의 상호작용을 주장하는 점에서 중요한 차이가 존재한다.

전통적으로 행위결정에서 자아나 정체성의 작용을 중시하는 입장은 상황이나 맥락의 영향을 상대적으로 간과해온 경향이 있고 이러한 점은 비판의 주요 표적이 되어왔다. 예컨대 사회심리학적 입장들, 특히 상황주의적 입장들은 도덕적 인격에 대한 특질적 접근은 인격특질이 갖기로 기대되는, 상황을 가로지르는 일관성과 안정성을 보여주지 못한다고 본다. 상황주의 사회심리학자들은 다양한 심리학적 연구 결과들을 제시하면서 인격특질과 행위가 매우 빈약한 상관관계에 있다고 주장하고 인격특질의 존재를 의심해왔다.30) 상황주의자들이 주장하는 것처럼 상황의

---

29) Narvaez & Lapsley(2009), p.252.
30) 상황주의자들이 인격특질의 존재를 부인하기 위해 자주 제시하는 대표적 연구들로는 하트숀(H. Hartshorne)과 메이(M. A. May), 밀그램(Stanley Milgram), 아이센(Alice M. Isen)과 레빈(Paula F. Levin), 달리(John M. Darley)와 뱃슨(Daniel Batson)의 실험 등이 있다. 이러한 실험들과 상황주의자들의 주장을 위해서는 다음을 참조: Maria W. Merritt, John M. Doris, & Gilbert Harman. 2010. "Character." In John M. Doris & the Moral Psychology Research Group eds., *The Moral Psychology Handbook*(Oxford & New York: Oxford University Press, 2010), pp.356-357; Rachana Kamtekar. 2004. "Situationism and Virtue Ethics on the Content of Our Character." *Ethics* 114, pp.426-466. 한편 대표적인 상황주의자로는 하만(Gilbert Harman)과 도리스(John M. Doris)를 꼽을 수 있는데 이들의 세부 주장을 위해서는 다음을 참조. Gilbert Harman. 1999. "Moral Philosophy Meets Social Psychology: Virtue Ethics and the Fundamental Attribution Error." *Proceedings of the Aristotelian Society* 99, pp.315-331; Gilbert Harman. 2003. "No Character or Personality." *Business Ethics Quarterly* 13, pp.87-94; John M. Doris. 2002. *Lack of Character*(New York: Cambridge University Press); John M. Doris. 1998.

영향력이 인격의 존재를 부인할 만큼 결정적인지는 별도의 논의를 요구하는 문제이다. 그러나 행위결정에 성향적 변수뿐만 아니라 상황적 변수도 함께 작용한다는 것은 현재 일반적으로 널리 받아들여지고 있는 입장이다. 이런 점에서 블라지의 자아모형보다 사회인지적 접근이 도덕적 정체성에 대한 더 나은 이해를 제공한다고 할 수 있다. 두 입장에 대한 아퀴노와 프리먼의 평가는 이를 잘 보여준다. 그들에 따르면 블라지의 자아모형은 "언제 그리고 어떤 상황 아래에서 특정 정체성이 자아감의 일부로 경험될지에 대해 많이 말하지 못하는" 반면, 사회인지적 접근은 "도덕적 성격의 개인 내부적 안정성과 정합성 그리고 도덕적 행위의 상황적 가변성 둘 모두를 설명할 수 있는" 기제를 제공함으로써 도덕심리학에 기여한다.31) 사회인지적 접근은 인지체계와 사회적 맥락 간의 상호작용을 주장함으로써 성격의 정합성을 주장할 때 상황적 가변성을 인정할 수 있는 방법을 제공한다는 점에서 더 풍부한 성격개념을 준다고 할 수 있다.

도덕성과 자아에 대한 이해와 관련하여 랩슬리와 나바에츠의 사회인지적 접근과 블라지의 자아모형 간의 차이는 또 다른 측면에서도 나타난다. 두 입장 모두 인지의 중추적 중요성을 기본적으로 유지한다. 그러나 사회인지적 접근은 인지를 "도덕발달 전통에 의해 가정되는 것보다 더 광범위한 세트의 정신적 표현, 과정 그리고 기제들"로, 그리고 성격을 "조직되고 통합되고 정합적이며 안정적인 인지정서체계(cognitive-affective system)"로 간주한다.32) 즉, 랩슬리와 나바에츠는 인지의 범위를 매우 포괄적으로 이해하고 정서가 우리의 정보처리과정에 작용하는 요소임을 인정함으로써 성격을 인지와 정서가 뒤섞인, 일종의 통합체계

"Persons, Situations, and Virtue Ethics." *Nous* 32, pp.504-530.

31) Aquino & Freeman(2009), p.377.

32) Lapsley & Narvaez(2004), p.197.

로 파악한다. 그들에게 있어서 사회인지적 단위는 바로 인지정서체계인 것이다.

물론 블라지 역시 도덕적 자아의 정서적인 면을 간과하지 않는다는 것을 그의 도덕적 인격개념에서 확인할 수 있다. 그는 도덕적 인격이 도덕적 욕망(moral desires), 의지력(willpower), 자기통합성(integrity)의 세 요소로 구성된다고 보고 "도덕적 욕망이 의지력과 자기통합성에 대해 도덕적 중요성을 부여하면서 안내하는 역할"을 한다고 주장한다.33) 블라지가 도덕적 이해만으로 도덕적 행동을 설명할 수 없다고 보고 도덕적 자아에 관심을 가졌다는 점, 한 발 더 나아가서 도덕적 욕망을 도덕적 인격을 구성하는 핵심 요소로 주장하는 점 등은 그가 도덕성의 정서적 차원을 중시했다는 것을 보여준다. 그러나 그는 "만약 도덕성에 대해 어떤 이해를 갖지 못한다면 우리는 도덕적 선을 열망할 수 없"고 이해라는 "어느 정도의 추상화 단계를 거치지 않고서는 높은 단계의 의지를 형성하는 도덕적 욕망을 전유할 수 없는 것처럼 보인다"고 말하면서 도덕적 이해가 "도덕적 자아가 성장하는 모든 단계에 필요"하다고 주장한다.34) 그에게 있어서 이해는 도덕적 자아의 중심부를 차지하고

---

33) 오거스토 블라지. 2008. 「도덕적 인격의 심리학적 접근」. 다니엘 K. 랩슬리 & F. 클라크 파워, 정창우 옮김, 『도덕심리학과 도덕교육』(고양: 인간사랑, 2008), p.139.

34) 블라지(2008), p.179. 도덕적 욕망의 형성과 관련하여 블라지가 프랑크푸르트 (H. Frankfurt)와 차이를 보이는 것도 이런 주장과 밀접하게 관련되어 있다. 프랑크푸르트는 일차적 욕망에서 이차적 혹은 더 높은 수준의 욕망과 의지로 의 이행이 참과 옳음이 무엇인지에 관한 판단에 달려 있다고 보지 않는다. 그러나 프랑크푸르트와 달리 블라지는 "만일 인격체에 속한 자율적인 올바른 가치의 인식과 가치판단에 기초하지 않는다면 이차적 의지는 그 어떤 특별한 권위도 갖지 못하게 될 것이라고 주장"한다. 도덕적 인격의 한 요소로 도덕적 욕망을 꼽지만 이러한 욕망과 이를 통해 정립되는 정체성이 타당성을 갖기 위해서는 가치체계에 근거해야 한다고 생각하는 대목에서 도덕적 이해의 중추적 역할을 주장하는 블라지의 입장을 확실하게 확인할 수 있다. 블라지(2008),

도덕적 욕망의 형성을 포함하는 도덕적 자아의 모든 과정에 작용한다. 블라지에게 있어서 도덕적 이해는 여전히 도덕적 자아에서 중추적인 역할을 한다.

만일 도덕적 자아가 행위에 결정적인 작용을 한다고 보면 도덕적 기능에서 인지와 정서는 총체적으로 작용한다고 보아야 할 것이다. 왜냐하면 도덕적 자아는 인지나 정서 어느 한 면으로 구성되는 것이 아니라 일종의 통합적인 체계이기 때문이다. 또한 인지와 정서가 엄밀하게 분리되지 않고 상호작용한다는 것은 오늘날 대체로 인정되는 입장이다. 예컨대 프린츠(Jesse J. Prinz)와 니콜스(Shaun Nichols)는 판단과 동기 그리고 정서 간의 관계를 탐구하는 현대의 다양한 많은 입장들이 공통적으로 "정서가 도덕판단을 내리는 맥락에서 일반적으로 발생한다고 말하고 있다"고 지적한다.35) 더군다나 상황과 맥락이 성향에 영향을 미친다는 점에서 정서적인 면은 도덕적 자아에서 우리가 생각하는 것보다 더 큰 비중을 차지할 수 있다. 우리는 이를 도덕적 욕구에 대한 나바에츠와 랩슬리의 설명에서 알 수 있다. 나바에츠와 랩슬리는 도덕적 욕구가 "사회제도들에 의해 — 애착과 공동체의 정서적 결속에 의해 특징지어지는 가족, 교실, 학교, 그리고 이웃에 의해 — 시간의 흐름 속에서 유지되는 일종의 대인관계들로부터 발생한다"고 설명한다.36) 나바에츠와

---

p.154.

35) Jesse J. Prinz & Shaun Nichols. 2010. "Moral Emotions." In John M. Doris & the Moral Psychology Research Group eds., *The Moral Psychology Handbook*(Oxford: Oxford University Press, 2010), p.118.

36) Narvaez & Lapsley(2009), p.252. 나바에츠는 도덕적 기능을 위해 추론보다 정서적, 사회적 경험의 중요성에 점차 더 주목하는 듯하다. 그녀는 "개개인들이 지각과 행위의 토대로 자아를 사용하지 않을 수 없다 해도 인류학적 영장류 연구는 인간과 다른 종에서 사회적 협력과 이타주의의 긴 역사를 확신시키는 증거를 제공한다"고 지적하면서 "인격이나 성격이 삶의 초기에 이루어진 사회적 세상과의 입법적 상호작용에 의해 형성된 감정체계에 뿌리를 두고 있

랩슬리는 도덕적 욕구가 사회제도와 관련된 대인관계들로부터 발생한다고 보는 것이다. 이처럼 우리가 사회적 상황과 상호작용하면서 도덕적 자아를 형성하고 도덕적 욕구의 근원이 관계적이라고 한다면 도덕적 자아는 상당 부분 사회적이고 그리하여 정서적일 것이다. 이런 점들을 고려할 때 도덕적 자아에 관심을 기울이지만 도덕성의 인지적 토대를 굳건히 유지하고 도덕적 자아의 정서적 차원에 충분한 관심을 기울이지 못한 점은 블라지의 자아모형이 가진 한계라고 볼 수 있다.

도덕성과 자아에 대한 랩슬리와 나바에츠의 이해를 블라지의 이해와 비교, 검토하면서 우리는 랩슬리와 나바에츠가 좀 더 풍부한 도덕적 자아개념을 제공한다는 것을 확인한다. 그리고 랩슬리와 나바에츠의 사회인지적 접근처럼 도덕적 자아의 주체적이고 인지적인 차원뿐만 아니라 사회적이고 정서적인 차원을 함께 고려하는 것이 적절하다면 그러한 자아개념은 도덕적 기능의 자동성과 자연스럽게 연결된다. 도덕성이 합리적일 뿐만 아니라 정서적이고 도덕적 정체성이 주체적일 뿐만 아니라 사회적이기도 하다면, 도덕적 기능은 직관적이고 암묵적인 과정을 포함할 것이고 자주 무의식적이고 즉각적일 것이다. 요컨대 도덕적 기능이 자동적인 과정을 포함한다는 것은 도덕적 정체성의 특징에 부합하는 주장이다.

4. 도덕심리학과 도덕철학의 관계로 본 도덕적 정체성과 자동성

도덕심리학자들이 도덕적 정체성을 중시할 경우 도덕적 정체성의 특성상 도덕적 기능의 자동성을 인정하는 것은 적절한 듯하다. 그러나 도덕적 정체성과 도덕적 기능의 자동성 간의 관계에 대해 최종 결론을 내

으며 삶을 통해 이루어지는 사회적 경험에 의해 영향을 받는다"는 것이 최근에 드러나는 견해라고 소개한다. Narvaez(2010), p.78.

리기 전에 살펴보아야 할 것이 남아 있다. 랩슬리와 나바에츠 그리고 블라지가 보여주는 도덕적 기능의 자동성에 대한 상반된 주장에는 도덕심리학과 도덕철학의 관계에 대한 근본적인 입장 차이가 존재하기 때문이다. 랩슬리와 나바에츠는 도덕적 기능의 자동성은 "'현상주의의 가정'에 반대되기 때문에 저항받는다"고 지적한다.37) 랩슬리와 나바에츠가 콜버그의 인지발달이론에서 분명하게 확인된다고 보는 현상주의의 가정은 "도덕적 행위자의 의도와 동기가 행동의 도덕적 상태를 정의하는 데 매우 중요하다고 주장"하는 것이다.38) 현상주의 가정을 거부하는 랩슬리와 나바에츠는 인지발달 형식을 띤 도덕심리학 연구가 "일련의 철학적 가정들에 충실함으로써" 도덕발달을 설명할 때 "다른 연구영역에서 이루어졌던 이론적, 방법론적 진보로부터 단절되게" 되고 결국 "한계에 봉착한 패러다임"이 되고 말았다고 비판한다.39) 이러한 비판은 도덕심리학과 도덕철학의 관계에 대한 랩슬리와 나바에츠의 입장을 반영한 것이다. 랩슬리와 나바에츠는 "도덕성을 설명하는 데 있어 더욱 폭넓은 분야의 심리학적 연구를 받아들"이는 것이 중요하다고 보고 "심리학의 도덕적인 설명" 대신 "도덕성에 대한 심리학적 설명"에 근거하여 도덕적 정체성과 도덕적 행위의 관계를 규명한다.40) 심리학의 도덕적 설명보다 도덕성의 심리학적 설명을 중시한다는 것은 심리학의 경험연구들을 통해 나타나는 결과들 자체에 주목하는 것이다. 나아가서 그러한 결과들이 철학적 가정이나 윤리학적 정의 등에 의해 배제되지 않도

---

37) Lapsley & Narvaez(2004), p.204.
38) 나바에츠 & 랩슬리(2008), p.252. 이러한 가정은 우리의 인지활동이 추론과 숙고를 통해 의식적이며 의도적으로 이루어진다는 것을 의미한다.
39) 랩슬리 & 나바에츠(2008), p.49.
40) 랩슬리 & 나바에츠(2008), p.52. 콜버그류의 인지발달론적 전통은 철학적 가정과 윤리학적 정의에 근거하여 도덕적 행동을 연구한다는 점에서 심리학의 도덕적인 설명을 추구한다.

록 하는 것이다. 도덕성의 심리학적 설명은 어떤 의미에서 도덕심리학을 도덕철학보다 우선하는 것이라고 할 수 있다. 도덕성의 심리학적 설명을 추구하는 랩슬리와 나바에츠는 자동성을 주장하면서 사회인지나 인지발달에 관련된 문헌들에서 자동성을 보여주는 증거들이 점증하고 있고 이러한 증거들을 포괄하는 이론을 제시하는 것이 적절하다고 생각한다. 또한 그들은 블라지의 자아모형을 비판할 때 블라지가 주목한 많은 개념들이 "경험연구로 직접 옮겨지는 데 저항했으며", "블라지의 도덕이론의 중심항목이 도덕적 정체성인데 이 도덕적 정체성을 측정하는 방법에 대한 합의가 부재한다"고 지적한다.41)

그렇다면 블라지는 도덕심리학과 도덕철학의 관계를 어떻게 설정하고 있는가? 블라지는 이해가 도덕성의 본질이라는 것은 "일상적인 언어에서 그리고 보통의 의사소통에서 파악되지만", "심리학자로서 우리가 사람들이 살고 이야기하는 도덕성을 연구하길 원한다면 일상 언어에 박혀 있는 정의를 최소한도로 채택할 수밖에 없다. 이 주제는 경험적인 것이 아니라 개념적(conceptual)이다"라고 주장한다.42) 이러한 주장과 함께 그는 사람들의 도덕에 대한 일상적인 이해를 분석하고 그러한 이해에 담긴 기준들을 찾아낸다. 블라지는 도덕적인 칭찬이나 비난을 위해 요구되는 일상적인 이해에 "동기들의 의도적인 추구" 내지 "의식적인 이유들에 의해 안내되는 의도적인 행위"에 대한 개념적 요구가 담겨 있으며 이러한 개념적 요구가 바로 도덕성의 본질을 드러내준다고 본다.43) 그가 행위자로서의 주체적 자아를 주장하는 것도 이러한 자아개

41) Narvaez & Lapsley(2009), p.243.
42) Blasi(2004), p.338.
43) Blasi(2004), pp.339-340. 블라지는 사람들이 일상적으로 도덕적 행위를 칭찬할 만한 가치가 있는 것으로 평가하는데 이때 단순히 감탄할 만한 것과 칭찬할 만한 가치가 있는 것을 구별할 다음과 같은 기준들을 만들었다고 분석한다: "(a) 행위가 칭찬받기 위해서 그것의 산물은 어떤 의미에서 감탄의 가치가

넘이 도덕성의 개념적 요구를 잘 설명해준다고 여기기 때문이다. 요컨대 블라지는 일상의 도덕적 이해에 깔린 개념적 요구를 도덕성의 본질로 보고 이러한 개념적 요구에 부합하는 행위자로서의 자아개념을 주장하고 이에 따라 도덕적 기능의 자동성을 거부하는 것이다.

여기에서 우리는 블라지가 도덕심리학과 도덕철학의 관계를 어떻게 설정하는지 확인할 수 있다. 이해가 도덕성의 본질임이 일상적인 언어와 의사소통에서 파악된다고 주장하는 부분은 블라지가 여타의 도덕심리학자들처럼 도덕성의 고찰에서 경험적 차원을 중시한다는 것을 보여준다. 그러나 일상의 도덕성에 대한 연구가 경험적인 주제가 아니라 개념적인 주제라는 주장은 그가 도덕성의 연구를 도덕심리학에 제한하고 있지 않다는 것을, 좀 더 적극적으로 말해서 도덕성의 본질은 경험적인 입증을 넘어서는 도덕철학의 문제라고 여긴다는 것을 보여준다. 이러한 해석은 그가 도덕적 추론과 발달에 대한 자신의 이해와 콜버그의 이해를 구별하는 부분에서 뒷받침된다. 그는 자신의 이해가 일상적인 도덕성개념이 가진 개념적 요구이고 그리하여 경험적인 증거를 요구하지 않는 반면에, 콜버그의 이해는 "개념적 요구의 일부가 아니며 그리하여 그것의 옳음은 경험적 증거에 의해 지지되어야 할 것이며", "그 증거는 — 찬성이든 반대든 — 여전히 이용 가능하지 않다"고 주장한다.[44] 그가 볼 때 도덕적 추론과 발달에 대한 콜버그의 이론적 이해가 직면하는 문제는 그러한 이해가 (경험적으로 입증될 수 없는) 개념적 요구임에도 불구하고 경험적으로 입증되어야 하는 것으로 보고 입증하고자 한다는

있어야 한다; (b) 그 행위는 의도적이어야 하며 우연한 사건의 결과여서는 안 된다; 그리하여 그 행위의 목표는 어떤 형태에서 행위자의 의식에 나타나야만 한다; 그리고 (c) 그 행위자는 그의 행위의 감탄할 만한 면을 분명히 목표로 했어야 한다." Blasi(2004), p.339.

44) Blasi(2004), p.340.

점이다.

물론 블라지나 랩슬리와 나바에츠 모두 도덕심리학과 도덕철학이 상보적인 관계에 있다고 생각한다. 그러나 도덕심리학과 도덕철학의 공동 작업을 중시할 때 랩슬리와 나바에츠는 "도덕심리학은 학제적인 활동이며 철학적 자연주의에의 헌신은 공동 작업을 가능하게 만들며", "심리학의 역할은 대체로 윤리적 자연주의의 많은 설명들에서 어렴풋이 나타난다"고 말한다.[45] 경험적 차원의 인간이해에 근거한 윤리적 자연주의가 도덕심리학과 도덕철학의 바람직한 공동 작업이라고 보는 점은 그들이 도덕심리학의 경험연구를 우선한다는 것을 다시 한 번 확인해준다. 랩슬리와 나바에츠는 도덕적 자아에 대한 이해를 기본적으로 경험적 차원에서 입증되어야 하는 문제로 보고 이러한 심리학의 경험연구에 근거한 도덕적 정체성 이론과 윤리이론이 적절하다고 주장한다. 블라지 역시 도덕심리학과 도덕철학의 상보성에 관심을 기울인다. 이때 블라지는 도덕성의 본질적 특징과 심리적 기능의 정상적인 특징들을 둘 다 존중하는 방향으로 가는 것이 바람직하다고 본다. 그는 "도덕성의 선험적이고 불필요한 개념을 적절하게 하기 위해 성격에 불가능한 요구를 부과하는 것이 부적절한 것처럼, 성격의 선험적이고 불필요한 개념에 도덕성을 맞추기 위해 도덕성을 왜곡하는 것도 부적절할 것이다"라고 말한다.[46] 요컨대 블라지는 도덕심리학과 도덕철학의 상보성을 중시하지만 각 영역의 고유한 부분을 인정하고 도덕성의 본질은 근본적으로 경험적인 영역을 넘어서는 도덕철학적 영역에 속하는 주제라고 본다.

지금까지 살펴본 바와 같이 도덕적 기능의 자동성에 대한 상반된 주장에는 도덕심리학과 도덕철학의 관계에 대한 상이한 입장이 깔려 있

---

45) Daniel K. Lapsley & Darcia Narvaez. 2011. "Moral Criteria and Character Education: A Reply to Welch." *Journal of Moral Education* 40, p.529.

46) Blasi(2004), p.336.

다. 따라서 도덕적 기능의 자동성에 대한 두 주장을 평가하기 위해서는 도덕심리학과 도덕철학의 적절한 관계를 먼저 규명해야 한다. 자연적인 인간의 실제에 어울리는 옳고 그름의 이론을 발견하는 것은 중요한 일이다. 그러나 도덕은 그러한 실제의 연속에 머물지 않는다. 윤리나 도덕의 규범성(normativity)은 우리가 어떻게 행위하느냐를 넘어서서 행위할 만한 것, 즉 행위할 가치가 있는 것이 무엇인지와 관계한다. 즉, 규범성은 우리의 모습에 대한 사실에 머무르지 않고 우리의 모습과 관련한 기대나 당위를 고려한다. 따라서 규범성을 제시하는 윤리이론은 행위지침으로서의 역할에 충실하여 경험적 차원에서 타당성을 가질 필요가 있지만 동시에 우리의 기대와 바람을 반영하여 현실을 넘어서서 우리를 이끌 필요도 있다. 규범윤리이론은 실제적인 행위지침일 뿐만 아니라 도덕적 이상(ideal)의 제시이기도 한 것이다. 이처럼 인간의 도덕성이 사실적이고 기술적인 차원에 한정되지 않는 규범적이고 처방적인 성격을 가진다는 것은 규범성이 사실성(factuality)과 구분된다는 것을 의미한다. 즉, 사람들이 생각하고 행동해야 하는 방식은 사람들이 생각하고 행동하는 방식에 한정되지 않는다. 따라서 규범성을 연구하는 도덕철학은 도덕심리학과는 구별되는 고유의 영역을 가지게 된다. 도덕성의 고찰에서 도덕심리학과 도덕철학의 상보성을 추구할 때 우리는 환원주의적 접근을 경계하고 경험적 사실에 한정되지 않는, 도덕철학의 규범적 특성과 영역을 인정해야 한다.

규범성에서 비롯되는 도덕철학의 고유 영역을 인정해야 한다고 할 경우 랩슬리와 나바에츠보다는 블라지가 도덕심리학과 도덕철학의 관계를 좀 더 적절하게 이해하고 있다고 할 수 있다. 그렇다면 우리는 블라지처럼 도덕적 기능의 자동성에 저항해야 하는가? 이 물음의 답은 우리가 도덕적 기능에 대해 어떤 기대와 요구를 갖고 있는지, 그리고 이러한 기대와 요구가 자동성과 양립 가능한지에 달려 있을 것이다. 칭찬할 만한 행위를 하는 것을 넘어서서 그것이 왜 칭찬할 만한 행위인지 알고 바로 그 이유 때문에 그 행위를 하는 것은 분명 우리가 기대하고 바라는 바이다. 아리스토텔레스가 유덕한 사람의 행위를 주장할 때 그리고 칸트가 의무로부터의 행위를 주장할 때, 둘 모두 공통적으로 요구하는 것도 바로 이 점이다. 규범적 차원에서 도덕적이어야 할 이유를 알고 바로 그 이유 때문에 도덕적으로 행위하는 것은 우리가 도덕적 기능에서 기대하고 요구하는 이상인 것이다. 즉, 이상적 형태의 도덕적 기능은 의도와 자발성을 요구한다.47) 따라서 도덕적 기능의 자동성이 의도와 자발성을 포함한다면 그러한 자동성은 인정될 것이고 의도와 자발성을 포함하지 않는다면 인정되기 어려울 것이다.

도덕적 정체성을 형성한 사람이 보여주는 자동성은 과연 어떤 성격의 것인가? 랩슬리와 나바에츠는 도덕적 도식의 지속적인 접근성과 이용 가능성을 지닌 사람들에게서 나타나는 정보처리과정의 자동성을 콜비와 데이먼의 도덕적 귀감들에게서 발견한다고 생각한다.48) 도덕적 귀감들은 자신들의 신념이나 결정에 대해 확실성을 가지고 의심이나 주저함 없이 그리고 가능한 위험이나 부정적인 결과 앞에서도 저울질하지 않고 즉각적으로 행동한다는 점에서 자동성을 보여준다. 그러나 콜비와 데이먼의 설명에 따르면, 도덕적 귀감에게 그녀가 한 행동을 왜 했느냐고 물으면 "그것이 옳기 때문에, 모든 사람은 투표할 권리를 가져야 하기 때문에, 혹은 사람들은 인종에 의해 분리되어서는 안 되기 때문에 그것을

---

47) 이렇게 볼 때 블라지가 도덕성의 탐구를 개념적인 주제로 보고 일상의 도덕적 이해에 깔린 개념적 요구로 의도와 동기에 주목한 점은 의미가 크다. 한편 윤리나 도덕의 규범성 그리고 도덕적 기능의 의도와 자발성에 대한 상세 논의는 이 장의 범위를 넘어서는 별도의 주제이므로 여기에서는 기본적인 입장만 간략하게 다룬다.

48) 이에 대한 랩슬리와 나바에츠의 설명을 위해서는 랩슬리 & 나바에츠(2008), p.69 참조.

했다고 말하면서 더 간단히 대답할 것이다."49) 이러한 답변은 도덕적 귀감들이 주저하거나 갈등하지 않고 즉각적으로 행동할 때 그들이 아무 생각 없이 기계적으로 행동하는 것이 아님을 의미한다. 도덕적 귀감들은 행위를 위한 이유를 분명 가지고 있으며 이러한 이유 때문에 그들은 자발적으로 행위한 것이다. 용감하게 행동했음에도 왜 자신의 행위를 용감한 것으로 여기지 않는지, 그 이유를 묻는 질문에 대해서도 도덕적 귀감은 "나는 내가 해야만 한다고 느꼈던 것을 했기 때문에, 그러나 내가 용기로부터 그것을 하고 있다고, 내가 그것에 대해 그렇게 용기를 내고 있다고 느끼지 않았기 때문이다"라고 답변한다.50) 도덕적 귀감들이 자신을 용감하다고 느끼지 않은 것은 자신이 한 행동이 어떤 행동인지 몰라서가 아니라 마땅히 해야만 하는 것이라는 확실성을 가지고 위험한 상황에서도 두려움이나 의심이 거의 없기 때문에 자신의 행동에 대해 굳이 의기양양하게 느낄 필요가 없었던 것이다. 도덕적 귀감들에 대한 이러한 설명은 도덕적 귀감들이 즉각적이고 암묵적이며 자동적으로 행위할 때 그들이 의도와 자발성을 가지고 있음을 보여준다. 콜비와 데이먼이 도덕적 귀감의 원형으로 결론짓는 버지니아 더르(Virginia Durr)를 인터뷰하고, "그녀는 무엇이 옳은지 알았고 바로 그녀가 그것을 실행할 책임이 있다는 것을 알았다"고 설명하는 부분은 이를 분명히 확인해준다.51)

콜비와 데이먼의 도덕적 귀감들에 대한 연구는 도덕적 정체성을 형성한 사람이 자동적인 정보처리과정을 거칠 때 의도와 자발성을 가지고 있음을 보여준다. 도덕적 정체성을 형성한 사람들이 의도와 자발성을 가짐에도 불구하고 왜 도덕적 정보처리의 자동성을 드러내는지에 대해

---

49) Colby & Damon(1993), p.166.
50) Colby & Damon(1993), p.170.
51) Colby & Damon(1993), p.169.

몇 가지 이유를 생각해볼 수 있다. 먼저 도덕적 정체성을 형성한 사람의 추론과 숙고의 성격을 통해 설명이 가능하다. 도덕적 정체성을 형성한 사람은 도덕적 가치를 내면화한 사람이기 때문에 도덕적이어야 하는지 말아야 하는지 고민하거나 갈등하지 않는다. 따라서 대부분의 경우 그의 추론은 도덕적이어야 하는지 말아야 하는지의 목적추론이라기보다는 도덕적이기 위해서 어떻게 해야 하는지의 수단추론일 것이다. 또한 많은 경우 그는 전문가처럼 도덕적이기 위해서 어떻게 해야 하는지 즉각적으로 혹은 어렵지 않게 알 것이다. 따라서 도덕적 정체성을 형성한 사람이 긴 시간 고민하거나 심각하게 숙고하는 경우는 그다지 많지 않을 것이다. 도덕적 정체성을 형성한 사람은 올바르게 행위하고자 하는 사람이고 많은 경우 그는 무엇이 옳은 행동인지 바로 알고 갈등 없이 행할 것이다.

의도와 자발성을 가짐에도 불구하고 정보처리의 자동성을 보여주는 이유는 도덕적 자아의 특성에서도 찾아볼 수 있다. 3절에서 논의한 바와 같이 도덕적 자아는 주체적이고 인지적인 차원뿐만 아니라 사회적이고 정서적인 차원을 함께 가지고 있다. 그리하여 도덕적 정체성을 형성한 사람의 정보처리과정에는 인지와 정서가 총체적으로 작용함으로써 자주 직관적이거나 암묵적으로 행위한다. 더군다나 그의 정보처리과정은 상황이나 맥락의 영향을 받게 되고 그는 자주 자신의 선택과 결정을 의식하지 못하기도 한다.

그 밖에 의도와 자발성의 속성도 도덕적 정체성을 형성한 사람의 자동적인 정보처리를 설명하는 데 도움이 될 듯하다. 도덕적 정체성을 형성한 사람은 어떻게 행동해야 하는지 바로 알고 갈등이나 주저함 없이 즉각 헌신하면서 자주 자신의 의도를 의식하지 못할 수 있다. 그러나 자신의 의도를 의식하지 못한다는 것이 의도를 가지지 않는다는 것을 뜻하지는 않는다. 예컨대 왜 그렇게 행위했느냐고 물을 경우 콜비와 데이먼이 연구한 도덕적 귀감들처럼 도덕적 정체성을 형성한 사람은 행위를 위한 이유를 제시할 수 있고 우리는 이러한 이유에서 그의 의도와 자발성을 확인할 수 있다. 행위자가 보통 일정 시간과 일련의 과정을 거치는 추론과 숙고를 통해 행위한다는 점은 그가 의도와 자발성을 가진다는 흔한 근거가 된다. 그러나 행위를 위한 이유와 근거를 가지고 있다는 점 역시 의도와 자발성을 확인하는 중요한 단서이다. 그뿐만 아니라 행위자가 행위를 위한 이유를 반드시 행위가 수행되기 이전에 의식해야 하는 것은 아니다. 행위를 위한 이유는 행위가 수행된 이후에도 제시되거나 의식될 수 있으며, 단지 행위 수행 이후에 표현된다는 점 때문에 이러한 이유를 사후 합리화로 치부할 필요는 없다.52)

지금까지 살펴본 바와 같이 도덕적 정체성을 형성한 사람이 즉각적이고 암묵적이며 자동적으로 행위할 때 도덕적 기능에 요구되는 의도와 자발성을 충족시킬 수 있다는 점에서 우리는 도덕적 기능의 자동성을 인정할 수 있다. 그러나 맹목적으로 행위하거나 단순히 습관적으로 행위한다면 그러한 경우에 도덕적으로 행위한다고 보기는 어렵다. 무지나 단순한 습관화에 따른 비자발적이고 무의도적인 행위에서 나타나는 자

---

52) 한편 랩슬리와 나바에츠에 따르면 도덕적 행위에 대한 현상주의적 설명이 행위자가 반드시 의식하지 않는다 해도 타당한 의도와 동기를 지닐 가능성을 인정하고 그리하여 사회인지적 접근이 주장하는 자동성과 공존한다고 보는 것은 현상주의적 관점에 비추어 볼 때 설득력이 없는 주장이다. 이에 대한 설명을 위해서는 랩슬리 & 나바에츠(2008), p.62 참조. 그러나 도덕적 정체성을 가진 사람이 암묵적이고 자동적인 과정을 거칠 때 의도와 동기를 가질 수 있다는 본문의 주장은 콜버그류의 현상주의적 설명 자체를 염두에 두고 있지 않다. 의도와 동기를 중시한 점은 적절하지만 도덕적 행위에 대한 전통적인 합리주의적 이해와 이러한 이해에 전제된 현상주의적 가정은 나름의 여러 문제를 가지고 있다. 도덕적 행위를 이해할 때 전통적인 합리주의적 접근을 넘어서서 도덕적 정체성의 역할을 중시하고 인지와 정서 간의, 그리고 행위주체와 상황 간의 밀접한 상호작용을 인정하는 것이 필요하다고 생각한다.

동성에 도덕적 가치를 부여하기는 어렵다. 따라서 우리는 도덕적 정체
성을 형성한 사람이 보여주는 도덕적 기능의 자동성과 그 밖의 자동성
을 구분해야 한다. 도덕적 기능의 자동성은 기본적으로 도덕적으로 행
위할 이유를 가지고 그 이유 때문에 행위하는, 자발적이고 의도적인 행
위에서 나타난다. 반면에 의도와 자발성을 결여한 자동성은 일종의 기
계적인 자동성에 해당한다.

이제 랩슬리와 나바에츠의 자동성 주장이 기계적인 자동성과 구별되
며 도덕적 기능에 요구되는 기대나 바람을 충족시키는지 검토해보자.
앞 절들에서 살펴본 것처럼 그들은 현상주의의 가정을 거부하며 행위가
자동적인지 아닌지를 구분하는 여러 특성들, 즉 자각, 주의, 의도, 통제
를 어느 정도 독립적으로 보고 어느 하나에 특별한 중요성을 부여하지
않는다. 이런 점들은 그들이 인정하는 자동적인 행위 중에는 의도되지
않은 것도 포함될 여지가 있음을 암시한다. 예컨대 그들은 사회적 정보
처리과정에서 나타나는 여러 종류의 자동성을 설명할 때 의도된 것뿐만
아니라 "의도되지 않은 목표 의존적 자동성"도 언급한다.53) 또한 도덕
적 인격이 "자발적이고 무의도적인 그리고 자동적인 사회적 정보처리
를 위해 지속적으로 접근 가능할 수 있는 구인"인 듯하다고 설명한
다.54)

그러나 자동성과 관련하여 자각, 주의, 의도, 통제 중 어느 하나에 특
별한 중요성을 부여하지 않았다는 점은 다른 한편으로 그들이 주장하는
자동적인 행동이 반드시 의도되지 않은 행동이어야 하는 것은 아님을
의미한다. 그들이 주장하는 자동적인 행동은 의도를 포함할 수도 있는
것이다. 실제로 자동성을 설명할 때 나바에츠와 랩슬리는 "걷기, 운전하

---

53) 나바에츠 & 랩슬리(2008), p.258.
54) Narvaez et al.(2006), p.975.

기, 독서와 같은 어떤 행동을 자동적이라고 하는 것이 반드시 그 행동이 의도되지 않았다는 것을 의미하는 것이 아니며, 또 통제하거나 멈추게 할 수도 없다는 것을 의미하는 것도 아니다"라는 주장을 소개한다.55) 랩슬리와 나바에츠가 주장하는 자동성이 의도를 포함할 여지를 가진다는 것을 뒷받침하는 몇 가지 근거를 찾아보자. 먼저 그들이 윤리적 전문가들은 "윤리적 이상을 우선시하면서 다른 사람들에 대해 책임을 진다"고 설명하는 부분에서 도덕적 정체성을 형성한 행위자는 의도 없이 비자발적으로 행위하는 것이 아님을 짐작할 수 있다.56) 도덕적 정체성을 형성한 사람을 윤리적 이상과 책임을 지닌 행위자로 본다는 점 이외에도 그들이 자동성을 경험과 교육 등에서 나오는 것으로 보는 점도 주목할 만하다. 그들은 자동성을 "반복된 경험, 교육, 의도적 코치, 그리고/혹은 사회화의 결과로서 발달의 최종단계에 두"며 이에 따라 자동성을 "방대한 경험을 하고 잘 실천된 일상적 행위들을 가지는 삶의 영역에서의 전문성으로부터 나오는 것"으로 본다.57) 자동성이 인간 본성을 구성하는 직관으로부터 나오는 어떤 것이라기보다 경험과 교육, 사회화 등에서 결과하는 것이라면 이러한 자동성은 맹목적이거나 기계적일 수만은 없다. 그 밖에 도덕교육이 숙고적 추론과 직관개발 간의 양자택일 문제가 아니라 둘 모두를 요구한다는 주장도 그들이 인정하는 자동성이 의도를 포함할 수 있음을 보여준다. 그들은 "직관적 마음은 대부분의 시간에 의식적인 자각 없이 결정을 내리고 행위를 취하며", "숙고적 마음은 직관개발을 안내하고 좋지 못한 직관을 반박하는 데 필수적이다"라고 주장하면서 어느 하나를 결여할 경우 도덕적 성격을 형성하기 어렵다고 본다.58) 인간 마음의 이중적 성격을 인정하고 도덕적 성격을 형

---

55) 나바에츠 & 랩슬리(2008), p.257.
56) 나바에츠 & 랩슬리(2008), p.275.
57) Narvaez & Lapsley(2009), p.246.

성할 때 추론과 직관 둘 다 중시한다면 도덕적 정체성을 형성한 사람의 자동성은 의도를 배제하지 않을 것이다. 이처럼 랩슬리와 나바에츠에게 있어서 자동성은 의도되지 않은 경우와 의도를 가진 경우를 모두 포함한다. 자동성에 대한 그들의 주장이 의도를 가진 경우를 포함할 수 있다는 점에서 다행이기는 하지만, 규범적 차원에서 요구되는 의도에 특별한 비중을 두지 않음으로써 도덕적 기능의 자동성과 기계적 자동성을 구분하지 못하는 점은 한계가 아닐 수 없다.

5. 유덕한 행위자와 도덕적 기능의 자동성

도덕철학과 도덕심리학의 공동 작업이라는 맥락에서 볼 때 윤리이론으로서 아리스토텔레스의 덕윤리는 전통적으로 성격에 대한 특질적 접근으로 해석되어왔다. 그러나 아리스토텔레스의 덕개념에는 특질적 접근에 제한되지 않고 사회인지적 접근의 성격을 가진다고 볼 단서들이 발견된다. 먼저 인격과 실천이성의 상호 의존성 내지 불가분성을 강조하는 아리스토텔레스의 덕개념은 자아에 결부된 인지작용을 중시하는 사회인지적 접근과 유사하다. 또한 품성상태로서의 탁월성의 소유뿐만 아니라 활동으로서의 탁월성의 사용을 중시하는 점도 성격의 수행적 측면을 중시하는 사회인지적 접근의 면모를 보여준다. 이러한 점들을 염두에 둔다면 아리스토텔레스의 덕윤리 역시 랩슬리와 나바에츠의 사회인지적 접근처럼 도덕적 기능의 자동성을 인정한다고 볼 여지가 있다. 실제로 도덕적 인격을 갖춘 사람을 윤리적 전문가로 설명할 때 랩슬리와 나바에츠는 고대의 덕은 현대적 개념인 전문성으로 여겨지며 유덕한 사람은 윤리적 전문가와 유사하다고 본다. 랩슬리와 나바에츠가 주장하

---

58) Narvaez(2008), p.311.

는 것처럼 도덕발달을 통해 도달하는 전문성으로부터 도덕적 기능의 자동성이 나오며 유덕한 사람이 윤리적 전문가와 유사하다면 윤리적 전문가에게 있어서 도덕적 도식이 자동적으로 활성화되는 것처럼 유덕한 사람의 덕이 발휘될 때 도덕적 기능의 자동성이 나타날 수 있을 것이다.[59)

랩슬리와 나바에츠의 주장이 아니더라도 판단과 행위에 작용하는 성격의 역할을 중시할 경우 도덕적 기능의 자동성을 어느 정도 인정하는 것은 자연스럽다고 할 수 있다. 앞 절에서 논의한 바와 같이 성격이라는 것은 한 개인의 인지적인 부분뿐만 아니라 정서적인 부분도 포함하는 총체적인 개념이고 성격이 도덕적 기능에 중요한 역할을 한다면 도덕적 기능은 직관적이고 암묵적인 과정을 포함할 수 있기 때문이다. 무엇을 해야 하는지 잘 알고 이를 기꺼이 행하는 안정적 성향을 가진 사람, 즉 유덕한 품성상태를 형성한 사람이 큰 갈등이나 주저함 없이 행할 바를 즉각 행할 것이라는 점은 별반 의심의 여지가 없다. 따라서 행위자의 유덕한 품성을 중시하는 아리스토텔레스의 덕윤리가 도덕적 기능의 자동성을 인정할 여지는 상당하다고 할 수 있다.

그러나 아리스토텔레스가 도덕적 기능의 자동성을 인정한다 할지라도 기계적인 자동성을 허용하지는 않을 것이다. 이것은 품성상태와 행위에 대한 아리스토텔레스의 주장에서 분명하게 나타난다. 아리스토텔레스에 따르면 어떤 행위가, 예컨대 정의롭다는 것은 정의로운 사람이 행했을 법한 그런 종류의 행위일 때이며 정의로운 사람은 "알면서, 또 다음으로 합리적 선택에 의거해서 행위하되 그 행위 자체 때문에 선택해야 하며, 셋째로 확고하고도 결코 흔들리지 않는 상태에서 행위해야 하는 것이다."[60) 이러한 세 가지 조건은 탁월성에 따른 행위는 지속적

59) 아리스토텔레스의 덕개념이 가진 사회인지적 접근의 단서들, 그리고 덕과 윤리적 전문성에 대한 랩슬리와 나바에츠의 주장에 대한 상세 논의를 위해서는 이 책 6장 3절 참조.

이고 안정된 상태에서 알고 원하면서 자발적으로 행해진 것임을 의미한다. 아리스토텔레스에게 있어서 어쩌다가 우연히 또는 맹목적으로 아니면 다른 사람의 강요나 지시에 따라 행하는 것은 유덕한 사람이 행하는 방식과는 거리가 멀다.

이처럼 아리스토텔레스의 덕윤리에서 기계적 자동성을 배제하는 근거는 어디에서 나오는가? 이러한 근거를 찾기 전에 먼저 사회인지적 접근이 도덕적 기능의 자동성과 기계적 자동성을 구분하지 못하는 이유를 생각해보자. 사회인지이론은 자아체계의 구조와 작동과정이 인간의 기능에서 함께 작용한다고 보고 이 둘의 이중성을 지양한다. 그러나 자아체계의 구조와 작동과정을 통합하려는 사회인지이론의 입장은 도덕적 행위자의 기능을 사회적인 정보처리과정으로 이해하고 결과적으로 자아체계의 작동과정에 치우치는 경향이 있다. 그리하여 사회인지이론은 행위자 내면의 의도나 동기 등 행위와 관련한 심리적 현상을 포함하는 성격구조를 제대로 드러내지 못한다는 비판에 직면한다.61) 사회인지이론이 도덕적 기능에서 의도와 자발성을 가진 자동성과 그렇지 않은 자동성을 구분하지 않는 것은 바로 이러한 점과도 관련이 있다. 사회적 정보처리과정에 초점을 맞추고 성격구조를 온전히 담아내지 못하면 정보처리과정에 관련하여 행위자 내면에서 의도나 동기가 작용함에도 불구하고 이를 제대로 들여다보지 못하고 도덕적 기능이 직관적이고 암묵적으로 수행된다고 여길 수 있다. 행위자의 성격구조를 제대로 담아내지 못하는 사회인지이론은 도덕적 기능의 작동에서 의도와 자발성을 가진 경우와 그렇지 않은 경우를 구분하지 못하고 마는 것이다.

한편 아리스토텔레스의 덕윤리는 사회인지이론이 직면하는 이러한

---

60) 아리스토텔레스. 2013. 『니코마코스 윤리학』, 강상진 · 김재홍 · 이창우 옮김 (서울: 도서출판 길), 1105a31-33, p.60.
61) 이에 대한 논의를 위해서는 이 책 6장 4절 참조.

문제에 빠지지 않을 수 있다. 아리스토텔레스에게 있어서 성격구조와 인지체계, 구체적으로 성격적 탁월성과 실천적 지혜는 어느 하나가 다른 하나를 압도하거나 결정하는 것이 아니라 불가분의 상호 의존적인 관계에 있다. 그리하여 유덕한 품성상태의 형성이나 발휘에는 이 둘이 함께 작용한다. 아리스토텔레스의 합리적 선택 개념은 이를 잘 보여준다. 지속적이고 안정적인 품성상태를 가진다는 것은 도덕적 기능의 자동성을 유발한다. 그러나 이러한 성격적 품성상태가 실천적 지혜와 불가분의 상호 의존적인 관계에서 발휘된다는 점에서 자동성은 결코 맹목적이거나 기계적일 수 없다. 만일 어떤 사람이 맹목적이거나 기계적으로 유덕한 행위를 한다면 그는 실천적 지혜를 가지고 행위한 것이 아니며 그는 유덕한 사람이 아니다. 성격적 탁월성에 작용하는 실천적 지혜를 중시할 때 아리스토텔레스는 어린이나 동물들이 가진 자연적 품성상태처럼 지성을 갖추지 못한 사람의 탁월성, 즉 실천적 지혜를 동반하지 않는 탁월성을 엄밀한 의미에서의 탁월성과 구별한다. 자연적 탁월성과 엄밀한 의미의 탁월성 간의 차이는 실천적 지혜의 유무에 있다. 이처럼 아리스토텔레스가 무엇이 좋은지 숙고하지 않고 행하는 품성상태를 엄밀한 의미의 탁월성으로 보지 않는다는 것은 그가 성격적 탁월성과 실천적 지혜가 함께 작용해야 하며 이에 따라 의도와 자발성 없이 이루어지는 도덕적 기능은 유덕한 사람이 행하는 방식이 아니라고 본다는 것을 의미한다.

성격적 탁월성과 실천적 지혜의 상보성 내지 불가분성은 도덕적 실천이 요구되는 상황들이 매우 다양하며 이에 따라 성격적 탁월성은 단일 궤도의 행위성향이 아니라 다중 궤도의 행위성향이라는 점에서도 확인된다. 아리스토텔레스는 확고한 품성상태로서의 성격적 탁월성은 지속적이고 안정적이지만 이러한 탁월성이 발휘되는 상황들은 각각의 경우에 따라 다양하지 않을 수 없고 따라서 상황을 잘 고려하여 성격적 탁월성에 따른 목적에 이바지하는 것이 무엇인지를 숙고하는 실천적 지혜가 필요하다고 본다. 이처럼 성격적 탁월성의 발휘에 상황을 고려하는 실천적 지혜가 필요하다는 점에서도 유덕한 사람은 맹목적이거나 기계적으로 행동할 수 없다.

랩슬리와 나바에츠의 사회인지적 접근은 도덕적 기능에 작용하는 성격의 구조와 이의 작동과정을 통합하는 과정에서 작동과정에 치우친 이론이 되고 만다. 그러나 아리스토텔레스는 성격적 탁월성과 실천적 지혜를 구분하면서도 이 둘이 상호 의존적으로 작용한다고 보고 둘을 동시에 중시한다. 여기에는 성격에 대한 두 이론의 접근방식의 차이가 존재한다. 아리스토텔레스의 덕개념은 성격에 대한 특질적 접근을 근간으로 하지만 사회인지적 접근의 면모를 일부 보임으로써 성격의 구조를 기본적으로 중시하면서도 작동과정에 관심을 보인다. 아리스토텔레스의 덕개념은 성격구조를 중시하지만 성격의 작동과정을 무시하거나 이를 성격구조로 환원하려고 하지 않는다. 아리스토텔레스는 대개의 경우 형성된 성격은 수행과정으로 자연스럽게 연결된다고 보지만 경우에 따라서 성격의 형성과 성격의 활성화가 구별될 수도 있다고 보고 성격의 형성과 함께 성격의 활성화도 중시한다. 이 점은 품성상태의 소유와 품성상태의 활동을 구별하고 행복을 품성상태의 활동으로 본 점에서 잘 드러난다.62) 랩슬리와 나바에츠가 성격에 대한 사회인지적 접근을 취하면서 성격의 구조를 제대로 담아내지 못하고 사회적 정보처리과정에 치중한 반면, 아리스토텔레스는 특질적 접근을 근간으로 하고 사회인지적 접근의 성격을 일부 가짐으로써 성격의 구조와 작동과정을 함께 담아낼 수 있게 되고 성격적 탁월성과 실천적 지혜의 상호작용을 통해 도덕적 기능의 자동성에서 의도와 자발성을 결여한 경우를 배제할 수 있게 된

---

62) 이에 대한 아리스토텔레스의 주장을 위해서는 아리스토텔레스(2013), 1098b
    30-1099a6, pp.33-34 참조.

것이다.

앞 절에서 우리는 도덕심리학과 도덕철학의 공동 작업을 수행할 때 환원주의를 경계하고 경험적 사실에 한정되지 않는 규범성을 인정하는 것이 필요하다는 점을 논의했다. 그리고 의도와 자발성은 규범적 차원에서 도덕적 기능에 대해 우리가 갖는 기대와 요구이다. 이렇게 볼 때 아리스토텔레스의 덕개념은 도덕적 기능에 대한 설명에 있어서 장점을 가진다. 그러나 아리스토텔레스의 주장이 형이상학적 자연주의에 근거함으로써 경험적 입증의 어려움을 갖는다는 점은 도덕심리학과 도덕철학의 공동 작업에서 아쉬움으로 남는 부분이다.63)

6. 나오는 말

도덕심리학에서 자아나 정체성에 주목하는 것은 도덕적 행위를 이해하는 적절한 방향이라고 할 수 있다. 상식적인 수준에서 보더라도 도덕적 행위와 자아나 정체성의 상관성을 확인하기는 그리 어렵지 않다. 무

---

63) 도덕심리학과 도덕철학의 공동 작업에 대한 아리스토텔레스의 입장은 랩슬리와 나바에츠, 그리고 블라지의 입장과 공통되는 면과 구별되는 면을 동시에 갖는다. 앞에서 논의한 바와 같이 랩슬리와 나바에츠, 그리고 블라지가 보여주는 도덕적 기능의 자동성에 대한 상반된 주장에는 도덕심리학과 도덕철학의 관계에 대한 그들의 상이한 입장이 깔려 있다. 랩슬리와 나바에츠는 도덕심리학의 경험연구를 중시하고 자동성을 인정하는 반면, 블라지는 도덕성의 본질은 경험적인 영역을 넘어서는 도덕철학적 영역의 주제라고 보고 자동성을 부인한다. 윤리적 자연주의를 추구한 점에서 그리고 자동성을 인정하는 점에서 아리스토텔레스는 랩슬리와 나바에츠와 유사한 점이 있다. 그러나 그들과 달리 아리스토텔레스는 인간의 본성을 규범윤리적으로 이해하고 형이상학적 생물주의를 취하며 도덕적 기능에서 기계적 자동성을 배제한다. 그리하여 비록 블라지와 달리 경험적 사실에 한정되지 않는 규범성을 별도로 인정하지 않으며 도덕적 기능의 자동성을 인정하지만, 결과적으로는 블라지처럼 규범적 요구를 반영한 입장을 취한다.

엇을 보고 무엇을 생각하며 무엇을 하느냐는 것이 상당 부분 어떤 사람인가에 달려 있다는 것을 우리는 자주 경험하기 때문이다. 또한 정보처리과정의 자동성이 중요한 사회심리적 현상으로 입증되고 있는 시점에서 도덕적 정체성과 도덕적 행위의 관계를 파악할 때 도덕적 정체성의 사회적이고 정서적인 특성을 인정하고 도덕적 기능의 자동성에 주목한 점은 랩슬리와 나바에츠의 사회인지적 접근이 가진 장점이다. 그러나 사회인지적 접근은 기계적 자동성과 도덕적 기능의 자동성을 엄밀하게 구분하지 않고 둘 모두를 허용하는 한계를 드러낸다. 이러한 한계는 무엇보다도 그들이 도덕심리학의 경험연구를 우선하고 도덕철학의 규범적 요구나 기대가 가진 고유의 영역을 인정하지 않는 점에 기인하는 바가 크다. 한편 성격에 대한 특질적 접근을 근간으로 하지만 사회인지적 접근의 성격을 일부 가지는 아리스토텔레스의 덕윤리는 성격적 탁월성과 실천적 지혜의 불가분성 내지 상호 의존성을 통해 단순한 기계적 자동성과 구별되는 도덕적 기능의 자동성을 주장할 수 있다. 사실 현실에서 도덕적 정체성을 형성하거나 유덕한 품성상태를 가진 사람은 많지 않다. 그리고 도덕적 기능의 자동성으로 간주할 만한 자동성을 보여주는 사람도 많지 않다. 그럼에도 불구하고 도덕적 기능의 자동성과 단순한 기계적 자동성을 구분하는 것은 여전히 중요한 의미가 있다. 우리가 가야 할 바람직한 길은 도덕철학적 탐구를 통해 규범적 이상을 확인하고 도덕심리학적 연구를 통해 불완전한 인간이 보여주는 경험적 모습을 인정하면서 경험적인 인간 공동체가 규범적 이상에 근접할 수 있도록 도덕교육적 노력을 기울이는 것이기 때문이다.

8 장

크리스틴 M. 코스가드의 자아구성으로서의
행위설명과 아리스토텔레스의 영향

1. 들어가는 말

동시대 영미 윤리학계의 흥미로운 주제 중의 하나는 도덕성과 도덕현
상의 고찰에서 행위(action)와 행위자(agent)가 어떤 의미를 가지며 이
둘이 어떤 관계를 갖는가 하는 점이다. 이 주제를 염두에 두고 볼 때
특히 관심을 끄는 것은 영미 윤리학계의 대표적인 칸트주의자인 코스가
드(Christine M. Korsgaard)의 최근 두 저작에서 나타난 주장이다. 2008
년에 출간된 *The Constitution of Agency: Essays on Practical Reason
and Moral Psychology* 에서 코스가드는 소위 구성적 모형(the Consti-
tutional Model)이라고 명명한 행위에 대한 설명을 소개한다. 그리고 다
음해에 출간된 *Self-Constitution: Agency, Identity, and Integrity* 에서
그녀는 이 모형에 대한 좀 더 구체적이고 체계적인 설명을 제시한다. 코
스가드가 제시하는 구성적 모형의 핵심주장은 한마디로 말해서 행위
(action)가 자아구성(self-constitution)이라는 점이다. 칸트의 도덕이론을

구성주의로 읽어내는 롤즈를 계승하면서 코스가드는 자신의 구성적 모형이 실천이성과 행위에 대한 칸트적 개념들을 발전시킨 것으로 여긴다. 그리하여 그녀는 구성적 모형의 핵심주장을 통해 합리적 도덕성이 확실하게 정당화되길 기대한다.

구성적 모형을 제시하는 코스가드의 기획에서 주목할 만한 두드러진 특징은 바로 구성적 모형이 칸트 이외에도 플라톤과 아리스토텔레스의 윤리사상에 의존한다는 점이다. 여기에서 칸트 윤리학과 아리스토텔레스 윤리학 간의 밀접한 친밀성을 주장하면서 아리스토텔레스를 끌어들이는 부분은 특히 흥미롭다. 왜냐하면 칸트와 아리스토텔레스 간에는 화해하기 어려운 윤리학적 차이가 있다고 흔히 여겨져왔기 때문이다. 예컨대 의무론과 목적론의 이분법에서 칸트 윤리학은 의무론을, 그리고 아리스토텔레스 윤리학은 (비록 목적론으로 함께 분류되는 근대의 결과주의와는 분명 구별되는 면이 있지만) 고대의 목적론을 대표한다고 분류되곤 한다. 또한 칸트 윤리학은 의무 내지 규칙의 윤리로, 아리스토텔레스 윤리학은 덕의 윤리로 대비되곤 한다. 따라서 이 장에서는 자아구성으로 행위를 설명하는 코스가드의 구성적 모형에 미친 아리스토텔레스의 영향을 비판적으로 검토하면서, 과연 그녀가 기대하는 대로 칸트적 구성주의에 아리스토텔레스의 주장이 결합될 수 있는지를 고찰하고자 한다. 이를 위해 먼저 구성적 모형에 대한 코스가드의 설명을 통해 행위가 바로 자아구성이라는 그녀의 주장이 무엇을 의미하는지, 그리고 이러한 주장에 아리스토텔레스의 주장이 어떤 역할을 하는지를 살펴본다. 나아가서 칸트적 구성주의와 아리스토텔레스의 주장을 결합할 때 코스가드가 결합의 근거로 삼는 것이 어떤 문제점을 가지는지, 그리고 그녀의 결합방식이 어떤 어려움에 직면하는지를 비판적으로 논의할 것이다.

2. 구성적 모형과 자아구성으로서의 행위

코스가드는 인간 영혼 안의 이성과 정서라는 두 힘이 서로 싸우고 어느 한 힘이 결국 동기의 원천이 된다고 보는 입장을 "전투모형(the Combat Model)"으로, 이성과 정서에게 각각의 "기능적이고 구조적인 차이를 부과하고" 둘 간의 전투 대신 둘 간의 상호작용을 통해 행위를 설명하는 입장을 "구성적 모형"으로 명명한다.1) 전투모형보다 구성적 모형이 행위가 무엇이며 선한 행위가 무엇인지를 설명하는 데 적합하다고 볼 때 코스가드는 자신의 주장을 다음과 같이 요약한다:

(1) 단순한 거동과 그 밖의 다른 신체적인 움직임들로부터 행위 (action)를 구별해주는 것은 행위는 **저자가 있다는**(*authored*) 점이다. — 행위는 그것을 하는 **사람**(*person*)에게, 내가 의미하는바, **온전한 사람**(*the whole person*)에게 아주 특별한 방식으로 귀속된다. 구성적 모형은 (2) 한 행위를 이런 방식으로 당신의 것으로 만들어주는 것은 행위가 당신의 구성으로부터 비롯되고 당신의 구성에 부합한다는 점이라고 말한다. 그러나 구성적 모형은 또한 (3) 선한 행위를 위한 표준, 어떤 행위가 가장 엄밀하게 어떤 사람 자신의 것인지, 그래서 어떤 행위가 가장 엄밀하게 **행위**인지 우리에게 알려주는 표준을 제공한다. ⋯ (4) 가장 엄밀하게 어떤 사람 자신의 것인 행위는 가장 완전하게 그를 통합해주고 그래서 그 행위의 저자(author)로 가장 완전하게 그를 구성해주는 바로 그 행위이다. (5) 그것은 온전한 사람으로서의 그에게 귀속시키려면 그가 가져야만 하는 의지적 통합의 일종으로부터 비롯되고 또 그러한 의지적 통합을 그에게 주는 행위이다. 대조적으로 한 행위를 나쁘게 만드는 것은

---

1) Christine M. Korsgaard. 2008. *The Constitution of Agency: Essays on Practical Reason and Moral Psychology*(Oxford & New York: Oxford University Press), pp.100-101.

그것이 그 사람으로부터가 아니라 그 사람 **안에** 혹은 그 사람**에게** 작용하는 어떤 것, 그의 의지적 통합을 위협하는 어떤 것으로부터 부분적으로 나온다는 점이다. 나는 구성적 모형에 따라 행위는 자아구성이라고 말함으로써 이러한 주장들을 요약한다. (번호와 밑줄 덧붙임)[2]

먼저 (1)은 구성적 모형의 출발점으로서 행위의 형이상학적 속성을 설명한다. 코스가드는 행위의 본질적 성질은 사람을 행위의 저자로 만드는 속성, 바꿔 말해서 어떤 행위를 어떤 사람에게 귀속시키는 속성이라고 이해한다. "너는 너의 행위(action)를 선택하는 바로 그 행위(act)에서 너의 행위(action)의 저자로 너 자신을 구성한다"는 말에서 알 수 있듯이,[3] 행위가 저자가 있다는 것은 행위가 인간에게 혹은 인간 안에서 우연히 발생하는 것이 아니라 인간에 의해 선택된다는 것을 의미한다. (1)에서 비롯되는 (2)는 구성적 모형의 기본 입장으로서 행위가 자아구성에서 나올 뿐만 아니라 자아를 구성하는 것이 바로 행위하는 것임을 의미한다. 여기에서 자아구성은 구체적으로 무엇을 의미하는가? (5)로부터 이 물음의 답을 부분적으로 찾을 수 있다. (1)에서 언급된 것처럼 행위의 저자로서의 사람은 온전한 사람(the whole person)을 의미하는데, 온전한 사람이란 (5)에 따르면 어떤 사람의 의지의 결정에 작용하는 영혼의 여러 부분들이 통합을 이루는 것이다. 따라서 구성적 모형은 우리의 의지에 작용하는 영혼의 여러 부분들이 각각 자신의 역할을

---

2) Korsgaard(2008), pp.101-102.

3) Christine M. Korsgaard. 2009. *Self-Constitution: Agency, Identity, and Integrity*(Oxford & New York: Oxford University Press), p.25. 코스가드는 act와 action을 구분하고 action을 act와 end 모두를 포함하는, 즉 "an act done for the sake of an end"라고 설명한다. Korsgaard(2009), p.11. 그녀는 동일한 act라 하더라도 이유가 무엇인가에 따라 전혀 다른 action이 되며 우리의 선택의 대상은 action이라고 본다. 이러한 주장은 우리가 행위를 위한 이유를 포함하여 숙고하고 선택한다는 것을 의미한다.

하면서 부분들이 잘 통합되는 것이 행위이며 이러한 행위가 바로 행위자로의 자아구성이라고 본다.

가넷(Michael Garnett)은 코스가드가 행위자적 통합(agential unity)에 대해 충분히 정의를 내리고 있지 않으며 그녀에게 있어서 통합은 "너무 자주 특히 수사적 힘을 가지는 듯하다"고 지적한다.4) 가넷의 지적은 어느 정도 사실이다. 그러나 코스가드는 행위자로 통합, 구성되는 방식에 대한 가장 분명한 예를 플라톤에게서 찾기 때문에 플라톤의 주장을 들여다보면 그녀의 통합이나 구성이 의미하는 바를 좀 더 구체적으로 이해할 수 있다. 플라톤은 국가의 구성과 구조에 상응하는 인간 영혼의 구성과 구조를 제시하고, 국가의 각 계층이 자신에게 가장 적합한 바를 수행함으로써 이상국가가 되는 것처럼 인간 개인의 영혼도 그것을 구성하는 각 부분들이 자신의 역할을 잘 수행함으로써 온전한 인간으로 실현된다고 본다. 코스가드는 플라톤에게 있어서 인간 영혼의 세 부분이 각각 자신의 역할과 지위에 따라 자신의 일을 하고 이러한 부분들이 통합되는 절차가 바로 행위하는 것이고 행위자로 자아를 구성하는 것이라고 해석한다. 그리하여 플라톤의 주장을 구성적 모형으로 이해할 때 코스가드는 플라톤의 영혼의 세 부분에 상응하는 숙고적 행위의 세 부분을 "욕구는 제안을 하고", "이성은 그 제안에 따라 행위할지 말지를 결정하며", "기개는 이성의 결정을 수행한다"고 묘사한다.5) 한편 코스가드는 정언명법을 자유의지의 법칙으로 정립하는 칸트의 주장에서도 부분들의 역할과 부분들의 통합이라는 구성적 절차를 확인할 수 있기 때문에 칸트 역시 구성적 모형에 의해 생각하고 있다고 본다. 칸트에게 있어서 행위하는 것은 준칙을 테스트해서 선택하는 것인데, 준칙을 테스트

---

4) Michael Garnett. 2011. "Practical Reason and the Unity of Agency." *Canadian Journal of Philosophy* Vol. 41 No. 3, p.466.

5) Korsgaard(2008), p.105; Korsgaard(2009), p.141.

하는 절차가 바로 우리 영혼 안의 여러 부분들을 통합하고 우리를 행위자로 구성하는 것이라는 것이다. 그리하여 코스가드는 칸트의 주장이 "경향은 제안을 하고", "이성은 그 제안에 따라 행위할지 말지를 결정하며, 그 결정은 입법적 행위(legislative act)의 형식을 취한다"고 묘사한다.6)

한편 인용구의 (3)-(5)는 구성적 모형에서 선한 행위와 나쁜 행위란 무엇인지에 대한 설명이다. (3)-(5)는 행위를 선하거나 나쁘게 만드는 것은 그것이 우리를 얼마나 잘 구성하느냐에 달려 있음을 의미한다. 즉, 우리를 행위자로 구성하는 데 더 성공적일수록 더 완전한 행위가 되고 덜 성공적일수록 불완전한, 결함 있는(defective) 행위가 된다. 그리고 전자는 선한 행위이고 후자는 나쁜 행위가 된다. 바꿔 말해서 선한 행위란 바로 영혼의 부분들이 잘 통합되어 자아가 행위자로 구성되는 것이며, 나쁜 행위란 영혼의 일부가 자아로 여겨지면서 영혼의 부분들이 통합되지 못하는 것이다.

(1)-(5)의 설명 그리고 플라톤과 칸트의 예를 통해 구성적 모형에서 행위와 선한 행위가 무엇인지 알 수 있다. 그러나 플라톤과 칸트의 주장에 대한 코스가드의 해석은 구성적 모형을 이해하는 데 도움을 주지만 한편으로 구성적 모형과 전투모형의 차이가 무엇인가 하는 의구심을 야기할 수 있다. 플라톤과 칸트의 주장을 구성적 모형으로 이해할 때 둘의 주장에서 이성이라는 부분이 행위를 결정하는 역할을 한다면 둘 모두 전투모형을 취하고 있다고 볼 수도 있기 때문이다. 이와 관련하여 자아구성으로서의 행위에 대한 코스가드의 주장을 좀 더 살펴보자. 이성과 정서가 싸우고 결국 이성이 행위를 결정한다고 보는 유형의 전투모형과

---

6) Korsgaard(2008), p.110; Korsgaard(2009), p.154. 플라톤과 칸트가 구성적 모형에 해당된다는 코스가드의 주장을 위해서는 Korsgaard(2008), pp.100-126 참조.

코스가드의 구성적 모형은 둘 다 이성이 행위를 결정한다는 공통점을 가진다. 그리고 이 점에서 볼 때 이성은 행위를 결정하는 일을 하기 때문에 행위한다는 것은 이성을 따르는 것처럼 보일 수도 있다. 그러나 코스가드는 이성의 결정에 따라 행위해야 한다는 것은 행위자가 "이성과 동일시하기 때문이 아니라 자신의 구성과 동일시하고 그 사람의 구성은 이성이 지배해야 한다고 말하기 때문"이라고 설명한다.7) 여기에서 구성에 동일시한다는 것은 영혼의 부분들 어느 하나도 이질적인 것으로 여기지 않고 부분들 모두 각각 자신의 일을 하도록 하는 것이다. 즉, 구성적 모형에서 이성은 영혼의 한 부분으로서 다른 부분들처럼 자신의 일을 하며 이때 이성의 일은 전체적인 인간의 선을 위해 결정을 내리는 것이다. 따라서 외면적으로 이성의 결정에 따르는 것처럼 보이지만 이것은 이성에 동일시하기 때문이 아니라 이성의 작용을 포함하는 전체적인 구성에 동일시하고 이 구성이 이성을 따르라고 말하기 때문이다. 반면에 전투모형은 유형에 따라 욕구가 합리적 고려를 무시하거나 이성이 욕구를 무시하는 등 어느 하나가 직접 행위의 원인이 되는 방식을 보여주는 것이다. 코스가드가 전투모형을 거부하는 것은 바로 이 점 때문이다. 코스가드에 따르면 전투모형은 인간 영혼의 어느 한 부분이 다른 부분을 지배하고 그리하여 지배하는 그 부분이 그 사람과 동일시되고 다른 부분은 이질적인 것으로 여겨지는 설명을 제공함으로써 행위의 저자가 되는 온전한 사람을 확인해주지 못한다. 여기에서 우리는 행위를 자아구성으로 설명하는 구성적 모형을 통해 코스가드가 추구하는 것이 무

7) Korsgaard(2008), p.110. 코스가드는 "만일 우리가 이성의 목소리에 동일시한다면 그것은 우리가 우리의 구성에 동일시하고 우리의 구성은 이성이 지배해야만 한다고 말한다는 단지 그 이유 때문이다"라고 설명한다. Korsgaard (2009), p.158. 코스가드의 관점에서 볼 때 이성과의 동일시가 발생한다면 그것은 일종의 간접적인 동일시인 셈이다.

엇인지 알 수 있다. 그녀의 구성적 모형은 욕구의 제안을 합리적으로 숙고하고 이에 따라 선택하고 행위함으로써 행위가 이성과 욕구를 포함하는 하나의 전체로서의 자아에 의해 수행되는 것임을 보여주고자 한다.

한편 코스가드는 행위가 자아구성이라고 설명하는 구성적 모형이 규범성(normativity)을 설명하고 정당화해준다고 생각한다. 코스가드에 따르면 우리의 삶에는 일종의 투쟁과 같은 노력이 있는데 그것은 바로 "심리적 통합을 위한 투쟁, 즉 심리적 복잡함에 직면하여 단일의 통합된 행위자가 되려는 투쟁"이며, 이러한 심리적 통합은 행위를 하는 데 필요하기 때문에 우리는 심리적 통합을 성취하는 일, 즉 자아를 구성하는 것을 "강요(necessitation)"로 경험하게 된다.8) 이처럼 자아구성이 일종의 심리적 힘을 가지는 강요로 경험된다는 것은 자아구성이 우리에게 규범적인 것임을 의미한다. 코스가드가 자아구성이 의무의 규범성을 가진다고 보는 것은 바로 행위의 필연성(necessity)에 기인한다. 그녀는 "인간은 선택과 행위를 하도록 운명 지어져 있으며" 선택과 행위의 이러한 필연성은 "우리의 **처지**(*plight*): 인간조건의 단순한 불변의 사실"이라고 본다.9) 행위할 필연성은 우리의 처지이기 때문에, 다시 말해서 우리는 인간으로서 행위하지 않을 수 없기 때문에 행위의 형이상학적 속성은 우리에게 규범성을 가지며 강요는 이러한 규범성에 대한 우리의 인식을 보여준다는 것이다. 코스가드는 행위할 필연성을 지닌 인간의 처지와 이에 따른 강요의 흔한 경험을 통해 자아구성의 규범성을 설명한다.

그러나 코스가드는 인간 활동을 목적론적, 기능적으로 이해하고 이를 통해 우리가 행위자로 자아를 구성해야 한다는 것을 보임으로써 구성적

---

8) Korsgaard(2009), p.7.

9) Korsgaard(2009), pp.1-2.

모형이 제시하는 규범성에 대한 좀 더 체계적인 설명을 제시한다. 먼저 그녀는 아리스토텔레스를 따라 "어떤 대상을 그것이 존재하는바 그런 종류의 대상으로 만들어주는 것 — 그것에게 그것의 정체성을 주는 것 — 은" 그 대상의 형상, 즉 "그것의 기능적 배열(functional arrangement) 혹은 목적론적 조직(teleological organization)"이라고 본다.10) 그리고 그녀는 이 "목적론적 조직은 만일 그렇지 않으면 질료의 **단순한 더미**(*a mere heap*)일 것을 특정 종류의 특정 대상으로 통일시켜주는 것"이라고 말한다.11) 이것은 어떤 것이 여러 부분들의 단순한 더미가 아니라 하나의 대상으로 통합되고 구성된다는 것은 바로 목적론적으로 조직되는 것, 기능적으로 배열되는 것임을 의미한다. 이처럼 코스가드가 아리스토텔레스의 주장에 의존하여 어떤 대상의 구성을 설명할 때 목적론적 조직 내지 기능적 배열을 끌어들이는 것은 이것이 바로 규범성을 야기하기 때문이다. 그녀는 "아리스토텔레스에 따르면 어떤 것의 형상이 이론과 실제 둘 다를 지배하며", "그 대상에 대한 규범적 판단을 지지해주는 것도 바로 목적론적 조직"이라고 말한다.12) 예컨대 "집을 이해하는 것은 마음속에 주거지로서의 집의 형상을 가지는 것이며 집을 짓는 것은 그 형상에 의해 안내되는 것"이기 때문에 벽에 균열이 있는 집은 궂은 날씨를 그다지 잘 막아내지 못하고 주거지로서 잘 기능하지 못하며 따라서 덜 좋은 집으로 판단되는 것이다.13) 집의 예가 보여주는 것처럼 어떤 것의 목적론적 조직은 규범적 표준을 야기하는데 코스가드는 이러한 규범적 표준을 "구성적 표준(constitutive standards), 즉 그 사물이 존재하는바 그런 종류의 것이 되는 덕분에 그 사물에 적용되는 표

---

10) Korsgaard(2009), p.27.
11) Korsgaard(2009), p.28.
12) Korsgaard(2009), p.28.
13) Korsgaard(2009), p.28.

준"이라고 부르고, 이러한 구성적 표준이 행위자의 활동에 적용된 것을 "구성적 원칙", 즉 "활동에 관여하는 행위자가 자신을 지시하거나 안내하는 방식을 묘사하는 원칙"이라고 부른다.[14] 요컨대 코스가드는 목적론적 조직 내지 기능적 배열이 야기하는 규범적 표준이 구성적 표준이 되고 이러한 구성적 표준이 우리의 활동에 적용될 때 규범적 힘을 가지는 구성적 원칙이 된다고 설명한다.

목적론적 조직 내지 기능적 배열이 규범성을 가지는 구성적 원칙을 제시한다는 주장은 이제 실천이성의 원칙에 적용된다. 코스가드는 "행위해야만 하는 우리는 우리 자신을 통합된 행위자로 구성해야 하기 때문에 실천이성의 원칙들은 우리를 구속한다"고 주장한다.[15] 이러한 주장은 행위의 필연성에 처한 우리 인간은 자신을 행위자로 통합, 구성해야만 하고 실천이성의 원칙은 우리 자신을 행위자로 통합해주는 구성적 원칙이며 따라서 실천이성의 원칙은 규범적이라는 것을 의미한다. 이 주장에는 규범성을 가지는 구성적 원칙에 대한 그녀의 입장 이외에도 실천이성의 원칙이 인간 행위의 구성적 원칙이라는 입장이 반영되어 있다. 코스가드는 자의식적인 존재인 인간에게 있어서 선택하고 행위하는 것이 다시 말해서 숙고적 행위를 하는 것이 행위자로 자신을 구성하는 것이기 때문에 실천이성의 원칙은 우리에게 구성적 원칙이라고 생각한다. 이러한 생각을 구성적 모형에 해당하는 플라톤과 칸트의 주장에 적용해보면 정의의 원칙과 정언명법이 실천이성의 원칙들이며 이러한 원칙들이 우리를 단일한 통합된 행위자로 기능하게 만들고 그리하여 규범적 힘을 가지는 행위의 구성적 원칙들이다.

지금까지 살펴본 바와 같이 실천이성의 원칙의 규범성에 대한 코스가

---

14) Korsgaard(2009), pp.28-29.
15) Korsgaard(2008), p.25.

드의 설명의 핵심은 바로 구성적 표준이다. 코스가드는 "구성적 표준이 규범적 힘을 가진다는 것은 의심의 여지가 없기" 때문에 "구성적 표준은 그러한 표준의 권위에 대한 회의적 도전을 쉽게 충족시킬 수 있다"고 생각한다.16) 예컨대 그녀는 주거지로서의 집을 위한 구성적 표준을 결여한다면 어떤 사람이 만드는 것은 집이 아니기 때문에 집을 짓는다면 구성적 표준을 따라야 한다는 것은 의심의 여지가 없으며, 따라서 "왜 집이 주거지의 역할을 해야 하는지 묻는 것은 의미가 없기 때문에 왜 모서리들이 봉해져야 하고 지붕이 방수가 되고 탄탄해야 하는지를 묻는 것 또한 의미가 없다"고 말한다.17) 나아가서 코스가드는 구성적 표준이 회의적 도전을 쉽게 충족시킨다는 점 이외에 더 큰 중요성을 가진다고 본다. 그녀는 "알려진 어떤 규범적 원칙의 권위를 수립하는 **유일한** 방법은 그 원칙이 그 원칙의 지배를 받는 사람이 몰두하는 어떤 것 — 그 사람이 하고 있거나 해야만 하는 어떤 것 — 을 구성한다는 점을 규명하는 것"이라고 말한다.18) 요컨대 그녀는 구성적 표준을 제시하는 것이 회의주의를 극복하고 규범적 원칙의 권위를 세우는 유일한 방법이라고 생각한다. 그리고 그녀는 아리스토텔레스적인 목적론적 사고

---

16) Korsgaard(2009), p.29. 구성적 표준이 의심의 여지가 없는 권위를 가진다는 코스가드의 주장을 이해하는 데 도움이 되는 또 다른 것은 그녀에게 있어서 구성적 표준이 내재적 표준(internal standard), 즉 "그것이 적용되는 대상의 본성으로부터 나오는 것, 그것을 그것이 존재하는 바의 대상으로(the object that it is) 만드는 기능적 혹은 목적론적 규범으로부터 나오는 것"이라는 점이다. Korsgaard(2008), p.112. 내재적 표준으로서 구성적 표준은 어떤 대상이나 활동이 그 대상이나 활동이고자 하는 한 충족시키려고 애써야만 하는 것이다. 만일 우리가 어떤 대상이나 활동을 위한 구성적 표준, 즉 내재적 표준에 한참 미치지 못한다면 우리가 생산하거나 하는 것은 그 대상이나 활동이 아니게 된다는 점에서 구성적 표준은 의심할 여지가 없는 규범적 힘을 가진다는 것이다.

17) Korsgaard(2009), p.29.

18) Korsgaard(2009), p.32.

와 기능에 대한 이해가 다른 어떤 입장보다도 구성적 표준을 잘 설명해 준다고 생각하기 때문에 구성적 모형을 정립할 때 아리스토텔레스를 끌어들인다.

이처럼 기본적으로 칸트주의자인 코스가드가 아리스토텔레스를 끌어들여 구성적 표준이 가지는 규범적 힘을 규명하는 것은 그녀의 구성적 모형에 중요한 의미를 부여한다고 할 수 있다. 앞에서 논의한 바와 같이 구성적 모형에서 우리를 행위의 통합된 저자로 구성해주는 것은 선한 행위이며 구성하는 데 실패하는 것은 결함 있는 나쁜 행위이다. 이것은 행위하는 것, 선한 행위를 하는 것, 그리고 나쁜 행위를 하는 것이 기본적으로 다른 활동들이 아님을 암시한다. 코스가드에 따르면, 선한 행위를 수행하는 것과 행위를 수행하는 것은 "둘 다 행위의 개념에 내포된 기능적 혹은 목적론적 규범에 의해 안내되어야만 하는 활동이기 때문에" 다른 활동이 아니며, "나쁜 행위를 수행하는 것은 선한 행위를 수행하는 것과 다른 활동이 아니라", "**나쁘게 행해진, 같은 활동**(the same activity, badly done)"이다.19) 이처럼 행위하는 것과 선한 행위를 하는 것이 다른 활동이 아니라는 점은 코스가드의 구성적 모형에 매우 중요한 의미를 가진다. 왜냐하면 구성적 모형에서 행위하는 것은 실천이성의 원칙을 따르는 것, 즉 도덕성에 헌신하는 것이기 때문이다. 행위하는 것이 선한 행위를 하는 것과 다른 활동이 아니라고 한다면 그리고 우리가 행위할 필연성에 처한 존재라고 한다면, 우리가 왜 선한 행위를 해야 하는지 묻는 것은 의미가 없게 된다. 마찬가지로 우리가 왜 행위를 위한 실천이성의 원칙을 따라야 하는지 묻는 것도 의미가 없게 된다. 이 점은

---

19) Korsgaard(2008), p.113. 이때 코스가드는 집을 짓는 것에 비유하여 나쁜 집을 짓는 것이 좋은 집을 짓는 것과 다른 활동이 아니라고 설명한다. 한편 코스가드는 이를 기린의 삶을 사는 것에 비유하여 설명하기도 한다. Korsgaard (2009), p.37.

규범성에 대한 구성주의적 접근을 취하는 코스가드에게 매우 중요하다. 구성주의를 옹호할 경우 왜 우리가 도덕적 지침을 구성해야 하는지 그리고 구성을 통해 마련된 지침을 왜 따라야 하는지에 대한 의문이 제기될 수 있기 때문이다. 코스가드의 구성적 모형은 우리가 도덕적이고자 원하면 도덕적 지침을 마련하고 도덕적이고자 원하지 않으면 도덕적 지침을 마련하지 않아도 되는 것이 아님을 의미한다. 그녀의 구성적 모형에서 우리는 행위하지 않을 수 없는 존재이고 행위자로 구성된다는 것은 도덕적 행위자가 되는 것에 다름 아니다. 결국 도덕적이어야 한다는 것은 우리 같은 존재에게 의심의 여지가 없는 필연적인 것이 되는 것이다.

3. 활동으로서의 자아구성과 품성상태로서의 덕

이제 구성적 모형에 미친 아리스토텔레스의 영향을 비판적으로 검토하면서 과연 코스가드의 칸트적 구성주의 기획에 아리스토텔레스의 주장을 결합하는 것이 적절한지 고찰해보자. 다윈의 진화론과 이에 따르는 기계적인 세계관이 등장하고 19세기와 20세기를 거치면서 아리스토텔레스의 목적론은 널리 거부되었다. 그러나 코스가드는 아리스토텔레스의 목적론에 제기되어온 많은 반대들을 염두에 두면서 그의 목적론을 의미 있게 만드는 방식으로 재구성하고자 한다. 앞 절에서 살펴본 바와 같이 코스가드는 아리스토텔레스의 목적론적 사고는 어떤 대상을 목적론적 조직 내지 기능적 배열을 가진 것으로 확인해준다고 본다. 그녀는 이러한 목적론적 사고란 감지되는 여러 가지(the sensible manifold)의 어느 한 부분을 하나의 대상으로 가려내는 것, 구체적으로 말해서 "어떤 대상이 하는 모든 것을 하기 위해 내적으로 조직된 것으로 그 대상을 이해함으로써 그것을 단일의 통합된 대상으로 이해하는" 것이라고 해석한다.20) 코스가드는 이렇게 해석된 목적론적 사고는 "세계에 대한 어떤 주장에 근거를 둘 필요가 없으며", "인간이 세계를 어떻게 개념화 하느냐에 대한 주장에 근거를 둘 수 있다"는 점에서 정당성을 가진다고 본다.21) 즉, 세계를 개념화한다는 것은 감지되는 여러 가지의 세계를 다양한 대상들의 세계로 조직하는 것이며, 이것은 개별적인 대상들의 수준에서는 목적론적으로 조직되는 것으로 나타난다는 것이다.

목적론에 대한 자신의 설명을 옹호할 때 코스가드는 자신의 설명은 "어떤 대상이 자기 유지적 형상(self-maintaining form)을 가지기 때문에 그 대상에 적합할 수 있다"고 본 점에서 "우리가 설명하고자 하는 대상의 부분들과 활동들이 어떻게 혹은 왜 존재하게 되었는지에 대한 주장과 관련될 필요가 없다"고 말한다.22) 목적론에 대한 이러한 해석은

---

20) Korsgaard(2009), p.38.

21) Korsgaard(2009), p.38.

22) Korsgaard(2008), p.141. 코스가드는 아리스토텔레스의 기능논증도 목적론적 사고와 같은 맥락에서 해석한다. 그녀는 아리스토텔레스의 기능을 단순히 "어떤 것이 무엇을 하느냐(what a thing does)"를 의미하는 의도(purpose)로 접근하는 대신 "구조와 의도 그리고 구조가 의도를 가능하게 만드는 방법"을 모두 포함하는 것으로 접근하고, 기능을 "어떤 것이 하는 것을 그것이 어떻게 하느냐(how a thing does what it does)" 하는 "구조적 배열(structural arrange-ment)"로 이해한다. 그리하여 그녀는 "어떤 것의 형상은 그것의 기능적 구성으로, 그리하여 그것이 하는 것을 그것이 어떻게 하느냐로 이해될 수 있다"고 주장한다. Korsgaard(2008), pp.139-140. 그녀는 이렇게 이해된 기능논증에는 "그것이 어떻게 혹은 왜 존재하게 되었는지 혹은 그것이 어떤 의도를 위해 만들어졌는지 아닌지는 문제가 되지 않기" 때문에 반대할 만한 것이 없다고 생각한다. Korsgaard(2008), p.140. 그러나 이처럼 목적론적 형이상학을 배제하고 기능을 이해하는 것, 즉 의도를 가진 사물이 하는 것에 의해 기능을 할당하는 대신 사물이 하는 것을 어떻게 하는가에 의해 기능을 정의하는 것이 과연 코스가드가 기대하는 규범적 표준을 줄 수 있는지는 상당히 의심스럽다. 예컨대 바란달라(Ana Barandalla)와 리지(Michael Ridge)는 코스가드의 이러한 기능개념은 기능불량(malfunction)을 제대로 설명하기 어렵고, 아주 하찮거나 잘못되었지만 주로 하는 것을 기능으로 정의할 우려가 있는 등 무엇을 해

코스가드가 형이상학적 전제 없이 아리스토텔레스의 목적론을 옹호한 다는 것을 보여준다. 아리스토텔레스의 목적론에 대한 비판에는 그것의 형이상학적 차원, 즉 세상에 존재하는 것들은 어떤 의도(purpose)를 위 해 만들어졌다는 점이 큰 부분을 차지한다는 것을 염두에 둔다면 코스 가드가 왜 그러한 해석을 하는지 이해할 수 있다. 아리스토텔레스의 목 적론에 대한 코스가드의 재구성은 기본적으로 목적론에 대한 칸트의 입 장과 통한다. 회페(Otfried Höffe)에 따르면, 칸트는 "보편적 기계론을 배척하는 것처럼", "아리스토텔레스주의의 보편적 목적론도 마찬가지 로 배척"하지만, "목적론적 진술들이 필요하다는 것을 인정"한다.23) 그 리하여 칸트는 "우주적 목적론과 같은 목적론 자체는 거부하면서도 유 기체에 고유한 목적 지향적 활동에 주목"하며 목적론을 "자연현상에 직 접 적용될 수 있는 사실적 구속력을 가진 구성적 원리가 아니라 반성적 판단력의 규제적 원리로 제한"한다.24) 여기에서 판단력의 반성적 원리 란 구체적으로 "우리들의 지성과 이성의 성질상 유기적 자연의 내적인 관계나 자연 대상들 간의 외적인 관계를 목적과 수단의 관계로 생각하 는 원리"로 이해된다.25) 목적론에 대한 칸트의 입장은 아리스토텔레스

야만 하는가를 결정하는 데 사용될 때 여러 가지 문제를 야기한다고 비판한 다. 이에 대한 상세한 논의를 위해서는 Ana Barandalla & Michael Ridge. 2011. "Function and Self-Constitution: How to Make Something of Yourself without being All that You Can be. A Commentary on Christine M. Korsgaard's The Constitution of Agency and Self-Constitution." *Analysis Reviews* Vol. 71 No. 2, pp.371-377 참조.

23) 오트프리트 회페. 1998. 『임마누엘 칸트』, 이상헌 옮김(서울: 문예출판사), p.324.

24) 맹주만. 2006. 「칸트와 생물학적 유기체주의」. 『칸트연구』 제17집, pp.253-254.

25) 김양현. 1998. 「칸트의 목적론적 자연관에 나타난 인간중심주의」. 『철학』 제55집, p.111.

의 목적론을 우리의 개념화 능력에 근거 짓고 자신이 채택하는 아리스토텔레스의 목적론이 다원적인 설명과 양립 불가능하지 않다고 보는 코스가드의 입장에서 확인된다. 또한 그것은 목적론적 사고가 세계 속에 존재하면서 행위해야 하는 우리 인간에게 필수적이라고 믿는 코스가드의 입장에서도 확인된다. 그녀는 행위해야만 하는 우리에게 있어서 세계는 "우선 먼저 도구와 장애물의 세계 그리고 욕구와 두려움의 자연적인 대상의 세계"이며, "행위하기 위해서 세계가 다양한 대상들로 조직되게 할 필요가 있으며", 우리의 의도에 따라 대상을 인식하는 "우리의 개념화 능력에 목적론적 사고가 내재해 있다"고 주장한다.26) 이러한 주장을 개진할 때 코스가드는 "인간은 감지되는 여러 가지를 대상들로 잘라서 나눌 과제에 직면한다"고 지적하는데, 실제로 이 점을 칸트적 생각이라고 밝히기도 한다.27)

구성적 모형을 정립할 때 코스가드가 칸트적으로 재구성된 아리스토텔레스를 끌어들이고 아리스토텔레스적인 주장이 구성적 모형에 결합될 수 있다고 생각하는 근거는 무엇인가? 이 물음의 답은 코스가드가 아리스토텔레스와 칸트가 행위의 본성과 가치에 대해 기본적으로 동일한 이해를 하고 있다고 주장하는 점에서 찾을 수 있을 것이다. 이러한 주장과 관련하여 그녀는 다음과 같이 말한다:

---

26) Korsgaard(2009), p.40.
27) Korsgaard(2009), p.38. 여기에서 그녀는 "세계를 대상들로 나눌 때 우리는 감지되는 여러 가지로부터 좀 더 구체적인 통합을 애써서 얻어내기 위해 이유를 필요로 하며", "어떤 구체적인 대상의 확인을 근거 지어주는 통합의 종류는 기능적 통합"이라고 말한다. Korsgaard(2009), p.38. 이러한 점들 역시 칸트적 입장과 통한다. 칸트는 "기관들에 자연적 기능을 귀속시키는 것은 발견술적이라고 주장"함으로써 "설계되지 않은 현상들에 대한 기능적 설명(functional explanations of undesigned phenomena)"을 준다. Andrew Woodfield. 1998. "Teleology." In Edward Craig ed., *Routledge Encyclopedia of Philosophy* Vol. 6(New York: Routledge, 1998), p.296.

여기에서 나의 목적을 위해 중요한 것은 아리스토텔레스와 칸트가 공통적으로 가지고 있는 행위개념이며 이것은 그들을 경험주의 전통과 합리주의 전통 양쪽 모두로부터 구별해준다. 그들 둘 다 선택의 대상은 행위(action), 즉 목표를 위해 행해진 행위(acts done for the sake of ends)라고 생각한다. 그들 둘 다 이런 의미에서의 행위가 도덕적 가치의 담지자이며 도덕적 가치, 즉 의무를 다함(dutifulness) 혹은 고귀함(nobility)은 행위에 내재적인 속성 — 행위를 묘사하는 원칙 속에 구현된 형식적 속성이라고 생각한다. 그리고 그들 둘 다 이런 의미에서의 행위는 이러한 속성을 구현하기 때문에 그 자체를 위해 선택된다고 생각한다.28)

행위의 본성과 관련하여 코스가드는 칸트의 준칙에 묘사되는 행위와 아리스토텔레스의 중용의 행위에 묘사된 행위 둘 다 — 물론 중용의 행위는 다른 것들도 포함하기는 하지만 — act와 end를 부분으로 가진다고 이해한다. 즉, 코스가드는 아리스토텔레스의 고귀함을 위한 행위와 칸트의 의무로부터의 행위가 기본적으로 동일한 숙고적 구조를 가진다고 본다. 나아가서 코스가드는 행위의 가치에 대해서도 아리스토텔레스와 칸트가 공통된 입장을 가지고 있다고 본다. 아리스토텔레스와 칸트에게 모두 도덕적 가치가 행위에 내재적인, 형식적 속성이라는 그녀의 주장은, 둘 모두에게 도덕판단이 "세계에 대한 사실의 묘사"나 "일종의 감정적인 감탄사"가 아니라 "실천추론의 결론이라는" 것을 의미한다.29) 그리고 이러한 점에서 아리스토텔레스와 칸트는 도덕적 가치를 외재적 속성으로 파악하는 경험주의 전통과 합리주의 전통 양쪽 모두로부터 구

---

28) Korsgaard(2009), p.18. 물론 그녀는 아리스토텔레스와 칸트 간의 차이도 언급한다. 예컨대 그녀는 아리스토텔레스에게 있어서 도덕판단이 칸트에게 있어서보다도 더 심미적이고 덜 추리적이라고 본다. 이러한 차이에 대한 논의를 위해서는 Korsgaard(2009), pp.17-18 참조.

29) Korsgaard(2008), p.309.

별된다고 그녀는 생각한다.30)

이와 같이 아리스토텔레스가 칸트처럼 도덕적 가치를 행위에 내재적인, 형식적 속성으로 보았다고 이해한 점은 코스가드가 아리스토텔레스를 구성주의적으로 읽고 있는 것은 아닌가 하는 생각을 갖게 한다. 이러한 생각을 뒷받침해주는 다른 단서가 있다. 코스가드는 실천이성의 원칙이 우리를 행위자로 통합하고 구성하는 일을 하며 이 점이 바로 실천이성의 원칙이 규범적인 힘을 가지는 이유라는 자신의 주장 뒤에는 플라톤, 아리스토텔레스, 칸트에게 공통되는 규범성에 대한 일반적 설명, 즉 "규범적인 원칙은 일반적으로 여러 가지들, 가지각색의 것들 혹은 아리스토텔레스의 멋진 구절로는 단순한 더미(mere heaps)를 특별한 종류의 대상으로 통합하는 원칙들"이라는 설명이 숨어 있다고 말한다.31) 그녀는 규범성에 대한 이러한 설명의 가장 분명한 표현을 아리스토텔레스에게서 발견한다고 본다. 물론 코스가드는 플라톤이나 칸트와 달리 아리스토텔레스를 자신의 구성적 모형의 예로 언급하지 않는다.32) 그러

---

30) 코스가드는 감정주의 이론(sentimentalist theories)이나 교조적 합리주의 이론 (dogmatic rationalist theories)은 모두 도덕적 가치를 외재적 속성으로 파악하고 행위 그 자체의 밖에 있는 어떤 것 혹은 행위 그 자체 이외의 어떤 것으로 행위의 이유를 생각하기 때문에 왜 우리가 그러한 이유들을 따라야 하는지에 대한 진정한 답을 주지 못한다고 본다. 한편 『목적의 왕국』에서 코스가드는 아리스토텔레스와 칸트의 입장을 주관주의와 객관주의로부터 구별하고 이성주의(rationalist) 설명이라고 명명한다. 크리스틴 M. 코스가드. 2007. 『목적의 왕국』, 김양현·강현정 옮김(서울: 철학과현실사), p.339.

31) Korsgaard(2009), p.27. 이와 관련해서 코스가드의 입장에 변화가 있는 듯하다. 먼저 나온 *The Constitution of Agency*에서 구성적 모형을 설명할 때 코스가드는 플라톤과 칸트 모두에게 있어서 "자기통합성(integrity)이 도덕성의 형이상학적 본질"라고 해석하는데 이때에는 아리스토텔레스를 포함하고 있지 않다. Korsgaard(2008), p.125.

32) 코스가드가 이러한 입장을 취하는 이유는 아마도 행위의 본성이나 가치와 관련하여 아리스토텔레스와 칸트 간에는 공통점 못지않게 차이점, 특히 그녀의

나 아리스토텔레스가 도덕적 가치를 행위의 형식적 속성으로 보고 규범적 원칙을 통합적, 구성적 원칙으로 본다고 해석한 점에서 코스가드는 아리스토텔레스 역시 규범성에 대한 구성적 이해를 가진 것으로 생각하고 있다고 할 수 있다.

과연 코스가드가 해석하는 대로 아리스토텔레스는 어떤 대상의 규범적 원칙이 대상으로 통합되게 하는 원칙, 즉 구성적 원칙이라고 생각하는가? 아리스토텔레스는 규범적 원칙이 구성적 원칙이라는 코스가드의 입장을 공유하는가? 코스가드에게 있어서 규범적 원칙이 구성적 원칙이라는 것은 행위가 바로 자아구성이라는 주장과 근본적으로 다르지 않다. 왜냐하면 행위의 규범적 원칙이 바로 행위자로 통합하는 구성적 원칙이기 때문이다. 그러나 코스가드와 달리 아리스토텔레스에게 있어서 행위를 위한 규범적 원칙을 따르는 것은 행위자로 통합하고 구성하는 것과 동일하지 않다. 아리스토텔레스는 행위의 수행과 행위자로의 구성

구성적 모형과 충돌하는 점이 있다고 생각하기 때문일 것이다. 예컨대 우리는 행복한 삶을 논할 때 관조하는 삶을 정치적인 삶보다 우월하게 여기는 아리스토텔레스의 입장에서 코스가드의 구성적 모형과의 충돌을 발견할 수 있다. 아리스토텔레스가 관조하는 삶을 최고의 삶으로 치는 것은 인간의 기능이 이성에 따른 활동이고 인간의 본질적 특성이 순수한 사유 활동에서 가장 잘 나타난다고 보기 때문이다. 그러나 아리스토텔레스의 이러한 입장을 프라이어(William J. Prior)는 "인간 삶의 최고 형태를 묘사하면서, 실천이성을 통한 조화롭고 통합적인 삶이 더 나은가 아니면 방해받지 않고 순수하게 학문 활동을 하는 이론이성의 삶이 더 나은가라는 물음에 결국 후자의 손을 들어주었다"고 해석한다. 윌리엄 J. 프라이어. 2010. 『덕과 지식, 그리고 행복』, 오지은 옮김(파주: 서광사), pp.247-248. 프라이어에 따르면 관조적인 삶에 대한 아리스토텔레스의 선호는 아리스토텔레스가 인간의 기능을 "영혼의 여러 능력들의 통합적 활동이라기보다 최고의 능력을 발휘하는 활동"으로 이해하기 때문이며 "만일 아리스토텔레스가 영혼의 일부가 아닌 부분들의 통합을 강조했다면" 반대의 결론이 나왔을 것이다. 프라이어(2010), p.304. 관조하는 삶에 대한 아리스토텔레스의 선호는 아리스토텔레스를 코스가드의 구성적 모형에 해당된다고 보기 어렵게 만드는 한 부분이다.

을 코스가드와는 다른 방식으로 이해하기 때문이다. 아리스토텔레스와 코스가드의 차이를 확인하기 위해 코스가드에게 있어서 행위자로의 자아구성이 어떤 성격의 것인지 다시 살펴보자. 코스가드도 익히 알고 있는 바인데, 코스가드처럼 행위와 행위자로의 자아구성을 동일시하는 것은 소위 말하는 '자아구성의 역설(the paradox of self-constitution)'에 직면할 수 있다. 자아구성의 역설이란 "당신이 이미 거기에 있지 않다면 당신은 어떻게 당신 자신을 구성하고 당신 자신을 창조할 수 있는가? 그리고 당신이 이미 거기에 있다면 당신은 어떻게 당신 자신을 구성하는 것을 필요로 할 수 있는가?" 하는 의문으로 요약된다.33) 자아구성의 역설에 직면하여 행위가 자아구성이라는 주장을 적극적으로 방어하고자 할 때 코스가드가 취하는 핵심전략은 자아구성이 하나의 상태, 즉 "우리가 성취하는 그리하여 거기에서 행위가 나오게 되는 상태"가 아니라 활동이라는 점이다.34) 그녀는 기린이 나뭇잎을 야금야금 먹길 그만두면 허물어지게 되는 것처럼 기린이 된다는 것은 하나의 상태가 아니라 기린으로 끊임없이 만들어주는 활동에 관여하는 것이라는 예를 들면서 "사람, 즉 합리적인 행위자가 되는 것은 사람으로 끊임없이 만들어주는 활동에 관여하는 것"이라고 말한다.35) 이처럼 코스가드에게 행위는 자아의 산물이 아니라 자아구성 그 자체이다.

인간의 기능과 덕을 연결 지을 때 아리스토텔레스는 덕을 "그것에 의해 좋은 인간이 되며, 그것에 의해 자신의 기능을 잘 수행할 수 있게 만드는 품성상태"로 본다.36) 그리고 그는 최상의 좋음을 "품성상태

---

33) Korsgaard(2009), p.35.
34) Korsgaard(2009), p.44.
35) Korsgaard(2009), p.42.
36) 아리스토텔레스. 2008. 『니코마코스 윤리학』, 강상진 · 김재홍 · 이창우 옮김 (서울: 이제이북스), 1106a22-24, p.63.

(hexis)에서 성립하는 것으로 파악하는지, 아니면 활동에서 성립하는 것으로 파악하는지" 논의할 때, "품성상태는 현존하면서도 아무런 좋음을 성취해내지 않을 수 있"다는 점을 경계하고 활동을 강조한다.37) 그러나 이것은 덕의 소유에 그치지 않고 덕의 사용으로 나아갈 것에 대한 강조이다. "모든 활동의 목적은 그 품성상태에 따르는 것이다"라고 말한 것처럼 아리스토텔레스는 품성상태로서의 덕에 따르는 활동을 강조한다.38) 이런 점들을 볼 때 아리스토텔레스에게 있어서 자아구성은 활동이기도 하지만 행위가 나오는 상태의 성격도 가진다. 이것은 아리스토텔레스에게 있어서 행위가 바로 자아구성인 것은 아님을 의미한다. 이점은 아리스토텔레스가 정의로운 것들을 행하는 사람과 정의로운 사람을 구별하는 부분에서도 확인된다. 그는 "특정한 방식의 품성상태를 갖고 있으면서 행위해야, 다시 말하자면 합리적 선택으로 말미암아, 그리고 행위들 자체 때문에 각각의 것들을 행위해야 좋은 사람일 것이다"라고 말한다.39)

물론 아리스토텔레스에게 자아구성이 활동이며 따라서 행위가 바로 자아구성이라고 볼 여지가 없는 것은 아니다. 왜냐하면 그는 "즐거움을 삼가는 일을 통해 절제 있는 사람이 되며, 절제 있는 사람이 되면 즐거움을 삼가는 일을 가장 잘할 수 있"다고 말하기 때문이다.40) 그러나 이

---

37) 아리스토텔레스(2008), 1098b33-1099a1, p.33.

38) 아리스토텔레스(2008), 1115b20, p.103.

39) 아리스토텔레스(2008), 1144a18-19, pp.228-229.

40) 아리스토텔레스(2008), 1104a35-1104b1, p.56. 절제 있는 사람이 아니면 어떻게 즐거움을 삼가는 일을 할 수 있느냐는 의문을 제기하면서 아리스토텔레스의 주장은 자아구성의 역설과 유사하게 순환적 구조를 갖는다는 비판을 받을 수 있다. 그러나 아리스토텔레스에게 있어서 절제 있는 사람인 것(being a temperate person)과 절제 있는 사람이 되는 것(becoming a temperate person)은 구별되며 이러한 구별을 통해 순환적 구조를 피하는 설명이 가능하다고 주장할 수 있다. 이와 관련한 논의를 위해서는 노영란. 2012. 「덕과 감정: 습관

주장은 그가 즐거움을 삼가는 일과 절제 있는 사람을 동일시한다는 것보다는 습관과 훈련을 통해 유덕한 행위를 하는 경향을 갖고 덕을 내면화하는 것을 강조한다는 것으로 보아야 한다. "한 마리의 제비가 봄을 만드는 것도 아니며 [좋은 날] 하루가 봄을 만드는 것도 아나"라고 말하는 것처럼,41) 아리스토텔레스는 아직 유덕한 품성상태를 형성하지 않은 경우와 형성한 경우를 구분하고 습관과 훈련을 통해 품성을 함양하는 것을 중시한다. 그리고 그는 품성을 함양한 상태에서 행위해야 비로소 제대로 행위하게 된다고 여긴다. 이런 점 때문에 프라이어(William J. Prior)는 "처음에 유덕한 성격을 형성하려면, 덕행을 반복적으로 해보아야" 하지만, "이후 유덕한 성격이 갖추어졌다면, 이 성격은 단순히 덕행의 결과가 아니"며, "성격은 우리가 덕행을 하는 원인이 된다"고 말한다.42) 코스가드는 이미 성취된 통합된 자아에 의해 행위가 야기되거나 만들어진다는 생각은 행위자가 행위에 관계하는 방식에 대한 정확한 이해가 아니라고 본다. 그러나 아리스토텔레스는 행위가 유덕한 행위자가 되는 길이며 결국 선한 행위는 유덕한 품성을 형성한 행위자에게서 나오는 것이라고 본다. 코스가드와 달리 아리스토텔레스에게 자아구성은 활동이기도 하지만 상태이기도 하기 때문에 행위가 바로 자아구성인 것은 아니다. 그리고 이런 의미에서 아리스토텔레스가 코스가드처럼 행위의 규범적 원칙이 바로 행위자가 되는 구성적 원칙이라고 생각한다는 해석은 아리스토텔레스의 입장을 충분히 반영한 것이라고 보기 어렵다.

행위와 자아구성의 관계에 대한 아리스토텔레스와 코스가드 간의 입장 차이는 행위자에 대한 둘 간의 이해 차이에서도 확인된다. 앞에서 논

화를 통해 형성되는 유덕한 행위자의 감정을 중심으로」. 『철학논총』 제68집, pp.236-238 참조.

41) 아리스토텔레스(2008), 1098a19-21, p.30.

42) 프라이어(2010), pp.254-255.

의한 바와 같이 행위하는 것과 도덕적 행위자로 통합, 구성되는 것이 다른 활동이 아니라고 보는 코스가드에게 있어서 소위 말하는 '강요(necessitation)'는 도덕적 행위자의 처지이며 욕구의 갈등은 도덕적인 행위자가 가지는 한 면이다. 그러나 품성상태로 덕을 이해하고 덕성판단을 중시하는 아리스토텔레스에게 있어서 욕구의 갈등을 포함하는 강요의 경험은 유덕한 행위자의 모습이 아니다. 아리스토텔레스에게 있어서 행위자는 절제 있는 사람에서부터 자제력 있는 사람, 자제력 없는 사람, 무절제한 사람까지 다양하다. 그리고 아리스토텔레스는 절제와 자제를 둘 다 추구해야 할 것으로 보기는 하지만, 궁극적으로 절제를 더 높이 평가하고 자제를 절제의 덕을 획득하는 과정에서 현실적으로 거치게 되는 한 단계처럼 여긴다. 강요를 흔히 경험하는 인간은 아리스토텔레스의 입장에서 보면 자제하는 사람의 성품구조에 가까울 듯하다. 반면에 코스가드가 소위 "정체성의 착한 개 이론(the Good Dog theory of identity)"이라고 비하하고 거절하는 입장이 아리스토텔레스에게는 최선의 상태, 즉 유덕한 행위자의 상태이다.43) 도덕적 행위자에 대한 이러한 입장 차이는 도덕적 행위자로의 구성을 상태로 보느냐 활동으로 보느냐와 관련된다. 그리고 이런 차이 역시 규범적 원칙이 바로 구성적 원칙이라는 코스가드의 주장이 아리스토텔레스의 입장과는 거리가 있음을 보여준다. 결국 코스가드가 칸트적 구성주의에 아리스토텔레스를 결합하는 근거는 아리스토텔레스의 입장을 제대로 반영하지 않은 것이라는 점에서 적절하지 못하다.

---

43) Korsgaard(2009), p.21. 이때 코스가드는 "덕의 착한 개 이론(the Good Dog theory of virtue)"도 거절한다고 말한다. Korsgaard(2009), p.21.

4. 절차주의적 구성과 행복

이제 구성적 모형을 정립할 때 아리스토텔레스에 의존하는 근거에 대한 고찰에서 나아가 과연 재구성된 아리스토텔레스의 목적론과 기능논증을 구성적 모형에 결합하는 코스가드의 시도가 그녀의 기대대로 작동하는지를 검토해보자. 기능을 통해 선을 이해하는 아리스토텔레스의 입장에는 "모든 종에게 적용되는 설명적인 범주를 똑바로 인간에게 적용하여 윤리를 보는, 그리고 합리적인 윤리적 삶에 의해 이해된 인간 번성의 방식 속에서 생물학에 연결 지어 윤리를 보는" 형이상학적 생물학주의에 근거한 윤리학이 깔려 있다고 평가된다.44) 이러한 평가에는 두 가지 주장이 포함되어 있다. 하나의 주장은 기능과 선에 대한 아리스토텔레스의 연결에 자연주의적 접근이 관련되어 있다는 것이다. 이 주장은 인간의 기능과 선을 설명할 때 아리스토텔레스가 마치 생물학자처럼 영양적 삶과 감각에 의한 삶을 각각 식물과 동물에 본질적이라고 보는 것과 동일한 방식으로 인간에게 본질적인 활동을 접근하고 인간 기능을 끌어낸다는 점에서 확인된다. 문제의 평가에 포함된 또 다른 주장은 인간의 본성에 대한 아리스토텔레스의 개념이 규범적 성격을 가진다는 것이다. 이 주장은 아리스토텔레스에게 있어서 인간의 본성은 인간의 본성 전부나 그 자체가 아니라 규범적 차원에서 인간에게 중요하게 여겨지는 어떤 부분이라는 점에서 확인된다. 이러한 두 주장은 결국 아리스토텔레스가 동물적 본성과 숙고적 합리성 간의 복잡한 연결에 관심을 기울이면서 인간의 기능과 선을 정의하고 있다는 것을 보여준다.

구성적 모형을 제시하는 두 책에서의 설명들을 보면 코스가드는 인간

---

44) Bernard Williams. 1995. "Acting as the Virtuous Person Acts." In Robert Heinaman ed., *Aristotle and Moral Realism*(Boulder: Westview Press, 1995), p.22.

의 기능과 선에 대한 아리스토텔레스의 이러한 입장에 반대하지 않는다고 여겨진다. 인간존재를 자의식을 가진 반성적 존재로 본 점에서 그녀는 아리스토텔레스처럼 인간 기능을 규범적으로 이해한다. 또한 그녀는 인간 기능에 대한 아리스토텔레스의 자연주의적 접근을 반대하지 않는다. 구성적 모형을 제시할 때 인간의 기능에 대한 코스가드의 이해는 기본적으로 기린 같은 생명체의 기능을 이해하는 것과 구별되지 않는다. 예컨대 코스가드는 "그 자신을 유지할 수 있는 것은 그것이 그러한 일을 하는 방식을 가지고 있으며", "결과적으로 살아 있는 것은 기능을 가진다"고 말한다.45) 그녀는 기린 같은 동물의 생물학적 유지를 예로 들면서 기능을 살아 있는 것이 자기를 유지하는 방식으로 이해하고 이것을 인간존재에게도 그대로 적용하여 인간의 기능을 이해하고 있는 것이다. 그러나 인간의 기능과 선에 대한 코스가드의 이러한 입장은 칸트적 구성주의라는 그녀의 다른 입장과 갈등을 일으킬 수 있다는 지적들이 제기된다. 예컨대 고완즈(Christopher W. Gowans)에 따르면 코스가드의 주장은 "그녀의 절차주의가 아리스토텔레스적인 전통에 중심이 되는 자연의 규범성에 대한 호소를 피할 수 있는지 없는지에 대한 의문"을 야기한다.46) 또한 아로요(Christopher Arroyo)는 구성적 모형을 정립할 때 아리스토텔레스에 의존하는 코스가드의 기획이 규범성에 대한 아리스토텔레스적인 입장으로 기울어지고 그리하여 칸트적 구성주의보다

---

45) Korsgaard(2008), p.141. 자아구성에 대한 그녀의 설명 역시 마찬가지다. 그녀는 기린이 되고 기린의 삶을 사는 활동을 예로 들면서 자아구성으로서의 행위를 설명한다. Korsgaard(2009), p.37.

46) Christopher W. Gowans. 2010. "The Constitution of Agency: Essays on Practical Reason and Moral Psychology; Self-Constitution: Agency, Identity, and Integrity(Feature Book Review)." *International Philosophical Quarterly* Vol. 50 No.1, p.124. 여기에서 코스가드의 절차주의는 그녀의 구성주의를 의미한다. 이에 대해서는 뒤따르는 본문 내용에서 상세하게 논의된다.

아리스토텔레스적인 실재주의로 볼 여지가 있다는 의문을 제기한다.[47]

이와 관련하여 코스가드는 자신이 칸트적 구성주의에 아리스토텔레스를 어떻게 결합시키는지에 대한 보충적 설명을 제시하면서 아로요의 비판에 직접 대응한다. 코스가드는 존재의 기능을 통해 선을 이해하는, 자연적 선(natural goodness)은 인정하지만 이러한 자연적 선이 본래적으로 혹은 저절로 규범적이라고 생각하지 않는다. 코스가드는 자신이 발달시키는 선한 삶에 대한 아리스토텔레스적인 개념은 "동물이 기능하는 방식의 개념에 근거한, 선에 대한 기술적(descriptive) 개념"이며 "기술적 의미에서 인간의 선은 우리가 합리적 선택을 통해 그것에 가치를 부여할 때 규범적 선(normative goodness)이 될 뿐"이라고 믿는다.[48] 코스가드는 자연적 선과 규범적 선을 구별하고 자연적인 선들은 "인간이 자연적으로 선한 것을 반성적으로 승인하기 때문에" 규범적 선이 된다고 생각한다.[49] 그녀는 기능과 선에 대한 아리스토텔레스의 자연주의적 접근을 통해 곧바로 규범적 선이 설명되는 것이 아니라 선에 대한 아리스토텔레스의 기능적 설명이 칸트적인 구성주의적 가치이론과 결합됨으로써 규범적 선이 설명될 수 있다고 생각한다. 요컨대 코스가드는 기능과 선의 관계를 통해 나온 아리스토텔레스적인 자연적 선 개념을 수용하지만 이를 규범성에 대한 칸트적인, 구성주의적인 관점 안에 결합시키는 방식으로 칸트적 구성주의에 아리스토텔레스의 목적론과 기능논증이 결합될 수 있다고 믿는다.

---

47) 이러한 비판을 위해서는 Christopher Arroyo. 2011. "Freedom and the Source of Value: Korsgaard and Wood on Kant's Formula of Humanity." *Metaphilosophy* Vol. 42 No. 4, p.358 참조.

48) Christine M. Korsgaard. 2011. "Natural Goodness, Rightness, and the Intersubjectivity of Reason: Reply to Arroyo, Cummiskey, Moland, and Bird-Pollan." *Metaphilosophy* Vol. 42 No. 4, p.383.

49) Korsgaard(2011), p.382.

자연적 선에 대한 아리스토텔레스적 이해를 수용하면서 이를 규범성에 대한 칸트적 구성주의에 결합하는 코스가드의 시도는 그녀가 기대하는 것처럼 성공적인가? 바꿔 말해서 코스가드가 규범적 가치의 구성으로 보는 반성적 승인이 아리스토텔레스가 이해하는 기능과 선을 포괄할수 있는가? 문제의 물음에 대한 답을 찾기 위해 먼저 규범성에 대한 코스가드의 구성주의적 접근이 무엇을 의미하는지 자세히 살펴보자. 규범성에 대한 구성주의적 입장을 취하는 코스가드는 실재주의와 구성주의는 규범적 개념과 그것의 기능에 대해 대조되는 입장을 취한다고 생각한다. 그녀에 따르면 실재주의 모형은 "개념의 기능이 실재의 한 부분(a piece of reality)을 기술하는 것"이라고 보는 반면 구성주의 모형은 "(정의, 옳음, 그리고 선함을 포함하는) 우리 개념의 일부는 본질적으로 문제에 대한 해결을 나타내는 이름"이라고 본다.50) 그리하여 그녀는 구성주의가 도덕적 실재론의 형이상학적 배경이 직면하는 정당성 문제를 피할 수 있는 대안일 뿐만 아니라, 윤리학을 윤리적 지식을 행위에 적용하는 것이 아니라 실천적 문제들을 해결하기 위해 이성을 사용하는 것으로 보게 해주는 장점을 가진다고 생각한다. 코스가드의 구성주의적 기획의 중심에 "윤리이론에서 근본적인 실천적 전환을 위한 요구"가 있다고 평가되는 이유가 바로 여기에 있다.51)

코스가드의 구성주의가 가진 또 다른 특징은 그것이 절차주의 (proceduralism)의 일종이라는 점이다. 이 점은 "대상에 궁극적으로 가치를 부여하는 것은 바로 우리 자신의 선택"이라고 주장할 때,52) 또는

---

50) Korsgaard(2008), p.325.
51) William J. FitzPatrick. 2005. "The Practical Turn In Ethical Theory: Korsgaard's Constructivism, Realism, and the Nature of Normativity." *Ethics* 115, p.652.
52) Korsgaard(2009), p.123.

"선택의 합리성을 결정하고 대상의 좋음을 증명하는 것은 선택 자체를 검토하는 추론, 곧 충분한 정당화의 과정"이라고 주장할 때[53] 분명히 드러난다. 도덕적 진리가 합리적 선택이라는 절차를 통해 명료화된다고 봄으로써 코스가드는 도덕적 구성주의를 실천이성에 대한 절차주의의 일종으로 본다. 그녀의 절차주의적 구성주의는 구성적 모형에 대한 그녀의 설명에서도 분명히 확인된다. 앞에서 논의한 바와 같이 코스가드에 따르면 플라톤에게서 구성적 원칙은 정의의 원칙이다. 코스가드의 관점에서 플라톤의 정의는 영혼의 각 부분들이 자신의 역할과 일을 하고 자신의 일이 아닌 것에 간섭하지 않는 것을 의미한다는 점에서 실질적(substantive) 개념이 아니라 절차적 개념이다.[54] 또한 그녀는 절차의 결과의 규범적 지위를 위해 "실질적인 옳음, 선함 혹은 정의조차 필요하지도 충분하지도 않으며", "필요한 모든 것은 절차가 실제로 밟아졌다는 것이다"라고 말한다.[55] 이것은 결과에 규범성을 주는 것은 절차 그 자체, 절차의 실제적인 수행임을 의미한다. 이처럼 절차 자체가 궁극적인 규범적 힘을 가진다는 것은 정언명법의 절차가 도덕적 가치들을 구성하는 절차라는 점에서 칸트의 경우에도 마찬가지다.

지금까지 살펴본 바와 같이 코스가드에게 있어서 규범성에 대한 구성주의적 접근은 규범성에 대한 절차주의적 이해를 취하는 것이다. 그러나 아리스토텔레스의 목적과 기능, 선에 대한 입장은 이러한 절차주의와 결합되기 어렵다. 아리스토텔레스에게 있어서 숙고적 합리성으로서의 인간 기능은 행복과 연결되어 있고 아리스토텔레스의 행복주의는 절차주의적 구성주의와는 차이가 있기 때문이다. 아리스토텔레스는 "모든 행위와 선택은 어떤 좋음을 목표로" 하며, "인간의 기능(ergon)이 무엇

---

53) 코스가드(2007), p.390.
54) 이에 대한 설명을 위해서는 Korsgaard(2008), pp.105-106 참조.
55) Korsgaard(2009), p.149.

인지 파악된다면" 최상의 좋음으로서의 행복이 무엇인지 이야기할 수 있다고 말한다.56) 아리스토텔레스에게 있어서 인간의 행위와 선택은 목적과 연결되고 모든 인간 행위의 궁극목적으로서의 행복은 이성적 활동으로서의 인간 기능과 연결된다. 이러한 연결은 인간의 목적과 기능에 대한 아리스토텔레스의 설명에서 행복이 불가분의 밀접한 관계를 가진다는 것을 보여준다. 행복이 궁극목적이라는 것은 실천적 지혜가 행위를 선택할 때 행복이라는 목적을 성취하기에 적합한 행위를 적절한 행위로 본다는 것을 의미한다. 이처럼 아리스토텔레스에게 있어서 실천이성의 작용은 행복, 즉 잘 사는 것(living well)에 대한 추론과 밀접하게 관련된다는 특징을 가지며. 이러한 특징은 칸트의 규범적 추론에서는 발견되지 않는 것이다.

아리스토텔레스의 윤리학을 구성주의적으로 읽는 르바르(Mark Lebar)는 이러한 특징이 아리스토텔레스의 실천적 합리성 개념을 절차적일 뿐만 아니라 실질적인 개념으로 만든다고 주장한다. 르바르에 따르면 아리스토텔레스의 구성주의는 "실천적 합리성이 실천추론에 보통 적용되는 절차적 요구를 만족시킬 뿐만 아니라 잘 사는 방법에 대한 실질적으로 맞는 판단을 가져올 때 실천적 합리성은 효과적이라고 주장한다."57) 르바르는 여기에서 아리스토텔레스와 칸트의 실천이성을 비교한다. 그는 아리스토텔레스나 칸트 모두 실천이성을 중시하지만 칸트와 달리 아리스토텔레스에게서 성공적인 실천적 합리성은 "(신념과 여타의 태도 사이에서 적절한 추론적 관계를 표시하는 의미에서의) 성공적인 추론 그리고 최선으로 사는 방법에 대한 실질적으로 올바른 선택을 하는 것 둘 다를 포함한다"고 본다.58) 행복, 즉 잘 사는 것을 목표로 추구

---

56) 아리스토텔레스(2008), 1094a1, p.13; 1097b23-25, p.29.
57) Mark Lebar. 2008. "Aristotelian Constructivism." *Social Philosophy and Policy* Vol. 25 No. 1, p.202.

한다는 점에서 실천적 합리성이 단지 형식적이거나 절차적인 데 머물지 않고 실질적인 추론을 하게 된다는 것이다. 여기에서 잘 사는 것에 대한 판단이 순수하게 절차적인 합리성에 머무는 것이 아니라 실질적이라는 것은 무엇을 의미하는가? 르바르는 '실질적'이라는 의미를 "이것은 **딱 어울린다**거나 적절하다고 그리고 저것은 **딱 그렇지 않다**"고 판단하면서 선한 삶을 사는 데 기여하는 요소들을 종합하는 것이라고 말한다.[59] 르바르가 더 이상의 설명을 주지는 않지만 우리는 아리스토텔레스의 실천추론이 맥락 의존적이라는 점을 통해 실질적인 판단의 의미를 더 잘 이해할 수 있을 것이다. 아리스토텔레스는 "어느 정도까지 벗어나고 얼마나 벗어나야 비난을 받는지는 말(logos)로 정하기가 쉽지 않다"고 말하면서 개별적인 것들을 행하는 사람이 각각의 경우에 적절한 것이 무엇인지 고려해야 한다고 말한다.[60] 아리스토텔레스에게 있어서 실천추론이 실질적인 판단인 것은 그것이 상황과 맥락을 고려하여 판단한다는

---

58) Lebar(2008), p.203.

59) Lebar(2008), p.204. 아리스토텔레스의 구성주의가 실천이성에 대한 절차적 개념뿐만 아니라 실질적 개념을 포함한다고 할 때 르바르의 주장을 충분히 이해하기 위해서는 그가 아리스토텔레스에게 있어서 실천이성이 잘 사는 것, 즉 행복에 관련되어 있다고 보는 점 이외에도 실천이성이 우리의 동물적 본성과 밀접하게 관련되어 있다고 보는 점에도 주목할 필요가 있다. 르바르는 아리스토텔레스적인 접근은 칸트적인 접근처럼 합리적 행위자로서의 우리의 본성에 초점을 맞추지만 "칸트적인 접근과 달리 우리의 동물적 본성으로부터 분리된 것으로서가 아니라 동물적 본성에 내재하는 것으로서의 합리성에 초점을 맞춘다"고 말한다. Lebar(2008), p.207. 한편 르바르는 칸트의 구성주의는 구성적이지 않은 인식에 의존하여 규범적 진리에 대한 설명을 제시한다는 점에서 구성주의를 끝까지 끌고 가지 못하는 반면에, 아리스토텔레스의 구성주의는 규범적 진리에 대한 인식에 의존하지 않고 실천이성의 실질적 판단도 구성된다고 보기 때문에 구성주의를 끝까지 끌고 간다고 결론짓는다. 이 장에서 르바르의 주장에 대한 동의는 아리스토텔레스의 실천적 합리성이 실질적 판단을 포함한다는 부분에 제한된다.

60) 아리스토텔레스(2008), 1109b21, p.77.

점과 관련이 있는 것이다. 이처럼 아리스토텔레스에게 있어 행복이라는 궁극적 좋음을 성취하고자 하는 실천추론은 어떤 형식적인 절차로 조직화하기 어려운 부분을 포함한다. 아리스토텔레스에게 있어서 인간의 기능과 선이 행복과 연결됨으로써 그의 실천적 합리성 개념이 실질적인 차원을 가진다는 점은 코스가드의 절차주의적 구성주의에 근거한 실천적 합리성 개념과 구별된다는 것을 보여준다. 이것은 바로 아리스토텔레스의 기능과 선에 대한 입장이 코스가드가 주장하는 반성적 승인이라는 구성적 절차에 결합되기 어렵다는 것을 의미한다.

여기에서 우리는 구성적 모형을 정립할 때 코스가드가 아리스토텔레스의 행복주의를 수용할 가능성을 따져볼 수도 있다. 코스가드는 아리스토텔레스의 행복개념은 "욕구만족모형(the desire-satisfaction model)이나 벤담적인 쾌락주의"와는 다르며 이러한 것들보다 훨씬 더 그럴듯하다고 믿는다.61) 그러나 그녀는 칸트주의자로서 아리스토텔레스의 행복주의를 수용하지 않는다. 칸트는 "모든 인간은 이미 스스로 행복에 대한 매우 강렬하고 내적인 경향성을 가지고 있"지만 "그럼에도 인간은 행복이라는 이름 아래서의 모든 경향성의 충족의 합계에 대해서는 아무런 확정적이고 확실한 개념도 가질 수 없다"고 말한다.62) 코스가드는 칸트가 행복에 대한 쾌락주의적 개념을 가지고 있어서 행복주의를 비판하는 것이 아니라 행복주의적 원칙이 "의지 **자신의** 법칙이 아니기" 때문에, 즉 행복주의적 원칙이 타율적이기 때문에 행복주의에 반대한다고 주장한다.63) 이러한 주장은 행복주의에 대한 코스가드의 비판에도 그대

---

61) Korsgaard(2008), p.99. 코스가드에 따르면 아리스토텔레스의 행복개념은 대략적으로 "행복이 우리의 건강한 능력(healthy faculties)의 탁월한 활동, 비록 그것이 쾌적한 감각(pleasant sensation)의 원인이기 때문은 아닐지라도 우리가 즐거운(pleasurable) 것으로 필연적으로 경험하는 활동 안에 있다"고 본다. Korsgaard(2008), p.99.

62) 칸트. 2009. 『윤리형이상학 정초』, 백종현 옮김(서울: 아카넷), p.88.

로 해당된다. 칸트를 구성적 모형에 해당된다고 볼 때 칸트가 자율성을 행위의 형이상학적 속성으로 본다고 코스가드가 주장하는 부분에서 이를 확인할 수 있다. 코스가드는 행복을 무조건적으로 선한 것이나 궁극목적으로 보는 대신 행복할 만한 가치가 있는 인간, 선의지를 가진 인간의 행복을 좋은 것으로 보고 행복을 추구하는 합리성을 실천이성의 원칙이 아닌 사려의 원칙(the principle of prudence)으로 논한다.64)

코스가드가 아리스토텔레스의 행복주의를 수용할 수 없는 또 다른 이유를 아리스토텔레스의 행복개념에 목적론적 형이상학이 깔려 있다는 그녀의 주장에서 확인할 수 있다. 코스가드는 아리스토텔레스와 칸트 둘 모두 목적의 좋음에 대한 이성주의 설명을 취함에도 불구하고 칸트가 궁극적인 좋음이며 가치의 원천으로 관조를 보는 아리스토텔레스의 견해에 동의하지 않는 것은 실천추론이 아니라 형이상학에 대해 아리스토텔레스와 다른 입장을 취하기 때문이라고 본다. 코스가드는 아리스토텔레스에게서 "관조는 인간 삶의 궁극목적일 뿐만 아니라 세계의 궁극목적이기 때문"에 "궁극적인 좋음이 무엇인가 하는 물음은 윤리적인 중요성만큼이나 형이상학적인 중요성을 지닌다"고 이해한다.65) 관조하는 삶을 가장 우월하게 보는 아리스토텔레스의 행복개념에 목적론적 형이상학이 깔려 있다는 코스가드의 분석은 적절하다. 아리스토텔레스는 "인간을 비롯한 모든 존재자들은 자신에게 부여된 본질적인 형상을 구현하는 것을 목표하며 그러한 본질적 형상을 구현할 때 행복을 느낀다"고 본 점에서 아리스토텔레스의 목적론적 형이상학과 행복주의는 밀접하게 연결되어 있다.66) 이렇게 볼 때 코스가드가 아리스토텔레스의 행

---

63) Korsgaard(2008), p.178.
64) 이러한 논의를 위해서는 Korsgaard(2009), pp.52-57 참조.
65) 코스가드(2007), p.364.
66) 박찬국. 2011. 「목적론적 입장에서 본 행복」. 『동서사상』 제11집, p.7.

복개념을 수용할 수 없음은 분명해진다. 앞에서 논의한 바와 같이 구성적 모형을 정립할 때 그녀는 형이상학을 배제한 아리스토텔레스의 목적론을 옹호하기 때문이다. 아리스토텔레스의 목적과 기능 개념이 행복과 밀접하게 연결됨으로써 실천이성의 작용이 실질적 판단에 관련된다는 점에서, 그리고 코스가드의 구성적 모형은 아리스토텔레스의 행복주의를 거부한다는 점에서 칸트적 구성주의에 아리스토텔레스를 결합시키는 것은 적절하지도 성공적이지도 못하다.

5. 나오는 말

코스가드의 구성적 모형은 실로 야심찬 기획의 산물이다. 그것은 단순히 칸트 윤리학을 재해석 내지 재구성하는 것이 아니라 그녀가 자신의 책 *Self-Constitution* 의 세 영웅이라고 말하는 플라톤, 아리스토텔레스, 칸트를 종합하려는 시도이기 때문이다. 이러한 시도에서 코스가드가 취하는 전략은 자신이 생각하는 칸트와 플라톤의 공통된 입장, 그리고 칸트와 아리스토텔레스의 공통된 입장을 각각 찾아내고, 이를 두 축으로 삼아 구성적 모형을 정립하는 것이라고 생각된다. 그녀는 전자의 축이 규범성에 대한 구성적 절차를 제시해주고 후자의 축이 구성적 접근을 위한 자료를 제공해주기를 기대한다. 그러나 지금까지 살펴본 바와 같이 적어도 칸트와 아리스토텔레스의 공통점이라는 한 축은 구성적 모형을 정립하는 데 적절하지도 못하고 성공적으로 작용하지도 못한다. 그럼에도 불구하고 코스가드의 기획은 현대윤리학의 논의에서 적어도 두 가지의 중요한 의미를 가진다. 그녀의 구성적 모형은 행위를 우리 영혼 안의 어느 한 부분이 아니라 모든 부분이 각각 자신의 역할을 하고 이러한 부분들이 단일의 영혼으로 통합되는 절차로 이해한다. 그리고 이러한 절차는 바로 우리가 행위자로 구성되는 것에 다름 아니다. 이처럼 행위를 자아구성으로 설명하는 코스가드의 구성적 모형은 행위와 행위자를 분리하지 않는다. 흔히 덕윤리는 행위자중심 윤리로, 칸트 윤리학으로 대변되는 규칙윤리 내지 의무윤리는 행위중심 윤리로 이해된다. 코스가드의 구성적 모형은 이러한 두 접근이 통합되는 하나의 방법을 제시하고자 한다. 한편 구성적 모형은 행위와 행위자를 통합하고자 할 뿐만 아니라 행위자와 도덕적 행위자를 일치시키고자 한다. 그것은 자아를 행위자로 구성하는 것이 실천이성의 원칙을 따르는 것이라고 주장함으로써 행위자가 되는 것이 도덕적으로 행위하는 것임을 보이고자 한다. 이러한 시도는 규범윤리학의 중요과제인 윤리적 회의주의의 극복방안을 모색할 때 유의미한 방향을 제시한다. 행위와 행위자를 통합하고 행위자와 도덕적 행위자를 일치시키는, 너무 어렵지만 중요한 과제를 추구한 점에서 코스가드의 구성적 모형은 주목할 만한 의미를 가지는 시도임에 분명하다.

3 부

덕과 행위

9 장

응용윤리에 대한 덕윤리적 접근의 비판적 고찰

1. 들어가는 말

응용윤리는 실천적인 쟁점이나 문제에 직접적으로 관심을 기울이고 해결을 모색하는 윤리로서 쟁점이나 문제의 성격에 따라 환경윤리, 생명윤리, 정보윤리 등 다양한 영역으로 세분화된다. 응용윤리에 대한 최근의 논의에서 두드러진 변화 중의 하나는 덕윤리적 접근이 활발하게 채택되고 있다는 점이다. 환경윤리와 간호윤리 영역에서 활발하게 논의되기 시작한 덕윤리적 접근은 현재 의료윤리, 생명윤리, 공학윤리, 언론윤리, 비즈니스윤리, 정보윤리, 상담윤리 등 응용윤리의 전 영역으로 광범위하게 적용되고 있다. 현재까지 논의되어온 내용들을 살펴보면 응용윤리의 세부 영역들에서 덕윤리가 어떻게 적용되는지를 제시하는 것들이 대부분이다. 이처럼 각각의 세부 영역들에 한정된 논의들은 덕윤리가 응용윤리에 대한 접근의 하나로서 다른 대안적 접근들과 비교하여 어떤 의미를 가지는지를 밝혀주기에는 역부족이다. 따라서 이 장에서는 응용윤리의 세부 영역에 따른 덕윤리적 접근을 넘어서서 응용윤리에 대한 덕윤리적 접근 자체에 대한 고찰을 시도하고자 한다.1) 이를 위해 이 장에서는 덕윤리 자체에 대한 검토와 응용윤리의 다양한 세부 영역에 적용되어온 덕윤리적 접근들에 대한 검토를 바탕으로 덕윤리적 접근의 기본 형태를 응용윤리의 목표와 성격, 그리고 방법론 차원에서 살펴볼 것이다. 그리고 이러한 세 차원에서 덕윤리적 접근이 어떤 장점과 문제점을 가지는지 살펴보고, 이를 바탕으로 응용윤리에서 덕윤리적 접근이 가지는 의의와 역할을 제시하고자 한다.

2. 덕윤리의 규범윤리적 성격과 응용윤리에 대한 덕윤리적 접근의 기본 형태

응용윤리는 실천적인 문제들의 해결을 모색할 때 여러 차원에서 직간접적으로 윤리이론들을 활용한다. 특히 실천적인 문제들의 해결은 인간이 무엇을 해야 하는지와 밀접하게 관련되어 있다는 점에서 응용윤리는 많은 부분 규범윤리이론에 근거하고 있다. 규범윤리이론은 도덕규범의 근거와 타당성을 검토하여 도덕규범을 정초하고 이를 통해 우리에게 행위지침을 제공하는 역할을 한다. 응용윤리는 규범윤리이론이 제공하는 행위지침을 적극적으로 활용하여 실천적인 문제들의 해결방안을 탐구하고 제시한다. 응용윤리와 규범윤리이론의 이러한 관련성을 고려할 때 응용윤리에 대한 덕윤리적 접근을 고찰하기에 앞서 덕윤리의 규범윤리

---

1) 오늘날 덕윤리는 다양한 방향으로 전개되고 있지만 아리스토텔레스적인 덕윤리가 현재까지는 주를 이루고 있으며 응용윤리 영역에서도 아리스토텔레스적인 덕윤리가 가장 활발하게 적용되고 있다. 따라서 이 장에서는 덕윤리의 일반적인 기본 입장에 근거하지만 세부적으로는 주로 아리스토텔레스적인 덕윤리를 중심으로 논의를 전개하고자 한다.

적 가능성을 먼저 검토할 필요가 있다. 왜냐하면 20세기 후반에 덕윤리가 부활한 이래 덕윤리가 과연 규범윤리이론일 수 있는지에 대해 논란이 있어왔기 때문이다.

덕윤리자들은 일반적으로 근대 도덕철학을 대표해온 칸트 윤리학과 공리주의 모두 도덕법칙에 따라 옳거나 해야만 하는 행동이 결정된다고 보는 법칙적인 윤리개념에 근거한다고 비판한다. 덕윤리자들은 실천적인 것들은 엄밀한 일반규칙으로 체계화되기 어렵다고 보고 도덕적인 삶을 어떤 보편적인 원리로 환원하는 것에 반대한다. 대신 그들은 행위보다 행위자에 중점을 두고 무엇을 해야 하는지보다 어떻게 살아야 하는지에 일차적인 관심을 갖는다. 그리하여 덕윤리자들은 행위의 옳음이나 해야 함에 초점을 맞추는 의무판단(deontic judgment) 대신 행위자의 인격의 선함에 초점을 맞추는 덕성판단(aretaic judgment)을 중시한다. 도덕법칙의 거부와 행위자중심성, 그리고 덕성판단이라는 덕윤리의 기본입장은 과연 덕윤리가 규범윤리이론으로서 행위지침을 제시할 수 있는지에 대한 의심을 야기해왔다.[2] 이러한 의심의 근저에는 칸트 윤리학이나 공리주의처럼 규범윤리이론은 행위지침으로 도덕법칙을 제시해야 한다는 전제가 깔려 있다.

과연 규범윤리이론은 행위지침을 주기 위해서 도덕법칙을 제시해야 하는가? 규정적인 행위지침은 반드시 어떤 규칙으로 제시되어야 하는가? 규범 자체의 의미에서 이 물음의 답을 확인할 수 있다. 헤처(Steven Hetcher)는 규범의 의미를 설명할 때 명백하게 정식화되지 않았다 해도 규범적으로 지배적인 행동양식이 존재할 수 있으며 "규칙의 의미로서의 규범(norm in the sense of a rule)" 이외에도 "규정된 행동양식의 의

---

2) 덕윤리로 불리는 다양한 이론들이 이러한 기본 입장을 공유하지만 유덕한 행위자와 덕성판단의 독립성과 우선성을 어느 정도 인정하느냐에 따라 다양하게 전개된다.

미로서의 규범(norm in the sense of a prescribed pattern of behavior)"
이 있다고 말한다.3) 규범의 이러한 두 가지 의미는 규정적인 내용이 보
통 규칙으로 정식화되기는 하지만 명시적으로 형식화되지 않은 채 사람
들이 순응하는 행동양식으로 존재할 수도 있다는 것을 보여준다. 규범
을 이렇게 이해할 경우 규범윤리는 규정적인 행위지침을 제시할 때 반
드시 규칙의 형태를 띠어야 하는 것은 아니다. 규범윤리는 규칙이 아닌
다른 형태로도 행위지침을 제시할 수 있다. 따라서 정식화된 도덕법칙
을 거부한다는 점이 덕윤리가 규범윤리이론이 아니라는 입장을 뒷받침
하지는 않는다.

이제 덕윤리가 규범윤리이론인지 아닌지의 문제는 덕윤리가 행위지
침을 제시하는지, 제시한다면 어떤 형태인지에 달려 있다. 덕윤리자들
은 덕을 일종의 인격특질로 본다. 그리고 그들은 어떤 사람의 인격특질
은 그 사람이 어떤 방식으로 행동할지를 선택하고 이를 수행하는 데 결
정적인 역할을 하며 유덕한 행위자는 일반적으로 올바르게 행위한다고
믿는다. 행위자의 성품과 행위 간의 이러한 상관성을 생각한다면 무엇
을 해야만 하는지의 물음에 대한 덕윤리자들의 일반적인 대답은 특정
상황에서 유덕한 행위자가 할 법한 것을 행하라는 것이다. 예컨대 덕윤
리자들은 "정직한 사람이 되라"고 말하며 정직한 사람이 되기 위해서
"정직한 사람이 할 법한 것을 행하라"고 말한다. 덕윤리는 유덕한 성품
이 드러내는 행동양식을 통해 규범을 제시하고 있는 셈이다. 따라서 덕
윤리는 도덕법칙을 제시하지는 않지만 유덕한 행위자를 통해 다소 간접
적으로 행위지침을 제시한다는 점에서 하나의 규범윤리이론일 수 있다.

유덕한 성품을 통해 행위지침을 제시하는 규범윤리이론이라는 점에

---

3) Steven Hetcher. 2001. "Norms." In Lawrence C. Becker & Charlotte B.
Becker eds., *Encyclopedia of Ethics* Vol. 2(New York & London: Routledge,
2001), p.1242.

서 덕윤리는 응용윤리를 위한 하나의 유효한 접근방식임에 분명하다. 이제 응용윤리에 대한 덕윤리적 접근이 어떤 기본 형태를 가지는지 살펴보자. 앞에서 논의한 바와 같이 덕윤리의 기본 입장은 행위자중심성과 덕성판단이며 덕윤리가 제시하는 행위지침은 유덕한 성품을 가진 사람이 할 법한 것을 행하라는 것이다. 따라서 덕윤리적 접근의 기본 형태는 응용윤리에서 요구되는 도덕적 실천을 위해 행위자가 갖추어야 할 덕을 제시하고 구체적인 문제 상황에 직면해서 행위자가 이러한 덕을 어떻게 드러내는지를 보여주는 것이다. 이러한 기본 형태는 응용윤리의 다양한 세부 영역들에 적용될 수 있다. 예컨대 환경 덕윤리(environmental virtue ethic)를 "환경과 관련하여 우리가 가져야만 하는 인격성향들에 대한 구체적인 설명"으로 정의한 바에서 알 수 있듯이,4) 세부적인 영역의 응용윤리는 해당 영역에서 행위자가 가져야 하는 유덕한 성향과 이러한 성향에 따르는 의사결정을 보여주는 것이다.

이제 응용윤리에 대한 덕윤리적 접근의 기본 형태를 응용윤리의 목표와 성격, 그리고 방법론의 차원으로 나누어 차례로 살펴보자. 실천적인 쟁점이나 문제들에 대한 해결을 모색하는 응용윤리가 제공하는 행위지침은 한 개인이 어떤 문제에 직면해서 무엇을 해야 할지 숙고하고 의사결정을 내리는 중요한 토대가 된다. 또한 그것은 법이나 제도 혹은 공공정책을 수립하는 근거가 된다. 따라서 응용윤리의 목표는 개개인의 도덕적 의사결정의 토대를 제공하는 것과, 법적, 사회적 차원에서 제도나 정책 수립의 근거를 제시하는 것으로 나누어 볼 수 있다. 이처럼 응용윤리의 목표를 개인적인 차원과 사회적인 차원으로 양분하여 보는 것은 오늘날과 같은 사회구조에서 특히 의미가 있다. 과거 소규모의 동질적인 면대면 공동체에서는 법적, 사회적 차원과 개인적 차원이 그다지 엄

---

4) Ronald Sandler & Philip Cafaro. 2005. *Environmental Virtue Ethics*(Lanham: Rowman & Littlefield Publishers), p.2.

격하게 분리된다거나 차이가 크지 않았다. 그러나 오늘날과 같은 대규모의 이질적인 비면대면 사회에서는 두 차원에서의 의사결정이 동일한 경우도 많지만 자주 구분되기도 한다. 예컨대 법적으로 임신중절이 부분적으로 허용되는 사회에 살고 있는 어떤 개인은 임신중절을 절대적으로 금하는 개인적인 선택을 하기도 한다. 응용윤리의 목표 차원에서 볼 때 응용윤리에 대한 덕윤리적 접근은 유덕한 사람이 할 법한 것을 하라는 행위지침을 두 종류 모두의 의사결정을 위한 근거나 토대로 제공한다.

한편 개인적, 사회적 차원의 의사결정을 위한 토대나 근거를 제시하는 목표를 달성하기 위해 응용윤리는 나름의 행위지침을 제시하는데 어떤 내용의 행위지침을 주느냐에 따라 각각의 응용윤리가 가진 성격이 달라진다. 응용윤리에 대한 대표적인 접근인 칸트 윤리학적 접근과 공리주의적 접근을 보면, 두 접근은 각각 의무와 결과에 근거하여 행위지침을 제시한다. 또한 이 두 접근은 모두 도덕법칙의 형태로 행위지침을 제시하고 도덕법칙에서 도출되는 행위를 마땅히 해야만 하는 것으로 간주한다. 응용윤리에 대한 대표적인 두 접근이 보여주는 이러한 특징들로부터 우리는 의무와 결과가 행위지침에 어떻게 작용해야 하는지, 행위지침이 도덕법칙의 형태로 제시되어야 하는지, 그리고 도덕적인 의무는 어느 수준에서 행위지침에 반영되어야 하는지 등을 성격 차원의 주요 쟁점으로 도출할 수 있다. 이러한 쟁점들에 비추어 보면 응용윤리에 대한 덕윤리적 접근은 특정한 도덕법칙 대신 유덕한 사람이 드러내는 다양한 덕목들에 근거하여 행위지침을 구성하며 이러한 행위지침이 낱낱의 행위 수행을 통해 지켜지는 것보다는 삶 전반에 걸쳐 유덕한 성품을 형성하고 실행하는 것에 중점을 둔다.

방법론적 차원에서 응용윤리는 도덕적 문제 사태에 직면하여 행위자가 어떻게 의사결정을 내리는지에, 즉 도덕적 추론방식에 관심을 기울인다. 보통 응용윤리의 방법론은 이론적인 원칙이나 지침과 구체적인 사례에서의 판단이 도덕적 추론에 어떻게 관계하느냐에 따라 상향적, 하향적, 그리고 정합주의적 모델(bottom-up, top-down, coherentist models)로 나뉜다. 상향적 모델은 보편적인 도덕원리나 이론을 부인하고 구체적인 사례에서의 개별적인 판단을 통해 문제를 해결하는 접근이며, 하향적 모델은 도덕판단의 궁극적 기준으로 작용하는 도덕원칙을 제시하고 이 원칙으로부터 연역적으로 도덕판단을 도출하는 접근이다. 반면에 정합주의적 모델은 이론적인 원칙과 구체적인 사례에 관련된 도덕판단이 상호 교정의 과정을 거치면서 상호 간의 정합성을 획득하도록 하는 접근이다. 최대행복의 원리를 제시하는 공리주의나 정언명법을 제시하는 칸트 윤리학은 하향적 모델의 전형에 속한다. 반면에 결의론(casuistry)은 대표적인 상향적 모델이며 반성적 평형의 방법(the method of reflective equilibrium)은 대표적인 정합주의적 모델이다. 덕윤리는 기본적으로 도덕적 문제가 발생하는 상황과 그러한 상황에서 유덕한 성품을 가진 행위자가 내리는 판단을 중시하는 특수주의(particularism)를 취한다. 이로 인해 덕윤리적 접근에서의 도덕적 의사결정은 근본 도덕원칙에 따른 연역적 결정이 아니라 구체적 상황에서 유덕한 행위자가 내리는 유연한 결정이다. 이처럼 구체적인 도덕판단을 연역해낼 도덕법칙의 존재를 부인하고 구체적인 상황의 도덕적 실제와 행위자의 개별적인 인식을 통한 도덕판단을 중시한다는 점에서 응용윤리에 대한 덕윤리적 방법은 기본적으로 도덕적 추론에 대한 상향적 모델에 속한다. 지금까지 우리는 응용윤리의 목표와 성격, 그리고 방법론의 차원에서 덕윤리적 접근의 기본 형태를 간략히 살펴보았다. 이제 이러한 기본 형태에 충실한 덕윤리적 접근이 응용윤리에 대한 다양한 접근들 중의 하나로서 어떤 장점이 기대되고 어떤 문제가 우려되는지를 차례로 살펴볼 것이다.

3. 응용윤리의 목표와 성격 차원에서 본 덕윤리적 접근

1) 응용윤리의 목표와 덕윤리적 접근

앞에서 우리는 응용윤리의 목표를 개개인의 도덕적 의사결정의 토대를 제공하는 것과, 법적, 사회적 차원에서 제도나 정책 수립의 근거를 제공하는 것으로 나누었다. 덕윤리적 접근이 이 두 목표를 달성하는 데 얼마나 적합한지는 유덕한 사람이 할 법한 것을 하라는 지침이 두 목표에 어떻게 작용하느냐에 달려 있다. 유덕한 행위자가 구체적인 상황에서 내리는 선택과 행위를 중시하는 덕윤리는 개개인이 처한 구체적인 상황에 관련된 사실과 가치들을 고려하고 관련된 사람들의 특성, 감정, 관계 등에 주의를 기울이도록 한다. 이러한 점은 개개 행위자가 자신에게 적합한 의사결정을 내리도록 이끌 수 있다는 의미에서 개개인의 도덕적 의사결정의 토대를 제공하는 데 장점이 될 수 있다. 그러나 유덕한 사람이 할 법한 것을 하라는 행위지침은 오늘날과 같은 사회에서는 응용윤리의 두 목표를 달성하는 데 기본적으로 취약하다. 대규모의 이질적인 비면대면 사회에서는 장기적으로 세세하게 누가 유덕한지를 살펴보기가 쉽지 않을 뿐만 아니라 어떤 관점에서 살펴보느냐에 따라 다른 의견을 가질 수 있으며, 성품과 행위 간의 불일치를 간파하기도 쉽지 않기 때문이다. 이처럼 현대의 사회구조에서는 누가 유덕한지 파악하기도, 합의하기도 쉽지 않다는 점에서 유덕한 성품을 가진 사람이라는 행위지침의 근거는 자주 무기력하기 쉽다.

이러한 문제는 사회적 차원의 의사결정에서 더 심각하게 나타날 것이다. 일반적으로 사회적 차원에서의 의사결정은 개인적 차원에서의 의사결정에 비해 그 적용범위가 훨씬 더 포괄적이며 그 구속력에 있어서 더 강제적이며 그 내용에 있어서 더 결정적이다. 이런 특성 탓으로 사회적 차원에서의 의사결정은 보통 사회적으로 동의 내지 합의된 내용에 근거하게 된다. 그러나 도덕원칙을 통해 명확한 행위지침을 제공하는 대신 유덕한 행위자가 구체적인 상황에서 내리는 개별적인 선택을 중시하는 덕윤리는 사회적인 동의나 합의를 이끄는 행위지침을 제시하기가 상대적으로 더 어렵다. 더군다나 전 지구적인 교류와 급속한 사회변화로 인해 인간사회의 다원주의적 면모가 가속화되고 사람들의 상식이나 직관이 서로 상충하는 경우가 더 빈번해지면서 이러한 어려움은 점점 더 커지고 있다.

덕윤리가 현대의 사회구조에 왜 부적합한지를 논할 때 라우든(Robert B. Louden)이 특히 주목하는 것도 이런 점들과 관련이 있다. 라우든은 오늘날 우리 사회에는 "바람직한 도덕적 인격에 대한 일반적으로 동의된 중요한 표현이 존재하지 않으며", "전통적인 덕이론가들이 실행 가능한 도덕공동체의 전제조건으로 여겼던 일종의 도덕적 응집력과 가치통합이 결여"되어 있다고 지적한다.5) 이런 점들을 고려한다면 덕윤리처럼 "표준적인 행위지침을 제공하기보다는 각 사례가 놓인 구체적인 맥락을 이야기하고 그에 관련된 사람들의 성격과 삶을 논한다는 것은 공적인 영역에 당파성과 편파성을 들여오는 위험한 시도로 보일 수도 있다"는 지적은 단순한 우려만은 아니다.6) 실제로 생명의료윤리에 대한 덕윤리적 접근을 논할 때 홀랜드(Stephen Holland)는 유덕한 사람이 무엇을 선택할지를 묻는 덕윤리적 형태로는 "생명의료를 위한 규제적 정책을 권고하는 데 부적절하다"고 말한다.7) 지금까지 살펴본 바와 같이

---

5) Robert B. Louden. 1997. "On Some Vices of Virtue Ethics." In Daniel Statman ed., *Virtue Ethics*(Washington D. C.: Georgetown University Press, 1997), p.191.

6) 김수정. 2009. 「아리스토텔레스의 덕 윤리와 생명윤리에의 적용」. 『생명윤리정책연구』 제3권 제2호, pp.144-145.

7) Stephen Holland. 2001. "The Virtue Ethics Approach to Bioethics." *Bioethics* 25, p.198.

덕윤리는 개개인의 도덕적 의사결정에 작용할 지침을 주는 데 나름의 장점을 가지기는 하지만 일반적으로 개인적, 사회적 의사결정의 토대를 제공하는 데 어려움이 있으며, 특히 법적, 사회적 차원에서 제도나 정책 수립의 근거가 되는 지침을 주는 데 취약할 수 있다.

2) 응용윤리의 성격 차원의 세 쟁점과 덕윤리적 접근

이제 응용윤리에 대한 덕윤리적 접근이 어떤 장단점을 가지는지를 앞 절에서 제시한 성격 차원의 세 쟁점들을 중심으로 검토해보자. 먼저 의무나 결과가 행위지침에 어떻게 작용해야 하는지의 쟁점과 관련하여 살펴보자. "용감한 사람은 고귀한 것을 위해 견뎌내며 용기에 따르는 일들을 행하는 것이다"라는 말에서 드러나는 것처럼 아리스토텔레스는 유덕한 사람의 행위를 기본적으로 고귀함을 위해 행위하는 것(acting for the noble)으로 이해한다.8) 그러나 아리스토텔레스에게 있어서 고귀함을 위해서 행위하는 것은 행위 그 자체 때문에 선택하고 행위하는 것과 밀접히 관련되어 있으며 고귀함은 행위 그 자체가 가진 칭찬할 만한 가치와 다르지 않다. 용기란 "두려운 것들과 대담을 불러일으키는 것들에 관련한 중용이며, 그렇게 하는 것이 고귀하기 때문에, 또 그렇게 하지 않는 것이 부끄러운 일이기 때문에 선택하고 견뎌낸다"는 주장이나,9) 유덕한 사람은 "합리적 선택에 의거해서 행위하되 그 행위 자체 때문에 선택해야" 한다는 주장은10) 이를 잘 보여준다. 따라서 기본적으로 아리스토텔레스는 의무로부터의 행위를 주장할 때의 칸트처럼 행위는 그것의 본래적 가치 때문에 선택될 때 도덕적 가치를 가진다고 본다.

---

8) 아리스토텔레스. 2008. 『니코마코스 윤리학』, 이창우 · 김재홍 · 강상진 옮김 (서울: 이제이북스), 1115b22-23, p.103.

9) 아리스토텔레스(2008), 1116a11-13, p.104.

10) 아리스토텔레스(2008), 1105a32, p.60.

그러나 유덕한 사람은 고귀함을 위해서 행위한다는 아리스토텔레스의 주장을 의무론적 관점과 전적으로 동일시할 수는 없다. 아네스(Julia Annas)는 "아리스토텔레스는 결과에서의 실제적인 성공에 의해 행위를 보는 외재적 방식과, 고귀함을 목표로 하는, 행위자에 의해 행위를 보는 내재적 방식 사이를 날카롭게 분리할 수단을 가지고 있지 않다"고 지적한다.11) 이러한 지적은 유덕한 사람의 실천추론을 선한 삶과 행복의 성취에 관련시킬 때 아리스토텔레스가 도덕적인 추론과 여타의 실천추론을, 도덕적인 선과 여타의 선들을 특별히 구별하지 않는다는 점에서 상당 부분 비롯된다. 아네스의 지적은 유덕한 사람의 행복에는 외재적인 선들도 관련되고 결국 선의지만이 무조건적으로 선하다고 보는 칸트와 달리 아리스토텔레스에게 있어서 도덕적 수행의 성공은 외적인 결과로부터 명확하게 분리되지 않는다는 것을 보여준다.12) 아리스토텔레스의 이러한 입장은 덕이 사고와 감정, 행위에 작용하는 총체적 개념임에도 불구하고 "특유의 방식으로 행위하는, 상대적으로 장기적인 안정된 성향"이라는 정의에서처럼 행위성향으로 곧잘 오해받는 데에서도 잘 나타난다.13) 요컨대 행위 그 자체 때문에 선택되고 행해진다는 점에서 유덕한 사람의 행위는 의무론적 관점에 근거하지만 행위의 도덕적 가치에 외적인 결과가 배제되지 않는다는 점에서 결과론적 관점에도 관련된다.

---

11) Julia Annas. 1996. "Aristotle and Kant on Morality and Practical Reasoning." In Stephen Engstrom & Jennifer Whiting eds., *Aristotle, Kant, and the Stoics: Rethinking Happiness and Duty*(Cambridge: Cambridge University Press, 1996), p.246.

12) 유덕한 사람의 행위에 대한 여기에서의 설명은 기본적으로 노영란. 2009. 『덕윤리의 비판적 조명』(서울: 철학과현실사), pp.199-208의 논의를 바탕으로 한 것이다.

13) Gilbert Harman. 1999. "Moral Philosophy Meets Social Psychology: Virtue Ethics and the Fundamental Attribution Error." *Proceedings of the Aristotelian Society* Vol. 99 No. 3, p.317.

덕윤리를 응용윤리에 적용할 때 밀데(Michael Milde)는 "적합한 성향을 형성하고 실행함에 있어서 의무의 의무론적인 고려와 결과의 결과주의적 계산의 결합을 감안한다는 점"을 덕윤리의 매력적인 특징으로 제안한다.14) 사실 의무론적 관점과 결과주의적 관점이 성공적으로 결합되기란 쉬운 일이 아니다. 그럼에도 불구하고 의무론적 관점과 결과주의적 관점이 각각 나름의 장점을 가지고 있다는 점에서 두 관점이 함께 작용하도록 허용한다는 것은 덕윤리적 접근의 행위지침이 지니는 매력적인 특징임에 분명하다.

응용윤리의 성격을 결정하는 또 다른 중요한 쟁점은 행위지침에 도덕적인 의무가 어느 수준에서 반영되느냐, 구체적으로 말해서 행위지침에 도덕적 의무와 도덕적 이상이 어떻게 반영되느냐 하는 점이다. 테일러(Richard Taylor)는 아리스토텔레스의 덕윤리를 "인간의 본성으로부터, 인간의 요구와 열망에 대한 고려로부터, 그리고 정치적 삶에 대한 숙고로부터" 윤리적 이상을 도출하는 열망의 윤리(the ethics of aspiration)로 규정하고 의무윤리와 구별한다.15) 열망의 윤리로서 아리스토텔레스의 덕윤리는 선한 삶과 행복에 초점을 두고 옳거나 해야 하는 것을 넘어서서 인간의 수월성(human excellence)을 실현하고자 하며 인간 삶의 완성을 추구한다. 따라서 아리스토텔레스적인 덕윤리가 제시하는 도덕적 영역, 즉 덕성적 영역은 의무적 영역보다 훨씬 더 깊고 포괄적이다. 덕성적 영역에 근거한 행위지침은 도덕적 의무를 넘어서는 많은 행위들에 관여하며 덕의 실천은 도덕적 이상의 성취를 촉진한다.

덕성적 영역이 의무적 영역보다 더 깊고 포괄적이라는 것은 도덕성의

---

14) Michael Milde. 2002. "Legal Ethics: Why Aristotle Might Be Helpful." *Journal of Social Philosophy* 33, p.46.

15) Richard Taylor. 2002. *Virtue Ethics*(Amherst & New York: Prometheus Books), p.5.

내용면에서는 긍정적이지만 도덕성의 실현이나 추구라는 면에서는 부담일 수 있다. 그러나 멜레마(Gregory F. Mellema)는 덕은 삶 전반이라는 긴 과정에서 드러나는 성품성향이고 "도덕적 행위자는 길어진 시간 간격에 걸쳐서 적어도 가끔씩 도덕적 덕을 실천할 의무를 가진다"[16]는 점에서 덕윤리는 도덕적 이상을 적절하게 추구하는 효과적인 방법을 제시한다고 본다. 멜레마가 주장하는 바는 덕의 실행이 도덕적 이상의 추구를 해야 하는 것으로 요구하지만 이때의 의무는 삶의 전반적인 과정에서 덕을 드러내는 행위를 해야 한다는 것이지 특정의 행위가 요구될 때마다 그 행위를 해야 한다는 것은 아니기 때문에, 덕윤리에서의 도덕적 이상의 추구는 지나친 요구가 아닐 수 있다는 것이다. 그러나 덕의 요구가 구체적인 행위들을 매번 반드시 실행할 의무를 의미하지 않는다는 것은 반대로 구체적인 행위를 실행할 의무를 면제해줌으로써 도덕적 이상의 추구를 초과의무로 만들어버릴 여지가 있다. 초과의무를 포함하는 도덕적 이상을 모두 해야만 하는 것으로 요구하는 것은 지나치지만, 도덕적 이상을 모두 초과의무로 만들어버리는 것 역시 적절하지 못하다. 도덕적 이상이 언제나 의무로서 추구되어야 하는 것은 아니지만 경우에 따라서는 도덕적 이상이 의무로서 추구되어야 하는 상황도 있기 때문이다.

이러한 우려와 관련하여 멜레마는 덕윤리적 맥락에서 "도덕적 이상을 추구하는 데 실패하는 것은 (그렇게 하는 것이 초과의무적일 때조차도) 문제의 그 순간에 적합한 동기를 결여하고 있음을 드러내는 것"이기 때문에 "행위자의 동기구조 자체에 어떤 잘못이 없다 하더라도 현재 일어나고 있는 동기와 관련하여 적법하게 부정적으로 판단할 수 있다"는 점을 지적한다.[17] 이러한 지적은 덕윤리가 도덕적 이상의 추구를 매

---

16) Gregory F. Mellema. 2010. "Moral Ideals and Virtue Ethics." *Journal of Ethics* 14, pp.176-177.

순간 요구하지는 않는다 해도 도덕적 이상을 추구하는 데 실패한 것을 비난할 수 있다는 점에서 도덕적 이상의 추구가 의무와 무관하게 되도록 방치하지 않는다는 것을 함축한다. 멜레마의 주장은 덕윤리적 접근이 도덕적 이상을 성취하는 적절한 한 방법임을 보여준다.

한편 보참(Tom L. Beauchamp)과 칠드레스(James F. Childress)는 멜레마와는 다른 각도에서 도덕적 이상의 추구와 관련한 아리스토텔레스적 접근의 장점을 제시한다. 보참과 칠드레스에 따르면 아리스토텔레스의 윤리체계에서 "도덕적 인격과 도덕적 성취는 자기수양과 열망의 함수"이다.18) 그리하여 이들은 "각 개개인은 자신의 능력이 허락하는 만큼의 높은 수준을 열망해야" 하며, "도덕발달이 이루어짐에 따라 도덕적 수월성에 대한 각자의 목표는 확대된다"고 주장한다.19) 보참과 칠드레스가 주목하는 것은 아리스토텔레스가 일상적인 도덕적 의무와 예외적인 도덕적 이상을 연속선상에서 보고 이 연속선에서 도덕적 행위자가 점차 이상을 향해 한 발 한 발 나아가는 길을 보여준다는 점이다. 사실 일상적인 도덕적 요구와 예외적인 도덕적 이상을 날카롭게 구분하기는 쉽지 않고 또 바람직하지도 않다. 또 보참과 칠드레스가 주장하는 것처럼 도덕발달이 진전됨에 따라 이미 성취한 것을 넘어서는 도덕적 수월성을 목표로 삼고 추구한다는 점에서 행위자가 어떤 도덕수준에 있느냐에 따라 이 둘의 경계는 달라질 수 있다. 아리스토텔레스의 윤리체계는 의무에서부터 도덕적 이상을 하나의 연속선으로 보고 도덕적 이상의 추구를 도덕발달과 연계하여 이해한다는 점에서 행위자 각자가 도덕적 이상을 추구하는 효과적인 방식을 보여준다. 지금까지 살펴본 바와 같이

---

17) Mellema(2010), p.179.

18) Tom L. Beauchamp & James F. Childress. 2001. *Principles of Biomedical Ethics*(New York: Oxford University Press), p.45.

19) Beauchamp & Childress(2001), p.45.

덕윤리적 접근은 행위지침 안에 도덕적 이상을 적극적으로 포함하고 이러한 이상을 삶 전반에 걸쳐 점진적으로 추구하면서 덕성을 발달시킬 것을 요구한다. 이러한 입장은 응용윤리의 성격 차원에서 덕윤리적 접근에 기대되는 중요한 장점이 아닐 수 없다.

응용윤리의 성격 차원에서 관심을 끄는 세 번째 쟁점은 행위지침이 도덕원리나 법칙의 형태로 제시되어야 하는지의 여부이다. 칸트 윤리학이나 공리주의적 접근과 달리 덕윤리적 접근은 보편적인 도덕원리 대신 유덕한 행위자가 드러내는 다양한 덕들을 통해 행위지침을 제시한다. 덕윤리의 이러한 입장에서 기대되는 장점은 무엇인가? 세부 영역에 따른 각각의 응용윤리들은 나름의 도덕적 특징들을 보여준다. 이러한 특징들을 단지 해당 영역에서만 예시되는 것으로 보고, "여러 응용윤리들 간의 차이는 단순히 초점, 강조 혹은 맥락의 문제가 아니라 오히려 형이상학적"이라고 주장하는 입장은 다소 지나치기는 하다.[20] 그러나 다양한 응용윤리 영역들은 분명 각기 나름의 특성을 드러내고 있고 세부 영역의 응용윤리는 그것들을 반영할 필요가 있다. 그리고 덕윤리적 접근은 이러한 필요에 효과적으로 반응할 수 있다. 현재까지 논의된 응용윤리에 대한 다양한 덕윤리적 접근들을 검토해보면 응용윤리의 세부 영역에 따라 영역 특성을 반영하는 덕목들을 제시하는 것이 가장 두드러진 현상 중의 하나이다. 덕윤리적 접근은 응용윤리의 세부 영역이 가진 도덕적 특징을 반영하여 해당 영역에서 도덕적 행위자가 갖추어야 할 덕목을 제시할 수 있다. 그리고 제시된, 영역에 특수한 덕들(virtues specific to the domains)이 해당 영역에서 행위를 선택하는 근거가 된다는 점에서 덕윤리적 접근은 영역의 특성을 반영하여 해당 영역의 윤리적 기초를 마련할 수 있다.[21]

---

20) Fritz Allhoff. 2011. "What Are Applied Ethics?" *Sci Eng Ethics* 17, p.16.

지금까지 살펴본 바와 같이 응용윤리의 성격 차원에서 덕윤리적 접근은 여러 장점을 가진다. 그러나 덕윤리적 접근이 제시하는 행위지침은 이러한 장점과 함께 나름의 문제점을 드러낸다. 특히 덕윤리적 접근이 도덕법칙 대신 유덕한 행위자가 드러내는 구체적인 덕들을 통해 행위지침을 제시한다는 점은 상대주의에 연루된다는 우려를 낳는다. 세부적인 응용윤리 영역에서 도덕적 행위자가 갖추어야 할 덕목을 제시한다고 할 때 어떤 관점에서 보느냐에 따라 덕들의 목록이 다를 수 있다. 또 덕목들이 동일하다고 해도 이러한 덕목들에 대한 해석이 상이할 수 있다. 예컨대 생명의료윤리에 대한 덕윤리적 접근에서 의사의 역할을 어떻게 이해하느냐에 따라 의사에게 요구되는 덕목이 달라질 수 있으며, 의사가 친절의 덕을 갖추어야 한다는 점에 동의하더라도 환자를 어떻게 대하는 것이 친절인지에 대해서 다양한 입장이 있을 수 있다. 이처럼 덕목에 대한 합의가 어렵고 설사 합의한다 하더라도 덕에 대한 해석과 표현에 있어서 입장이 다를 수 있다는 점은 덕윤리적 접근이 상대주의에 빠진다는 비난을 야기한다.

덕윤리자들은 보편적인 도덕원리 대신 상황이나 맥락의 특성과 행위자의 판단이나 지혜를 중시함으로써 다원주의적인 현실을 적극적으로

---

21) 특정 영역에 고유한 그리하여 그 영역에만 한정되는 덕들이 있다고 보기는 어렵지만 영역의 특성이 반영되어 특정 영역에서 강조되는 덕들은 있다. 영역에 특수한 덕은 이런 의미의 덕을 말한다. 한편 샌들러(Ronald L. Sandler)와 카파로(Philip Cafaro)는 환경적인 덕을 명시하는 상호 배타적이지 않은 네 가지의 접근, 즉 표준적인 대인관계적 덕들로부터 확장하여 주장하는 전략, 행위자 혜택에 호소하는 전략, 인간 수월성의 고려로부터 주장하는 전략, 그리고 역할모델의 연구 전략을 제시한다. Sandler & Cafaro(2005), pp.4-6. 이 중 가장 일반적인 것은 첫 번째 전략인데 이것이 어떻게 활용되는지를 보기 위해서는 장동익. 2010. 「덕 윤리의 환경 윤리적 함의」. 『범한철학』 제57집, pp.299-304 참조. 기본적으로 샌들러와 카파로가 제시한 전략들은 환경윤리 영역뿐만 아니라 다른 영역에서의 덕을 제시할 때에도 활용될 수 있다.

반영할 수 있다고 기대한다. 예컨대 환경윤리에 대한 덕지향적 접근을 논의하면서 샌들러(Ronald L. Sandler)는 덕지향적 접근이 다양한 방식에서 다원주의적이며 덕지향적 접근의 다원주의는 "환경윤리로서의 그 접근이 가진 능력의 핵심"이라고 본다.22) 그는 "덕지향적 접근의 다원주의들은 윤리적으로 유의미한 다양한 환경적 경험들, 관계들, 그리고 실체들을 환원하거나 동질화하거나 그렇지 않으면 왜곡하거나 하지 않고 그것들을 구체적으로 잘 담아낼 수 있게 해준다"고 주장한다.23) 그러나 덕윤리적 접근이 어떻게 상대주의에 빠지지 않으면서 다원성을 확보할 수 있는지는 자못 염려스러운 부분이 아닐 수 없다. 이러한 염려와 관련하여 덕을 인간 본성에 연결시키는 아리스토텔레스의 자연주의적 접근이 덕의 객관성을 확보해준다고 대응할 수도 있다. 그러나 현대의 덕윤리자들은 "아리스토텔레스의 인간 본성에 대한 개념은 과학적으로, 특히 생물학적으로 수용될 만한 인간에 대한 개념이 아니라, 이미 윤리적 조망을 가지고 바라본, 규범적이고 목적론적인 개념"이라고 평가한다.24) 아리스토텔레스의 자연주의적 접근은 오늘날 덕윤리자들조차 일반적으로 계승하지 않는 입장이라는 점에서 문제의 대응은 그다지 실효성이 없다.25)

---

22) Ronald L. Sandler. 2007. *Character and Environment*(New York: Columbia University Press), p.103. 여기에서 샌들러가 주목하는 다양한 차원의 다원주의에 대한 세부 논의를 위해서는 Sandler(2007), pp.105-106 참조.

23) Sandler(2007), p.104.

24) 노영란(2009), pp.143-144.

25) 한편 상대주의의 비난과 관련하여 덕윤리자들은 아리스토텔레스의 윤리학이 행복이라는 윤리적 행위의 목적을 전제한다는 점을 지적할 수도 있다. 즉, 그들은 실천적 지혜가 개별 상황을 파악하여 적절한 행위를 선택할 때 적절한 행위는 행복이라는 목적을 성취하기에 적합한 행위를 의미한다는 점에서 실천적 지혜가 개별 사례들의 특수성에 제한되지 않길 기대할 수 있다. 그러나 앞에서 논의한 바와 같이 유덕한 행위자가 추구하는 행복이 실제적인 것으로

도덕법칙 대신 덕목을 통해 행위지침을 제시하는 덕윤리적 접근의 문제는 덕들 간의 갈등에서도 나타난다. 다양한 덕들이 존재하고 어떤 상황에서 덕들이 갈등할 때 덕윤리적 접근은 어떤 덕을 선택하고 따라야 하는지에 대해 명확한 기준을 주지 못한다. 스탠글(Rebecca Stangl)은 덕들 간의 갈등에 관련된 문제를 일종의 딜레마로 파악한다. 스탠글에 따르면 덕윤리자들이 특수주의를 강하게 주장할 경우 덕들 간의 충돌을 해결하기 어렵고 이에 따라 "덕을 소유하는 것이 적절한 종류의 행위를 늘 수행하는 성향을 의미한다"는 덕윤리의 기본 가정을 거절함으로써 도덕적 동기에 대한 좋지 못한 모델을 채택해야 하는 딜레마에 빠진다.26) 한편 스탠글은 이러한 문제를 피하려고 할 경우 아리스토텔레스는 인정하지만 현대의 덕윤리자들이 일반적으로 받아들이지 않는 "꽤 강한 형태의 덕의 통일성을 수용하도록 요구"됨으로써 딜레마에 빠진다고 주장한다.27) 덕윤리자들은 덕윤리가 행위중심 윤리가 아니라 행위자중심 윤리라는 점에서 덕들의 갈등은 그렇게 심각하지 않다고 생각할 수도 있다. 즉, 덕윤리자들은 어떤 문제들에 대해 해결책을 제시할 때 덕윤리적 관점에서 그러한 해결책의 도덕성을 검토하는 기준은 "개인의 삶과 사회적 삶에 관한 전체적 조망"이라고 주장할 수 있다.28) 그들은 다양한 덕들 간의 갈등이 어떻게 해결되는지를 이론화해서 말할 수

부터 분리되지 않는다는 점은 행위의 선택에서 사회적 관습이나 전통의 영향이 배제되지 못한다는 것을 의미한다. 아리스토텔레스의 윤리학이 보여주는 것처럼 상황과 맥락에 따라 도덕적 행위를 선택하면서 이러한 선택이 사회적 관습이나 전통에 의존하지 않도록 하기는 어렵다는 점에서 덕윤리적 접근의 행위지침은 여전히 상대주의의 문제로부터 자유롭지 못한 듯하다.

26) Rebecca Stangl. 2008. "A Dilemma for Particularist Virtue Ethics." *The Philosophical Quarterly* 58, p.674.

27) Stangl(2008), p.665.

28) 김요한. 2004. 「덕윤리와 생명윤리」. 『범한철학』 제33집, p.279.

는 없지만 덕목들은 행위자의 유덕한 성품의 표현이며 결국 덕목들의 작용은 행위자의 성품 내에서 전체적인 조망을 거쳐 작용하기 때문에 갈등이 조정될 수 있다고 기대할 것이다. 그러나 덕의 통일성을 전제하지 않는 한 특정 상황에서 어떤 행위를 위한 선택이 행위자의 삶 전체의 조망 속에서 이루어진다고 하더라도 이 점이 덕들 간의 갈등 해결을 보장하기에는 역부족이다.29) 지금까지 살펴본 바와 같이 응용윤리의 성격 차원에서 덕윤리적 접근은 중요한 여러 장점을 가지고 있지만 다원적인 현실을 반영할 때 어떻게 상대주의에 빠지지 않을 수 있는지, 그리고 과연 다양한 덕들 간의 갈등을 해결할 기준을 마련할 수 있는지의 어려운 문제에 직면한다.

4. 응용윤리의 방법론 차원에서 본 덕윤리적 접근

덕윤리의 특수주의적 입장이 추구하는 사례 중심적 문제 해결은 응용윤리에 대한 덕윤리적 방법이 기본적으로 상향적 모델에 속한다는 것을 잘 보여준다. 20세기 후반에 응용윤리에 대한 중요성이 커짐에 따라 재등장한 대표적인 상향적 모델인 결의론과 비교하면서 덕윤리적 방법이 제시하는 도덕적 실천추론의 구체적인 성격을 살펴보자. 실천추론에서 사례 중심적 추론이 어느 정도의 비중을 차지해야 하는지에 대해서는 여러 입장이 존재한다. 일어나는 모든 일이나 행동의 의미를 매번 세세하게 따져보고 행동하기는 어렵다는 점에서 사례 중심적 추론이 단지 "판단력을 훈련시키기 위한 하나의 방편" 정도로 필요하다는 입장에서부터, 사례들의 분석과 해석에 의해 "문제 내지 갈등의 핵심이 파악되

---

29) 덕윤리자들은 덕들 간의 갈등문제에 대해 공범자 전략을 통해 대응할 수도 있지만 근본 도덕원리를 전제하는 윤리이론에 비해 상대적으로 어려움이 더 많다는 것을 부인할 수는 없을 것이다.

고 그 과정에서 획득되는 '준칙'들이 결국 그 문제의 종결을 알려준다고 주장"하는 입장까지 다양하다.30) 보편성 대신 개별적인 사례의 특수성을 중시하는 현대의 결의론은 후자의 입장에 가깝다. 결의론적인 실천추론의 일반적인 방법은 도덕적인 문제들을 분류해서 분류별 전형적인 사례를 확인하고 전형적 사례에 대한 판단을 통해 격률을 얻는 사례 검토 이전의 작업과, 이러한 분류에 의거하여 해결해야 할 구체적인 사례의 내용과 맥락을 확인하고 이 사례가 어떤 전형적인 사례에 속하는지를 분석하고 해당되는 전형적 사례에 담긴 격률을 바탕으로 도덕판단을 유추하는 작업으로 이루어진다.31)

사례들의 분류와 전형적 사례를 통한 유추라는 결의론적 방법은 체계적인 사례도덕을 제시하지만 나름의 어려움에 직면한다. 무엇보다도 결의론적 방법은 상향적 모델임에도 불구하고 암암리에 이론이나 원리에 의존한다는 비판을 받아왔다. 예컨대 보참과 칠드레스는 "결의론자의 '전형적 사례들'은 다른 사례들에 일반화될 수 있는 사실들(예컨대, '그 환자는 추천된 처치를 거절했다.')과 확립된 가치들(예컨대 '능숙한 환자는 처치를 거절할 권리를 가진다.')을 실제로 결합한 것"이며 여기에서 확립된 가치들은 구체적인 사례들의 사실들과는 분석적으로 구별된다고 지적한다.32) 보참과 칠드레스의 지적은 사례의 분석과 분류에서

---

30) 김수배. 2006. 「칸트 윤리학에서 원칙과 사례의 갈등」. 『철학연구』 제73집, pp.55-57.

31) 여기에서 제시된 결의론의 단계는 이일학. 2010. 「의료윤리 의사결정 방법론으로써 결의론의 가능성」. 『한국의료윤리학회지』 제13권 제4호, pp.284-286의 논의를 바탕으로 한 설명이다. 한편 존슨(Albert R. Jonsen)과 툴민(Stephen Toulmin)은 결의론적 방법에서 관심을 가질 만한 6개의 단계들로 "전형과 유추에 대한 의존, 격률에 대한 호소, 상황 분석, 개연성의 정도 파악, 축적된 논증의 사용, 그리고 마지막으로 해결의 제시"를 꼽는다. 앨버트 R. 존슨 & 스테판 툴민. 2011. 『결의론의 남용』, 권복규 · 박인숙 옮김(서울: 이화여자대학교 생명의료법연구소), p.268.

그리고 전형적 사례를 통한 유추에서 사례를 넘어서는 이론이나 원리가 작용한다는 것을 보여준다. 사례들의 해석과 연결을 통한 도덕판단이 사례들의 사실만으로 이루어지는 것이 아니라 어떤 가치들에 관련되며, 전형적인 사례를 통한 유추를 반복적으로 거치면서 이 가치들은 하향적 접근에서 사용되는 이론이나 원칙과 같은 지위를 갖게 된다는 것이다.33)

사례 중심적 추론방법을 취하는 덕윤리적 접근 역시 결의론처럼 이론 의존성의 문제에 직면하는가? 아리스토텔레스의 방법과 현대의 결의론을 구별하면서 존슨(Albert R. Jonsen)과 툴민(Stephen Toulmin)은 아리스토텔레스의 방법은 결의론과 달리 "도덕범주의 비판적 분류학"을 쌓아올리지 않는다고 지적한다.34) 그들은 아리스토텔레스의 방법은 어떤 종류의 인간 경험이 옳고 그르며 좋고 나쁜지를 추상적이고 일반적인 용어로 논의하거나 분류하려고 하기보다는 실제 상황의 다양성을 강조하고 "동등한 종류의 다른 이들이 개입된 상황에서 특정한 경우에 대해서 행위하는 특정 종류의 행위자에게 무엇이 옳고 그르며, 적당하거나 의무인지를 논할 뿐이다"라고 설명한다.35) 아리스토텔레스의 방법

---

32) Beauchamp & Childress(2001), p.395.

33) 결의론의 이론의존성은 상향적 모델임에도 이론에 의존함으로써 일관되지 못하다는 점에서 문제가 될 뿐만 아니라 의존하는 이론이 사회적 합의에서 비롯된다는 점에서도 문제가 된다. 왜냐하면 결의론적 방법에서는 사례들과 관련하여 형성된 사회적 합의가 도덕적 영향력을 확대해가고 윤리로 발전하기 때문이다.

34) 존슨 & 툴민(1998), p.72.

35) 존슨 & 툴민(1998), p.73. 아리스토텔레스가 체계적인 사례도덕을 발전시키지 않은 것과 관련하여 존슨과 툴민은 폴리스라는 동질적인 작은 사회에서 행위의 문제는 "모든 시민이 공유하는 관심사"였고 행위의 옳고 그름에 대한 논의에 특별한 전문적인 지식이 필요하다고 여겨지지 않았으며 "우리가 법과 윤리와 정치 사이에 일상적으로 선을 긋는 구분들을 아테네 사람들은 고집하지 않

이 예시하는 것처럼 덕윤리적 접근은 사례들을 분류한다거나 전형적 사례를 확인하고 사용하는 결의론과 달리 구체적인 상황 속에서 유덕한 행위자가 실천적 지혜를 가지고 내리는 판단을 중시한다는 점에서 상향적 모델에 더 충실하고 일관된 방법이라고 할 수 있다. 결의론과 비교할 때 덕윤리적 접근이 가지는 이러한 특징은 이전에는 발생하지 않았던 새로운 문제들이 다양한 차원에서 속속 등장하고 있는 오늘날의 상황에서 장점이 된다. 전형적 사례를 벗어나는 "새로운 도덕문제를 온전하게 다루지 못하는 난점을 지닌다"는 비판을 받아온 결의론적 방법과 달리, 유덕한 행위자의 실천적 지혜는 새로운 문제들에 대해서도 나름의 적절한 판단을 내릴 수 있기 때문이다.36)

어떤 체계화를 시도하지 않고 사례 중심적 추론 자체에 충실한 덕윤리적 방법에서 또 다른 어떤 장점이 기대되는지 살펴보자. 다원주의 사회에서 요구되는 응용윤리에 대해 논의할 때 데어(Tim Dare)는 응용윤리학자들은 해결할 수 없는 딜레마의 존재를 인정해야 한다고 주장한다. 데어는 해결할 수 없는 딜레마의 존재를 인정하는 응용윤리학자들은 "문제의 상황에 존재하는 다양한 유형의 도덕적 가치를 지적하면서 특정 상황에 왜 도덕적 갈등이 존재하는지를 설명하고, 왜 그 가치들이 하나의 공통분모로 환원될 수 없는지, 이런 특정 경우에 왜 단일한 옳은 대답이 존재하지 않는지를 보여주는 데 도움이 될 것"이라고 말한다.37) 데어가 주장하는 것처럼 해결할 수 없는 딜레마의 실재를 인정하는 응용윤리는 경쟁하는 가치들이 존재하는 상황에서 여전히 선택을 내려야

왔고, 우리에게 익숙한 절차적 구분 또한 그들은 알지 못했다"는 점을 지적한다. 존슨 & 툴민(1998), pp.51-52.

36) 김상득. 2003. 「서양철학의 눈으로 본 응용윤리학」. 『범한철학』 제29집, p.15.

37) Tim Dare. 1998. "Challenges to Applied Ethics." In Ruth Chadwick ed., *Encyclopedia of Applied Ethics* Vol. 1(San Diego & London: Academic Press, 1998), p.188.

하는 우리에게 무엇보다도 도덕적 갈등에 주의를 환기시키도록 돕는다. 그리하여 우리는 갈등하는 다양한 가치들에 주목하고 자신의 가치와 다른 사람들의 가치를 비판적으로 평가하며 어느 한 가치를 일방적으로 강요하지 않을 수 있다.

일반적으로 의무윤리는 도덕적 딜레마의 해결에 우선적인 관심을 갖고 모든 도덕적 딜레마는 만족스럽게 해결될 수 있으며 각각의 딜레마에는 하나의 해결책이 있다고 가정한다. 그러나 덕윤리는 더 이상 이러한 가정을 절대적인 것으로 여기지 않는다. 덕윤리에서는 선한 삶이 유덕한 사람의 삶이며 일반적으로 선의 개념은 옳음의 개념보다 "양의성(ambivalence)과 다양성을 훨씬 더 많이 용인"하기 때문이다.[38] 그리하여 덕윤리적 접근에 따라 칭찬할 만한 선함을 찾는다고 할 때, 딜레마에 따라서는 그것을 해결하는 행위가 하나 이상 있을 수 있다. 예컨대 현대의 대표적인 아리스토텔레스주의자인 허스트하우스(Rosalind Hursthouse)가 해결할 수 없는 딜레마의 존재를 인정할 때, 그녀는 해결할 수 없는 딜레마를 "x와 y 사이에서 행위자가 도덕적 선택을 해야 하고 y를 하는 것보다 x를 하는 것을 선호할 어떤 도덕적 근거도 없는 상황"으로 정의한다.[39] 즉, 해결할 수 없는 딜레마는 어떤 한 행위보다 다른 행위를 선호할 도덕적 근거가 없고 그리하여 유덕한 두 행위자가 각각 다른 방식으로 적절하게 행동할 수 있는 상황인 셈이다. 이처럼 응용윤리에 대한 덕윤리적 접근은 선한 삶을 추구하는 방식의 다양성 안에서 문제 해결을 위한 다양한 실천추론을 허용하고 정당화하는 장점을

---

38) Robert. M. Adams. 2006. *A Theory of Virtue*(Oxford: Clarendon Press), p.10. 일반적으로 덕이 단일 궤도의 행위성향(one-track disposition to act)이 아니라 다중 궤도의 행위성향(a multi-track disposition to act)으로 이해되는 것도 이것과 밀접한 관련이 있다.

39) Rosalind Hursthouse. 1999. *On Virtue Ethics*(Oxford & New York: Oxford University Press), p.63.

가진다. 예컨대 의료윤리에 대한 덕윤리적 접근을 논할 때 가디너(P. Gardiner)는 동일한 상황을 다른 방식으로 해결할 수 있도록 해주는 덕윤리적 접근의 유연성은 "비극적인 딜레마들에 대한 창조적인 해결의 추구를 촉진하는" 장점을 가진다고 지적한다.40)

그러나 덕윤리적 접근이 허용하는 다원성은 지나치게 예외를 허용하거나 자기합리화에 악용되지 않을지 염려스러운 부분이기도 하다. 이러한 염려가 근거 없는 것이 아님은 결의론의 역사가 잘 보여준다. 결의론이 중세시대 도덕적 해이를 정당화하는 데 악용되고 17세기 이후 결의론이라는 개념이 "예외와 특별한 상황을 부당하게 이용할 정도로 영리하기만 하다면 거의 어떤 행위도 얼핏 허용되도록 해주는 그런 종류의 궤변추론인 것처럼 조롱적인 의미로 자주 사용되어왔다"고 지적된다.41) 결의론보다 훨씬 더 사례 중심적인 덕윤리적 추론이 예외의 지나친 허용이나 자기합리화를 어떻게 피할 수 있는지는 과제가 아닐 수 없다. 스톤(Martin Stone)은 그리스도교적 전통에 근거한 결의론을 좁은 의미의 결의론으로, 아리스토텔레스와 아퀴나스 식의 도덕추론방법을 가장 넓은 의미의 결의론으로 분류하고, 가장 넓은 의미의 결의론은 "구체적인 사례의 사실들과 개별적인 행위자가 구체적인 사례들을 고려할 때 주의를 기울이는 선행 가정과 평가, 확신 간에 '변증법'을 구성하는 것을 목표로 하기" 때문에 도덕철학의 맥락에서 전망이 좋다고 주장한다.42) 여기에서 스톤이 변증법적인 방법으로 표현하면서 주목하는 것은 보편적

---

40) P. Gardiner. 2003. "A Virtue Ethics Approach to Moral Dilemmas in Medicine." *Journal of Medical Ethics* 29, p.301.

41) Hugo Adam Bedau. 2001. "Casuistry." In Lawrence C. Becker & Charlotte B. Becker eds., *Encyclopedia of Ethics* Vol. 1(New York & London: Routledge, 2001), p.187.

42) Martin Stone. 1998. "Casuistry." In Edward Craig ed., *Routledge Encyclopedia of Philosophy* Vol. 2(London & New York: Routledge, 1998), p.227.

인 원칙에 획일적으로 적용되지 않으면서 동시에 변화하는 사태들에 맞춰져버리지 않는다는 점이다. 그러나 덕윤리적 실천추론이 과연 개별 사례들의 특수성에 빠져버리지 않을 수 있을지 자못 염려스럽다.

한편 결의론처럼 사례의 분류에서 전형적 사례를 통한 유추에 이르는 나름의 체계나 단계를 제시하는 대신 유덕한 행위자의 적절한 추론을 중시하는 덕윤리적 접근은 응용윤리의 방법론 차원에서 더욱 심각한 문제를 야기한다. 라우든은 덕윤리적인 "도덕적 인식과 실천이성의 기술들은 완전하게 일상화할 수 없고 그리하여 일종의 결정절차의 '일괄거래'로서 행위자에서 행위자로 양도될 수 없다"고 지적한다.43) 덕윤리는 유덕한 사람이 할 법한 것을 행해야 한다고 말하지만 유덕한 사람이 어떤 과정을 거쳐 어떤 이유로 어떤 행위를 하게 되는지를 명확하게 밝히기 어렵다. 예컨대 간호윤리에 대한 덕윤리적 접근을 논하는 암스트롱 (Alan E. Armstrong)은 덕윤리적 접근의 도덕적 의사결정을 묘사할 때, "도덕적 덕들을 발휘하는 것, 도덕적 판단을 활용하는 것, 그리고 도덕적 지혜를 활용하는 것"의 세 가지 특징을 제시하는 데 머문다.44) 덕윤리적 접근은 유덕한 행위자가 덕을 발휘하고 실천적 지혜를 통해 적절한 판단을 내린다고 말하는 것을 넘어서서 객관적으로 활용 가능한 어떤 세부적인 단계를 제시하기 어렵다. 결국 덕윤리적 방법을 따른다 해도 유덕한 사람이 어떤 입장에 처했을 때 어떻게 의사결정을 내리는지 알아내기가 쉽지 않고 덕윤리적 방법은 도덕적 문제에 직면했을 때 우리가 따를 수 있는 결정절차를 제시하지 못한다는 점에서 일상적으로 도덕적 문제를 해결하는 데 활용하기 어렵다.

더군다나 일상화할 수 있는 어떤 체계화된 추론방식 없이 무엇을 해

---

43) Louden(1997), p.183.

44) Alan E. Armstrong. 2006. "Towards a Strong Virtue Ethics for Nursing Practice." *Nursing Philosophy* 7, p.119.

야 하는지가 유덕한 성품으로부터 단지 파생적으로 도출된다는 점은 "요구되는 도덕적 통찰과 민감성을 아직 획득하지 못한 사람들에게는 자주 너무 애매하고 도움이 되지 못한다."45) 아직 유덕한 성품을 갖추지 못한 행위자는 자신의 선택을 위해 누구를 따라야 하는지 알기도 어렵고 설혹 안다 해도 그 사람이 어떻게 행동할지를 파악하기도 어렵다. 칸트 윤리학이나 공리주의 같은 규칙에 근거하는 도덕이론이 나름의 결함에도 불구하고 대중적인 이유에는 보통 사람들이 따르기 수월한 결정절차를 준다는 점이 크게 작용한다. 특히 오늘날과 같은 복잡한 조직사회에서 규칙에 의존하지 않고서는 어떤 결정에 도달하기가 쉽지 않다. 규칙에 의존하는 의사결정이 주는 효율성과 용이성을 염두에 둔다면 덕윤리적 방법은 응용윤리의 방법으로서 적극적으로 활용되기에는 한계가 있다.

5. 나오는 말: 응용윤리에 대한 덕윤리적 접근의 의의와 역할

지금까지 우리는 응용윤리의 목표와 성격, 그리고 방법론의 차원에서 덕윤리적 접근이 나름의 장점과 문제점을 가진다는 것을 살펴보았다. 덕윤리적 접근이 가지는 문제점은 덕윤리가 오늘날과 같은 사회구조에서 응용윤리의 단일체계를 제공하기에는 취약하다는 것을 보여준다. 유덕한 사람을 기준으로 행위지침을 제시하는 덕윤리적 접근은 오늘날 우리에게 개인적, 사회적 차원의 의사결정을 위한 토대를 제공하는 데 어려움이 있다. 더군다나 법적, 사회적 정책이나 제도가 상당한 비중과 영향력을 차지하는 현대사회에서 덕윤리는 그러한 정책이나 제도의 수립을 위한 근거를 제공하는 데 상대적으로 더 취약하다. 또한 덕윤리는 행

---

45) Louden(1997), p.184.

위지침의 내용면에서 여러 장점을 가지고 있음에도 불구하고, 대규모의 이질적인 비면대면 사회에서 사람들이 따를 수 있는 일반적인 행위지침을 주는 데 적합하지 못하다. 방법론 면에서도 덕윤리는 일상화할 수 있는 어떤 체계적인 추론과정을 제시하지 못하며 아직 덕성을 함양하지 못한 대다수의 보통 사람들이 덕윤리적 추론방식을 따르기는 쉽지 않다. 반면에 의무윤리 내지 규칙윤리적 접근, 즉 옳은 행위를 마땅히 해야만 하는 것으로 간주하고 이러한 행위를 도덕법칙을 통해 제시하는 접근은 오늘날과 같은 사회에서 사람들이 일반적으로 따를 만한 수준의 도덕적 요구를 그리고 이용 가능한 실천추론방식을 제공하는 이점을 가진다.46) 따라서 현대사회에서 응용윤리는 의무윤리 내지 규칙윤리적 접근을 기본 구조로 삼고 덕윤리적 접근을 보완적으로 취할 때 더 효과적으로 작용할 수 있다고 생각한다.

현대사회의 응용윤리체계에서 덕윤리가 어떤 보완적 역할을 할 수 있는지 3, 4절에서 논의된 덕윤리적 접근의 장점을 적극적으로 활용하면서 모색해보자. 먼저 덕윤리적 접근은 인간 삶에서 가치 있는 많은 것들을 도덕적 영역에 끌어들임으로써 응용윤리가 근간으로 삼는 도덕성을 확장하는 데 기여할 수 있다. 인간의 자기중심성과 연약함을 생각한다면 옳음이나 의무의 당위성은 분명 필요하다. 그러나 도덕적 행위가 의무라는 개념으로 제시될 때 도덕적 요구가 더 결정적으로 드러나는 장점이 있는 대신 도덕적 요구가 최소화되는 경향이 있다. 도덕적 요구의 최소화 경향은 오늘날과 같은 사회구조, 즉 대규모의 이질적인 비면대면 사회에서는 불가피한 면이 있지만 바람직한 것은 아니다. 덕윤리는 도덕성에는 의무적 영역만 있는 것이 아니라 옳음이나 의무를 넘어서서 인간의 삶에 의미와 가치를 주는 선하고 칭찬할 만한 것을 담고 있는

---

46) 이 장은 응용윤리에 대한 덕윤리적 접근을 주제로 삼고 있기 때문에 의무윤리 내지 규칙윤리적 접근에 대해서는 직접적으로 논의하지 않는다.

덕성적인 영역도 있음을 보여준다. 다스(Ramon Das)는 "얼마나 많은 도덕적 삶이 옳음의 개념을 요구하지 않는지를 보여줌으로써, 그리고 얼마나 많은 행위지침이 그것 없이 제공될 수 있는지를 보여줌으로써 덕윤리는 도덕적 삶의 적절한 범위에 대한 더 나은 개념을 제공할 수 있다"고 지적한다.47) 응용윤리는 의무적 영역을 우선하면서 덕성적 영역을 포괄하는 도덕성을 지향함으로써 도덕적인 삶의 범위를 확장해갈 수 있다.

덕윤리적 접근은 응용윤리가 지향하는 도덕성을 확장해줄 뿐만 아니라 이러한 도덕성을 실현하는 적절한 방식을 보여준다. 우리는 기본적으로 옳거나 해야만 하는 의무를 마땅히 수행해야 한다. 그러나 덕성적 영역을 전부 의무적 영역으로 환원해버린다면 도덕은 그야말로 현실과 동떨어진 부담스러운 것, 우리가 도무지 도달할 수 없는 것이 되고 말 것이다. 3절에서 논의한 바와 같이 덕윤리적 접근은 덕성적 영역을 칭찬할 만한 것, 그리하여 행하고자 열망해야 하는 것으로 제시하고 이를 삶 전반에서 추구하도록 이끈다. 의무윤리적 접근에 덕윤리적 접근을 보완하는 응용윤리체계는 반드시 해야 하는 의무를 우선적으로 추구하고 할 수 있는 한 그리고 행위자의 덕성이 발달해감에 따라 칭찬할 만한 것을 점점 더 많이 추구하는 방식을 제시한다. 그러한 응용윤리체계에서 바람직한 행위자는 법적, 도덕적 의무를 다하고 이를 넘어서서 인간으로서의 덕, 시민으로서의 덕을 함양하고자 최선을 다하는 사람이다. 예컨대 그는 환경을 위해 매연이 기준치 이상 배출되는 차를 운행해서는 안 된다는 법을 준수하고 공회전을 하지 말아야 한다는 도덕적 의무를 지키며 덕을 갖추어감에 따라 환경을 위해 경차를 타거나 자전거를 이용하게 될 것이다.

47) Ramon Das. 2003. "Virtue Ethics and Right Action." *Australasian Journal of Philosophy* Vol. 81 No. 3, p.338.

덕윤리적 접근의 이러한 역할에서 우리는 덕윤리적 접근이 덕성의 함양에 많은 관심을 기울인다는 것을 알 수 있다. 덕윤리에서 유덕한 성품은 타고나는 것이 아니라 실천과 훈련을 통해 형성되며 순간순간의 행위들은 유덕한 행위자가 되어가는 과정 속에서 소중한 의미를 갖는다. 유덕하건 유덕하지 못하건 간에 관계없이 우리는 살면서 끊임없이 선택하고 행동해야 하는데, 덕윤리적 접근은 이러한 과정들을 성품의 형성이라는 관점에서 의미 있는 것으로 보도록 해준다. 덕윤리적 관점에서 무언가를 하는 것은 "단지 행동하고 있는 것이 아니라, 늘 더 나은 혹은 더 못된 사람이 되고 있는 것"이며 "이것은 우리가 일상적으로 만드는 작은 선택들에 절실함과 긴급성을 부여"하게 된다.48) 응용윤리에 대한 덕윤리적 접근은 문제 해결을 위한 행위 수행을 성품 형성으로 연결시킴으로써 행위자가 자신의 도덕성을 점진적이고 지속적으로 발전시켜 나가도록 장려할 수 있다.49)

한편 다원성을 허용하는 응용윤리에 대한 덕윤리적 접근은 사적 영역을 도덕적인 삶에 적절하게 반영하도록 해줌으로써 의무윤리적 접근을 보완할 수 있다. 덕윤리자들은 흔히 행위자를 독립된 추상적인 개인이라기보다는 공동체에서 다른 사람들과 이런저런 관계를 맺고 또 특정의 역할을 맡고 있는 일종의 공동체적 존재로 보고, 인간의 도덕적 삶을 이러한 역할의 실천이나 관계의 책임과 결부시킨다. 그리하여 덕윤리적

---

48) James B. Gould. 2002. "Better Hearts: Teaching Applied Virtue Ethics." *Teaching Philosophy* 25, pp.1-2.

49) 나아가서 덕윤리적 접근은 의무윤리적 접근이 강조하는 이성주의적 측면을 보완해서 통합적 도덕성을 실현하도록 도울 수 있다. 덕은 단순히 행위성향이 아니라 감정과 선택에도 관여하며 유덕한 성품을 가진 행위자는 이성과 감정이 결합된 의사결정이나 선택을 내리고 이러한 결정에 따라 행위하기 때문이다. 덕윤리적 접근을 취할 경우 우리는 도덕적 행위자에게 도덕적 지혜와 도덕적 판단뿐만 아니라 도덕적 민감성과 열정을 함양하도록 이끌 수 있다.

접근은 도덕적인 행위를 행위자의 삶의 영역에 결부시키고 그러한 삶의 반영 속에서 구체적으로 파악할 수 있도록 해준다. 의료윤리나 간호윤리, 공학윤리, 비즈니스윤리 등의 영역에서 덕윤리적 접근들이 가끔 행위자가 갖추어야 할 덕을 특정 직업인으로서의 덕으로 제시하는 것도 이런 맥락에서 이해될 수 있다.50) 또한 덕윤리적 접근은 사적 영역과 밀접하게 관련된 의사결정에서 다양한 선택을 가능하게 해준다. 법적, 사회적 차원의 결정에는, 그리고 도덕적 의무의 우선적 영역에서는 명확한 기준과 확고한 해결책을 지닌 행위지침이 요구된다. 그러나 모든 행위지침이 그럴 수는 없으며 그럴 필요도 없다. 예컨대 가족과 관련된 사적인 문제라거나 우정과 같은 친밀한 사적 관계의 문제 등에 있어서 자신이 처한 상황을 적극적으로 고려하여 다양한 선택을 내릴 수 있다면 좀 더 바람직할 것이다. 덕윤리적 접근은 이러한 선택을 허용해준다. 사적 영역과 밀접하게 관련된 의사결정에서 우리는 덕윤리적 접근에 따라 현실의 우리가 가진 능력이나 필요 혹은 처한 상황을 민감하게 고려하여 적절하게 판단하고 행동함으로써 우리의 삶을 더 풍요롭게 할 수 있다.

응용윤리에 대한 덕윤리적 접근에서 기대되는 또 다른 보완적 역할은 실천추론과 관련한 유연성에서 비롯된다. 4절에서 논의한 바와 같이 덕윤리적 접근은 모든 문제가 만족스럽게 해결될 수 있는 것이 아니며 어떤 상황에서는 둘 이상의 해결이 가능하다고 본다. 허스트하우스는 "해결할 수 없는 고통스러운 딜레마들이 존재한다는 전제"를 수용하고 이러한 가능성을 허용하는지의 여부야말로 규범윤리의 타당성을 테스트하는 한 방법이라고 주장한다.51) 허스트하우스의 주장은 적어도 오늘날

---

50) 예컨대 덕윤리적 접근과 직업윤리의 연결에 대한 상세 설명을 위해서는 Preston Stovall. 2011. "Professional Virtue and Professional Self-Awareness: A Case Study in Engineering Ethics." *Sci Eng Ethics* 17, pp.109-132 참조.

과 같은 사회에서는 상당히 유효하다. 대규모의 이질적인 비면대면 사회에서 사람들은 다양한 관심과 필요를 가지며 가치들 간의 갈등은 점점 더 심화되고 있다. 설상가상 복잡하고 해결하기 어려운 다양한 문제들은 점점 더 많아지고 있다. 그러나 의무윤리 내지 규칙윤리적 접근은 그것의 경직성과 추상성으로 인해 자주 그러한 갈등과 문제를 해결하는 데 어려움을 야기한다. 우리는 도덕법칙이나 원리로 해결하기에는 너무 복잡한 상황이나 다양한 가치들이 첨예하게 대립하는 상황에서 덕윤리적 접근을 활용할 수 있다. 그리하여 상황적 특성을 민감하게 반영하고 행위자의 도덕적 지혜와 판단에 좀 더 의존하는 추론을 통해 갈등을 해결하고 경우에 따라서는 다원적인 해결을 허용함으로써 갈등을 완화시켜나갈 수 있다. 지금까지 우리는 응용윤리에 대한 덕윤리적 접근이 응용윤리체계에서 어떤 역할을 할 수 있는지 살펴보았다. 이러한 고찰은 덕윤리적 접근이 단순히 주변적인 보완을 하는 데 그치는 것이 아니라 응용윤리체계를 견고하고 풍부하게 만드는 데 중요한 역할을 한다는 것을 보여준다.

---

51) Hursthouse(1999), p.68.

10 장

옳은 행위에 대한 세 유형의 덕윤리적 설명과 자기 구성적 존재의 비표준성 문제

1. 들어가는 말

옳은 행위에 초점을 맞추고 의무판단을 중시하는 칸트 윤리학이나 공리주의와 달리, 덕윤리는 성품의 칭찬할 만함이나 고귀함에 대한 덕성판단을 중시한다. 이런 점 때문에 덕윤리는 무엇을 해야 하는지의 질문에 대답을 주지 못하고 규범윤리이론으로서 적합하지 못하다는 비판을 받아왔다. 이러한 비판에 대한 덕윤리자들의 대응은 크게 두 종류로 나눌 수 있다. 먼저 옳음이나 의무의 개념들은 공허한 가공의 개념에 불과하며 윤리이론에서 전적으로 무시되어야 한다고 보는 덕윤리자들이 있다. 이들은 문제의 비판을 상이한 도덕철학적 전통에 기인하는 것으로 간주하고 심각하게 여기지 않는다. 이들에 따르면, 규범윤리는 옳음을 통해서만 가능한 것이 아니며 덕윤리는 옳음에 대한 기준을 제시하지 않아도 규범윤리이론으로 작용할 수 있다. 반면에 의무판단이 덕성판단으로 환원될 수 있으며 의무가 덕으로부터 파생된다는 조건 하에서 옳음이나 의무 같은 개념을 사용할 수 있다고 주장하는 덕윤리자들이 있다. 이들은 문제의 비판을 진지하게 고려하고 옳음에 대한 덕윤리적 설명이 가능하다는 것을 적극적으로 보여주고자 한다.

이 장에서는 덕윤리자들이 제시하는 옳음에 대한 설명을 검토하면서 덕과 옳음의 관계를 고찰하고자 한다. 이러한 고찰은 도덕성과 도덕현상에 대한 경험과학적 연구를 중요한 과제로 삼는 도덕심리학적 이해에 근거할 것이다. 먼저 동시대의 대표적인 도덕심리학이 도덕적 행위자와 그의 행위를 어떻게 이해하고 있는지, 그리고 이러한 이해가 도덕판단에 주는 의미가 무엇인지를 살펴볼 것이다. 그리고 나서 옳음에 대한 덕윤리적 설명들이 행위자와 행위에 대한 도덕심리학적 이해에 근거한 도덕판단의 의미를 적절하게 반영하고 있는지 차례로 검토할 것이다. 이러한 검토를 통해 옳음에 대한 덕윤리적 설명들이 얼마나 설득력이 있는지, 그리고 옳음에 대한 덕윤리적 설명들이 어떤 어려움에 직면하는지를 밝히고자 할 것이다.

2. 도덕적 행위자에 대한 도덕심리학적 이해: 인지적 도덕발달론을 중심으로

20세기 후반 이래 가장 많은 관심을 끌어온 도덕심리학은 피아제(J. Piaget)와 콜버그(L. Kohlberg)로 대표되는 인지적 도덕발달론(the cognitive moral development theory)이다. 인지적 도덕발달론의 기본 입장은 정상적인 보통 사람의 도덕성은 한순간에 형성되거나 영원히 고정된 것이 아니라 점차적으로 발달하며, 도덕판단이라는 인지구조가 도덕발달의 결정적인 요소라는 것이다. 이러한 입장을 개진할 때 피아제와 콜버그는 도덕발달을 구성주의(constructivism)의 가정 하에서 이해한다. 피아제의 구성주의 가정에 따르면, 인간의 정신구조는 "선험적, 생물학적, 선천적으로 획득된 것도 아니고, 감각경험을 통해 수동적으로 학습된 귀납적 습관도 아니며, 오히려 그것은 경험을 동화하고 조절함으로써 획득되는 능동적인 구성물"이다.1) 피아제의 구성주의 가정을 수용한 콜버그 역시 기본적인 도덕규준과 원리들을 "외적 구조로서 존재하고 있는 규칙에 대한 내면화를 통해서라기보다는 사회적 상호작용의 경험들을 통해서 생겨나는 구조들"로 본다.2) 또한 콜버그에 따르면, 인간은 "위계적인 선호, 즉 더 높은 수준에서의 문제 해결을 선호하는 경향성을 지니고" 있기 때문에 "더 포괄적이고 통합적인 구조적 특성"을 갖는, 그리고 "더 적절한 방식으로 다양한 경험들을 이해할 수 있는 능력"을 갖는 상위의 단계로 발달한다.3) 도덕발달의 방향과 관련하여 피아제는 타율적 도덕성에서 자율적 도덕성으로 나아가는 도덕발달단계를 제시하고, 콜버그는 피아제의 주장을 좀 더 구체화하여 개인주의적 관점에서 사회구성원적 관점을 거쳐 사회에 우선하는 관점으로 나아가는 도덕발달의 3수준 6단계를 제시한다.4)

우리는 도덕발달에 대한 피아제와 콜버그의 주장들로부터 도덕적 행위자란 구조화를 위한 내적 능력을 가지고 환경과 지속적으로 상호작용

---

1) L. 콜버그, 찰스 레빈, & 알렉산드라 호이어. 2000. 『콜버그의 도덕성 발달 이론』, 문용린 옮김(서울: 아카넷), p.145.

2) L. 콜버그. 2001. 『도덕발달의 심리학』, 김민남 · 진미숙 옮김(서울: 교육과학사), p.188.

3) 정창우. 2004. 『도덕교육의 새로운 해법』(서울: 교육과학사), p.172.

4) 구체적으로 피아제는 "물리적 결과에 따른 외재적 도덕성에서 교환적인 상호 호혜성에 따른 실용적 도덕성으로, 그리고 심리적 맥락과 이상적인 상호 호혜성에 따른 더 내재적이고 자율적인 도덕성으로 변화"한다고 주장한다. 존 C. 깁스. 2004. 「인지발달론적 관점」. 윌리엄 M. 커타인 & 제이콥 L. 거위츠, 문용린 옮김, 『도덕성의 발달과 심리』(서울: 학지사, 2004), p.64. 한편 콜버그의 3수준 6단계가 각각의 단계별로 지향하는 사회적 조망과 도덕성의 특징, 그리고 해당되는 연령을 정리하면 다음과 같다:

하면서 도덕적 이해를 구성하고 이러한 구성방식에 있어서의 질적 변화를 통해 도덕적 성장을 이루어가는 존재임을 알 수 있다. 우리는 이렇게 이해된 도덕적 행위자를 '자기 구성적 존재(self-constructive being)'라고 부를 수 있다. 도덕발달에 대한 콜버그의 주장들은 자기 구성적 존재로서의 도덕적 행위자가 어떤 존재인지, 그리고 그의 행위는 어떤 성격을 가지는지를 파악하는 데 매우 유용하다. 콜버그의 도덕발달이론은 지금까지 제시된 여타의 도덕발달이론들 중에서 가장 정교하고 체계적인 이론에 속할 뿐만 아니라 다양한 경험연구들을 통해 폭넓게 뒷받침되고 있는 이론이기 때문이다. 콜버그의 주장에서 먼저 주목하게 되는 것은 그가 행위자를 도덕적인 존재와 비도덕적인 존재로 양분하는 대신 다양한 도덕단계의 어느 한 단계에 속하면서 도덕적인 미성숙에서 도덕적인 성숙과 완성을 향해 나아가는 존재로 보는 점이다. 콜버그는 "도덕판단의 성숙 수준과 미성숙 수준을 가르는 분기점은 3단계와 4단계

수준	단계	사회적 조망	대체적 시기
I 인습 이전 수준	1단계: 벌의 회피와 복종 지향의 도덕성	자기중심적 관점의 조망	유치원 및 초등학교
	2단계: 개인의 이기적 욕구 지향의 도덕성	구체적 개인주의의 조망	초등학교 초기 및 중기
II 인습 수준	3단계: 우호적 대인관계 지향의 도덕성	사람들과의 관계 안에서의 개인의 조망	초등학교 중기 이후에서 성인까지
	4단계: 사회질서 및 유지 그리고 법 준수지향의 도덕성	사회구조적 관점의 조망	중학교부터 성인까지
III 인습 이후 수준	5단계: 사회계약적 원리 지향의 도덕성	사회선행적 조망	고등학교 이후부터 성인까지
	6단계: 보편적 윤리원칙 지향의 도덕성	도덕적 관점의 조망	매우 드묾

이 표는 콜버그(2001), pp.164-165에 있는 표와 박용헌·문용린. 1990. 『정의의 교육』(서울: 한국방송통신대학교 출판부), p.156(정창우(2004), p.113에서 재인용)에 있는 표의 일부 내용을 합하여 만든 것이다.

사이에 있"다고 보고, 1, 2, 3단계의 도덕판단은 불완전하고 미숙한 도덕성을 드러내며 4, 5, 6단계의 도덕판단은 성숙한 도덕성을 드러낸다고 주장한다.5) 한편 콜버그의 3수준 6단계에 대한 경험연구 결과들은 6단계에 도달한 사람이 거의 없다고 보고함으로써 도덕적으로 완전히 성숙한 사람은 현실적으로 매우 드물다는 것을 보여주고 있다.6) 이러한 점들을 통해 우리는 자기 구성적 존재로서의 행위자들은 도덕적인 존재와 비도덕적인 존재로 분류되기보다는 대부분 도덕적으로 불완전한, 되어가는 존재로 규정된다는 것을 알 수 있다.

자기 구성적 존재로서 도덕적 행위자가 상위의 단계로 나아가면서 도덕의 본질에 점점 가까워지는 사고체계를 구조화해간다면, 상위의 단계로 나아간 미래의 그가 내리는 도덕판단은 현재의 그가 내리는 도덕판단보다 더 나을 것이다. 미래에 더 나은 도덕판단을 내릴 수 있다는 점에서 현재 도덕발달과정의 어느 한 단계에 머물고 있는 자기 구성적 존재는 옳음의 판단을 위한 절대적인 표준이 될 수 없다. 행위자로서 현재의 그가 내리는 도덕판단의 의미는 현재에 제한되지 않을 수 없다. 행위자가 옳음의 절대적인 표준이 될 수 없다는 점은 '자기 구성적 존재의

---

5) 정창우(2004), pp.113-114.

6) 예컨대, 콜버그가 콜비(Anne Colby) 등과 함께 20여 년의 연구 끝에 내놓은 도덕성 발달에 대한 최종보고서에 의하면, 20세 이후의 성인들의 경우에도 대부분 3-4단계에 머물러 있으며, 5단계는 약 8퍼센트 정도로 미세하게 나타나고 6단계에 이르는 사람은 극히 적다. J. B. Arbuthnot & D. Faust. 1981. *Teaching Moral Reasoning: Theory and Practice*(New York: Harper & Row Publishers), pp.76-78 및 Figure 4.1(이택휘 · 유병열. 2001. 『도덕교육론』(서울: 양서원), p.278에서 재인용). 한편 27개 국가의 도덕판단에 관한 연구 결과에 따르면, 콜버그의 6단계 가운데 1단계에서 4단계까지는 어떤 문화권에서든지 공통적으로 나타나지만, 특정 표집 내에서 5단계의 빈도는 그리 높지 않으며 전통적인 문화 속에서 살고 있는 종족이나 마을 사람들에게서는 5단계가 전혀 발견되지 않았다. 이에 대한 상세한 설명은 깁스(2004), pp.69-70 참조.

비표준성(the non-standardness of a self-constructive being)'으로 명명될 수 있다. 자기 구성적 존재의 비표준성은 현재의 나와 미래의 나의 비교에서 뿐만 아니라 나와 다른 사람의 비교에서도 나타난다. 나보다 더 나은 판단기준을 가진 사람이 있을 수 있다는 점에서 나는 옳음을 위한 절대적인 표준이 될 수 없는 것이다. 예컨대, 콜버그의 도덕발달에서 4단계에 속한 나의 판단보다 5단계에 속한 어떤 사람의 판단이 옳음을 위한 더 나은 표준이 된다.

자기 구성적 존재의 비표준성은 현재의 나와 미래의 나 사이의, 그리고 나와 다른 사람 사이의 비교적 차원에서만 드러나는 것은 아니다. 콜버그는 "덕과 악덕이란 단지 붙여진 이름이며, 이 이름에 의거하여 우리는 다른 사람을 칭찬하거나 비난"하지만, "인습적 언설에 담긴 덕과 악덕의 의미에 꼭 맞는 인격특성이란 없다"고 주장한다.[7] 그리하여 그는 정직하다고 여겨지는 사람도 특정한 상황에서 부정행위를 할 수 있기 때문에 상황에 관계없이 행위자를 정직한 사람으로 혹은 그렇지 못한 사람으로 나누는 것은 적절하지 못하다고 생각한다. 사실 콜버그처럼 인격특성의 존재를 부인하는 것은 지나치다고 할 수 있다. 덕이나 악덕의 인격특질이 여러 상황을 가로질러 일관되게 작용한다고 주장하기는 어렵지만 인격특질이 행위의 결정에 영향을 미치는 중요한 요인인 것은 사실이기 때문이다. 따라서 콜버그의 주장을 비판적으로 수용해서 인격특질과 함께 상황이 행위의 결정에 중요한 영향을 미치는 요인이라고 보는 것이 적절할 것이다. 상황변수가 도덕판단과 행위의 수행에 중요한 요인의 하나라면 자기 구성적 존재를 유덕한 사람 혹은 악덕한 사람이라고 규정하고 옳음의 표준으로 삼는 것은 적절하지 못하다. 예컨대 어떤 사람이 정직하다고 할지라도 그는 어떤 상황에서 부정행위를

---

7) L. 콜버그. 2004. 『도덕발달의 철학』, 김민남 · 김봉소 · 진미숙 옮김(서울: 교육과학사), p.74.

할 수 있기 때문이다. 자기 구성적 존재로서의 도덕적 행위자가 상황을 가로질러 언제나 옳음의 기준이 된다고 말할 수 없다는 점에서 자기 구성적 존재의 비표준성은 상황적 차원에서도 작용한다.

자기 구성적 존재가 비교적 차원과 상황적 차원에서 비표준성을 드러낸다는 것은 옳음에 대한 설명을 주고자 하는 덕윤리자들에게는 곤란한 문제가 아닐 수 없다. 옳음에 대한 덕윤리적 설명은, 그것이 덕윤리적 설명인 한, 덕성판단을 중시하고 행위자나 행위자의 내적 상태를 옳음의 준거로 삼기 때문이다. 따라서 덕윤리자들이 옳음에 대한 설득력 있는 설명을 제공하기 위해서는 자기 구성적 존재의 비표준성이 도덕판단에 주는 의미를 충분히 검토하고 이를 적절하게 반영할 수 있어야 할 것이다. 도덕판단의 관점에서 볼 때, 상황적 차원에서 발생하는 자기 구성적 존재의 비표준성은 행위자의 인격특질 이외에 상황이 행위결정에 영향을 미치기 때문에 행위자에 대한 판단과 특정 상황에서 그의 행위에 대한 판단이 상이할 수 있다는 것을 보여준다. 행위자에 대한 판단과 그의 행위에 대한 판단이 일치하지 않을 경우 어떤 도덕판단을 내리는 것이 적절한가? 우리는 비교적 차원에서 발생하는 비표준성으로부터 이 물음에 대한 대답의 단서를 발견할 수 있다. 비교적 차원에서 발생하는 비표준성은 불완전한, 되어가는 존재로서의 행위자가 내리는 판단과 이에 따르는 행위는 특정 시점이나 상황, 혹은 특정 사람에 한정해서 그 의미를 가진다는 것을 보여준다.8) 이것은 우리의 도덕판단이 행위자 전

---

8) 여기에서 '특정 사람에 한정해서'라는 말을 덧붙인 것은 콜버그의 주장과 밀접히 관련되어 있다. 콜버그와 동료들은 도덕단계의 발달이 순차적이며 사람들이 도덕발달에서 단계를 건너뛰지 않기 때문에 도덕성발달은 자신의 단계보다 한 단계 높은 단계를 목표로 하는 +1 전략이 효과적이라고 주장한다. 이것은 3단계에 있는 사람들이 도달하려고 노력해야 하는 단계는 4단계라는 것을 의미한다. 그렇다면 3단계에 있는 사람에게는 4단계의 판단, 4단계에 있는 사람에게는 5단계의 판단이 옳음의 기준으로서 의미를 가진다. 이것은 어떤

반이 아니라 특정 시점이나 상황에서 수행된, 혹은 특정 사람과 관련하여 수행된 행위를 다루어야 한다는 것을 의미한다. 결국 자기 구성적 존재의 비표준성은 행위자에 대한 판단과 행위에 대한 판단이 불일치할 수 있으며 이러한 경우에 우리의 도덕판단은 행위가 지니는 가치와 의미를 반영해야 한다는 것을 보여준다. 사실 불완전한, 되어가는 과정에 있는 존재로서 우리가 도덕발달을 도모하는 것은 그 자체로 의미 있는 일이며 의무이기도 하다. 이런 의미에서도 도덕판단은 자기 구성적 존재가 도덕발달을 도모하는 과정에서 수행하는 행위들이 지니는 의미와 가치를 인정해야 한다. 앞에서 언급한 바와 같이 행위자판단을 중시하는 덕윤리자들이 옳은 행위에 대한 설명을 주고자 할 때 자기 구성적 존재의 비표준성은 일종의 해결해야 할 문제이다. 옳음에 대한 덕윤리적 설명이 행위자판단과 행위판단이 불일치할 때 행위가 지니는 의미와 가치를 제대로 반영하는 도덕판단을 제시하는 것은 자기 구성적 존재의 비표준성 문제를 해결하는 방법이 될 것이다.

3. 옳은 행위에 대한 두 유형의 설명과 자기 구성적 존재의 비표준성

옳은 행위에 대한 대표적인 덕윤리적 설명으로는 허스트하우스(Rosalind Hursthouse)의 '자격 있는 행위자 설명(a qualified agent account, 이후 줄여서 QAA)'과 슬로트(Michael Slote)의 '동기 중심적 설명(a motive-centered account, 이후 줄여서 MCA)', 그리고 QAA와

사람이 도덕적이라고 하더라도 그 사람이 도덕적이고자 하는 다른 모든 사람들에게 비교적 준거가 되기 어렵다는 것을 의미한다. 이렇게 도덕판단이 사람과 관련하여 제한적으로 의미를 가진다는 점 역시 자기 구성적 존재로서의 도덕적 행위자가 옳음의 절대적인 표준이 되기 어렵다는 것을 보여준다.

MCA에 대한 비판에 대응하면서 새롭게 제기된 스완턴(Christine Swanton)의 '목표 중심적 설명(a target-centered account, 이후 줄여서 TCA)'을 꼽을 수 있다.9) 여기에서는 자기 구성적 존재의 비표준성이 도덕판단에 주는 의미를 염두에 두면서 허스트하우스의 QAA와 슬로트의 MCA를 차례로 살펴볼 것이다. 구체적으로 이 두 설명이 제시하는 도덕판단이 행위자판단과 행위판단이 불일치할 때 행위의 의미와 가치를 어떻게 다루고 있는지를 각각 고찰할 것이다.

1) 허스트하우스의 QAA와 도덕판단

동시대의 대표적인 덕윤리자인 허스트하우스는 옳음이나 의무와 선함이나 덕을 배타적인 의미의 이분법적 구도에서 보지 않는다. 그녀는 덕윤리 역시 행위에 관심을 갖고 있으며 여타의 윤리이론처럼 옳은 행위에 대해 말해준다고 믿는다. 그녀에 따르면, 공리주의와 의무론은 "옳은 행위에 대한 설명의 첫 번째 전제로 각각 결과와 도덕규칙의 개념을 소개"함으로써 옳은 행위에 대해 결과중심적인 설명과 규칙중심적인 설명을 제공한 반면, 덕윤리는 첫 번째 전제로 "유덕한 행위자의 개념을 소개"함으로써 행위자중심적인 설명을 제공한다.10) 옳은 행위에 대한 허스트하우스의 덕윤리적 설명은 우선 다음과 같이 정의된다:

QAA: "행위는 어떤 상황에서 유덕한 행위자가 할 것인 한 그때에만 옳다."11)

---

9) '자격 있는 행위자 설명'과 '동기 중심적 설명'은 스완턴의 표현이다. Christine Swanton. 2001. "Virtue Ethical Account of Right Action." *Ethics* 112, p.33. 그리고 스완턴은 자신의 입장을 '목표 중심적 설명'이라고 명명한다. Swanton (2001), p.37.

10) Rosalind Hursthouse. 1999. *On Virtue Ethics*(Oxford & New York: Oxford University Press), p.29.

옳은 행위를 유덕한 사람에 특유한 행위로 정의하는 QAA는 옳음을 규정할 때 유덕한 행위자가 하는 행위에 어떠한 제한도 두지 않는다. 한편 허스트하우스는 QAA를 좀 더 정교하게 만든 설명을 다음과 같이 제시하고 있다:

> QAA′: "행위는 어떤 상황에서 유덕한 행위자가 특질상 (즉, 성품 안에서 행동하면서) 할 것인 한 그때에만 옳다."[12]

여기에서 허스트하우스는 옳은 행위를 유덕한 행위자가 성품에 따라 하는 행위로 제한함으로써 유덕한 행위자가 행한 잘못된 행위를 옳은 행위로 볼 가능성을 배제하고자 한다.[13] QAA′는 행위자판단과 행위판단의 불일치를 제거하려는 허스트하우스의 의도를 반영하는 설명인 셈이다.

허스트하우스의 QAA′가 자기 구성적 존재의 비표준성에 따른 도덕판단의 의미를 적절하게 반영하는지 검토해보자. QAA′는 행위자판단과 행위판단 간의 불일치를 해소하고 행위의 의미와 가치를 적절하게 반영하는 도덕판단을 제시하는가? 먼저 행위자판단과 행위판단의 불일치가 어떤 형태로 발생하는지를 유덕한 행위자가 잘못 행위하는 경우를

---

11) Rosalind Hursthouse. 1997. "Virtue Theory and Abortion." In Daniel Statman ed., *Virtue Ethics*(Washington, D. C.: Georgetown University Press, 1997), p.228.

12) Hursthouse(1999), p.28; Rosalind Hursthouse. 1996. "Normative Virtue Ethics." In Roger Crisp ed., *How Should One Live?*(Oxford: Clarendon Press, Oxford, 1996), p.22.

13) 허스트하우스의 QAA와 QAA′의 의미와 차이에 대한 상세한 논의를 위해서는 노영란. 2009. 「허스트하우스(Rosalind Hursthouse)의 옳은 행위에 대한 덕윤리적 설명」.『철학논총』제55집, pp.111-115 참조.

통해 살펴보자. 정직한 사업가인 철수의 경우를 예로 들어 살펴보면 다음과 같은 경우를 들 수 있다:

(가) 갑작스러운 사업 실패로 인한 재정난을 해결해보려고 백방으로 노력하다 지칠 대로 지친 철수는 엉겁결에 거래처를 속이고 말았다.

(나) 사업 실패를 만회하려고 노력 중이던 철수는 심사숙고했음에도 불구하고 급변하는 복잡한 상황에서 잘못 판단해서 거래처를 속이게 되었다.

(다) 사업 실패로 너무 큰 타격을 보게 된 철수는 어려움을 해소해보고자 거래처를 속이는 행동을 하였다.

먼저 (가)과 같은 행위는 허스트하우스의 설명대로라면 성품을 벗어나서 행동하는 경우이다. 그녀는 "사람들이 그들 자신이 아니라 해도 우리가 놀라지 않는 조건들", 예컨대 "지쳐서, 비통함으로 망연자실해서, 아파서, (자신의 심각한 잘못 없이 그렇게 되었다고 가정해야만 하는 경우로서) 술 취해서, 지나친 스트레스로 머리가 혼란해져서 등등"과 같은 조건들에서 행해진 경우를 성품을 벗어나서 하는 행위로 본다.[14] 허스트하우스는 유덕한 행위자라 할지라도 (가)처럼 행위할 수도 있다고 본다. 그리고 QAA′는 이처럼 성품을 벗어나서 행위할 때 유덕한 행위자는 옳음의 기준이 될 자격을 상실한다는 것을 말하고 있다. 즉, QAA′에 따르면 (가)는 유덕한 행위자가 했다 할지라도 그의 유덕한 성품과 상관없는 행위이므로 옳은 행위라고 보기 어렵다.

한편 (나)의 경우는 잘못 인식하거나 제대로 알지 못해서 잘못 행동

---

14) Hursthouse(1999), p.78.

하게 되는 경우, 즉 인식론적인 실패로 인해 잘못 행동하게 되는 경우이다. 그리고 (다)는 정직하게 살아온 행위자가 자신의 성품과 달리 의도적으로 정직하지 못한 행동을 하는 경우이다. QAA´에서 유덕한 행위자에게 옳음의 기준이 될 자격을 부여할 때 허스트하우스가 유덕한 행위자가 성품 밖에서 행동하는 경우만 제외했다는 것은 그녀가 유덕한 행위자는 (나)나 (다)처럼 행동하지 않는다고 생각하고 있음을 암시한다. 허스트하우스는 유덕한 행위자는 구체적인 상황에서 적절한 판단을 내릴 수 있기 때문에 (나)에서와 같은 인식론적 실패를 할 가능성이 거의 없다고 볼 것이다. 또한 그녀는 의도적으로 정직하지 못한 행동을 했다면 정직한 성품을 갖추었다고 말하기 어렵다는 점에서 유덕한 행위자는 (다)와 같이 행동하지 않는다고 볼 것이다. 허스트하우스에게 있어서 (나)와 (다)는 유덕한 행위자에게 발생하지 않을 행위이다.

허스트하우스가 기대하는 것처럼 유덕한 행위자가 (나)나 (다) 같은 인식론적 실패나 의도적 잘못을 범하지 않으려면, 그는 언제나 자신의 유덕한 성품을 행위로 실행하는 데 성공하는 사람, 즉 완벽하게 유덕한 사람이어야 한다.15) 그러나 QAA´에서 옳음의 기준이 되는 유덕한 행위자는 이상적으로 유덕한 사람이라고 보기 어렵다. QAA´를 제시할 때 허스트하우스가 "유덕한 행위자가 때때로 성품 밖에서 판단하고 행동할 위험성을 깨닫고 있다는" 점에서 그녀가 "실제의 인간 행위자가 자격 있는 행위자이길 원한다는 것은 분명한 듯하다."16) 그렇다면 허스트하우스의 설명에서 자격 있는 행위자는 불완전하게 유덕한 사람이 아

---

15) 존슨(Robert N. Johnson)이 QAA´에서의 행위는 "모든 덕을 완전히 소유하는 행위자에게 특징적인 행위일 것"이라고 말하는 것도 이와 관련이 있다. Robert N. Johnson. 2003. "Virtue and Right." *Ethics* 113, p.812.

16) Christine Swanton. 2005. *Virtue Ethics*(New York: Oxford University Press), p.229. 허스트하우스에게 있어서 행위자의 유덕함이 이상적 개념이 아니라는 주장에 대한 상세한 논의를 위해서는 노영란(2009), pp.122-125 참조.

닐 수 없다. 더군다나 그녀의 덕개념을 이상적인 것으로 해석하기 어렵게 만드는 또 다른 요인은 그녀가 덕의 통일성을 인정한다는 점이다. 허스트하우스는 "하나의 덕을 소유하는 사람은 비록 어떤 경우에는 꽤 제한된 정도이기는 해도 어느 정도 다른 모든 덕들을 가질 것"이라는 점에 동의함으로써 덕의 통일성을 인정한다.17) 덕의 통일성을 인정할 경우 이상적으로 유덕한 사람을 현실에서 발견하기란 불가능에 가깝고, 현실에 존재하기 어려운 사람에게 옳음의 기준이 될 자격을 준다면 QAA´ 는 실질적인 행위지침이 되지 못하기 때문이다.

QAA´ 에서의 유덕한 행위자가 이상적 차원에서 완벽하게 유덕한 사람이 아니라면 유덕한 행위자는 허스트하우스의 기대와는 달리 인식론적 실패로 인해 혹은 의도적으로 잘못 행동할 수 있다. 먼저 행위자는 유덕한 성품을 가졌음에도 불구하고 특정 상황에서 요구되는 실천적 지혜를 결여하고 그리하여 인식론적 실패를 범할 수 있다. "아무리 유덕하고 지혜롭다고 하더라도 실제의 인간 행위자는 전지적(omniscient)이지 않기" 때문에 "어떤 유덕한 행위자도 필연적으로 그리고 다양한 방식에서 제한적"일 수밖에 없는 것이다.18) 예컨대, 아무리 유덕하다 해도 나는 의학 분야나 정보통신 분야에서 전문 지식을 가지고 있지 못하고, 복잡한 의학지식이나 정보통신기술이 관련된 문제에 대해 현명하게 결정할 실천적 지혜를 결여할 수 있다. 한편 유덕한 행위자가 이상적으로 완벽하게 유덕한 존재가 아니라면 그가 자기중심성이나 이기성을 언제나 적절하게 조절한다고 보기 어렵다. 예컨대 절제하고 공정한 사람이 어떤 결정적인 상황에서, 즉 엄청난 이익이 걸려 있고 자신의 잘못이 드러날 가능성이 별로 없다고 판단되는 경우에서 공정하지 못한 타산적

---

17) Hursthouse(1999), p.156.
18) Swanton(2001), p.35.

고려에 따라 행동할 수도 있다. 그는 허스트하우스가 성품 밖에서 행동한다고 보는 조건들에 속하지 않음에도 불구하고 의도적으로 잘못 행동할 수 있는 것이다. 요컨대 허스트하우스가 정의하는 유덕한 행위자는 의도적인 잘못과 인식론적 실패를 범할 수 있음에도 불구하고 QAA´는 그러한 잘못이나 실패를 범하는 행위자에게 여전히 옳음의 기준이 될 자격을 허용하고 만다. QAA´는 행위자의 성품과 그의 행위가 불일치하는 경우를 성품 밖에서 행동하는 경우에 한정함으로써 불일치가 발생하는 여타의 경우들에 대해 적절한 도덕판단을 제시하지 못하게 된다.

아마도 허스트하우스는 자신이 QAA´를 주장할 때 옳음의 개념을 유덕한 행위자의 개념에 전적으로 환원하지는 않는다고 말하면서 이러한 비판을 반박할 것이다. 그녀는 " '성품이 행위보다 우선한다'는 주장이 끔찍하거나 무서운 행위들을 유덕함(혹은 아마도 악덕함?)에 의해 환원적으로 정의하는 데 전념하는 것으로 여겨진다면, 나는 그 주장을 부인하고자 한다"고 말한다.[19] 허스트하우스가 성품의 우선성이 환원적인 역할을 한다는 것을 부인하는 이유는 유덕한 사람 이외에도 덕 규칙들(v-rules)과 덕 형용사들(v-adjectives)이 행위지침이나 행위평가를 제공하는 역할을 한다고 보기 때문이다.[20] 그러나 행위자판단에 독립적인 행위판단이 있다는 점을 인정하는 허스트하우스의 주장은 그다지 성공적이지 못하다. 모든 행위판단이 QAA´를 따르지는 않는다고 주장해도 그녀는 어떤 경우에 행위판단이 행위자판단으로 환원되지 않는지에 대해, 예컨대 악덕 형용사가 어떤 경우에 행위자와 독립적으로 행위에 적용되는지에 대해 구체적인 설명이나 기준을 제시하지 않는다.

---

19) Hursthouse(1999), p.81.
20) 덕 규칙이나 덕 형용사에 대한 허스트하우스의 주장을 위해서는 Hursthouse (1999), pp.79-80 참조.

더군다나 옳음에 대한 그녀의 주장에서 유덕한 행위자가 차지하는 비중이 너무 크다는 점은 행위판단의 독립성을 훼손하지 않을 수 없다. 그녀가 옳음의 기준으로서 유덕한 행위자가 가지는 자격에 제한을 두는 것은 사실이지만, 이러한 제한은 "유덕한 행위자보다는 도덕적 갈등 상황의 복잡함과 다양함에 다분히 기인한다."21) 이러한 입장은 해결할 수 없는 딜레마(irresolvable dilemma)에 대한 그녀의 설명에서 잘 나타난다. 허스트하우스는 해결할 수 없는 딜레마가 존재한다고 믿는 것은 "가장 이상적인 유덕한 행위자가 가지는 완벽한 실천적 지혜조차 그 행위자에게, 말하자면, B가 아니라 A를 하라고 지시하지 않는 경우들"이 있음을 믿는 것이라고 말한다.22) 무엇이 옳은 행위인지에 대해 유덕한 사람들이 다르게 생각하게 되는 해결할 수 없는 딜레마의 발생은 행위자보다는 상황에 기인하는 것으로 이해되는 것이다. 이것은 도덕판단에서 유덕한 행위자가 차지하는 비중이 그녀가 명시적으로 주장하는 것보다 훨씬 더 크며 이로 인해 그녀가 주장하는 행위판단의 독립성은 그 의미가 더 축소된다는 것을 보여준다.

지금까지 살펴본 바와 같이 QAA′에서 유덕한 행위자가 할 수 있는 것과 그가 하도록 기대되는 것 간에는 간극이 있다. 유덕한 행위자에게 많은 비중을 부여하는 QAA′에서 행위자가 옳음의 기준으로서의 자격을 갖추기 위해서는 이상적 차원에 가깝게 유덕해야만 함에도 불구하고 실제로 행위자의 유덕함은 이상적 개념이 아닌 현실적 개념으로 파악되기 때문이다. 결국 QAA′는 의도적인 잘못이나 인식론적 실패로 인한 행위를 포함하고 이러한 행위에 대해 부적절한 도덕판단을 제시하게 된

---

21) 노영란(2009), p.122.
22) Hursthouse(1996), p.34. 허스트하우스에게 있어서 해결할 수 없는 딜레마는 무엇이 옳은 행위인지에 대해 유덕한 사람들이 다르게 생각하는, 그리하여 해야 할 옳은 행위가 하나가 아닐 수 있는 문제 상황을 의미한다.

다. QAA'의 제시와 달리, 유덕한 행위자가 범하는 의도적인 잘못이나 인식론적 실패에 대해서는 행위자판단과 별도로 행위판단을 할 필요가 있다. 예컨대, 유덕한 행위자가 최선을 다했지만 복잡한 상황에서 잘못 인식하고 행동했다고 해보자. 최선을 다했다는 점에서 그의 인식론적 실패가 어느 정도 정당화될 수는 있지만 이러한 실패로 인한 잘못된 행동까지 정당화되는 것은 아니다. 유덕한 행위자가 정당화되는 인식론적 실패로 인해 잘못 행동할 경우, 우리는 행위자의 성품과 별도로 행위가 가진 도덕적 의미를 판단해야 할 것이다. 옳음에 대한 판단에서 유덕한 행위자는 허스트하우스가 기대하는 것보다 더 제한적인 자격을 가져야 함에도 불구하고 QAA'는 암암리에 유덕한 행위자에게 너무 많은 자격을 줌으로써 적절한 도덕판단을 안내하지 못하고 만다.

2) 슬로트의 MCA와 도덕판단

옳은 행위에 대한 덕윤리적 설명을 제시할 때 슬로트는 허스트하우스와 달리, 한 행위의 옳음이 그 행위에 의해 표현되는 내적 상태의 평가로부터 분리될 수 없다고 보고 행위의 옳음을 행위의 동기에 결부시킨다. 슬로트의 옳은 행위에 대한 덕윤리적 설명은 다음과 같이 정의될 수 있다:

> MCA: "행위의 도덕적 혹은 윤리적인 지위는 행위를 수행하는 개인의 동기, 성향, 혹은 내적 삶에 대한 독립적이고 근본적인 윤리적/덕성적 사실(혹은 주장)로부터 전적으로 도출된다."23)

---

23) Michael Slote. 1997. "Agent-Based Virtue Ethics." In Roger Crisp & Michael Slote eds., *Virtue Ethics*(Oxford: Oxford University Press, 1997), p.240. 이와 동일한 주장은 뒤에 나온 저서인 Michael Slote. 2001. *Morals from Motives*(New York: Oxford University Press), p.7에도 나타난다.

MCA에 따르면 한 행위는 칭찬할 만한 혹은 유덕한 동기를 나타낼 때 옳게 된다. 이러한 설명이 앞에서 논의한 (가)-(다)의 경우로 대표되는 행위자판단과 행위판단 간에 발생하는 세 가지 유형의 불일치, 즉 성품 밖에서의 행동, 인식론적 실패로 인한 행동, 의도적인 잘못으로 인한 행동에 대해 적절한 도덕판단을 제시하는지 검토해보자. 먼저 MCA는 (다), 즉 유덕한 행위자의 의도적인 잘못을 행위자판단으로부터 행위판단을 도출하는 경우에서 쉽게 제외할 수 있다. MCA에서 옳음의 기준은 유덕한 행위자가 아니라 유덕한 행위자가 표현하는 칭찬할 만한 동기이기 때문이다. 행위자의 칭찬할 만한 동기를 행위판단의 근거로 삼음으로써 슬로트는 유덕한 행위자가 비난할 만한 동기를 가지고 행동하는 경우를 효과적으로 배제한다. 그러나 그는 행위자판단과 행위판단 사이에 발생하는 다른 두 유형의 불일치인 (가)와 (나)를 심각하게 여기지 않는 듯하다. 일단 그는 (가)와 같이 유덕한 행위자가 성품을 벗어나서 행동할 가능성을 별반 인정하려 하지 않는다. 그는 개념상 "행위자의 전반적인 동기는 어떤 상황에서 '성품을 벗어나서' 행동할 경향, 즉 대략 대부분의 상황에서 그 사람이 하지 않을 것을 어떤 상황에서 하는 경향을 포함할 수"는 있지만, 우리들 대부분이 성품을 벗어난 고립된 행동을 하는 것이 가능한지는 분명치 않다고 말한다.24) 나아가 그는 만일 어떤 사람이 성품을 벗어나서 행동한다면 그 행동은 "그의 동기/경향의 전체성에 의해 평가될 수 있다"고 말한다. 이로부터 그가 (가)처럼 성품을 벗어난 행위도 MCA에 해당된다고 보고 있음을 알 수 있다.25) 슬로트는 (나)처럼 인식론적 잘못으로 인한 불일치 역시 유사한 맥락에서 생각한다. 그는 "다른 사람의 복지에 대해 충분한 관심을 가진 사람

---

24) Slote(2001), p.35.
25) Slote(2001), p.35.

은 되는대로 하거나 부주의하지 않을 것"이라고 말하면서 유덕한 사람은 인식론적 실패를 범하지 않을 것이라고 생각하며, 설혹 인식론적 실패로 인해 잘못 행동한다 해도 인식론적으로 비난받을지언정 도덕적으로는 비난받지 않는다고 주장한다.26) 요컨대, 슬로트는 유덕한 행위자가 성품 밖에서 혹은 인식론적 실패로 잘못 행동할 가능성을 별반 인정하지 않을 뿐만 아니라, 설혹 그런 경우가 발생하더라도 우리는 그러한 행위를 결국 행위자의 성품을 통해 판단한다고 주장한다.

유덕한 행위자가 성품을 벗어나서 혹은 정당화될 만한 인식론적 실패 때문에 끔찍한 결과를 가져오는 잘못을 범해도 그러한 행위는 MCA에 해당되고, 따라서 행위자의 성품에 따라 판단된다는 슬로트의 주장은 받아들이기 어려운 주장이다. 행위자와 별도로 행위 자체에 대해 말해야 하는 경우들이 분명히 있기 때문이다. 우리는 모두 도덕적으로 오류를 범하기 쉬운 존재로서 "성품이 어떻든 간에 어떤 사람도 비극이 야기되는 실수에 빠질 수 있다"는 점이나, 우리의 행위에는 "나쁠 뿐만 아니라 참을 수 없는(intolerable) 것으로 간주"되고 그리하여 절대적으로 금지되어야 하는 행위들이 있다는 점 등은 그러한 경우를 잘 보여준다.27) 슬로트의 MCA는 불완전한 존재인 인간의 실천적 삶에서 행위판단의 독립성이나 우선성이 요구되는 상황이 있다는 점을 적절하게 반영하지 못한다.28)

---

26) Slote(2001), p.34. 슬로트의 이러한 주장에 대한 비판적 논의를 위해서는 노영란. 2010. 「슬로트(Michael Slote)의 덕이론에서 동기는 도덕판단의 준거가 되는가?」. 『철학』 제103집, pp.191-193 참조.

27) Robert B. Louden. 1997. "On Some Vices of Virtue Ethics." In Daniel Statman ed., *Virtue Ethics*(Washington, D. C.: Georgetown University Press, 1997), pp.184-185.

28) 덕윤리자들은 이러한 상황에서 잘못을 범하고 만 인간에 대한 변명과 정상참작이 허용되어야 한다고 주장할 수 있다. 그러나 만일 그러한 변명과 정상참

만일 유덕한 행위자를 이상적 차원에서 정의한다면 MCA에 대한 이러한 비판은 별반 문제가 되지 않는다. 행위자가 완벽하게 유덕하다면 그는 자신의 성품과 행위를 일치시키는 데 성공할 것이기 때문이다. MCA에서 옳음의 기준이 되는 동기를 가진 행위자는 이상적으로 유덕한 사람인가? 옳음의 기준이 되는 동기에 대한 설명은 슬로트가 칭찬할 만한 동기를 가진 사람을 이상적 차원에서 정의하고 있음을 보여준다. MCA는 "행위의 옳음이나 도덕적 수락 가능성은 선한 전반적인 혹은 전체적인 동기(good overall or total motivation)를 가짐으로써 보증된다는 행위자근거적 가정"에 토대를 둔다.29) 여기에서 행위의 옳음을 결정하는 전반적인 동기라는 것은 구체적인 상황에 따라 발생하는 동기나 그러한 동기들의 단순한 총합이라기보다는 행위자의 일반적인 성향을 의미한다.30) 우리가 자신의 행위를 통제하는 것도 쉽지 않지만 실제적인 심리적 상태로서의 정서를 통제하는 것은 더더욱 그렇다. 하물며 선한 동기를 일시적으로 갖는 것이 아니라 일반적인 성향으로 성품화하는 것은 매우 어려운 일이 아닐 수 없다. 그렇다면 슬로트가 옳음의 준거로 삼는 선의의 전반적인 동기를 가진 사람은 현실에서 매우 드물 것이다. 이런 의미에서 슬로트의 주장이 "도덕적인 성자를 제외한 어느 누구도 칭찬할 만한 전반적인 동기를 갖는 자격을 획득하지 못할" 위험을 야기한다는 지적은 설득력 있는 비판이다.31)

작이 허용된다면 그것은 끔찍한 결과를 가져온 "행위에 대한 판단이 이루어지고 난 연후가 자연스러울 것이다." 노영란. 2009. 『덕윤리의 비판적 조명』(서울: 철학과현실사), p.67.

29) Slote(2001), p.35.
30) 슬로트의 전반적인 동기에 대한 상세한 설명을 위해서는 Slote(2001), pp.33-34 참조.
31) David Copp & David Sobel. 2004. "Morality and Virtue: An Assessment of Some Recent Works in Virtue Ethics." *Ethics* 114, p.549. 한편 선의의 전반

슬로트가 옳음의 기준이 되는 행위자의 유덕함을 이상적 차원에서 이해하는 것은 그의 행위자근거적 접근(agent-based approach)에서 비롯되는 불가피한 것이다. 슬로트가 옹호하는 행위자근거적 덕윤리는 성품의 우선성을 가장 철저하게 주장하는 입장으로서 행위판단이 행위자판단으로부터 전적으로 도출된다고 보고 행위판단의 독립성을 허용하지 않는다. 이처럼 행위자판단이 행위판단을 전적으로 결정하기 위해서는 행위자가 옳음에 대한 확고한 기준이 되어야 한다. 따라서 슬로트에게 있어서 행위자판단의 근거가 되는 유덕한 동기는 철저하게 칭찬할 만한 완벽한 것이 아닐 수 없다. 그러나 불완전한, 되어가는 존재로서 우리 자신을 되돌아보자. 우리들 대부분이 "덕이나 악덕에 있어서 확고하지도 않고 한결같지도 않다"는 것은 우리들의 실천적 실제 삶에서 어렵지 않게 확인되는 바이다.32) 그렇다면 유덕하다고 하더라도 슬로트가 의미하는 전반적인 선한 동기를 갖기란 매우 어려울 것이다. 유덕하다고 하는 사람도 때때로 상황 특수적인 동기에 따라 행동하곤 할 것이다. 또한 그는 감당하기에는 너무 복잡한 상황에서 혹은 이전까지 경험해보지 못한 전혀 뜻밖의 상황에서 잘못 판단할 수도 있다. 그러나 슬로트에 따르면, 이러한 사람은 전반적인 선한 동기를 가진 사람이 아니다. 슬로트에게 있어서 옳음의 기준이 되는 전반적인 선한 동기는 항상 상황에 필요

적인 동기를 가진 사람이 완벽하게 유덕한 사람이라는 것을 슬로트가 제시하는 유덕한 행위자의 예를 통해 확인할 수 있다. 이에 대한 상세한 논의를 위해서는 노영란(2010), pp.185-186 참조. 슬로트의 유덕함이 이상적 개념이라는 비판은 여러 연구에서 제기되는데, 예컨대 Daniel Jacobson. 2002. "An Unsolved Problem for Slote's Agent-based Virtue Ethics." *Philosophical Studies* 111, p.60; Karen Stohr & Christopher H. Wellman. 2009. "Recent Work on Virtue Ethics." *American Philosophical Quarterly* Vol. 39 No. 1, p.54; 노영란(2010), pp.188-189 참조.

32) Jonathan Jacobs. 2001. *Choosing Character*(Ithaca & London: Cornell University Press), p.66.

한 실천적 지혜를 수반하며 행동을 통해 효과적으로 표현되거나 나타나는 것이어야 한다. 이것은 현실에서 유덕하다고 하는 사람이 도무지 갖기 어려운 것이 아닐 수 없다.

슬로트가 주장하는 대로 행위자가 전반적인 선의의 동기를 가질 경우 행위자판단과 행위판단 간에 불일치가 발생할 여지가 별로 없을 수 있다. 그러나 유덕함을 이상적으로 정의하는 것은 선의의 전반적인 동기를 가지지 못한 사람의 행위를 모두 옳지 않은 것으로 본다는 점에서 슬로트의 MCA는 받아들이기 어려운 도덕판단을 야기하고 만다. 도덕적으로 행동하고자 애쓸 때 우리는 선의의 전반적인 동기에 미치지 못하는 동기를 가지고 있지만, 선의의 전반적인 동기를 가진 사람이 되어가는 과정에 있다.33) 자기 구성적 존재의 비표준성은 이러한 과정에서 우리가 애써서 하는 행위들의 도덕적인 가치를 인정하는 판단을 내려야 함을 보여준다. 그러나 MCA는 선의의 전반적인 동기를 가지지 못했지만 도덕적이고자 애쓰는 사람들이 하는 행위가 가지는 가치를 인정하지 못한다. 악의를 가지고 잘못 행동하는 사람은 나쁘고 선의의 성품을 가지고 이를 동기로 삼아 도덕적으로 행동하는 사람은 올바르다. 그러나 선의의 전반적인 동기를 가지지 못한 사람이 전부 다 칭찬할 만하지 않

---

33) 콜버그의 인지적 도덕발달론에서 도덕적으로 성숙한 판단을 내리는 4-6단계는 각기 다른 동기를 갖고 있다. 4단계에서는 "'모든 이가 그렇게 한다면'이라는 염려에서 체제 파괴를 피하"고 "규정된 의무를 완수하라는 양심의 명령"을 인식하는 것이, 5단계에서는 "모든 사람의 복지와 권리 보호를 위해 법을 제정하고 지키려는 사회계약에 의해 성립된 법에 대한 의무감"이나 "가족, 우정, 신뢰, 직무 등에서 자유롭게 맺은 계약에 대한 책무성"을 인식하는 것이, 그리고 6단계에서는 "보편적 도덕원리의 타당성에 대한 합리적 존재로서의 믿음, 그 원리에 대한 개인적 언약"이 옳은 것을 행하는 이유가 된다. 콜버그(2001), p.165. 이처럼 성숙한 도덕판단에도 단계에 따라 동기가 다양하다는 인지적 도덕발달론의 주장은 도덕적 가치를 가지는 여러 형태의 동기에 주목할 필요가 있다는 것을 보여준다.

은 것이 아니다. 악의를 참아가면서 도덕적으로 행동하는 사람, 도덕적으로 중립적인 동기에서 도덕적인 행동을 하는 사람, 특정 상황에서 선의를 갖게 되고 그리하여 도덕적으로 행동하는 사람들도 칭찬할 만한 점들을 가지고 있다. 그러나 선의의 전반적인 동기를 표현하지 못한다는 점에서 MCA는 이러한 경우들을 모두 옳지 않다고 여긴다.34) MCA는 옳음의 기준이 되는 행위자의 유덕함을 이상적 개념으로 이해함으로써 행위자판단과 행위판단의 불일치를 해소할 수 있을지는 몰라도 되어가는 존재로서 우리가 발달의 과정에서 수행하는 행위의 도덕적 가치를 인정하지 못하는 도덕판단을 제시한다는 점에서 심각한 문제를 야기한다.

4. 옳음에 대한 또 다른 유형의 설명과 덕윤리의 한계

허스트하우스는 옳은 행위를 유덕한 성품 안에서의 행위로 제한함으로써 그리고 그 자체로 평가되는 행위의 존재를 인정함으로써 행위자판단과 행위판단의 불일치를 해결해보고자 한다. 그러나 그녀의 설명은 여전히 행위자에 큰 비중을 둠으로써 잘못된 행위판단을 야기할 가능성이 있다. 한편 슬로트는 도덕판단에서 행위자의 동기를 중시함으로써 행위자판단과 행위판단 간의 불일치를 해결해보고자 한다. 그러나 그는 행위자의 유덕함을 완전한 수준에서 이해함으로써 되어가는 존재의 행위에 가치를 부여하지 못할 뿐만 아니라 행위판단을 전적으로 행위자판단으로부터 도출함으로써 부적절한 도덕판단을 제시하게 된다. 두 설명 모두 행위자에게 너무 많은 비중을 두게 되고 자기 구성적 존재의 비표준성이 주는 도덕판단의 의미를 적절하게 반영하지 못하고 만다.

---

34) 슬로트의 MCA가 지닌 이러한 문제에 대한 논의를 위해서는 노영란(2010), pp.194-195 참조.

스완턴의 TCA는 허스트하우스와 슬로트의 설명이 너무 행위자중심적이라는 비판을 극복하려는 의도에서 제시된 옳은 행위에 대한 덕윤리적 설명이다. 옳은 행위에 대한 스완턴의 정의는 다음의 두 가지로 요약된다:

TCA-1: "유덕한 행위는 어떤 덕의 특징적인 목표를 맞추는 행위이다."[35)

TCA-2: "한 행위는 그것이 전반적으로 유덕할 때 그때에만 옳다."[36)

TCA-1에서 스완턴은 덕개념이 지니는 "정서적이고 동기적인 상태에서의 탁월함"보다 "덕의 도달목표 내지 목적"에 주목하고, "유덕한 행위자의 내적 속성에 전적으로 환원할 수 없는 행위의 성공"을 옳음의 기준으로 삼는다.[37) 그리하여 행위의 옳음은 행위자가 지닌 유덕한 내적 상태에 의해서가 아니라 그것의 특징적이고 외재적인 효과를 통해 판단된다. 즉, 어떤 행위는 목표에 성공적으로 도달함으로써 덕스럽게 되고 그리하여 옳게 된다.

그러나 스완턴은 TCA-1이 옳은 행위를 정의하기에는 부족하다고 여긴다. 공정한 행위지만 불친절한 경우나 배려적 행위이지만 효율적이지 못한 경우처럼, 어떤 행위의 덕스러움이 옳음을 만들지만 이 덕스러움이 동시에 잘못을 만들 수도 있기 때문이다. 어떤 행위가 어떤 덕이 도달하고자 하는 목표를 맞춘다는 점에서 옳지만 다른 덕의 관점에서는

---

35) Swanton(2001), p.39. 뒤따르는 저서에서 스완턴은 이를 다음과 같이 구체적으로 정의하고 있다: "한 행위는 덕 V(virtue V)(예컨대, 자비나 관대함)의 도달목표를 맞출 때(목적을 실현할 때) 그리고 오직 그때에만 V의 관점에서 유덕하다(예컨대, 자비롭거나 관대하다)." Swanton(2005), p.228.

36) Swanton(2001), p.34.

37) Swanton(2001), p.32.

그를 수 있다는 점에 주목하면서, 스완턴은 옳음의 기준에 행위의 전반적인 유덕함(overall virtuousness)이라는 조건을 덧붙인다. TCA-2는 단일한 덕에 관해서 유덕한 행위일 뿐만 아니라 전반적으로 유덕한 행위, 즉 전체론적인 방식으로 다른 덕들을 고려하면서 그 상황에서 가능한 최선의 것을 취하는 행위가 옳은 행위임을 의미한다.

TCA-1과 2를 통한 행위판단은 행위자의 성품에 대한 판단으로부터 도출되기보다는 덕의 목표를 도달하는 데 성공하는지의 여부에 따라 내려진다. 이런 점에서 스완턴의 설명은 행위자판단과 행위판단의 불일치 문제로부터 상대적으로 자유롭다. 그녀는 덕으로부터의 행위(action from virtue)가 때때로 덕의 목표를 맞추는 데 실패할 수도 있고 덕에 의해 동기 지어지지 않은 행위가 덕의 목표를 맞추는 데 성공할 수도 있다고 본다. 그리하여 그녀는 덕으로부터의 행위와 유덕한 행위(virtuous act)를 구별하고 "행위의 옳음은 덕으로부터의 행위가 아니라 유덕한 행위에 결합된다"고 주장한다.38) 이러한 주장 덕분에 스완턴은 행위자중심적인 설명을 제공하는 허스트하우스나 슬로트를 곤란하게 만든 문제, 즉 유덕한 행위자가 잘못 행동했을 때 어떻게 판단해야 하느냐의 문제에 별반 직면하지 않을 수 있다. 그뿐만 아니라 그녀의 설명은 유덕한 행위자가 지니는 선함이나 칭찬할 만함으로부터 행위의 옳음을 결정하지 않기 때문에 행위 자체를 판단할 여지를 갖는다. 이런 점에서 스완턴의 설명은 허스트하우스나 슬로트의 설명보다 자기 구성적 존재의 비표준성 문제에서 상대적으로 자유롭다고 말할 수 있다.

---

38) Swanton(2005), p.231. 스완턴은 슬로트와 달리 칭찬할 만한 동기, 성향, 특질에 의해 야기되지 않고도 어떤 행위가 유덕할 수 있다고 본다. 이러한 입장은 행위가 덕에 의해 야기되지 않더라도 덕에 특정적인 목표를 맞출 수 있다는 생각에 기인한다. 이런 면에서 스완턴의 설명은 슬로트의 설명보다는 허스트하우스의 설명에 더 가깝다.

그러나 스완턴의 설명이 지닌 이러한 장점은 한마디로 말해서 덕윤리의 근본 입장을 포기하고서 얻은 것이다. 다양한 윤리이론들이 덕윤리로 분류되는 가장 근본적인 이유는 그러한 이론들이 인격의 우선성을 인정하고 덕성판단을 중시한다는 점이다. 만일 어떤 것이 옳음에 대한 덕윤리적 설명이라면 그것은 인격의 우선성을 반영하는 설명이어야 한다. 즉, 그것은 행위자의 칭찬할 만함이나 선함에 근거하여 행위를 판단해야 한다. 이것은 아리스토텔레스에게서 전형적으로 나타난다. 유덕한 사람과 유덕한 행위의 관계에 대해 아리스토텔레스는 "행해진 것들이 정의롭거나 절제 있다고 이야기되는 것은 그것들이 정의로운 사람이나 절제 있는 사람이 행했을 법한 그런 종류의 행위들일 때"라고 말한다.39) 아리스토텔레스는 유덕한 행동은 유덕한 성품의 표현이며 어떤 행동이 유덕한지 아닌지는 행위자가 유덕한지 아닌지에 의해 규정된다고 주장한다. 만일 옳음을 덕윤리적으로 설명한다면 옳음은 성품의 칭찬할 만함이나 선함으로부터 도출되지 않을 수 없다. 그러나 스완턴이

---

39) 아리스토텔레스. 2008. 『니코마코스 윤리학』, 이창우 · 김재홍 · 강상진 옮김 (서울: 이제이북스), 1105b5-7, p.60. 물론 아리스토텔레스가 "정의로운 일들을 행함으로써 우리는 정의로운 사람이 되며, 절제 있는 일들을 행함으로써 절제 있는 사람이 되고, 용감한 일들을 행함으로써 용감한 사람이 되는 것"이라고 말할 때, 그는 유덕하지 않으면서 유덕한 행동을 할 수 있다고 본다. 아리스토텔레스(2008), 1103b1-3, p.52. 아리스토텔레스가 이렇게 말하는 이유는 유덕한 사람이 되기 위해 유덕한 행위를 하도록 습관을 들이는 것이 중요하다고 보기 때문이다. 이러한 해석은 뒤따르는 다음의 주장에 의해 뒷받침될 수 있다: "품성상태(hexis)들은 [그 품성상태들과] 유사한 활동들로부터 생긴다. 그런 까닭에 우리는 우리의 활동들이 어떤 성질의 것이 되도록 해야 한다. 이 활동들의 차이에 따라 품성상태들의 차이가 귀결되기 때문이다. 따라서 어린 시절부터 죽 이렇게 습관을 들였는지, 혹은 저렇게 습관을 들였는지는 결코 사소한 차이를 만드는 것이 아니다. 그것은 대단히 큰 차이, 아니 모든 차이를 만드는 것이다." 아리스토텔레스(2008), 1103b21-25, p.53. 요컨대, 아리스토텔레스는 유덕함이 유덕한 행동으로 환원된다거나 유덕한 행위가 유덕한 사람보다 우선한다고 보지 않는다.

덕으로부터의 행위와 유덕한 행위를 구분하고 옳음을 후자에 결부시키는 것은 행위자의 유덕함으로부터 행위의 옳음을 도출하지 않는다는 것을 의미한다. 더군다나 그는 "도덕적인 선함과 옳음은 같지 않으며" 자신이 제시하는 기준은 "덕윤리로 하여금 행위의 옳음과 행위의 칭찬할 만함, 행위의 그름과 행위의 비난할 만함을 구별하도록 허락한다"고 주장한다.40) 만일 옳음이 칭찬할 만함이나 선함으로부터 도출되지 않고 이러한 개념들이 구별될 경우, 그러한 옳음이 어떻게 덕윤리적 개념일 수 있는지 궁금하지 않을 수 없다.

과연 스완턴은 어떤 면에서 자신의 설명이 덕윤리적이라고 주장할 수 있는가? "옳음을 만드는 속성들의 목록에서 유덕함(혹은 악덕함)이 특징을 이룰 수 없다"는 비판을 반박하면서 스완턴은 옳은 행위로 판단되는 속성이 궁극적으로 덕개념들로 "풀어내어질 필요가 있다(needs to be unpacked)"고 말한다.41) 그러나 덕의 속성에서 행위자의 내적 상태가 아닌 도달목표에 초점을 맞출 경우, 옳음이 덕개념들로 풀어내어진다는 것은 덕의 도달목표를 맞추었는지 아닌지를 따지는 것이다. 그렇다면 스완턴이 유덕한 행위자의 행위를 외적으로 흉내 내서 도달목표를 맞춘 행위를 덕스럽지 않다고 주장할 근거를 가지고 있는지 의심스럽다. 더군다나 그녀는 "옳음의 결정은 유덕한 행위자가 하는 본질적으로 사적인 숙고와 직관의 문제라기보다는 부분적으로는 공적으로 접근할 수 있는 규칙의 문제"라고 주장한다.42) 어떤 행위의 옳음에 대한 결정이 다양한 덕 형용사들이 적용될 수 있는지의 여부에 달려 있지만, 이러한 적용 가능성이 규칙 지배적이라면 이러한 입장 역시 법칙론적 윤리 개념을 거부하고 인격의 우선성을 주장하는 덕윤리적 기본 입장으로부

---

40) Swanton(2001), p.33.

41) Swanton(2005), p.244.

42) Swanton(2005), p.248.

터 너무 멀리 간 것이다. 스완턴은 선함은 행위자중심적이지만 옳음은 상대적으로 덜 행위자중심적일 수 있다고 보고 TCA-1과 2를 제시한다. 그러나 TCA-1과 2는 덕윤리적 설명이라고 보기에는 행위자의 유덕함과 행위자판단이 도덕판단에서 차지하는 비중이 너무 적다.

TCA-1과 2가 덕윤리적 설명이라고 보기 어려운 또 다른 이유는 그의 설명에서 결과주의의 비중이 너무 크다는 점이다. 다스(Ramon Das)는 스완턴의 설명이 "'가능한 최선의 행위'의 결과주의적 표준에 의존한다"고 지적한다.43) 스완턴 역시 자신의 설명이 "행위결과주의와 구조적인 유사성을 가진다"고 말한다.44) 그녀는 "옳음에 관련된 도덕적 인정이나 반응의 방식에 대해 너무 협소한 개념을 가지고 있"다는 점에서 결과주의는 문제가 있지만 옳음에 대한 결과주의적 직관은 매우 중요하다고 믿는다.45) 그녀는 도달목표를 맞추는 것으로 덕을 파악할 때 덕들은 외재적인 도달목표뿐만 아니라 내재적인 도달목표들도 포함한다는 점에서 도덕적 인정이나 반응의 다양한 방식을 허용하는 결과주의적 구조가 등장한다고 본다. 그러나 앞에서 논의한 바와 같이 그녀의 이론에서 덕윤리적 특징은 너무 미약하다. 그녀는 덕윤리를 결과주의적으로 해석했다거나 덕윤리와 결과주의를 결합했다기보다는 덕윤리를 반영한 결과주의를 제시했다고 평가할 수 있다. 결국 스완턴이 행위자판단과 행위판단의 불일치 문제로부터 상대적으로 자유로운 것은 행위자와 덕성판단을 중시하는 덕윤리적 입장을 상당 부분 포기하고 얻은 것이다.

---

43) Ramon Das. 2003. "Virtue Ethics and Right Action." *Australasian Journal of Philosophy* Vol. 81 No. 3, p.335.

44) Swanton(2001), p.32.

45) Swanton(2005), p.245.

5. 나오는 말

개념상으로 볼 때, 옳은 행위를 제대로 그리고 꾸준히 하는 사람은 선한 사람이 될 것이고 진정으로 선한 사람은 올바르게 행위할 것이다. 이런 점에서 인격의 형성과 행위의 수행은 밀접하게 관련되어 있다. 그러나 살아가면서 도덕적인 존재가 되기 위해 능동적으로 그리고 꾸준히 노력함에도 불구하고, 우리는 여전히 불합리할 뿐만 아니라 감정적으로 이런저런 결함을 가지고 있다. 또한 우리는 자주 감당하기에는 너무 복잡한 상황들에 처하곤 한다. 이러한 점들은 인격의 형성과 행위의 수행 간의 밀접한 관련을 저해하는 요인들로 작용한다. 그리하여 굳이 도덕 심리학의 연구 결과들을 끌어들이지 않더라도 행위자판단과 행위판단 간에 불일치가 존재한다는 것을 어렵지 않게 알 수 있다. 행위자판단과 행위판단이 불일치하는 경우의 도덕판단에 초점을 맞추어 덕과 옳음의 관계를 고찰할 때, 옳음에 대한 설명을 제공하려는 덕윤리자들이 어려움에 직면한다는 것을 확인하게 된다. 허스트하우스나 슬로트처럼 덕윤리의 기본 입장인 행위자와 덕성판단의 우선성을 고수할 경우 자기 구성적 존재의 비표준성 문제를 적절히 해결하지 못하고 옳은 행위에 대한 적절한 도덕판단을 주기 어렵게 되고, 스완턴처럼 행위가 가지는 의미와 가치를 반영하는 도덕판단을 제시할 경우 덕윤리의 기본 입장을 포기하게 되기 때문이다. 이러한 어려움은 옳음에 대한 덕윤리적 설명을 제공하는 것이 구조적으로 힘든 것이 아닌가 하는 의구심을 들게 한다.

11 장

상황주의 사회심리학의 도전과
실천적 지혜를 통한 대응

1. 들어가는 말

20세기 후반에 덕윤리가 부활한 이후 하나의 윤리이론으로서 덕윤리가 차지하는 의미와 위상에 대해 다각적인 논의가 이루어져왔다. 이 중에서 최근에 활발하게 논의되고 있는 쟁점은 상황주의 사회심리학자들에 의해 제기되어온 덕윤리의 경험적 부적합성 문제이다. 대체로 덕윤리자들은 어떤 사람의 인격(character)이 어떤 상황에서 그 사람이 어떻게 행위하는지를 설명하는 데 결정적으로 유용하다고 주장한다. 그러나 상황주의자들은 사회심리학의 다양한 실험연구들을 제시하면서 덕윤리자들의 인격에 근거한 행위설명(the character-based explanation of behavior)이 경험적으로 입증되지 않는다고 주장한다. 그들은 사람들의 인격보다 사람들이 처한 상황이 행위결정을 설명하는 더 강력한 요소라고 반박한다.

어떤 윤리이론의 경험적 부적합성을 보이는 것이 곧바로 그 이론의 규범적 부적합성을 보이는 것은 아니다. 덕윤리가 전제하는 심리학이 상황주의 사회심리학(situationist social psychology)[1]의 경험연구들에 부합하지 못한다 해도 이 점이 덕윤리의 규범적 정당성을 전적으로 부인하는 증거가 되지는 않을 것이다. 그러나 덕윤리의 규범적 주장이 경험적 영역에 부합하지 못하면 못할수록 덕윤리는 실천적 차원에서 설득력을 점점 더 잃게 될 것이라는 점에서 상황주의자들의 주장은 덕윤리자들에게 있어서 곤란한 문제가 아닐 수 없다. 더군다나 여타의 윤리이론들보다 윤리적인 삶의 실제를 좀 더 적극적으로 반영하고자 하는 덕윤리적 입장에서 본다면 경험연구 결과들에 근거하여 덕윤리의 인격개념을 부인하는 상황주의자들의 주장은 상대적으로 더 심각한 도전이 된다.

덕윤리자들은 상황주의 사회심리학의 도전에 대해 여러 가지 방식으로 대응하는데 이 중에서 유덕한 인격 안의 실천적 지혜(phronesis)를 중시하는 입장이 특히 관심을 끈다. 왜냐하면 이러한 입장은 상황적 요소가 행위결정에 영향을 미친다는 것을 인정하면서 상황주의적 비판으로부터 인격개념을 지켜내고자 하기 때문이다. 따라서 이 장에서는 실천적 지혜를 중시하는 덕개념을 통해 상황주의적 도전에 대응하는 덕윤리적 입장을 비판적으로 검토하고자 한다. 이를 위해 먼저 인격의 존재를 부인하는 상황주의자들의 주장을 살펴볼 것이다. 그리고 이러한 주장에 대해 실천적 지혜를 중시하는 덕윤리자들이 어떻게 대응하는지, 이러한 대응은 얼마나 설득력이 있는지, 이러한 대응의 한계는 무엇인지 등을 고찰할 것이다.

---

1) 성격심리학(personality psychology)과 달리 사회심리학(social psychology)은 "개인의 행동을 사회적 환경에 비추어 연구하고 사회집단의 근거에 깔려 있는 심리적 조건을 연구하는 학문"이다. 서울대학교 교육연구소 편. 2009. 『교육학 용어사전』(서울: 하우동설), p.344. 대표적인 사회심리학 이론인 상황주의(situationism)는 꽤 오래된 주장이지만 도덕철학 영역에서는 인격의 우선성을 특징으로 하는 덕윤리의 부활과 함께 상대적으로 최근에 주목을 끌고 있다.

2. 덕윤리에 대한 상황주의적 비판

전통적으로 덕윤리자들은 덕을 행위자의 내적 상태(inner states)나 인격의 상태(a state of one's character)로 이해한다. 아리스토텔레스는 "감정도 아니고 능력도 아니라면 탁월성은 품성상태라는 것만이 남게 된다"고 말한다.2) 동시대의 덕윤리자들도 덕을 인격의 상태인 인격특질(character traits)로, 예컨대 "인간이 유다이모니아를 위해, 번성하고 잘 살기 위해 필요로 하는 인격특질"3)이나 "근본적으로 칭찬할 만한 인격특질"4)로 정의한다. 그리고 덕윤리자들에게 있어서 일종의 인격특질로서의 덕은 행위를 설명하는 근간이 된다. 행위와 인격특질에 대한 덕윤리자들의 기본 입장은 유덕한 행위자는 올바르게 행위한다는 주장에서 잘 드러난다. 예컨대, 아리스토텔레스에 따르면, "행해진 것들이 정의롭거나 절제 있다고 이야기되는 것은 그것들이 정의로운 사람이나 절제 있는 사람이 행했을 법한 그런 종류의 행위들일 때이다"라고 말한다.5) 동시대의 아리스토텔레스주의자인 허스트하우스(Rosalind Hursthouse) 역시 "행위는 어떤 상황에서 유덕한 행위자가 특질상(즉, 인격 안에서 행위하면서) 할 것인 한, 그때에만 옳다"고 말한다.6) 이처럼 덕윤리자들은 일반적으로 어떤 사람의 인격특질은 그 사람이 어떤 방식으로 행동

---

2) 아리스토텔레스. 2008. 『니코마코스 윤리학』, 이창우 · 김재홍 · 강상진 옮김 (서울: 이제이북스), p.62.

3) Rosalind Hursthouse. 1999. *On Virtue Ethics*(Oxford & New York: Oxford University Press), p.29.

4) 이것은 슬로트(Michael Slote)의 덕개념에 대한 콥(David Copp)과 소벨(David Sobel)의 정의이다. David Copp & David Sobel. 2004. "Morality and Virtue: An Assessment of Some Recent Work in Virtue Ethics." *Ethics* 114, p.518.

5) 아리스토텔레스(2008), p.60.

6) Hursthouse(1999), p.28.

할지를 선택하고 이를 수행하는 데 다른 어떤 요인보다도 중요한 역할을 한다고 믿는다.

그러나 상황주의자들은 다양한 심리학적 실험연구들을 제시하면서 인격특질과 행위가 매우 빈약한 상관관계에 있으며 상황적 요인이 사람들의 행위에 중요한 영향을 미친다고 주장한다. 대표적인 상황주의자인 하만(Gilbert Harman)과 도리스(John M. Doris)의 주장을 중심으로 덕윤리에 대한 상황주의적 비판을 다음과 같이 정리해보자:7)

(1) 인격특질의 핵심은 행위성향(behavioral dispositions)이다.
(2) 덕윤리자들에게 있어서 인격특질은 다양한 상황을 가로질러 일관되고 안정적으로 행위하는 성향이다.
(3) 사회심리학적 실험연구들은 사람들의 행위에 상황을 가로지르는 일관성(consistency)과 안정성(stability)이 결여되어 있음을 보여준다.
(4) 따라서 덕윤리자들이 주장하는 인격특질은 경험적으로 입증되지 않기 때문에 존재하지 않는다.

행위를 관찰하고 인격의 존재 여부를 논할 때 일반적으로 상황주의자들은 (1)처럼 행위성향을 인격특질로서의 덕에서 가장 중요한 부분으로 여긴다. 예컨대 하만은 인격특질이 실천적 지식이나 욕구하는 습관 등

---

7) 하만과 도리스의 주장을 위해서는 다음을 참조: Gilbert Harman. 1999. "Moral Philosophy Meets Social Psychology: Virtue Ethics and the Fundamental Attribution Error." *Proceedings of the Aristotelian Society* Vol. 99 No. 3, pp.315-331; Gilbert Harman. 2003. "No Character or Personality." *Business Ethics Quarterly* Vol. 13 Issue 1, pp.87-94; John M. Doris. 2002. *Lack of Character*(New York: Cambridge University Press); John M. Doris. 1998. "Persons, Situations, and Virtue Ethics." *Nous* 32:4, pp.504-530.

을 포함한다고 보기는 하지만 인격특질을 "특유의 방식으로 행위하는, 상대적으로 장기적인 안정된 성향"이라고 정의함으로써 행위성향을 강조한다.8) 도리스 역시 다른 여러 가지 것들이 관련되어 있기는 하지만 행위성향을 포함한다고 보는 것이 인격특질에 대한 표준적인 철학적 입장이라고 본다.9)

(2)는 덕윤리의 인격특질에 대한 상황주의자들의 이해에 해당하며 (3)은 이러한 인격특질의 경험적 부적합성에 대한 상황주의자들의 입장이다. 하만은 보통 사람들이 일반적으로 가지고 있는 인격특질 개념을 덕윤리자들이 공유하고 있다고 보며, "우리가 사람들이 가지고 있다고 통상적으로 가정하는 인격의 종류와 성격특질(personality traits)에 상응하는 광범위하고 안정된 성향(broad and stable dispositions)을 우리가 가지고 있지 않다는 것을" 경험적 증거들이 지시한다고 주장한다.10) 그리하여 하만은 "사람들의 인격특질이 다르다는 증거는 없으며 사람들의 상황과 상황에 대한 인식이 다르며 그들의 목표, 전략, 공포(neuoses), 낙관 등이 다르다"고 말한다.11) 행위가 실제로 존재하지 않는 인격특질에 기인한다고 가정하고 행위자에게 인격특질을 귀속시켜 행위를 설명하는 것을 하만은 일종의 "근본적인 귀속착오(the funda-mental attribution error)"로 간주한다.12) 덕윤리가 공유하고 있는 통상적인 인격특질 개념을 광범위하고 안정된 성향으로 표현하고 이러한 인

---

8) Harman(1999), p.317.
9) 도리스의 입장을 위해서는 Doris(2002), p.15 참조.
10) Harman(2003), p.92. 여기에서 하만은 인격특질(character traits) 대신 성격특질(personality traits)이라는 표현을 사용한다. 또한 그는 아리스토텔레스적인 덕윤리와 흄적인 덕윤리를 구분하고 자신의 주장을 아리스토텔레스적 덕윤리에 제한한다.
11) Harman(1999), p.330.
12) Harman(1999), p.316.

격특질이 존재하지 않는다고 보는 하만의 주장에서 (2)와 (3)을 확인할 수 있다.

또 다른 상황주의자인 도리스는 덕윤리의 인격특질을 "전체적인 인격특질(global character traits)"로 명명하고 (2)처럼 이러한 인격특질이 일관성과 안정성을 특징으로 한다고 본다.13) 그리고 (3)을 주장할 때 도리스는 상황주의의 명제들을 통해 전체적인 인격특질의 특징들을 부정한다. 즉, 그는 사람들 간의 행동적 차이가 성향적 차이보다는 상황적 차이 때문이라는 상황주의의 명제에 의해 상황을 가로질러 일관되게 행위하는 인격특질을 부정하고, 상황 변화에 따라 행동적 신뢰도가 떨어질 수 있다는 상황주의의 명제에 의해 안정적으로 행위하는 탄탄한 인격특질(robust character traits)을 부정한다.14) 이러한 부정을 통해 도리스는 덕윤리의 전체적인 인격특질은 존재하지 않는다고 주장한다.

상황주의자들이 (3)을 뒷받침하기 위해 가장 빈번하게 제시하는 대표적인 실험연구 결과들로는 다음의 네 가지를 꼽을 수 있다: (가) 정직과 관련하여 특정 유형의 상황 내에서는 행위들 간의 상관성이 매우 높지만 여러 유형의 상황들을 가로지르는 행위들 간의 상관성이 상대적으로 매우 낮다는 것을 보여준 하트숀(H. Hartshorne)과 메이(M. A. May)의

---

13) Doris(2002), p.22. 도리스는 전체적인 인격특질의 특징으로 (2)에서 제시된 일관성과 안정성 이외에도 평가적 통합(evaluative integration)을 제시한다. 한편 덕윤리적 입장을 전체주의(globalism)라고 표현하는 도리스와 달리 로스(Lee Ross)와 니스벳(Richard E. Nisbett)은, 덕윤리적 입장에 제한하지는 않지만, 사람들의 행위를 인격특질에 결부시켜 설명하고 예견하는 입장을 성향주의(dispositionism)라고 표현한다. Lee Ross & Richard E. Nisbett. 1991. *The Person and the Situation: Perspectives of Social Psychology*(New York: McGraw-Hill Publishing Company), p.3.
14) Doris(1998), p.507. 한편 평가적으로 비일관된 성향들이 하나의 성품 안에 함께 있을 수 있다는 상황주의의 명제는 평가적으로 통합된 인격특질에 대한 부정에 해당된다.

실험; (나) 60퍼센트가 넘는 피험자들이 실험자의 요구에 따라 학습자에게 끔직한 전기충격을 마지막 단계까지 가했다는 결과를 통해 사람들이 권위에 강하게 복종한다는 것을 보여준 밀그램(Stanley Milgram)의 실험; (다) 10센트를 발견한 사람들 중 88퍼센트가 남을 돕는 반면 10센트를 발견하지 않은 사람들의 4퍼센트만이 남을 돕는다는 결과를 통해 좋은 기분이 돕는 행위에 영향을 미친다고 보고한 아이센(Alice M. Isen)과 레빈(Paula F. Levin)의 실험; (라) 시간적인 여유가 있는 사람들이 그렇지 않은 사람들보다 남을 돕는 비율이 훨씬 높다는 실험 결과를 통해 종교적 성향보다 시간적 여유라는 상황적 변수가 행위에 더 큰 상관관계가 있다고 보고한 달리(John M. Darley)와 뱃슨(C. Daniel Batson)의 실험.15)

---

15) 이 실험들 중 4절에서 다시 논의되는 두 실험을 좀 더 상세하게 소개해보자. 먼저 밀그램의 권위에 대한 복종실험을 보면 예일대학의 기억학습 연구에 참여한다고 알고 있는 피험자들은 학습자들이 잘못된 대답을 줄 때마다 전기충격을 가하도록 실험자들로부터 요구받았다. 밀그램의 보고에 따르면 전기충격의 강도가 올라갈 때마다 학습자의 고통스러운 울부짖음의 강도도 함께 올라가는 상황에서 60퍼센트가 넘는 피험자들이 계속 충격을 가하라는 실험자들의 요구에 응해 전기충격의 마지막 단계인 450볼트까지 학습자에게 충격을 가했다. 한편 달리와 뱃슨의 실험에서 달리와 뱃슨은 프린스턴신학교 학생들에게 자신의 종교적 입장을 밝히도록 하고 난 후에 성경의 착한 사마리아인 이야기를 읽고 옆 건물로 강연하러 가도록 했다. 그리고 이들이 가는 길에 출입구에서 기침과 신음을 하면서 구부정하게 하고 있는 사람을 만났을 때 이 사람을 돕는지를 관찰했다. 달리와 뱃슨은 학생들의 종교적 목표라는 성향적 변수와 돕느냐 아니냐 간에는 상관성이 발견되지 않았다고 보고했다. 대신 그들은 학생들이 옆 건물로 가는 데 늦었느냐 시간적 여유가 있느냐 하는 상황적 변수가 돕는 행위에 큰 상관관계가 있다고 보고했다. 즉, 그들의 실험은 옆 건물로 가는 데 늦지 않으려면 서둘러야 하는 사람보다 몇 분의 여유가 있는 사람들의 63퍼센트가 도운 반면, 이미 시간적으로 늦은 사람들 중 10퍼센트만이 도왔다는 것을 보여준다. 이러한 실험들의 내용은 다음을 참고하여 정리한 것이다: Maria W. Merritt, John M. Doris, & Gilbert Harman. 2010. "Character." In John M. Doris & the Moral Psychology Research Group

한편 (1)-(4)에서 덕윤리의 인격특질이 존재하지 않는다고 주장할 때 상황주의자들이 인격특질 자체를 부인하는 것은 아니다. 도리스는 전체적인 인격특질 대신 실제로 존재하는 것은 "일시적으로 안정된, 상황특수적인 '지역적(local)'" 인격특질이라고 주장한다.16) 이러한 주장은 '철수는 정직하다'와 같이 우리가 전체적인 인격특질을 가진다고 보는 것은 과도한 귀속이며 '철수는 친구들과 관련된 상황에서 정직하다'와 같이 추가조항을 덧붙이고 지역적인 인격특질을 가진다고 보는 것이 경험적으로 적절하다는 것을 의미한다. 덕윤리자들은 전체적인 인격특질을 주장하지만 사회심리학적 연구 결과는 지역적인 인격특질의 존재를 뒷받침한다는 도리스의 주장은 사회심리학자들에 의해 널리 수락되는 입장인 듯하다. 예컨대 애피아(Kwame Anthony Appiah)는 덕이 전체적인 인격특질이 아님을 상황주의는 보여주며, "비록 우리가 속속들이 동정적이거나 정직하지 않다 해도 동정의 개개 경우와 정직의 개개 경우가 우리 삶을 더 낫게 만든다"는 점, 그리고 "장난기 많은 사람 안의 심각한 사람, 화난 사람 안의 인내하는 사람"을 인식해야 한다는 점을 지적한다.17) 근본적인 귀속착오를 지적하는 하만 역시 보통 사람들과 덕윤리자들이 염두에 두고 있는 광범위하고 안정된 인격특질은 존재하지 않지만 도리스식의 좁은 인격특질은 경험적으로 입증된다고 본다.18) 요

eds., *The Moral Psychology Handbook*(Oxford & New York: Oxford University Press, 2010), pp.356-357; Rachana Kamtekar. 2004. "Situationism and Virtue Ethics on the Content of Our Character." *Ethics* 114, pp.462-466; Surendra Arjoon. 2008. "Reconciling Situational Social Psychology with Virtue Ethics." *International Journal of Management Reviews* Vol. 10 Issue 3, p.223.

16) Doris(1998), p.507.

17) Kwame Anthony Appiah. 2008. *Experiments in Ethics*(Cambridge, MA: Harvard University Press), pp.70-72.

18) 이러한 입장을 위해서는 Harman(2003), p.92 참조.

컨대 상황주의자들은 덕윤리의 인격개념을 다양한 상황에서 안정적으로 일관되게 행위하는 성향으로 이해하고 이러한 인격개념은 실제로 입증되지 않는다고 주장한다. 상황주의자들에게 있어서 인격은 기껏해야 일시적으로 안정된, 상황 특수적인 성향일 뿐이다.

3. 상황주의적 도전에 대한 덕윤리적 대응과 실천적 지혜

앞 절에서 제시된 상황주의자들의 비판에서 (1), (2), (3)은 전제에 해당하는데 이 중에서 (1)과 (2)가 핵심이다. (1)과 (2)가 타당하지 않다면 (2)를 부정하는 (3) 역시 별 의미가 없어지기 때문이다. 따라서 상황주의적 도전에 대응할 때 덕윤리자들, 특히 실천적 지혜를 중시하는 덕윤리자들[19]이 (1)과 (2)에 대해 어떤 입장을 취하는지 살펴보자. 덕윤리자들에게 있어서 덕을 소유한다는 것은 (어떤 종류의 인격을 가진) 어떤 종류의 사람이 되는 문제이며 "인격특질을 귀속시키는 것은 행동과 마음상태의 전반적인 복합체에 라벨을 붙이고 어떤 질서를 부과하려고 하는 것"이다.[20] 아리스토텔레스가 덕을 "합리적 선택과 결부된 품성상태"이며,[21] "행위와 감정(pathos)에 관계하는 것"으로[22] 설명한 것에서 알 수 있듯이, 전통적인 덕윤리적 관점에서 인격특질로서의 덕은 한 사람의 행위뿐만 아니라 사고와 감정에도 작용하는 총체적 개념이다. 덕의 인격특질을 일종의 성향으로 본다면, 그것은 단지 행위성향에 불과

---

19) 세부적인 입장들은 다르지만 캄트카(Rachana Kamtekar), 아네스(Julia Annas), 아르준(Surendra Arjoon) 등이 상황주의적 도전에 대응할 때 실천적 지혜에 특히 주목하는 대표적인 학자들이다.

20) Gabriele Taylor. 1996. "Deadly Vices?" In Roger Crisp ed., *How Should One Live: Essays on the Virtues*(Oxford: Clarendon Press, 1996), p.162.

21) 아리스토텔레스(2008), p.66.

22) 아리스토텔레스(2008), p.56.

한 것이 아니라 "상황에 적합하게 반응하는— 판단, 감정, 그리고 행위에 있어서의— 성향"인 셈이다.23) 따라서 (1)처럼 인격특질을 행위성향 위주로 정의하는 것은 덕윤리적인 인격개념과 거리가 먼, 편협한 접근이다. 이러한 접근은 인격특질의 존재 여부를 확인하는 방법에 영향을 미친다는 점에서 곤란한 문제가 된다. 덕의 인격특질이 판단, 감정, 행위에 관련된다는 것은 유덕한 인격을 확인할 때 행위자가 어떻게 행위하느냐 뿐만 아니라 어떤 숙고과정을 거쳐 어떤 행위를 위한 이유를 가지고 있는지, 그리고 어떤 동기에서 행위하는지도 고려해야 한다는 것을 의미한다. 그렇다면 상황주의자들처럼 행위의 관찰에 근거하여 인격의 존재 여부를 주장하는 것은 적절하지 못한 접근이다. 행위를 관찰하는 것으로는 숙고과정이나 행위를 위한 이유와 동기 등을 제대로 파악하지 못할 가능성이 있기 때문이다. "유덕한 성향은 합리적인 고려들에 반응하여 특정 방식으로 행위하고 느끼는 성향"임에도 불구하고,24) 상황주의 심리학이 테스트하는 인격특질은 "스테레오타입한 방식으로 행동하는 성향, 사람들이 어떻게 추론하는지로부터 고립된 성향"이라는25) 지적은 이러한 가능성을 잘 보여준다. 그리하여 베서-존스(Lorraine Besser-Jones)는 인격이 행위성향보다 더 많은 것들 속에 존재한다는 점을 인식한다면 "하만과 도리스가 사람들이 인격을 결여한다는 결론에 도달한 유일한 이유는 그들이 인격에 대한 잘못된 설명을 가지고 작업하기 때문이라는 점을 알게 된다"고 주장한다.26)

---

23) Kamtekar(2004), p.477.
24) Kamtekar(2004), p.479.
25) Kamtekar(2004), p.460.
26) Lorraine Besser-Jones. 2008. "Social Psychology, Moral Character, and Moral Fallibility." *Philosophy and Phenomenological Research* Vol. LXXVI No. 2, p.324.

한편 판단, 감정, 행위를 아우르는 총체적인 덕개념에서 실천적 지혜의 역할에 주목하는 것은 (1)과 함께 상황주의자들의 또 다른 주장인 (2)의 문제점을 파악하는 데 효과적이다. 행위성향에 초점을 맞추어 인격을 이해하는 상황주의 사회심리학자들은 인격을 숙고 없이 행위하는 습관 정도로 간주하는 경향이 있다. 그러나 실천적 지혜는 "인간적인 좋음에 관계하며, 숙고가 가능한 것에 관계"하기 때문에,[27] 실천적 지혜를 가진 유덕한 사람은 행위에 의해 성취될 수 있는 최선의 것이 무엇인지 숙고한 후에 올바른 것을 선택하여 행위한다. 전통적인 덕윤리적 관점에서 볼 때 유덕한 사람이 되는 데 습관이 중요하기는 하지만 유덕한 사람은 습관을 거쳐 실천적 지혜를 획득한 사람이기 때문에 그의 행위는 더 이상 습관이 아니다. 아네스(Julia Annas)는 "우리가 덕을 개발하면 할수록 단순한 습관은 덜 중요하게 되고 우리가 직면하게 될 새롭고 혁신적인 종류의 상황에 대해 추론하는 우리의 능력은 점점 더 복잡하고 유연하게 된다"고 말한다.[28] 유덕한 사람은 습관적으로 행위하는 것이 아니라 습관을 통해 덕을 개발함에 따라 실천적 지혜를 가지

---

27) 아리스토텔레스(2008), p.216.

28) Julia Annas. 2005. "Comments on John Doris's Lack of Character." *Philosophy and Phenomenological Research* Vol. LXXI No. 3, p.637. 아네스의 주장은 덕과 습관에 대한 아리스토텔레스의 입장을 잘 보여준다. 아리스토텔레스가 덕의 획득을 위해 중시하는 습관화는 행동주의 심리학의 조건화로 이해되어서는 안 된다. 어떤 유형의 행위를 반복적으로 수행하도록 한다는 점에서 행동주의 심리학의 조건화와 공통점이 있지만 아리스토텔레스가 중시하는 습관화는 반성과 비판, 검토를 포함하는 습관화이다. 아리스토텔레스에게 있어서 행위자는 습관화의 과정을 통해 덕을 획득하기 시작하지만 행위의 단순한 반복을 넘어서서 적절한 감정계발과 실천적 지혜의 획득을 추구한다. 그리하여 행위자가 이러한 습관화를 통해 실천적 지혜를 획득해가고 유덕한 감정을 계발해감에 따라, 예컨대 행위자가 무엇이 정직한 행위인지 배우게 되고 정직한 행위를 하는 데서 기쁨을 느끼게 되어감에 따라 점차 그의 습관적인 행동은 유덕한 행동으로 바뀌어간다.

고 숙고한 후에 행위한다.

유덕한 사람이 실천적 지혜를 통해 숙고하여 행위한다는 점은 상황주의적 주장 (2), 즉 덕의 인격특질은 일관되고 안정된 행위성향이라는 주장과 관련하여 두 가지의 중요한 의미를 가진다. 먼저 실천적 지혜를 통한 숙고는 유덕한 사람이 여러 상황에서 올바르게 행위할 때 상황을 고려하여 행위한다는 것을 보여준다. 아리스토텔레스는 "실천 혹은 행위(praxis)는 개별적인 것들에 관련하기 때문"에 실천적 지혜는 "보편적인 것에만 관계하는 것이 아니라 개별적인 것들까지도 알아야만" 한다고 말한다.29) 실천적인 지혜가 개별적인 것들에 관계한다는 것은 실천적 지혜가 "도덕적으로 그리고 기술적으로 적절한 상황적 특징들을 인식하고 그것들을 효과적으로 다루는 능력"임을 의미한다.30) 즉, 실천적 지혜를 가진 유덕한 사람은 상황적 요인들을 잘 파악해서 상황에 적합한 올바른 행위를 선택하여 수행하는 사람인 셈이다. 이런 의미에서 덕은 상황을 무시하거나 상황에 둔감하기보다는 상황에 민감하다. 그리고 덕의 상황민감성(the situation-sensitivity of virtue)으로 인해 상황에 따라 올바른 행위가 다를 수 있기 때문에 덕은 단일 궤도의 행위성향(one-track disposition to act)보다는 다중 궤도의 행위성향(a multi-track disposition to act)으로 드러난다.

덕의 상황민감성과 다중 궤도의 행위성향이라는 특징은 덕윤리가 행위의 결정에서 상황변수가 작용한다는 점을 인정하며 상황의 영향력을 포함하는 인격개념을 옹호한다는 것을 보여준다. 실천적 지혜를 중시하는 덕윤리적 입장에서 보면 내적 상태로서의 인격특질이 행위의 결정에서 중요한 역할을 한다고 주장하는 것은 외적 상황에 관계없이 행위가

---

29) 아리스토텔레스(2008), p.216.
30) Arjoon(2008), p.235.

결정된다는 것을 의미하지 않는다. 오히려 외적 상황을 적절하게 반영하는 것은 실천적 지혜를 가진 유덕한 인격특질의 존재를 확인해주는 것이 된다.[31] 그렇다면 덕의 인격특질이 가진 일관성과 안정성은 외적 상황에 관계없이 특정의 행위를 하는 것을 의미하지 않는다. 덕의 인격특질을 일관되고 안정되게 드러내는 것은 구체적인 상황에 관련된 특징들을 파악하고 고려해서 적절하게 행위하는 것이다.

유덕한 사람이 실천적 지혜를 통해 숙고하여 행위한다는 점이 가지는 또 다른 의미는 덕의 인격특질이 가진 일관성의 내용과 관련된다. 전통적으로 덕윤리의 가장 기본적인 특징은 개별적인 행위가 아니라 행위자, 구체적으로 행위자의 인격과 행위자의 삶 전반에 관심을 갖는다는 점이다. 이러한 특징은 실천적 지혜에도 그대로 나타난다. 실천적 지혜는 "인간 본질이나 인간 삶이 작용하는 방식을 이해하는" 것이며,[32] "하나의 전체로서의 삶의 형태에 대한 숙고의 관점으로부터 무엇이 삶에서 진정으로 가치 있는지에 대한 심사숙고를 뛰어나게 잘하는 능력"이다.[33] 이것은 실천적 지혜를 가진 유덕한 사람이 숙고를 통해 갖게

---

31) 실천적 지혜를 중시할 때 행위의 결정에 작용하는 외적 상황의 영향을 인정하면서 내적 상태의 역할을 중시할 수 있다. 그리하여 실천적 지혜를 중시하는 것은 어떤 의미에서 덕윤리자들과 상황주의자들 간의 화해 가능성을 제공한다. 실제로 상황적 요인과 내적 인격특질이 모두 행위결정에 영향을 미친다는 것을 인정하는 아르준은 이 둘을 연결 짓는 역할을 실천적 지혜로부터 찾고자 한다. Arjoon(2008), pp.235-237. 또한 플레밍(Diana Fleming)은 "행위는 한 개인과 그녀의 심리적 상황(psychological situation) 간의 상호작용의 산물"이며 "유덕한 행위자는 그녀가 상황을 인식하는 방식에 의해 그녀의 덕을 드러낸다"고 말하면서 상황에 민감한 인격특질 개념을 통해 상호작용주의를 주장한다. Diana Fleming. 2006. "The Character of Virtue: Answering the Situationist Challenge to Virtue Ethics." *Ratio* XIX 1, pp.40-41.

32) Hursthouse(1999), p.190.

33) Maria Weston Merritt. 1999. *Virtue Ethics and the Social Psychology of Character*, A Dissertation Thesis, UMI No. 9966489(University of California,

되는 행위를 위한 이유는 전반적인 삶의 관점에서 확인되는 이유라는 것을 암시한다. 그렇다면 실천적 지혜를 가진 유덕한 인격이 추구하는 일관성은 전반적인 삶의 차원에서 이해되어야 한다.

전반적인 삶의 차원에서 이해되는 덕의 일관성은 상황주의자들이 생각하는 덕의 일관성과는 큰 차이가 있다. 전반적인 삶의 관점에서 성취하고자 하는 목표와 특정 상황에서 성취하고자 하는 목표의 관계에서 이러한 차이를 확인할 수 있다. 특정 상황에서 성취하고자 하는 즉각적인 목표(immediate target)는 특정 상황에서 전반적인 목표(overall goal)를 성공적으로 성취하기 위한 것이다.[34] 즉, 전반적인 목표는 전체로서의 자신의 삶에서 인간적인 좋음을 성취하고자 하는 것이고, 즉각적인 목표는 이를 성취하기 위해 특정 상황에서 덕스럽게 행위하는 것이다. 이렇게 볼 때 두 종류의 성취, 즉 전반적인 목표의 성취와 즉각적인 목표의 성취는 일반적으로 함께 간다. 그러나 현실에서는 이 두 목표가 함께 가지 못하는 경우가 발생할 수 있다. 예컨대, 적절한 추론과정과 유덕한 동기를 따랐음에도 불구하고 인식론적인 실수나 불운한 상황 탓으로 또는 어찌할 수 없는 상태에서 의도하는 결과를 가져오는 데 실패하고 덕스러운 행위를 못하게 될 수 있다. 행위의 일관성을 문제 삼는 상황주의자들에게 있어서 이것은 덕스러운 행위를 하는 데 실패했다는 점에서 덕의 비일관성을 보여주는 경우이다. 그러나 덕의 일관성을 전반적인 삶의 차원에서 이해하는 덕윤리자들은 다른 입장을 취한다. 실천적 지혜를 중심으로 하는 지적인 덕의 구조를 통해 상황주의적 도전에

Berkeley), p.109.

34) 여기에서 전반적인 목표와 즉각적인 목표의 개념은 덕과 성공에 대한 아네스의 논의에서 빌려왔다. 이와 관련해서 Julia Annas. 2003. "The Structure of Virtue." In Michael DePaul & Linda Zagzebski eds., *Intellectual Virtue* (Oxford & New York: Oxford University Press, 2003), p.25 참조.

대응하는 아네스에게서 이러한 입장을 확인할 수 있다. 아네스는 행위에 대한 올바른 관점은 즉각적인 목표라기보다는 전반적인 목표를 성취하는 데 있어서의 성공에 대해 묻는 것이며, "즉각적인 목표가 불가피하게 도달되지 못할 때조차도 적합한 종류의 성공은 전반적인 목표를 성취하는 데 있어서의 성공"이라고 말한다.35) 즉, 앞에서 언급된 것처럼 인식론적인 실수나 불운한 상황 탓에 덕스러운 행위를 하지 못하게 된 예에서 행위자는 유덕한 동기를 가지고 있으며 이러한 동기가 전체적인 그의 삶에 가치 있게 관련되어 있기 때문에 유덕하지 못한 것이 아니다. 전반적인 목표의 성공적 성취를 우선하는 덕윤리적 관점에서 본다면 비록 덕스러운 행위를 하는 데 실패했지만 유덕한 동기와 추론과정을 가졌다는 점에서 그는 비일관되게 행위했다고 말할 수 없는 것이다. 이처럼 행위의 일관성에 대한 상황주의적 관심과 전반적인 목표의 성공에 대한 덕윤리적 관심 간의 차이는 유덕한 인격의 존재를 뒷받침하는 일관성에 대한 입장 차이를 야기한다. 상황주의자들과 달리 실천적 지혜를 중시하는 덕윤리자들에게 있어서 유덕한 인격이 추구하는 일관성은 특정 유형의 행위를 일관되게 수행하는 것이 아니기 때문에 단순히 행동적 비일관성이 덕의 인격특질을 부인하는 결정적 증거가 되지는 못한다.

전반적인 삶의 차원에서 이해되는 덕의 일관성과 상황주의자들이 생각하는 덕의 일관성 간의 차이를 여러 덕들 간의 관계에서 다시 한 번 살펴보자. 상황주의자들은 일관성을 어떤 종류의 인격특질이 관련된 다

---

35) Annas(2003), p.31. 즉각적인 목표를 성취하는 데 실패하는 것과 전반적인 목표를 성취하는 데 성공하는 것이 양립 가능하다고 보는 것은 행위자가 유덕하다고 해도 행위자가 통제하지 못하는, 행위에 영향을 미치는 여러 요소들이 있다는 것을 인정하는 것과 통한다. 그리고 이러한 요소들의 존재가 유덕한 인격특질의 존재를 부인하게 하지는 않는다는 것을 의미한다.

양한 상황들을 가로질러 일관되게 행위하는 것으로, 예컨대 정직이 관련된 다양한 상황들을 가로질러 정직하게 행동하는 것으로 이해한다. 상황주의자들에게 있어서 일관성은 단일특질 차원의 행위일관성인 것이다. 그러나 전반적인 삶의 차원에서 이해되는 일관성은 단일특질 차원의 행위일관성이 아니다. 실천적 지혜는 도덕적인 상황에 어떤 덕이 관련되는지를 파악하고, 도덕적인 상황에 관련된 덕들 간의 갈등을 해결해서 도덕적인 상황에서 요구되는 덕을 어떻게 행위로 옮길지를 결정하는 데 필수적인 역할을 한다.36) 예컨대 실천적 지혜를 통해 유덕한 행위자는 자신이 직면한 상황이 정직과 친절을 요구한다는 것을 파악하고, 정직과 친절이 갈등하는 상황에서 정직한 것이 올바르다는 것을 인식하고, 정직하게 행동하려면 거짓말해서는 안 된다고 결정한다. 이처럼 실천적 지혜는 전반적인 목표를 성공적으로 성취하기 위해 구체적인 상황에서 여러 덕들 중 어떤 덕들이 개발되고 어떤 덕들이 규제되는지, 그리고 어떤 덕이 개발될 때 다른 어떤 덕들이 작용하는지를 결정한다. 이것은 아리스토텔레스가 "실천적 지혜 하나만 갖추게 되면, 모든 탁월성들 또한 가지게" 된다고 말한 것처럼,37) 실천적 지혜가 특정의 덕에 관련된 것이 아니라 덕의 통일성을 함축한다는 것을 의미한다.

따라서 실천적 지혜를 지닌 유덕한 인격이 보여주는 일관성은 단일특질 차원의 행위일관성과는 거리가 있다. 어떤 상황에서 특정 특질에 적합하게, 즉 특정 특질을 보여주는 행위를 일관되게 수행하는 것이 덕의 인격특질이 추구하는 바가 아니다. 오히려 유덕한 인격은 여러 덕들을 통일적으로 아우르는 차원에서 무엇이 올바른지를 선택한다. 그렇다면

---

36) 실천적 지혜가 도덕적 상황에서 하는 이러한 역할에 대한 상세 설명을 위해서는 Barry Schwartz & Kenneth E. Sharpe. 2007. "Practical Wisdom: Aristotle Meets Positive Psychology." *Journal of Happiness Studies* 7, p.381 참조.

37) 아리스토텔레스(2008), p.232.

단일특질 차원에서 보면 올바르지 못한 것으로 보이는 행위가 관련된 여러 덕들을 아우르는 차원에서 보면 올바른 것으로 간주될 수 있다. 상황주의자들이 비일관된 것으로 보는 행위가 덕윤리자들에게는 그렇지 않을 수 있는 것이다. 실천적 지혜를 중시하는 덕윤리자들은 특정 유형의 행위를 하는 데 실패하거나 단일특질 차원에서 비일관된 행위를 한다 해도 유덕한 인격특질의 부재를 뒷받침하지 않을 수 있다고 본다. 결국 실천적 지혜를 중시하는 덕윤리자들이 볼 때 행동적 비일관성을 통해 인격의 존재를 부정하는 상황주의자들의 비판은 덕윤리에 결정적인 타격이 되지 않는다. 상황주의자들은 유덕한 행위자가 지닌 실천적 지혜를 제대로 파악하지 못함으로써 유덕한 인격특질의 속성을 잘못 파악하기 때문이다.

4. 실천적 지혜를 통한 대응의 한계

실천적 지혜를 중시하는 덕윤리자들은 상황주의자들의 주장 (1)과 (2)가 덕윤리에 대한 잘못된 이해에서 비롯된 것이라고 주장함으로써 (3)과 (4)를 거부한다. 덕윤리적 맥락에서 나름 설득력 있는 이러한 대응을 비판적인 관점에서 좀 더 들여다보자. 앞 절에서 논의한 바에 따르면 실천적 지혜를 통한 올바른 선택은 특정 행위나 특정 특질에 초점을 두고 일관되게 행위하는 것이 아니라, 구체적인 상황에 관련된 특징들을 파악하고 고려하여 전반적인 삶의 관점에서 좋음을 추구하는 것이다. 덕윤리자들이 제시하는 다음의 두 예는 이러한 선택이 구체적으로 어떤 것인지를 보여준다:

만일 어떤 사람이 친한 동료들을 돕는 것이 (칭찬, 되돌아오는 친절 등에 의해) 이득을 가져오는 반면, 낯선 사람들을 돕는 것이 (압도적인 책임감, 두려움, 다음에 무엇을 해야 하는지에 대한 불확실성, 친한 동료들에 의해 기피되는 것 등에 의해) 큰 비용을 가져온다는 것을 알게 된다면, 그 사람이 친한 동료들을 돕는 것으로 행위를 제한하는 것은 (비록 칭찬할 만하지는 않지만) 확실히 이해할 만하다.[38]

꽤 부유하지만 부양해야 할 대가족이 있거나 혹은 상대적으로 가난해서 좀 더 부유한 친구에게 사치스러운 크리스마스 선물을 주지 않을 때 나는 인색하거나 관대하지 않다고 간주되지 않는다. 사람들이 나를 이용하도록 하는 것을 거절할 때 나는 인색하거나 관대하지 않다고 간주되지 않는다; 관대함은 내게 게을러빠지기만 한 사람을 지원해서 돕도록 요구하지 않으며 낭비벽이 있는 사람의 방종에 비용을 대라고 요구하지 않는다. 덕은 몇몇 악덕이나 실패들과 대조될 수 있고 관대함은 인색함이나 이기심과 대조될 뿐만 아니라 낭비하는, 너무 너그러운 사람이 되는 것과도 대조된다.[39]

두 예는 관대한 사람이 모든 경우에 관대하게 행동하는 것이 아니라 그가 처한 상황에 따라 관대하지 않은 행동을 하기도 한다는 점을 보여준다. 그리고 이러한 행동에 대해 이해할 만하다는 평가나 관대하지 않다고 보지 않는다는 평가를 제시한다. 이것은 문제의 행동이 일관되고 안정적으로 인격특질을 보여준다고 평가하는 것이다.

실천적 지혜를 가진 올바른 선택에 대한 이러한 설명을 2절에서 소개한 상황주의 사회심리학의 실험연구, 즉 시간에 쫓기는 상황에서 도움을 필요로 하는 사람을 만났을 때의 행동을 다루는 달리와 뱃슨의 실험에 적용해보자. 인용된 두 예에 유추해서 본다면, 시간적인 여유가 없을 때 조금만 돕거나 바쁠 때 돕지 않는다 해도 그 행위는 이해할 수 있다

---

38) Kamtekar(2004), p.484.
39) Hursthouse(1999), pp.12-13.

고 혹은 나쁘지 않다고 평가될 수 있다. 사실 이러한 평가는 덕을 실제적으로 이해해서 출발점 개념으로 보고 덕의 정도를 인정하는 접근과 밀접하게 관련되어 있다. 덕을 실제적 차원에서 이해하면 상황이 어려울 때나 혹은 그 밖의 여러 이유로 인해 유덕한 행위자가 도덕적으로 행동하지 못하거나 실수를 해도 그를 유덕하지 못하다고 보지 않는다. 덕을 확률적 개념으로 이해하는 애덤스(Robert Merrihew Adams)에게서 덕에 대한 이와 같은 실제적 접근을 발견한다. 애덤스는 '그는 폭력적인 사람인가?'의 물음이 " '그는 늘 폭력적으로 행위하는가?'를 의미하지 않는다"고 보고 행위성향으로서의 덕을 확실성 대신 "적절한 행위의 유의미한 확률"로 이해할 필요가 있다고 주장한다.40) 스완턴(Christine Swanton) 역시 덕스럽다고 여겨지는 상태, 즉 행위자의 칭찬할 만함이나 유용함은 출발점 개념이라고 보며 덕을 실제적 차원에서 이해한다. 스완턴은 "상당한 정도의 악, 빈곤, 그리고 빈번한 재난에 의해 특징지어지는 세상에서 이상적 상태보다 덜한 것이 유덕한 것으로 여겨질 수 있으며" 출발점 개념의 관점에서 볼 때 "덕을 위한 기준은 맥락에 상대적"이라고 말한다.41)

덕에 대한 실제적 접근이 가지는 의미를 앞서 소개한 밀그램의 실험을 가지고 다시 한 번 들여다보자. 관대하고 친절한 사람으로 인정받아온 철수가 밀그램의 실험에 참여한다고 했을 때 그가 취하게 될 가능한 반응들을 다음과 같이 가정해보자:

A: 학습자의 고통스러운 첫 비명을 듣자마자 전기충격을 그만둔다.

---

40) Robert Merrihew Adams. 2006. *A Theory of Virtue*(Oxford: Clarendon Press), p.124.

41) Christine Swanton. 2005. *Virtue Ethics*(Oxford & New York: Oxford University Press), p.25.

B: 120볼트의 전기충격을 받은 학습자가 소름 끼치는 비명을 지르자 전기충격을 그만둔다.

C: 300볼트의 전기충격에 학습자가 고통을 계속 호소하자 전기충격을 그만둔다.

D: 마지막 단계의 직전 단계인 435볼트의 전기충격을 가한 후 학습자가 지르는 끔직한 비명을 듣고 그가 도저히 더는 견딜 수 없을 거라고 여겨 전기충격을 그만둔다.

E: 계속되는 전기충격으로 학습자가 견디기 힘든 정도의 고통을 계속 호소하자 실험자에게 그만두어야 한다고 반복해서 말했지만 영구적인 조직 손상은 없을 거라는 실험자의 말에 결국 마지막 단계인 450볼트의 전기충격까지 가하고 만다.

이 실험은 권위에의 복종을 강하게 요구하는 상황, 즉 도덕적으로 행동하기 어렵게 만드는 강한 유혹이나 심각한 방해가 있는 상황을 다룬다. 그렇다면 실천적 지혜를 가진 유덕한 사람으로서 철수는 이러한 상황을 반영하여 적절한 행동을 선택하게 될 것이다. 그리고 실천적 지혜를 통한 올바른 선택에 대한 앞의 두 예가 보여주는 것처럼 그는 이 상황에서 유혹이나 방해가 없는 여타의 상황과 비교해서 덜 도덕적인 행동을 선택하더라도 악덕하지 않다고 혹은 이해할 만하다고 여겨질 것이다. 그렇다면 전기충격을 전혀 가하지 않는 것뿐만 아니라 A도 유덕한 인격을 가진 철수의 선택일 수 있을 것이다. 그러나 만일 A가 철수의 선택이라면 B는 철수의 선택일 수 없는가? 강한 권위를 가진 실험자가 학습자에게 영구적인 조직 손상은 없을 것이며 매우 중요한 실험이라고 말하면서 계속할 것을 요구하는 상황에서 철수는 B를 선택하게 될 수도 있다. 이때 우리는 B가 철수의 선택이라면 C는 철수의 선택일 수 없는지 다시 한 번 의구심을 갖게 된다. 이러한 의구심은 이 상황과 관련하여 다음과 같은 의문들을 야기한다. 상황적 특성이 전기충격을 전혀 가하지 않는 것을 어렵게 한다면 어느 정도에서 전기충격을 멈추어야 잘못한 것이 아니게 되는가; 끝까지 고문을 가하지 않고 초기 단계이건 중간 단계이건 혹은 마지막 직전 단계이건 고통의 호소에 반응하여 그 만두면 적절하게 행동한 것이며 따라서 A-D는 모두 적절하게 행동한 것인가; A-D 중에서 어떤 것은 적절하게 그리고 어떤 것은 적절하지 못하게 행동한 것인지 구분할 기준이 있는가; E처럼 끝까지 하긴 했지만 하고 난 후에 자신의 행위를 후회한다면 의도적으로 잘못 행동한 것이 아니라고 할 수 있는가?

　실천적 지혜를 중시하는 덕윤리자들은 이러한 의문들에 대해 어떤 대답을 줄 수 있을까? 어떤 상황에서의 올바름이나 적절함은 어느 정도를 말하는가에 대해 허스트하우스는 "많은 경우에 '올바른 양'은 '내가 여유가 되는 양' 혹은 '그 밖의 다른 사람에게서 빼앗지 않으면서 내가 줄 수 있는 양' "이라고 말한다.42) 그러나 이러한 설명은 올바름이나 적절함의 기준을 제시하기에는 너무 빈약하고 애매하다. 내가 줄 수 있는 양이나 내가 여유가 되는 양이라는 것이 개개인의 생각이나 상태에 따라 그리고 처한 상황에 따라 다양할 것이기 때문이다. 밀그램의 실험에서 생기는 의문들은 구체적인 상황의 관련된 특징들을 반영한 올바른 행위라는 것이 올바름이나 적절함에 대해 분명한 기준을 갖고 있지 못하다는 것을 보여준다. 그리고 실천적 지혜를 통한 올바른 선택이 지닌 이러한 애매함은 행위에 대한 잘못된 평가를 야기함으로써 심각한 문제가 된다. 예컨대 그것은 유덕한 행위자가 상황을 반영하는 것과 유덕하지 못한 행위자가 상황에 굴복하는 것을 구분하지 못하고 후자를 전자로 잘못 평가하게 할 수 있다. 달리와 뱃슨의 실험에서 시간에 쫓겨서 어쩔

---

42) Hursthouse(1999), p.12.

수 없이 어떤 도움도 주지 못한 경우와 시간에 쫓기기는 하지만 도울 수 있음에도 불구하고 시간에 쫓긴다는 핑계로 돕지 않은 경우를 명확하게 구분하지 못하고, 후자의 경우에 행위자를 악덕하지 않았다거나 이해할 만하다고 평가할 가능성이 있다. 또 밀그램의 실험에서 그만둘 수 있음에도 불구하고 학습자에게 계속 전기충격을 가한 경우를, 복종을 요구하는 강한 권위가 있는 상황에서 어쩔 수 없는 선택이었으므로 악덕하지 않다거나 이해할 만하다고 평가할 수도 있다. 이러한 평가들은 사실 우리의 상식과 직관에 위배될 뿐만 아니라 우리 같은 인간을 점점 더 도덕적이지 못하게 만들 수 있다는 점에서 심각한 문제가 아닐 수 없다.43) 달리와 뱃슨의 실험처럼 선행을 할 것인가 말 것인가의 상황보다 밀그램의 실험처럼 악행을 할 것인가 말 것인가의 상황에서 이러한 평가의 심각성은 훨씬 더 분명하게 드러난다.

실천적 지혜를 통한 선택의 애매함이 야기하는 도덕평가의 문제는 바로 실천적 지혜가 행위의 결정에 작용하는 내적 요인과 상황적 요인을 제대로 구별하지 못하고 이 두 요인이 각각 어떻게 작용하는지를 제대로 파악하지 못할 가능성이 있음을 보여준다. 즉, 행위자가 유덕한지 아닌지, 행위자의 유덕함이 행위의 결정에 어떻게 작용하는지, 상황적 요인이 행위자에게 어떤 영향을 미치는지 등을 명확하게 가려내지 못할 수도 있음을 보여준다. 이것은 실천적 지혜의 두 가지 특징, 즉 전반적

---

43) 이러한 평가가 우리 같은 인간에게 왜 심각한 문제가 되는지와 관련하여 먼저 소위 말하는 미끄러운 경사길 논증을 고려하지 않을 수 없다. 아르준은 "보통의 많은 사람들이 자제하는 인격과 의지박약한 인격 사이에서, 선한 행위의 수행과 나쁜 행위의 수행 사이에서 갈팡질팡"하고 욕구나 감정을 철저하게 통제하지 못하기 때문에 "비합리적인 의지로부터의 압력이 행위자들이 옳다고 믿는 것에 반대되는 행위를 수행하는 비탈로 그들을 '끌어'내린다"고 말한다. Arjoon(2008), p.229. 여기에 실천적 지혜를 통한 선택의 애매함으로 말미암아 우리는 우리 인격의 결함을 상황 탓으로 돌리고 불가피한 것으로 간주함으로써 암암리에 자기기만이나 자기합리화를 범할 수 있다.

인 삶의 차원에서의 일관성과 상황민감성이 행위를 위한 숙고에서 어떻게 작용하는지를 명쾌하게 규명하기 어렵다는 점에서 비롯되는 면이 크다. 아리스토텔레스주의적인 덕윤리에서 실천적 지혜는 올바른 결정으로 이끄는 지적 탁월함이지만, 조직화되거나 합리적 절차나 과정으로 설명되기 어려운 것으로 간주되기 때문이다. 결국 실천적 지혜는 행위의 결정에서 인격특질과 상황의 작용을 적절하게 조화시킨다고 기대되지만, 실천적 지혜를 통한 선택이 지닌 애매함으로 인해 오히려 두 요인의 작용을 제대로 파악하지 못할 수도 있다. 실천적 지혜를 통해 상황주의적 도전에 대응하는 접근은 인격특질을 구해내는 대신 행위결정을 잘못 설명하는 대가를 치를 위험성이 있다.

한편 덕을 실제적 차원이 아니라 이상적 차원에서 이해한다면, 실천적 지혜에서 비롯되는 상황의 반영과 상황의 굴복 간의 애매함이 발생하지 않을 수 있다. 왜냐하면 이상적 차원에서 볼 때 실천적 지혜를 가진 유덕한 사람은 도덕적으로 행동하기 어렵게 만드는 유혹이나 방해가 있는 상황에서도 그렇지 않은 상황에서와 마찬가지로 선택하고 행위할 것이기 때문이다. 만일 그렇게 행동하지 못한다면 그는 아직 덕을 제대로 갖추지 못했기 때문일 것이다.44) 그러나 이상적 차원의 덕개념에 근

---

44) 아리스토텔레스적인 덕윤리에서 실천적 지혜는 동기적 자기충족성(motivational self-sufficiency)을 가지기 때문에 올바른 선택과 선택에 따른 수행을 수반하는 개념이다. 이상적 덕개념은 실천적 지혜의 동기적 자기충족성을 잘 보여준다. 실천적 지혜를 포함하는 덕개념의 동기적 자기충족성은 최근의 상황주의 논의에서 중요한 주제로 부각되고 있다. 예컨대 메리트(Maria Weston Merritt)는 상황주의가 덕개념 자체라기보다는 동기적 자기충족성을 가진 덕개념에 대한 도전이 된다고 본다. 메리트의 주장을 위해서는 Maria Weston Merritt. 2000. "Virtue Ethics and Situationist Personality Psychology." *Ethical Theory and Moral Practice* Vol. 3 No. 4, pp.365-383 참조. 동기에 주목하여 상황주의를 논의하는 또 다른 입장으로는 Besser-Jones(2008), pp.310-332 참조.

거하여 실천적 지혜를 파악하면 실천적 지혜는 도달하기 너무 어려운 것이 되고 만다. 덕을 이상적 차원에서 이해하는 카월(Jason Kawall)은 실천적 지혜를 가진 유덕한 행위자의 판단을 "완전하게 정보가 주어진 손상되지 않은 유덕한 관찰자의 판단"으로 설명한다.45) 그러나 구체적인 상황에 관련된 적절한 모든 정보를 가질 정도의 실천적 지혜를 갖기란 현실적으로 거의 불가능하다. 설상가상 사회심리학자들은 실제 삶에서 실천적 지혜가 우리의 인지과정에 결정적이거나 절대적이지 못하며 우리의 행위에 제대로 작동하지 못한다고 주장한다. 예컨대 메리트(Maria Weston Merritt) 등은 사람들이 "자신들의 행위에 위배되는 규범을 시인한다는 것을 자주 보여주는" 도덕적 분열(moral dissociation)의 현상이 일상적으로 심지어 선하고 총명한 사람들 사이에서도 많이 발생한다고 지적한다.46) 메리트 등에 따르면, 이러한 현상은 도덕적 부조화, 즉 행위자가 숙고했더라면 시인하지 않았을 인지과정에 의해 행위가 영향을 받게 되는 것에서 발생하며, 이때의 도덕적 부조화는 주로 "인지적이고 동기적인 과정들이 의도적인 방향 없이 진행되는" 인지과정의 자동성과 행위를 억제하거나 잘못된 방향으로 이끄는 "타인지향적 관심"에 기인한다.47) 요컨대 우리는 별 생각 없이 그리고 다른 사람들이 생각하거나 요구하는 대로 행동함으로써 만약 심사숙고했더라면

---

45) Jason Kawall. 2002. "Virtue Theory and Ideal Observers." *Philosophical Studies* Vol. 109, p.215. 여기에서 손상되지 않은 관찰자는 상황에 파묻히지 않으면서 잘 자리 잡고 있는 관찰자를 의미한다.

46) Merritt et al.(2010), p.363. 예컨대 밀그램 실험 역시 도덕적 분열현상을 보여준다. 실험에서 3분의 2가 넘는 사람들이 끝까지 전기충격을 멈추지 않았지만 실험의 사전조사에 참여한 대부분의 사람들은 결코 충격을 가하지 않을 것이라고 응답했으며 병적인 사디스트가 아닌 한 비명을 지를 때 높아봤자 150볼트에서 멈출 것이라고 응답했다. 로렌 슬레이터. 2008.『스키너의 심리상자 열기』, 조증열 옮김(서울: 에코의 서재), pp.61-62.

47) Merritt et al.(2010), p.371.

하지 않았을 그런 행위를 자주 한다는 것이다.

한편 사비니(John Sabini)와 실버(Maury Silver)는 타인지향적 관심이 어떻게 행위에 연결되는지를 당혹감에 대한 두려움으로 설명한다. 이들은 "다른 사람들의 판단이라고 생각하는 것과 반대되는 자신의 판단에 의해 행동해야 하는 상황에 직면할 때 사람들은 당혹감을 갖게 되고", 이러한 당혹감의 예상과 두려움에 의해 행위가 억제된다고 말한다.48) 이들이 말하고자 하는 바는 세상에 대한 사람들의 이해는 다른 사람들이 세상을 어떻게 인식하는지에 의해 강하게 영향을 받는다는 것이다. 이 밖에도 우리가 실천적 지혜를 가지고 숙고하여 선택하는 것을 어렵게 하는 요인들이 더 있다. 슈바르츠(Barry Schwartz)와 샤프(Kenneth E. Sharpe)는 현대사회에서 실천적 지혜의 획득을 더더욱 어렵게 만드는 것으로 이윤추구라는 시장의 압력의 증가와 관료화의 증가라는 두 추세를 꼽는다.49) 여기에 현대사회의 삶 전반에 깊숙이 침투한 정보화도 실천적 지혜의 획득을 어렵게 만드는 요인이 되고 있다.

덕을 이상적 차원에서 이해할 때 실천적 지혜의 애매함으로 인한 문제는 발생하지 않을 수 있다. 그러나 실천적 지혜를 가진 사람이 매우 드물게 된다는 점에서 덕을 이상적 차원에서 이해하는 것은 덕윤리자들을 당혹스럽게 하는 여러 문제들을 야기한다.50) 먼저 덕의 행위지침력

---

48) John Sabini & Maury Silver. 2005. "Lack of Character? Situationism Critiqued." *Ethics* 115, p.559.

49) 이에 대한 상세한 설명을 위해서는 Schwartz & Sharpe(2007), pp.390-391 참조.

50) 아리스토텔레스는 "탁월성을 획득하는 데 아주 불구이지 않은 사람이라면 누구나 어떤 종류의 배움과 노력을 통해 행복을 성취할 수 있"다고 말한다. 아리스토텔레스(2008), 1099b18-19, p.36. 한편 그는 "자제력 있음은 대부분 사람들의 품성상태를 넘어서는 것에 관계"하며 "자제력 있는 사람은 대부분의 사람들이 할 수 있는 것 이상으로 견"딘다고 말한다. 아리스토텔레스(2008), 1152a25-26, p.264. 자제력 있는 사람이 이러하다면 절제하는 사람은 훨씬 더

을 보자. 덕윤리자들은 무엇을 해야 할지에 대해 유덕한 사람이 할 법한 행위를 하라고 말한다. 그러나 이상적 덕개념 하에서 대다수의 사람들은 인격적 결함(character defect)을 가진 존재가 되고 만다. 유덕한 사람이 거의 없다면 우리는 유덕한 사람이 어떤 사람인지 그리고 유덕한 사람이 할 법한 행위가 무엇인지 알기 어렵고 결국 행위지침을 얻기가 매우 어렵게 될 것이다. 또한 대부분의 사람들은 유덕한 사람이 되기 힘들다면 왜 굳이 유덕한 사람이 할 행위를 해야 하는가 하는 의구심을 갖게 될 것이다. 애피아는 "유덕하게 될 수 없다면 유덕한 사람이 할 바를 하는 것의 취지가 무엇인가?"라고 물으면서 "가치 있는 삶을 누릴 수 없다는 전망은 규범윤리를 동기적으로 부적절하게 만든다"고 지적한다.51) 도달할 수 없다는 사실은 유덕하게 행위하려는 동기의 유발을 가로막을 수 있다.

실천적 지혜를 가진 유덕한 사람을 이상적 차원에서 이해하는 것은 행위지침과 동기유발의 차원에서 문제를 야기할 뿐만 아니라 "덕에 대한 발달적이고 설명적인 호소"라는 덕윤리의 매력을 불분명하게 만들고 만다.52) "어린 시절부터 죽 이렇게 습관을 들였는지, 혹은 저렇게 습관을 들였는지"가 모든 차이를 만든다는 말에서 드러나는 것처럼, 아리스토텔레스에게 있어서 우리는 습관화라는 교육을 통해 유덕한 사람으로 발달해간다.53) 또한 "탁월성이 무엇인지 알기 위해서 탐구하는 것이 아니라 좋은 사람이 되기 위해서 탐구하는 것"이라는 아리스토텔레스

드물 것이다. 결국 아리스토텔레스는 누구나 덕을 획득해서 행복하게 될 수 있다고 보는 한편 대부분의 사람들이 덕을 얻지 못한다고 봄으로써 덕의 획득과 관련해서 다소 애매한 입장을 취하고 있는 듯하다.

51) Appiah(2008), p.48.
52) Doris(1998), p.512.
53) 아리스토텔레스(2008), p.53.

의 말처럼 전통적으로 덕윤리는 이론이 아니라 실제를 위한 것이다.54) 그러나 이상적인 덕개념은 덕을 대다수의 사람들이 획득하지 못하는 것으로 만들고 실제적 지침보다는 규범적 이상을 제시함으로써 덕윤리의 이러한 특징들을 훼손시킨다. 지금까지 논의한 바와 같이 유덕한 사람이 가진 실천적 지혜를 강조하는 것은 나름 상황주의적 도전에 대한 효과적인 대응인 듯하다. 그러나 덕을 실제적 차원에서 이해할 때 실천적 지혜를 통한 올바른 선택이 지닌 애매함은 행위결정을 잘못 설명할 위험성을 야기한다. 반면에 이상적 덕개념은 이러한 위험성을 해소해주지만 규범윤리로서 덕윤리가 지닌 의미와 장점을 훼손하고 만다. 결국 덕을 실제적 차원에서 이해하건 이상적 차원에서 이해하건, 실천적 지혜를 중시하는 덕윤리적 입장은 상황주의적 도전에 대응하는 과정에서 심각한 대가를 치러야 하는 셈이다.

5. 나오는 말

상황주의적 도전에 대응할 때 실천적 지혜를 중시하는 덕윤리자들은 상황주의자들이 덕과 실천적 지혜에 대한 덕윤리적 의미를 잘못 이해하고 있음을 지적한다. 그리고 이러한 지적에 근거한 대응은 일면 상황주의자들이 인격특질이 없다는 것을 보이는 데 성공하지 못했음을, 그리고 그들의 도전이 덕윤리를 버릴 만큼 치명적이지 않음을 보여준다고 할 수 있다. 그러나 실천적 지혜를 통한 덕윤리적 대응이 인격특질의 존재를 구하는 대신 나름의 대가를 치러야 하는 한계를 지닌다는 사실은 덕윤리의 근본 입장, 즉 행위자의 인격특질을 도덕판단의 근간으로 삼는 입장이 과연 적절한지에 대해 의구심을 갖게 만든다. 이런 의미에서

---

54) 아리스토텔레스(2008), p.54.

상황주의적 도전은 덕윤리의 규범윤리적 역할과 비중을 어떻게 규정해야 하는지에 대한 근본적인 검토를 요청한다고 볼 수 있다.

한편 덕윤리에 대한 상황주의적 도전이 직접적으로 의도하는 바를 달성하지 못한다 해도 상황주의 사회심리학은 도덕적인 삶을 위해 중요한 의미를 가진다. 비록 상황주의자들이 주장하는 것처럼 인격의 존재를 부인할 만큼 결정적이지는 않다고 해도 여전히 상황은 사람들의 행위결정에 영향을 미치는 요소이다. 그렇다면 행위결정에 작용하는 상황적 요소들을 확인하고 사람들이 도덕적인 행위를 할 수 있도록 이러한 요소들을 적절하게 다룰 필요가 있다. 예컨대 우리는 사람들이 나쁘게 행동할 상황에 놓이지 않도록 사회제도와 구조를 정비하거나 사람들이 올바르게 행동하는 것을 어렵게 만드는 외적인 방해나 유혹들을 제거하고자 노력할 필요가 있다. 이러한 노력이 유덕한 인격을 함양하는 것과 함께 이루어질 때 사람들은 도덕적인 삶에 좀 더 근접하게 될 것이다.

12 장

결론을 대신하며:
과학기술시대의 규범윤리이론과 덕윤리 1)

1. 도덕심리학의 도덕철학적 의의

동시대의 도덕심리학은 그 어느 때보다 활발하게 학제적 연구들을 수행하고 있으며 도덕심리학과 도덕철학의 협력 내지 상호 보완 역시 점점 더 빈번해지고 있다. 이러한 상황에서 도덕심리학이 도덕철학적 관점에서 어떤 의의를 갖는지, 구체적으로 도덕심리학과 도덕철학의 상호보완이 필요한지, 또 필요하다면 어떤 방식이 적절한지에 대해 진지한 검토가 필요하다. 도덕심리학이 우리가 실제로 내리는 도덕판단과 행위의 기저를 이루는 심리작용을 탐구하며 도덕철학이 도덕판단과 행위를 이끄는 규범을 제시한다는 점에서 둘 간의 관계는 사실과 당위를 어떻

---

1) 여기에서는 2장에서부터 11장까지 논의된 내용을 근거로 하면서 도덕심리학과 도덕철학의 적절한 상보성을 제시하고 이러한 상보성을 염두에 두고 과학기술시대의 규범윤리이론을 정립하고자 할 때 덕윤리가 어떤 역할을 할 수 있는지를 모색한다.

게 관련짓느냐에 크게 의존한다. 그리고 사실과 당위의 관련성으로 즉각 생각해볼 수 있는 것은 도덕성을 사실에 근거하여 정초하는 것이다. 사실에서 당위를 끌어내는, 이런저런 형태의 윤리적 자연주의가 여기에 해당할 것이다. 그러나 사실로부터 당위를 직접 도출하거나 입증하는 것이 문제가 있다는 점은 사실을 탐구하는 경험과학적 차원과 규범성을 탐구하는 도덕철학적 차원 모두에서 확인된다. 먼저 경험과학적 발견들은 온전히 사실이기 어렵다. 사실을 탐구하는 경험과학은 다분히 가치 함의적이고 경험과학적 탐구과정은 이런저런 철학적 논증에 의존하곤 한다. 그뿐만 아니라 발견 사실들을 절대적인 것으로 신뢰하기 어렵게 만드는 방법론적인 한계들을 노출하는 경우도 많고 발견 사실들 간에 상충하는 경우도 드물지 않다. 이러한 점들은 경험과학의 발견 사실이 규범적 주장을 도출하는 사실적 전제가 되기 어렵다는 것을 보여준다.

경험적 사실로부터 규범적 주장을 직접 도출하기 어려운 이유는 규범성의 성격에서도 찾아볼 수 있다. 해야만 하는 것을 담고 있는 규범성은 할 만한 가치가 있는 것에 관계하며 이러한 가치는 우리의 모습과 관련한 우리의 기대나 열망을 포함한다. 규범성이 행위지침일 뿐만 아니라 일종의 이상으로 여겨지는 것도 바로 이러한 기대나 열망을 담고 있기 때문이다. 현실의 많은 사람들에게 도달할 수 없는 이상에 불과한 것으로 여겨질 수도 있는 기대나 열망을 담은 규범성이 과연 필요한가? 그것은 우리가 현실을 살아가는 데 필요한 정도의 요구를 넘어서서 부당하게 우리를 구속하는 것은 아닌가? 이러한 의문들 앞에서 우리는 인류의 긴 역사에 도덕이 있어왔고 그 도덕이 인간에게 어떤 역할을 했는지를 상기할 필요가 있다. 우리가 지금처럼 지구상의 다른 존재들과 다르게 가치 있는 행위들을 하고 다른 종류의 삶을 살 수 있게 된 것은 생물학적인 면에서 다른 존재들과 근본적인 차이가 있었기 때문은 아니다. 이는 인간과 여타의 존재들에 대한 여러 과학적 사실들이 입증하고 있는 바이다. 오히려 인간은 인간 자신에 대한 기대나 열망을 갖고 이러한 기대나 열망을 실현하고자 긴 세월 동안 노력하면서 지금처럼 여타의 존재들과 다른 모습을 갖게 된 면이 꽤 크다. 인간은 도덕이라는 것에 되기를 바라는 상태를 담고 이러한 상태에 도달하는 것이 좋은 인간이 되거나 진정한 행복을 얻게 되는 것이라고 믿으면서, 이러한 상태에 도달하려는 노력을 통해 실제로 그러한 상태를 어느 정도나마 우리의 모습으로 갖게 된 것이다. 인간의 기대와 믿음 그리고 이를 실현하려는 노력이 바로 지금과 같은 인간의 모습과 삶을 만드는 데 큰 몫을 한 것이다. 이 점은 인류의 긴 역사에서 뿐만 아니라 개개 인간의 생애에서도 마찬가지다. 도덕이 인류에게 그리고 개개 인간에게 이런 역할을 해왔다는 점에서 규범성은 우리의 현실적인 모습을 반성하게 하고 우리가 바람직하다고 여기는 인간의 모습으로 성장하도록 이끌어주는 것이다. 이처럼 규범성은 우리의 현실적인 모습을 반성하고 평가하는 기준이며 나아가 우리가 추구하는 바의 목표라는 점에서 인간이 실제로 생각하고 행동하는 것, 즉 인간의 실제 모습에 대한 사실에 한정될 수 없다. 규범성은 사실성으로 환원되거나 제한되지 않는 자신의 고유한 영역을 포함한다. 따라서 도덕심리학의 기술적 주장으로부터 도덕철학의 규범적 주장을 연역하거나 환원하려고 한다면 규범성을 온전히 구현하지 못할 것이다.

도덕심리학이 도덕철학의 규범적 주장을 도출하는 전제를 제공할 수 없다는 점은 두 학문 영역의 성격 차이에서도 확인된다. 우리가 실제로 내리는 도덕판단과 행위의 기저를 이루는 심리작용을 탐구하는 도덕심리학은 기본적으로 도덕판단과 행위에 대한 '설명'을 제시한다. 도덕심리학은 어떤 심리작용이나 과정을 거쳐 어떻게 특정의 행위를 하는지에 일차적으로 관심을 가지는 것이다. 따라서 도덕심리학의 기술적 주장은 경험적 차원에서 얼마나 적합성을 가지느냐가 일차적으로 중요하다. 도덕철학의 규범적 주장 역시 도덕판단과 행위에 대한 설명에 관련될 수 있다. 그러나 도덕심리학과 달리 도덕철학은 설명보다 더 중요한 과제를 가지고 있다. 도덕철학이 제시하는 규범은 우리가 따르고 지켜야 할 기준이라는 점에서 우리의 판단과 행위 그리고 삶을 구속한다. 따라서 도덕철학은 우리가 왜 그러한 규범을 따라야 하는지 그 이유를 제시해야 한다. 즉, 도덕철학은 도덕적이어야 할 이유를 줌으로써 규범적 구속이 정당하다는 것을 제시할 수 있어야 한다. 이런 의미에서 도덕철학은 도덕판단과 행위에 대한 '정당화'를 우선적인 과제로 삼지 않을 수 없다. 규범성에 대한 설명과 정당화가 엄밀하게 분리되지는 않지만 정당화는 경험적 적합성을 요구하는 설명과는 다르고 사실적 설명에 한정되지 않는다. 이러한 차이 역시 도덕심리학의 기술적 주장으로부터 규범적 주장이 직접 도출될 수 없다는 것을 보여준다.

살펴본 바와 같이 도덕성을 사실에 근거하여 정초하고 도덕철학을 자연화하는 것은 도덕철학과 도덕심리학을 관계 짓는 적절한 방식이 아니다. 그렇다면 윤리적 자연주의를 거절한다는 것은 도덕심리학이 제공하는 여러 경험적 사실들, 즉 인간이 실제로 내리는 도덕판단과 행위에 관련된 경험적 자료들이 규범윤리적으로 전혀 의미가 없다는 것을 의미하는가? 이 물음과 관련하여 중요한 점은 사실에서 당위를 도출할 수 없다는 것과 사실과 당위가 서로 관련이 없다는 것은 동일한 것이 아니라는 점이다. 도덕성이 사실에 근거하여 정초될 수 없다 할지라도 도덕성은 사실과 관련될 수 있다. 이는 도덕성이 규범성과 함께 실천성(practicality)을 특징으로 하며 규범성과 실천성이 밀접하게 연결되어 있다는 점에서 드러난다. 당위가 가능성을 함축한다는 말에서 잘 드러나는 것처럼 우리가 따르고 지켜야만 하는 것은 우리가 따르고 지키는 것 혹은 우리가 따르고 지킬 수 있는 것과 무관할 수 없다. 할 수 있는 것이 그리고 하는 것이 모두 해야 하는 것은 아니지만, 해야 하는 것은 할 수 있는 것이어야 한다. 물론 여기에서 할 수 있다는 것은 우리 모두가 언제나 할 수 있다는 것은 아니다. 우리 중 많은 사람이 하는 데 실패할 수도 있고, 우리 중 누구는 도무지 하기 어려울 수도 있다. 그러나 해야 하는 것이 어느 누구도 결코 할 수 없는 것이라고 한다면, 그것은 우리에게 규범으로서의 의미를 가질 수 없을 것이다. 이런 의미에서 해야 하는 것을 함으로써 우리가 되어야 할 상태는 우리가 행하는 실제 상태와 전적으로 무관할 수는 없다. 규범성이 사실에 근거하여 정초되지 않는다 하더라도 사실로부터 전적으로 유리된 규범성은 실천성을 철저하게 배제한다는 점에서 규범성으로서의 온전한 의미를 갖기 어렵다. 한편 규범성과 실천성의 연결은 규범을 적용하고 실현하는 차원에서 훨씬 더 분명하게 나타난다. 어떤 규범을 따르고자 할 경우 우리는 그 규범을 적용하는 현실적 상황과 맥락을 이해해야 한다. 구체적으로 우리는 우리 자신과 다른 사람들이 처한 실제 삶이 어떤지, 그리고 적용하려는 규범이 그러한 삶에 어떤 영향을 미칠지 알아야 한다. 따라서 적용과 실현의 차원에서 규범성은 사실과 밀접하게 관련되어 있다.

이처럼 도덕성을 사실에 근거하여 정초할 수는 없지만 사실과 당위 간에는 관련이 없지 않다. 규범성과 실천성이 연결되어 있다는 점에서 규범성은 사실로부터 전적으로 유리될 수 없고 또 규범성의 적용과 실현은 사실과 밀접하게 관련되기 때문이다. 설혹 규범성과 실천성의 연결을 부인한다 하더라도 최소한 규범성을 적용하고 실현하는 데 경험적 사실을 제대로 파악할 필요가 있다는 것을 부인할 수는 없을 것이다. 따라서 도덕철학의 규범적 주장은 실제로부터 전적으로 분리되지 않고 분리되어서도 안 되며, 바로 여기에 도덕심리학과 도덕철학의 상보성 (complementarity)이 존재한다. 예컨대 어떤 규범윤리이론이 어떤 초자연적인 개념에 몰두한다면 그러한 이론은 오늘날의 우리들에게 받아들여지기 어려울 것이다. 규범윤리이론은 현대의 과학적 세계관에 적어도 위배되는 주장은 하지 않도록 유념할 필요가 있다. 또한 규범적 주장이 너무 비현실적일 경우 우리들에게 실천적인 의미를 주기 어려울 수 있다는 점에서 규범윤리이론에 담긴 경험적 관여는 가능한 한 경험과학적 자료들에 의해 지지받을 수 있으면 좀 더 설득력을 가질 수 있을 것이다. 그 밖에 규범성의 적용과 실현의 차원에서 경험과학은 도덕철학의 주장을 실제적으로 보여주거나 구체화할 수 있고 또 어떤 도덕철학적 주장이 현실에서 어떤 의미를 가지는지, 어떤 방식으로 실천 가능한지 등을 보여주는 데 도움이 될 수 있다. 이와 같이 비록 우리가 실제로 어떻게 생각하고 행위하는지에 관련한 발견 사실들로부터 우리가 어떻게 생각하고 행위해야만 하는지에 대한 규범이론으로 직접 나아갈 수 없다 해도 도덕심리학의 발견 사실들은 규범적 이론화에 경험과학적 제한을 부과할 수 있고 더 설득력 있는 규범적 이론화에 간접적이나마 기여하며 규범성의 적용과 실현에 실질적인 도움을 줄 수 있다.

도덕심리학과 도덕철학의 상보성이 필요하다고 할 때 여타의 윤리이론들보다 도덕심리학의 경험적 연구 성과들에 상대적으로 더 부합하는 면이 있다는 점은 규범윤리이론으로서 아리스토텔레스의 덕윤리가 가진 장점이 아닐 수 없다. 물론 도덕심리학적 관점만을 놓고 볼 때 아리스토텔레스식의 상보성은 그다지 반가운 방식은 아니다. 무엇보다도 형이상학적 생물학을 포함하는 아리스토텔레스의 자연주의는 현대의 도덕심리학적 관점에서는 수용하기 어렵다. 그러나 도덕심리학의 경험적 사실로부터 도덕철학의 규범적 주장을 직접 도출하는 것이 여러 문제를 가진다는 점을 염두에 두고 두 영역의 상보성을 추구하는 것이 적절하다는 점에서 아리스토텔레스의 덕윤리는 나름의 의미를 갖는다. 아리스토텔레스는 기본적으로 경험적 차원과 규범적 차원의 조화를 추구하지만, 그럼에도 불구하고 온전한 의미의 탁월성을 확보하는 데 관심을 기울인다고 할 수 있기 때문이다. 예컨대 아리스토텔레스는 유덕한 사람을 도덕판단과 행위의 기준으로 삼는 귀감주의를 통해 경험과 이상을 아우르고자 하지만, 지속성과 안정성을 갖는 탁월한 품성상태를 형성하고 이를 삶 전체에 걸쳐 발휘하는 사람이 현실에서 매우 드물다 할지라도 이러한 인간의 삶이 인간의 열망 내지 궁극목적이라고 보고 이에 따라 탁월성과 행복을 정의한다. 또한 현대의 여러 도덕심리학적 연구 성과들처럼 도덕적 정서를 중시하면서도 탁월성을 근거 짓는 인간 본성을 규범윤리적으로 이해하고 주지주의를 강하게 끌고 가는 점 역시 마찬가지 맥락으로 이해할 수 있다.

2. 규범성의 두 수준 모형과 덕윤리의 역할

도덕적 회의주의 내지 비도덕주의에 대응하는 문제는 어느 시대에나 늘 규범윤리이론의 과제라고 할 수 있다. 그러나 과학기술이 지배하는 현대사회가 대규모의 복잡한 사회로 변화함에 따라 다원주의적인 가치관이 팽배해지고 도덕의 최소화 경향이 점점 더 심화됨으로써 이러한 과제는 그 어느 때보다 더 절실하게 여겨지고 있다. 오늘날 많은 사람들은 도덕적 가치의 절대성이나 우선성을 맹목적으로 주장하는 것은 시대착오적이며 각각의 사람들이 소중히 여기는 다양한 가치들을 부당하게 구속하는 것이라고 믿는다. 인간이 도덕을 위해 존재하는 것과 같은 사태는 분명 잘못된 것이다. 인간이 도덕을 위해 있는 것이 아니라 도덕이 분명 인간을 위해 있는 것이다. 그러나 도덕이 인간을 위해 있다고 할 때 이때의 인간이 무엇을 의미하는지에 대해 진지하게 생각할 필요가 있다. 도덕에 관계하는 인간은 실재하는 현재의 모습으로서의 인간이기도 하지만 우리가 기대하고 열망하는 모습으로서의 인간이기도 하다. 따라서 우리는 도덕이라는 명분으로 사람들을 속박하거나 억압하는 것은 경계해야 하지만 도덕을 통해 우리가 기대하고 열망하는 모습으로 우리 자신을 가치 있게 계발하고 실현해가는 것을 포기해서도 안 된다. 우리는 도덕적 회의주의를 극복할 뿐만 아니라 도덕적 최소주의를 경계하고 규범성을 온전히 제시하는 윤리이론을 모색해야 한다. 이와 함께 동시대의 규범윤리이론은 과학기술의 급격한 발달이 기존의 형이상학적, 사변적 도덕철학에 근본적인 도전이 되고 있다는 점을 유념해야 한다. 이제 과학적 세계관에 위배되는 사변적인 규범은 대다수의 현대인에게 더 이상 수용되기 어려운 것이 되었다. 이 점은 이 시대의 도덕철학이 과학적 사실과 경험적 세계를 가능한 한 존중해야 한다는 것을 의미한다. 따라서 과학기술시대의 규범윤리이론은 도덕심리학과의 적절한 협력 내지 상호 보완을 통해 경험적 적합성에 유념하면서 도덕적 회의주의와 최소주의에 대응할 수 있는 온전한 의미의 규범성을 추구하고 규범적 수월성을 확보해야 한다.

과학기술시대의 규범윤리이론을 정립하는 데 덕윤리는 어떤 역할을 할 수 있을까? 아리스토텔레스의 덕윤리는 단일의 규범윤리이론으로는 여러 한계를 가진다고 비판받고 있는데,[2] 과학기술시대의 규범윤리적 과제를 염두에 두고 볼 때 특히 문제가 되는 것을 행위자와 덕성판단을 중시하는 기본 입장에서 찾아보자. 먼저 이러한 입장은 유덕한 품성의 형성과 행위의 수행 간의 불일치라는 문제를 유발하며 이 불일치는 도덕판단을 내리는 데 큰 어려움으로 작용한다. 품성의 형성과 행위의 수행은 개념적으로는 일치할 수 있다. 그러나 경험적으로 볼 때 둘이 밀접히 관련되어 있기는 해도 둘의 관련을 저해하는, 행위자와 관련한 그리고 상황과 관련한 여러 요인들이 작용한다. 이러한 요인들이 존재하며 이에 따라 둘 간의 불일치가 존재한다는 것을 뒷받침하는 여러 도덕심리학적 경험연구들이 제시되고 있다. 또한 대규모의 이질적인 비면대면

---

2) 이에 대한 상세한 여러 논의를 위해서는 노영란. 2009. 『덕윤리의 비판적 조명』(서울: 철학과현실사) 참조.

사회로 특징지어지는 현대사회에서 누가 유덕한 사람인지 파악하기도 쉽지 않고 사람들 간에 합의하기도 어렵기 때문에 유덕한 사람은 도덕 판단과 행위의 기준이 되기에 적합하지 못하다. 덕윤리의 기본 입장에서 기인하는 이러한 문제들은 현대사회에서 덕윤리가 단일한 규범윤리 이론으로서의 역할을 하기에는 심각한 어려움을 갖는다는 것을 보여준다.

그러나 덕윤리는 나름의 여러 장점들을 갖고 있다. 먼저 과학기술시대의 규범윤리적 과제를 염두에 두고 볼 때 도덕심리학과 도덕철학의 상보성을 추구하면서도 규범성의 온전한 의미를 담고자 했다는 점이 큰 의미를 가진다. 또 다른 주목할 만한 장점은 바로 옳음이나 의무의 윤리 대신 좋음의 윤리라는 점이다. 아리스토텔레스는 좋음을 인간 행위의 목적으로 보고 최고 좋음을 행복이라고 본다. 이렇게 볼 때 아리스토텔레스의 덕윤리의 본연의 목적은 행복한 삶을 제시하는 것이지 규범성을 정립하는 것이 아니다. 덕윤리의 현대적 부활 과정에서 아리스토텔레스의 덕윤리가 규범윤리이론일 수 있는지에 대한 논쟁이 있었던 것에서도 알 수 있듯이 규범성은 그의 행복주의에 부차적으로 등장하는 것인 셈이다. 그러나 아리스토텔레스의 덕윤리가 기본적으로 좋음의 윤리라는 점은 도덕의 목적을 설명하는 데 호소력을 가진다. 아리스토텔레스에게 있어서 왜 유덕한 사람이 되어야 하는가라고 묻는다면, 우리는 좋음, 나아가서 궁극적으로 행복을 추구하는 존재이고 유덕한 사람의 삶이 행복하게 사는 삶이기 때문이라고 대답할 것이다. 또한 단순히 사람들 간의 관계를 공평하게 조정하는 차원을 넘어서서 참다운 행복에 도달하는 탁월한 활동들을 모두 포함할 수 있다는 점에서 좋음의 윤리는 옳음이나 의무의 윤리보다 도덕성을 확장할 수 있는 장점이 있다. 그 밖에도 옳음을 제시하는 단일한 보편적 도덕원리 대신 좋음을 추구하는 유덕한 행위자를 기준으로 삼음으로써 다양한 상황과 맥락을 반영할 수 있고 좋음의 양의성이 보여주는 것처럼 도덕판단의 유연성을 확보하는 매력을 지닌다. 따라서 규범성을 제시하는 단일의 윤리이론으로서의 역할을 하기는 어렵지만 덕윤리가 가지는 장점들이 분명 있기 때문에 이러한 장점들을 가지고 의무윤리 내지 규칙윤리를 보완하는 것이 과학기술시대의 규범윤리이론을 정립하는 적절한 방향이 될 것이다.

이러한 방향이 구체적으로 어떻게 가능할지 하나의 접근방안을 모색해보자. 우리가 얼마나 자기중심적이고 나약한지를 생각한다면 우리에게 요구되는 바를 분명하게 그리고 강력하게 제시하는 옳음이나 의무의 규범이 필요하다는 것은 분명하다. 그러나 의무를 위반하지는 않았지만 좋은 사람이라고 말하기 어려운 경우들이 있다. 또한 우리가 어떤 사람을 좋은 사람이라고 말할 때 그는 자주 의무를 넘어서는 훨씬 더 많은 것들을 행하곤 한다. 옳음이나 의무로 강제하기는 어렵지만 인간의 삶에 의미와 가치를 주는 선하고 칭찬할 만한 것들 그래서 우리가 열망할 수 있는 것들 역시 많다. 덕, 즉 탁월성은 바로 이러한 부분을 포함한다. 이는 도덕적 옳고 그름에 근거한 윤리를 의무의 윤리(the ethics of duty)로, 고대의 덕윤리 특히 아리스토텔레스의 덕윤리를 열망의 윤리(the ethics of aspiration)로 나눈 테일러(Richard Taylor)의 분류에서 잘 나타난다.3) 열망의 윤리는 덕, 즉 탁월성이 능력의 완성 내지 자기계발이며 우리 인간이 열망할 수 있는 것이라고 여긴다. 개개인이 이러한 영역을 어느 정도 열망하느냐 하는 것은 차이가 있을 수 있고 이런 의미에서 열망의 영역은 사적인 것이라고 할 수도 있다. 그러나 그것은 인간으로서의 능력을 탁월하게 잘 발휘하여 자신을 계발 내지 완성한다는 의미에서 인간인 우리가 공유하는 열망이다.

의무의 영역과 열망의 영역은 배타적으로 구분되지 않으며 상당한 중

---

3) Richard Taylor. 2002. *Virtue Ethics*(New York: Prometheus Books), p.61.

첩이 있을 것이다. 그러나 우리가 열망하는 것들은 의무나 옳음을 넘어서는 것들을 포함한다는 점에서 일반적으로 의무의 윤리보다 열망의 윤리가 더 넓고 포괄적이다. 두 종류의 윤리는 우리가 좋은 인간이 되는 데 모두 필요한 것이다. 그러나 의무의 영역을 우선하고 도덕성을 발달시켜감에 따라 점차 의무의 영역을 넘어서 있는 열망들로 나아가는 방식, 즉 옳음을 우선적으로 이행하고 할 수 있는 한 그리고 행위자의 덕성이 발달해감에 따라 칭찬할 만한 것을 점점 더 많이 추구하는 방식이 자연스럽고 바람직하다. 따라서 우리가 추구하는 규범성은 의무의 영역을 우선하면서 열망의 영역을 아우르는 것이 바람직하다. 이처럼 옳음으로서의 의무의 영역이라는, 우선하는 기본적인 수준과, 덕으로서의 열망의 영역이라는, 뒤따르는 수준으로 규범성이 이루어진다고 보는 것을 규범성의 두 수준 모형(the two-level model of normativity)이라고 부를 수 있다.

규범성의 두 수준에서 의무와 열망은 그 성격에 따라 각기 다른 규범적 구속력을 가진다. 옳음에 근거하는 의무는 강제적 구속력을 갖는 반면, 열망의 덕성적 영역에서 나오는 규범적 구속력은 강제라기보다는 권고의 형태를 띤다. 규범적 구속력을 이처럼 강제적인 것과 권고적인 것으로 나누는 것은 기본적으로 두 영역의 성격에 기인한다. 그러나 규범성의 두 수준에 따라 규범적 구속력을 두 종류로 나누는 것은 중요한 의미가 있다. 만일 열망의 영역에 속하는 덕성들을 모두 의무로 환원해버리고 강제적 구속력을 부여한다면 도덕은 현실과 동떨어진 부담스러운 것일 뿐만 아니라 우리를 지나치게 구속하는 것이 되고 말 것이다.

여기에서 왜 규범윤리이론이 규범성에 의무와 열망이라는 두 수준을 아우르는 것이 필요한지 다시 한 번 생각해보자. 법과 도덕은 인간의 삶을 규제하는 대표적인 규범이다. 그런데 이 둘을 구분하는 통상적인 기준들을 보면 명문화 여부, 공적 처벌 유무, 내면의 태도에 관계하느냐의 유무 등이 꼽힌다. 그러나 이러한 기준들 중 어느 것도 확고하지는 않다. 불문법도 있으며 교육을 하면서 체벌을 하기도 하고, 또 법에서도 외적 행태만 보는 것이 아니라 의도와 동기도 따지기 때문이다. 그렇다면 법규범과 도덕규범을 구분해줄 다른 어떤 기준이 있을까? 우리는 이 물음의 대답으로 규범의 범위를 생각해볼 수 있다. 이는 필수적인 도덕규범들이 법으로 확립되어 있다는 점이 잘 보여준다. 도덕규범은 법규범과 달리 필요의 차원에서 요구되는 행위지침뿐만 아니라 인간의 기대나 열망을 담고 있다는 특징을 가진다. 이런 점에서 도덕규범이 최소한의 요구에 머문다면 그것은 법과 다를 바가 없어지게 되고 도덕규범으로서의 의미를 온전히 가지기 어렵다. 따라서 도덕의 규범성이 의무와 열망의 두 수준을 아우르고 규범적 구속력을 강제적인 것과 권고적인 것으로 나누는 것은 도덕규범의 특징을 잘 드러내는 접근일 수 있다. 또한 규범성의 두 수준 모형은 과학기술시대의 규범윤리이론에 적합한 접근일 수 있다. 의무라는 개념은 도덕적 요구를 더 결정적으로 드러내주는 장점이 있지만 도덕적 요구들을 최소화하는 경향도 가진다. 도덕적 요구의 최소화 경향은 오늘날과 같은 사회구조, 즉 대규모의 이질적인 비면대면 사회에서는 불가피한 면이 있지만 바람직한 것은 아니다. 반면에 열망의 덕성적 영역은 인간 삶에서 가치 있는 많은 것들을 도덕적 영역에 끌어들여 도덕성을 확장하는 데 기여할 수 있다. 동시에 열망의 덕성적 영역의 규범성을 권고적 구속력을 가지는 것으로 봄으로써 도덕이 지나치게 혹은 부당하게 사람들을 속박할 가능성을 줄일 수 있다. 규범성의 두 수준 모형은 의무윤리 내지 규칙윤리가 근간이 되고 덕윤리가 보완하는 규범윤리이론이 작용하는 한 방식을 제시해준다.

참고문헌

강상진. 2007. 「아리스토텔레스의 덕론」. 『가톨릭철학』 제9호: 11-39.

_____. 2010. 「아우구스티누스와 고전적 덕론(德論)의 변형」. 『인간·환경·미래』 제5호: 135-156.

김상득. 2003. 「서양철학의 눈으로 본 응용윤리학」. 『범한철학』 제29집: 5-34.

김상섭. 2006. 「아리스토텔레스에 있어서 습관화로서의 도덕교육」. 『교육철학』 제36집: 7-25.

김수배. 2006. 「칸트 윤리학에서 원칙과 사례의 갈등」. 『철학연구』 제73집: 43-61.

김수정. 2009. 「아리스토텔레스의 덕윤리와 생명윤리에의 적용」. 『생명윤리정책연구』 제3권 제2호: 135-153.

김양현. 1998. 「칸트의 목적론적 자연관에 나타난 인간중심주의」. 『철학』 제55집: 97-120.

김요한. 2004. 「덕윤리와 생명윤리」. 『범한철학』 제33집: 259-282.

김진경. 2014. 「의학적 의사결정을 위한 도덕판단에서의 감정」. 『철학논총』 제76집: 353-371.

김효은. 2009. 「신경윤리에서 보는 감정: 도덕적 판단에서 감정의 역할」. 『호남문화연구』 45: 279-298.

_____. 2009. 「도덕적 판단의 본성: 신경윤리학적 접근」.『과학철학』 12-1: 63-85.

깁스, 존 C. 2004. 「인지발달론적 관점」. 커타인 & 거워츠(2004), pp.59-86.

노영란. 2009.『덕윤리의 비판적 조명』. 서울: 철학과현실사.

_____. 2009. 「허스트하우스(Rosalind Hursthouse)의 옳은 행위에 대한 덕윤리적 설명」.『철학논총』 제55집: 107-128.

_____. 2010. 「슬로트(Michael Slote)의 덕이론에서 동기는 도덕판단의 준거가 되는가?」.『철학』 제103집: 181-205.

_____. 2010. 「덕과 옳음: 옳음에 대한 세 유형의 덕윤리적 설명과 자기 구성적 존재의 비표준성문제를 중심으로」.『철학논총』 제61집: 281-304.

_____. 2011. 「상황주의 사회심리학과 덕윤리: 상황주의적 도전과 실천적 지혜를 통한 덕윤리적 대응을 중심으로」.『철학』 제109집: 285-312.

_____. 2012. 「덕과 감정: 습관화를 통해 형성되는 유덕한 행위자의 감정을 중심으로」.『철학논총』 제68집: 221-244.

_____. 2012. 「응용윤리에 대한 덕윤리적 접근의 비판적 고찰」.『철학』 제113집: 349-380.

_____. 2013. 「도덕적 정체성과 도덕적 행위: 도덕적 성격에 대한 사회인지적 접근의 자동성 주장을 중심으로」.『윤리연구』 제91호: 295-324.

_____. 2013. 「행위와 행위자: 코스가드(Christine M. Korsgaard)의 자아구성으로서의 행위설명에서 아리스토텔레스의 영향을 중심으로」.『철학』 제117집: 205-238.

_____. 2014. 「성격심리학과 아리스토텔레스의 덕윤리」.『철학』 제120집: 75-102.

_____. 2014. 「신경과학적 도덕심리학과 덕윤리: 도덕판단에서 정서의 역할과 성격을 중심으로」.『범한철학』 제75집: 159-188.

_____. 2015. 「도덕적 정서의 근원과 발달에 대한 신경과학적 이해와 덕윤리」.『철학논총』 제79집: 77-100.

랩슬리, 다니엘 K. 2000.『도덕 심리학』, 문용린 옮김. 서울: 중앙적성출판사.

랩슬리, 다니엘 K. & 파워, F. 클라크. 2008.『도덕심리학과 도덕교육』, 정창우 옮김. 고양: 인간사랑.

레비, 닐. 2011. 『신경윤리학이란 무엇인가?』, 신경인문학 연구회 옮김. 서울: 바다출판사.

레이첼즈, 제임스. 2009. 『동물에서 유래된 인간: 다원주의의 도덕적 함의』, 김성한 옮김. 파주: 나남.

맹주만. 2006. 「칸트와 생물학적 유기체주의」. 『칸트연구』 제17집: 253-254.

박장호. 2011. 「의무론에 대한 신경과학의 도전: 도덕교육에의 시사」. 『윤리연구』 제82호: 73-125.

박찬국. 2011. 「목적론적 입장에서 본 행복」. 『동서사상』 제11집: 1-28.

서울대학교 교육연구소 편. 2009. 『교육학 용어사전』. 서울: 하우동설.

슬롯, 마이클. 2002. 『덕의 부활』, 장동익 옮김. 서울: 철학과현실사.

슬레이터, 로렌. 2008. 『스키너의 심리상자 열기』, 조증열 옮김. 서울: 에코의 서재.

아리스토텔레스. 2008. 『니코마코스 윤리학』, 이창우 · 김재홍 · 강상진 옮김. 서울: 이제이북스.

_____. 2013. 『니코마코스 윤리학』, 강상진 · 김재홍 · 이창우 옮김. 서울: 도서출판 길.

엄슨, J. O. 1996. 『아리스토텔레스의 윤리학』, 장영란 옮김. 서울: 서광사.

이일학. 2010. 「의료윤리 의사결정 방법론으로써 결의론의 가능성」. 『한국의료윤리학회지』 제13권 제4호: 281-292.

이택휘 · 유병열. 2001. 『도덕교육론』. 서울: 양서원.

애링턴, 로버트 L. 2003. 『서양 윤리학사』, 김성호 옮김. 서울: 서광사.

장동익. 2010. 「덕 윤리의 환경 윤리적 함의」. 『범한철학』 제57집: 295-316.

정창우. 2004. 『도덕교육의 새로운 해법』. 서울: 교육과학사.

존슨, 앨버트 R. & 툴민, 스테판. 2011. 『결의론의 남용』, 권복규 · 박인숙 옮김. 서울: 이화여자대학교 생명의료법연구소

카버, 찰스 S. & 샤이어, 마이클 F. 2012. 『성격 심리학』, 김교헌 옮김. 서울: 학지사.

칸트. 2009. 『윤리형이상학 정초』, 백종현 옮김. 서울: 아카넷.

콜버그, L. 2000. 『도덕발달의 철학』, 김민남 · 김봉소 · 진미숙 옮김. 서울: 교육과학사.

_____. 2001. 『도덕발달의 심리학』, 김민남 · 진미숙 옮김. 서울: 교육과학사.

_____, 찰스 레빈 & 알렉산드라 호이어. 2000. 『콜버그의 도덕성 발달 이론』, 문용린 옮김. 서울: 아카넷.

코스가드, 크리스틴 M. 2007. 『목적의 왕국』, 김양현 · 강현정 옮김. 서울: 철학과현실사.

홍성욱 · 장대익 엮음. 2010. 『뇌 속의 인간 인간 속의 뇌』, 신경인문학연구회 옮김. 서울: 바다출판사.

회페, 오트프리트. 1998. 『임마누엘 칸트』, 이상헌 옮김. 서울: 문예출판사.

프라이어, 윌리엄 J. 2010. 『덕과 지식, 그리고 행복』, 오지은 옮김. 파주: 서광사.

Adams, Robert. M. 2006. *A Theory of Virtue*. Oxford: Clarendon Press.

Allhoff, Fritz. 2011. "What Are Applied Ethics?" *Sci Eng Ethics* 17: 1-19.

Annas, Julia. 1993. *The Morality of Happiness*. New York & Oxford: Oxford University Press.

_____. 1996. "Aristotle and Kant on Morality and Practical Reasoning." In Engstrom & Whiting(1996), pp.237-258.

_____. 2003. "The Structure of Virtue." In DePaul & Zagzebski(2003), pp. 15-33.

_____. 2005. "Comments on John Doris's Lack of Character." *Philosophy and Phenomenological Research* Vol. LXXI No. 3: 636-642.

Anscombe, G. E. M. 1997. "Modern Moral Philosophy." In Carson & Moser (1997), pp.247-260.

Appiah, Kwame Anthony. 2008. *Experiments in Ethics*. Cambridge, MA: Harvard University Press.

Aquino, Karl & Reed, Americus. 2002. "The Self-Importance of Moral Identity." *Journal of Personality and Social Psychology* Vol. 83 No. 6: 1423-1440.

Aquino, Karl & Freeman, Dan. 2009. "Moral Identity in Business Situations: A Social-Cognitive Framework for Understanding Moral Functioning." In Narvaez & Lapsley(2009), pp.375-395.

Aristotle. 1932. *The Rhetoric of Aristotle*. Trans. by Lane Cooper. New

York: Appleton-Century-Crofts.

_____. 1985. *Nicomachean Ethics*. Trans. by Terence Irwin. Indianapolis & Cambridge: Hackett Publishing Company.

Arjoon, Surendra. 2008. "Reconciling Situational Social Psychology with Virtue Ethics." *International Journal of Management Reviews* Vol. 10 Issue 3: 221-243.

Armstrong, Alan E. 2006. "Towards a Strong Virtue Ethics for Nursing Practice." *Nursing Philosophy* 7: 110-124.

Arroyo, Christopher. 2011. "Freedom and the Source of Value: Korsgaard and Wood on Kant's Formula of Humanity." *Metaphilosophy* Vol. 42 No. 4: 353-359.

Bandura, A. 1999. "Social Cognitive Theory of Personality." In Pervin & John(1999), pp.154-196.

_____. 2001. "Social Cognitive Theory." *Annual Rev. Psychol.* 52: 1-26.

Barabdalla, Ana & Ridge, Michael. 2011. "Function and Self-Constitution: How to Make Something of Yourself without being All that You Can be. A Commentary on Christine M. Korsgaard's The Constitution of Agency and Self-Constitution." *Analysis Reviews* Vol. 71 No. 2: 364-380.

Beauchamp, Tom L. & Childress, James F. 2001. *Principles of Biomedical Ethics*. New York: Oxford University Press.

Becker, Lawrence C. & Becker, Charlotte B. eds. 2001. *Encyclopedia of Ethics*, 2nd edition Vol. 1 & Vol. 2. New York & London: Routledge.

Bedau, Hugo Adam. "Casuistry." 2001. In Becker & Becker(2001), Vol. 1, pp.187-189.

Besser-Jones, L. 2008. "Social Psychology, Moral Character, and Moral Fallibility." *Philosophy and Phenomenological Research* Vol. LXXVI No. 2: 310-332.

Blasi, A. 2009. "The Moral Functioning of Mature Adults and the Possibility of Fair Moral Reasoning." In Narvaez & Lapsley(2009), pp.396-440.

_____. 2004. "Moral Functioning: Moral Understanding and Personality." In Lapsley & Narvaez(2004), pp.335-347.

_____. 1993. "The Development of Identity: Some Implications for Moral Functioning." In Noam & Wren(1993), pp.99-122.

Boyd, Craig A. 2013. "Neuroscience, the Trolley Problem, and Moral Virtue." In Van Slyke(2013), pp.130-145.

Brady, Michael & Pritchard, Duncan eds. 2003. *Moral and Epistemic Virtues*. Malden, MA: Blackwell.

Burger, Jerry M. 2011. *Personality*. Belmont, CA: Wadsworth.

Carr, David & Steutel, Jan eds. 1999. *Virtue Ethics and Moral Education*. London & New York: Routledge.

Carson, Thomas L. & Moser, Paul K. eds. 1997. *Morality and the Good Life*. New York & Oxford: Oxford University Press, 1997.

Casebeer, William D. 2003. "Moral Cognition and its Neural Constituents." *Nature Reviews Neuroscience* Vol. 4: 841-846.

_____. 2005. *Natural Ethical Facts*. Cambridge, MA & London: The MIT Press.

Cervone, Daniel. 1991. "The Two Disciplines of Personality Psychology." *Psychological Science* Vol. 2 No. 6: 371-377.

_____ & Tripathi, Ritu. 2009. "The Moral Functioning of the Person as a Whole." In Narvaez & Lapsley(2009), pp.30-51.

Chadwick, Ruth ed. 1998. *Encyclopedia of Applied Ethics* Vol. 1. San Diego & London: Academic Press.

Colby, A. & Damon, W. 1993. "The Uniting of Self and Morality In the Development of Extraordinary Moral commitment." In Noam & Wren (1993), pp.149-174.

Copp, David & Sobel, David. 2004. "Morality and Virtue: An Assessment of Some Recent Work in Virtue Ethics." *Ethics* 114: 514-554.

Craig, Edward ed. 1998. *Routledge Encyclopedia of Philosophy*. London & New York: Routledge.

Crisp, Roger ed. 1996. *How Should One Live?* Oxford: Clarendon Press.

_____ & Slote Michael eds. 1997. *Virtue Ethics*. Oxford: Oxford University Press.

Damasio, Antonio. 2005. *Descartes' Error: Emotion, Reason, and the Human Brain*. London: The Penguin Group.

Dare, Tim. 1998. "Challenges to Applied Ethics." In Chadwick(1998), Vol. 1, pp.183-190.

Das, Ramon. 2003. "Virtue Ethics and Right Action." *Australasian Journal of Philosophy* Vol. 81 No. 3: 324-339.

DePaul, Michael & Zagzebski, Linda eds. 2003. *Intellectual Virtue*. Oxford & New York: Oxford University Press.

Doris, John M. 1998. "Persons, Situations, and Virtue Ethics." *Nous* 32-4: 504-530.

_____. 2002. *Lack of Character*. New York: Cambridge University Press.

_____. 2010. "Introduction." In Doris & the Moral Psychology Research Group(2010), pp.1-2.

_____ & the Moral Psychology Research Group eds. 2010. *The Moral Psychology Handbook*. Oxford: Oxford University Press.

Engstrom, Stephen & Whiting, Jennifer eds. 1996. *Aristotle, Kant, and the Stoics: Rethinking Happiness and Duty*. Cambridge: Cambridge University Press.

FitzPatrick, William J. 2005. "The Practical Turn In Ethical Theory: Korsgaard's Constructivism, Realism, and the Nature of Normativity." *Ethics* 115: 651-691.

Flanagan, Owen. 1991. *Varieties of Moral Personality*. Cambridge & London: Harvard University Press.

Fleming, Diana. 2006. "The Character of Virtue: Answering the Situationist Challenge to Virtue Ethics." *Ratio* XIX 1: 24-42.

Gardiner, P. 2003. "A Virtue Ethics Approach to Moral Dilemmas in Medicine." *Journal of Medical Ethics* 29: 297-302.

Garnett, Michael. 2011. "Practical Reason and the Unity of Agency." *Canadian Journal of Philosophy* Vol. 41 No. 3: 449-468.

Gensler, Harry J., Spurgin, Earl W. & Swindal, James eds. 2004. *Ethics: Contemporary Readings*. London & New York: Routledge.

Gould, James B. 2002. "Better Hearts: Teaching Applied Virtue Ethics." *Teaching Philosophy* 25: 1-26

Gowans, Christopher W. 2010. "The Constitution of Agency: Essays on Practical Reason and Moral Psychology; Self-Constitution: Agency, Identity, and Integrity(Feature Book Review)." *International Philosophical Quarterly* Vol. 50 No. 1: 117-129.

Greene, Joshua D. 2003. "From Neural 'Is' to Moral 'Ought': What are the Moral Implications of Neuroscientific Moral Psychology?" *Nature Reviews Neuroscience* Vol. 4: 847-850.

_____. 2008. "The Secret of Kant's Soul." In Sinnott-Armstrong(2008), Vol. 3, pp.39-79.

_____ et al. 2001. "An fMRI Investigation of Emotional Engagement in Moral Judgment." *Science* 293: 2105-2108.

_____ & Haidt, Jonathan. 2002. "How and Where does Moral Judgment Work?" *Trends in Cognitive Science* Vol. 6 No. 12: 517-523.

Haidt, Jonathan. 2001. "The Emotional Dog and its Rational Tail: A Social Intuitionist Approach to Moral Judgment." *Psychological Review* Vol. 108 No. 4: 814-834.

_____. 2013. "Moral Psychology for the Twenty-First Century." *Journal of Moral Education* Vol. 42 No. 3: 281-297.

_____ & Bjorklund, Fredrik. 2008. "Social Intuitionists Answer Six Questions about Moral Psychology." In Sinnott-Armstrong(2008), Vol. 2, pp.181-217.

Harman, Gilbert. 1999. "Moral Philosophy Meets Social Psychology: Virtue Ethics and the Fundamental Attribution Error." *Proceedings of the Aristotelian Society* Vol. 99 No. 3: 315-331.

_____. 2003. "No Character or Personality." *Business Ethics Quarterly* Vol. 13 Issue 1: 87-94.

_____. 2009. "Skepticism about Character Traits." *Journal of Ethics* 13: 235-242.

Heinaman, Robert ed. 1995. *Aristotle and Moral Realism*. Boulder: Westview Press.

Hetcher, Steven. 2001. "Norms." In Becker & Becker(2001), Vol. 2, pp. 1242-1245.

Holland, Stephan. 2001. "The Virtue Ethics Approach to Bioethics." *Bioethics* 25: 192-201.

Hursthouse, Rosalind. 1996. "Normative Virtue Ethics." In Crisp(1996), pp. 19-36.

_____. 1997. "Virtue Theory and Abortion." In Statman(1997), pp.227-244.

_____. 1997. "Virtue Ethics and the Emotions." In Statman(1997), pp.99-117.

_____. 1999. *On Virtue Ethics.* Oxford & New York: Oxford University Press.

Jacobs, Jonathan. 2001. *Choosing Character.* Ithaca & London: Cornell University Press.

Jacobson, D. 2002. "An Unsolved Problem for Slote's Agent-based Virtue Ethics." *Philosophical Studies* 111: 53-67.

Johnson, Robert N. 2003. "Virtue and Right." *Ethics* 113: 810-834.

Kawall, Jason. 2002. "Virtue Theory and Ideal Observers." *Philosophical Studies* Vol. 109: 197-222.

Korsgaard, Christine M. 1996. "From Duty and for the Sake of the Noble: Kant and Aristotle on Morally Good Action." In Engstrom & Whiting (1996), pp.203-236.

_____. 2008. *The Constitution of Agency: Essays on Practical Reason and Moral Psychology.* Oxford & New York: Oxford University Press.

_____. 2009. *Self-Constitution: Agency, Identity, and Integrity.* Oxford & New York: Oxford University Press.

_____. 2011. "Natural Goodness, Rightness, and the Intersubjectivity of Reason: Reply to Arroyo, Cummiskey, Moland, and Bird-Pollan." *Metaphilosophy* Vol. 42 No. 4: 381-394.

Kupperman, Joel J. 1991. *Character.* New York & Oxford: Oxford University Press.

Lapsley, Daniel K. 2008. "Moral Self-Identity as the Aim of Education." In Nucci & Narvaez(2008), pp.30-52.

_____ & Narvaez, Darcia. 2004. "A Social-Cognitive Approach to the Moral Personality." In Lapsley & Narvaez(2004), pp.189-212.

_____ & Narvaez, Darcia eds. 2004. *Moral Development, Self, and Identity*. New Jersey: Lawrence Erlbaum Associates Publishers.

_____ & Hill, Patrick L. 2009. "The Development of the Moral Personality." In Narvaez & Lapsley(2009), pp.185-213.

_____ & Narvaez, Darcia. 2011. "Moral Criteria and Character Education: A Reply to Welch." *Journal of Moral Education* 40: 527-531.

Lebar, Mark. 2008. "Aristotelian Constructivism." *Social Philosophy and Policy* Vol. 25 No. 1: 182-213.

Louden, Robert B. 1997. "On Some Vices of Virtue Ethics." In Statman (1997), pp.180-193.

MacIntyre, Alasdair. 1984. *After Virtue*. Notre Dame: University of Notre Dame Press.

Merritt, Maria Weston. 1999. *Virtue Ethics and the Social Psychology of Character*. A Dissertation Thesis, UMI No. 9966489. Berkeley: University of California.

_____. 2000. "Virtue Ethics and Situationist Personality Psychology." *Ethical Theory and Moral Practice* Vol. 3 No. 4: 365-383.

_____, Doris, John M. & Harman, G. 2010. "Character." In Doris & the Moral Psychology Research Group(2010), pp.355-401.

Mellema, Gregory F. 2010. "Moral Ideals and Virtue Ethics." *Journal of Ethics* 14: 173-180.

Milde, Michael. 2002. "Legal Ethics: Why Aristotle Might Be Helpful." *Journal of Social Philosophy* 33: 45-66.

Nadelhoffer, Thomas, Nahmias, Eddy, & Nichols, Shaun eds. 2010. *Moral Psychology: Historical and Contemporary Readings*. Malden, MA & Oxford: Wiley-Blackwell.

Narvaez, Darcia. 2008. "The Social Intuitionist Model: Some Counter-intuitions." In Sinnott-Armstrong(2008), Vol. 2, pp.233-240.

_____. 2008. "Human Flourishing and Moral Development: Cognitive and Neurobiological Perspectives of Virtue Development." In Nucci & Narvaez(2008), pp.310-327.

_____. 2010. "The Emotional Foundations of High Moral Intelligence." *New Directions for Children and Adolescent Development* Vol. 2010 No. 129: 77-94.

_____, Lapsley, Daniel K., Hagele, Scott, & Lasky, Benjamin. 2006. "Moral Chronicity and Social Information Processing." *Journal of Research in Personality* 40: 966-985.

_____ & Lapsley, Daniel K. 2009. "Moral Identity, Moral Functioning, and the Development of Moral Character." *Psychology of Learning and Motivation* Vol. 50: 237-274.

_____ & Lapsley, Daniel K. 2009. "Moral Personality: Themes, Questions, Futures." In Narvaez & Lapsley(2009), pp.441-448.

_____ & Lapsley, Daniel K. eds. 2009. *Personality, Identity, and Character.* New York: Cambridge University Press.

Nieuwenburg, Paul. 2002. "Emotion and Perception in Aristotle's Rhetoric." *Australasian Journal of Philosophy* Vol. 80 No. 1: 86-100.

Noam, G. G. & Wren, T. E. eds. 1993. *The Moral Self.* Cambridge, MA: MIT Press.

Nucci, Larry P. & Narvaez, Darcia eds. 2008. *Handbook of Moral and Character Education.* New York: Routledge.

Nussbaum, Martha C. 2001. "Character." In Becker & Becker(2001), Vol. 1, pp.200-203.

Paxton, Joseph M. & Greene, Joshua D. 2010. "Moral Reasoning: Hints and Allegations." *Topics in Cognitive Science* 2: 511-527.

Pervin, Lawrence A. & John, Oliver P. eds. 1999. *Handbook of Personality.* New York & London: The Guilford Press.

Prinz, Jesse J. & Nichols, Shaun. 2010. "Moral Emotions." In Doris & the Moral Psychology Research Group(2010), pp.111-146.

Rachana Kamtekar. 2004. "Situationism and Virtue Ethics on the Content of Our Character." *Ethics* 114: 458-491.

Roberts, Robert C. 1989. "Aristotle on Virtues and Emotions." *Philosophical Studies* 56: 293-306.

Roskies, Adina. 2002. "Neuroethics for the New Millenium." *Neuron* Vol. 35: 21-23.

Ross, Lee & Nisbett, Richard E. 1991. *The Person and the Situation: Perspectives of Social Psychology*. New York: McGraw-Hill Publishing Company.

Russell, Daniel C. 2008. "Agent-based Virtue Ethics and the Fundamentality of Virtue." *American Philosophical Quarterly* Vol. 45 No. 4: 329-347.

Sabini, John & Silver, Maury. 1987. "Emotions, Responsibility, and Character." In Schoeman(1987), pp.165-178.

_____. 2005. "Lack of Character? Situationism Critiqued." *Ethics* 115: 535-562.

Sandler, Ronald. 2005. "What Makes a Character Trait a Virtue?" *Journal of Value Inquiry* 39: 383-397.

_____. 2007. *Character and Environment*. New York: Columbia University Press.

_____ & Cafaro, Philip. 2005. *Environmental Virtue Ethics*. Lanham: Rowman & Littlefield Publishers.

Schoeman, Ferdinand ed. 1987. *Responsibility, Character, and the Emotions*. Cambridge: Cambridge University Press.

Schwartz, Barry & Sharpe, Kenneth E. 2007. "Practical Wisdom: Aristotle Meets Positive Psychology." *Journal of Happiness Studies* 7: 377-395.

Sherman, Nancy. 1989. *The Fabric of Character*. New York: Clarendon Press.

_____. 1997. *Making a Necessity of Virtue*. Cambridge: Cambridge University Press.

Silverman, E. 2008. "Michael Slote's Rejection of Neo-Aristotelian Ethics." *Journal of Value Inquiry* 42: 507-518.

Singer, Peter. 2005. "Ethics and Intuitions." *Journal of Ethics* 9: 331-352.

Sinnott-Armstrong, Walter. 2010. "Moral Intuitionism Meets Empirical Psychology." In Nadelhoffer, Nahmias, & Nichols(2010), pp.373-390.

_____ ed. 2008. *Moral Psychology* Vol. 2: *The Cognitive Science of Morality*; *Moral Psychology* Vol 3: *The Neuroscience of Morality: Emotion, Brain Disorders, and Development*. Cambridge, MA & London: The MIT Press.

Slote, Michael. 1997. "Agent-based Virtue Ethics." In Crisp & Slote(1997), pp.239-262.

_____. 2001. *Morals from Motives*. Oxford & New York: Oxford University Press.

_____. 2003. "Sentimental Virtue and Moral Judgement: Outline of a Project." In Brady & Prichard(2003), pp.117-129.

_____. 2004. "Rudiments of Virtue Ethics." In Gensler, Spurgin, & Swindal (2004), pp.257-263.

_____. 2010. *Moral Sentimentalism*. Oxford & New York: Oxford University Press.

Sousa, Ronald de. 2001. "Emotion." In Becker & Becker(2001), Vol. 1, pp. 454-458.

Spiecker, Ben. 1999. "Habituation and Training in Early Moral Upbringing." In Carr & Steutel(1999), pp.210-223.

Stangl, R. 2008. "A Dilemma for Particularist Virtue Ethics." *Philosophical Quarterly* 58: 665-678.

Stark, Susan. 2001. "Virtue and Emotion." *Nous* 35-3: 440-455.

Statman, Daniel ed. 1997. *Virtue Ethics*. Washington, D. C.: Georgetown University Press.

Stocker, Michael. 1996. "How Emotions Reveal Value and Help Cure the Schizophrenia of Modern Ethical Theories." In Crisp(1996), pp.173-190.

_____. 1996. *Valuing Emotions*. Cambridge: Cambridge University Press.

Stohr, Karen & Wellman, Christopher H. 2009. "Recent Work on Virtue Ethics." *American Philosophical Quarterly* Vol. 39 No. 1: 49-72.

Stone, Martin. 1988. "Casuistry." In Craig(1998), Vol. 2, pp.227-229.

Stovall, Preston. 2011. "Professional Virtue and Professional Self-Awareness: A Case Study in Engineering Ethics." *Sci Eng Ethics* 17: 109-132.

Sverdlik, S. 1996. "Motive and Rightness." *Ethics* 106: 327-349.

Swanton, Christine. 2001. "A Virtue Ethical Account of Right Action." *Ethics* 112: 32-52.

_____. 2005. *Virtue Ethics*. Oxford & New York: Oxford University Press.

Taylor, Gabriele. 1996. "Deadly Vices?" In Crisp(1996), pp.158-172.

Taylor, Richard. 2002. *Virtue Ethics*. Amherst & New York: Prometheus Books.

Van Slyke, James A. 2013. "Naturalizing Moral Exemplarity: Contemporary Science and Human Nature." In Van Slyke(2013), pp.101-116.

_____ ed. 2013. *Theology and the Science of Moral Action: Virtue Ethics, Exemplarity, and Cognitive Neuroscience*. New York: Routledge.

Wallace, R. Jay. 1998. "Moral Motivation." In Craig(1998), Vol. 6, pp.522-528.

Williams, Bernard. 1995. "Acting as the Virtuous Person Acts." In Heinaman(1995), pp.13-23.

Woodfield, Andrew. 1998. "Teleology." In Craig(1998), Vol. 6, pp.295-297.

Zagzebski, Linda. 1996. *Virtues of the Mind*. Cambridge: Cambridge University Press.

찾아보기

주지주의 337
중용 151, 223
직감(gut feeling) 114
직관 69, 84, 87-89, 96-98, 100-103,
  107, 112-114, 120, 181
직관의 사후 합리화 89, 102
직관주의 68, 87
진화론 125, 127, 131, 133
진화생물학 15, 81, 133
진화심리학 20

ㅊ

최고선 126
최대행복의 원리 249
추론 20, 82, 84, 87-89, 94, 96, 98,
  100-104, 112, 261
칠드레스(James F. Childress) 256, 262

ㅋ

카월(Jason Kawall) 326
칸트 92, 128, 208, 211, 212, 221-224
캄트카(Rachana Kamtekar) 127, 311
캔터(N. Cantor) 155
케이스비어(William D. Casebeer) 91,
  92, 130-133
코스가드(Christine M. Korsgaard) 105,
  207-226, 228-234, 237-240
콜버그(L. Kohlberg) 17, 64, 149,
  276-280
콜비(Anne Colby) 176, 195, 279
콥(David Copp) 70, 305
쾌락주의 237

ㅌ

타율적 도덕성 277
탁월성 27-29, 93-96, 117-119, 121,
  142, 153-155, 203, 204, 337, 340
테일러(Richard Taylor) 254, 340
통합모형 89
튜리엘(Elliot Turiel) 18
툴민(Stephen Toulmin) 263
트롤리 딜레마 85
트리패티(Ritu Tripathi) 166
특수주의(particularism) 249
특질(trait) 143
특질적 접근(the trait approach) 18, 19,
  142, 174

ㅍ

품성상태
  유덕한 품성상태 31, 34, 35, 95
  품성상태의 소유 204
  품성상태의 활동 204
프라이어(William J. Prior) 225, 228
프리먼(Dan Freeman) 150, 160-163,
  176
프린츠(Jesse J. Prinz) 34, 116, 187
플라톤 53, 208, 211, 212, 234
피아제(J. Piaget) 149, 276, 277

ㅎ

하만(Gilbert Harman) 18, 147, 306-308
하이트(Jonathan Haidt) 18, 82-85,
  90-100, 110-116, 130, 134
하트숀(H. Hartshorne) 17, 184, 308
하향적 모델 249

노영란

서울대학교 국민윤리교육과와 동대학원을 졸업하고, 미국 미주리 주립대학교 (University of Missouri-Columbia) 철학과에서 철학 석사 및 박사 학위를 받았다. 현재 전남대학교 사범대학 윤리교육과 교수로 재직하고 있다. 주요 저서로는 『도덕성의 합리적 이해』(철학과현실사, 2002), *Citizenship Education in Asia and the Pacific*(a joint work, Kluwer Academic Publishers, 2005), 『덕윤리의 비판적 조명』(철학과현실사, 2009) 등이 있고, 논문으로는 「정보윤리에서 책임의 성격과 유형」, 「비판적 사고교육의 도덕교육적 의의 및 적용방안」, 「시민성과 시민윤리」, 「Christine M. Korsgaard의 구성주의와 도덕적 실재론」, "Is the Disposition of Constrained Maximization Chosen Rationally?", "An Extended Conception of Rationality and Moral Actions", "Beyond the Cognitive and the Virtue Approaches to Moral Education" 등이 있다.

덕윤리의 도덕심리학적 고찰

1판 1쇄 인쇄	2015년 8월 20일
1판 1쇄 발행	2015년 8월 25일
지은이	노 영 란
발행인	전 춘 호
발행처	철학과현실사
등록번호	제1-583호
등록일자	1987년 12월 15일

서울특별시 종로구 동숭동 1-45
전화번호 579-5908
팩시밀리 572-2830

ISBN 978-89-7775-785-1   93190
값 20,000원